Karl-Josef Gilles
Bacchus und Sucellus

Rhein-Mosel-Verlag
in Zusammenarbeit mit dem Rheinischen Landesmuseum Trier

Die Deutsche Bibliothek - CIP-Einheitsaufnahme

Gilles, Karl-Josef:
Bacchus und Sucellus : 2000 Jahre römische Weinkultur an Mosel und Rhein / Karl-Josef Gilles. - Briedel : Rhein-Mosel-Verl., 1999
ISBN 3-89801-000-7

Wir danken Frau Dr. Charlotte Houben

RHEIN-MOSEL-VERLAG BRIEDEL
Römerstraße 6 D-56867 Briedel
Tel. 06542/5151 Fax 06542/61158
Lektorat: Udo Marx
Ausstattung: Cornelia Czerny, Arne Houben
Umschlagentwurf: Alfred Nolden
Druck: Offsetdruck Knopp, Wittlich

ISBN 3-89801-000-7

Karl-Josef Gilles

Bacchus und Sucellus

2000 Jahre römische Weinkultur an Mosel und Rhein

RHEIN-MOSEL-VERLAG

Inhalt

Vorwort

Kurt Beck
Ministerpräsident von
Rheinland-Pfalz

Hans-Artur Bauckhage
Minister für Wirtschaft,
Verkehr, Landwirtschaft
und Weinbau von
Rheinland-Pfalz

Dr. Marbod Muff
ZIRP-Vorsitzender und
Vorsitzender der
Geschäftsführung der
Boehringer Ingelheim
Pharma KG

Wein und Weinbau bestimmen seit 2000 Jahren das Leben der Menschen an Mosel und Rhein. Daher ist die Geschichte des Weinbaus eng mit der Historie unseres Landes verbunden. Die Frage nach den Anfängen des Weinbaus wurde lange Zeit von der Forschung kontrovers diskutiert. Während der letzten Jahre gelang es der rheinland-pfälzischen Archäologie mit der Entdeckung der ersten römischen Kelterhäuser, neue grundlegende Erkenntnisse zum 2000-jährigen Weinbau an Mosel und Rhein zu liefern. Zwar war der Weinbau schon durch verschiedene antike Schriftsteller seit dem späten 4. Jahrhundert n. Christus belegt, doch konnte dafür ein überzeugender archäologischer Nachweis erst mit der Entdeckung eines römischen Kelterhauses vor rund 20 Jahren erbracht werden. Seither wurden in Rheinland-Pfalz zehn solcher Kelterhäuser nachgewiesen. Da vergleichbare Anlagen aus anderen deutschen Weinbaugebieten bisher nicht bekannt geworden sind, unterstreichen sie einmal mehr die Bedeutung des antiken Weinbaus in unserem Land, ja sie lassen sogar die Anfänge des deutschen Weinbaus an Mosel und Rhein vermuten. Für die Pfalz und das Moseltal gelang den Naturwissenschaften, wie der Archäobotanik, zudem der Nachweis römischer Traubenkerne von sicher vor Ort gewachsenen Reben. Dass selbst unsere Staatsweingüter römische Vorgänger hatten, belegt eine neuerdings in Trier gefundene Sarkophaginschrift, die einen kaiserlichen Kellermeister nennt, den ersten seiner Art innerhalb des römischen Imperiums. Außerdem birgt eine kleine Glasamphore im Historischen Museum der Pfalz in Speyer den wohl ältesten erhaltenen Wein, der in Deutschland gewachsen ist.

Die grundlegende Bedeutung der in dieser Arbeit zusammengeführten Ergebnisse wurde bereits bei einem internationalen Symposion im September 1993 in Bernkastel-Kues hervorgehoben. Dabei zeigte sich, dass selbst die Forschung der »klassischen« Weinbauländer im Mittelmeerraum, für die der antike Weinbau nie außer Frage stand, sich inzwischen an den Erkenntnissen unserer Archäologen orientiert, obwohl das Mosel- und Rheintal erst wesentlich später für die Rebe erschlossen wurden.

Das vorliegende Buch unterstreicht die Bedeutung der 2000-jährigen Weinkultur an Mosel und Rhein. Es beschreibt die Anfänge des Weinbaus und seine erste Blüte, aber auch die antiken Pflanztechniken, die Arbeit im Weinberg, die verschiedenen Kelteranlagen, Fragen der damaligen Weinverarbeitung, des Weinhandels und des Weinkonsums. Somit erfüllt es ein lang gehegtes Desiderat unserer Landesgeschichte und fasst die neuesten Erkenntnisse zum rheinland-pfälzischen Weinbau für die Römerzeit und das frühe Mittelalter zusammen.

Wir wünschen diesem Buch, das rechtzeitig zur Jahrtausendwende erscheint, eine weite Verbreitung und viele interessierte Leser. Wir hoffen auch, dass Einzelne, angeregt durch dieses Werk, den Fachleuten weitere Beobachtungen oder Hinweise zum traditionsreichen Weinbau unseres Landes liefern können.

Kurt Beck

Dr. Marbod Muff

Hans Artur Bauckhage

Vorwort des Verfassers

Nie hatte der Verfasser in den ersten Jahren seiner Forschungstätigkeit daran gedacht oder gar die Absicht, irgendwann einmal ein Buch über den antiken Weinbau seiner Heimatregion zu schreiben. Abgesehen von dem Konsum der köstlichen Gaben der Weinberge stand er der Erforschung des Weines wie des Weinbaus lange Zeit sehr reserviert gegenüber. Vermutlich war seine Jugend zu stark durch die alljährlich immer wiederkehrenden, mitunter recht mühevollen Arbeiten im Weinberg wie im Keller geprägt, denen er häufiger einen Teil seiner Freizeit in den Schul- wie den Semesterferien opfern mußte.

Dabei hätte er, der mütterlicherseits aus einer einflußreichen Winzerfamilie stammte, die durch ihr Engagement einer heute bekannten Weinlage erst größere Anerkennung und ihre juristische Absicherung verschaffte (vgl. Gilles 1999, 25-41, 55-58, 63f.), dem Ruf der Familie folgend, alte Traditionen aufrecht erhalten müssen. Doch wandte er sich – entgegen den Ratschlägen und Wünschen seiner Familie – der Numismatik und der Archäologie zu und schien darin, nachdem ihn das Schicksal nach dem Studium wieder ins Moseltal zurückgeführt hatte, eine ausfüllende Betätigung zu finden.

Als im Frühjahr 1986 sein Vater, der als Beamter nebenberuflich ein kleineres Weingut an der Mittelmosel betrieben hatte, plötzlich verstarb, war der Verfasser gezwungen, dieses zunächst fort- bzw. zu einem ehrenvollen Ende zu führen. Damit ging aber auch eine jahrhundertelange Familientradition zu Ende. Die große Distanz zwischen Arbeits- bzw. Wohnort und den Weinbergen ließen auf Dauer keine andere Entscheidung zu. Gerade in dieser Zeit wurde ihm die Härte der Arbeit im Weinberg wieder bewußt, eine Arbeit, die von den meisten, die ein gutes Glas Wein zum Munde führen, nicht bedacht und noch weniger gewürdigt wird.

Schon wenige Monate zuvor war der Verfasser, dessen Forschungsschwerpunkte damals in ganz anderen Bereichen lagen, mit der Entdeckung der großen Kelter von Piesport – eher widerwillig – wieder auf die Schiene des Weinbaus gelenkt worden. Allerdings gab sich der Verfasser damals – sehr zum Ärger mancher Piesporter – noch zurückhaltend bezüglich der dort angeschnittenen Baureste, die die Einheimischen allzu gerne als römische Kelter gedeutet haben wollten. Sein Zögern war sicherlich berechtigt, wurden doch die entscheidenden Bereiche mit den Preßbecken und dem Kelterstein erst im Jahre 1986 freigelegt.

So fiel also die weitere Ausgrabung, die bald endgültige Gewißheit über die antiken Baureste erbringen sollte, und harte Wochenendarbeit in den eigenen Weinbergen, wie sich später noch zeigen sollte, glücklich zusammen. War es wirklich nur das zufällige Zusammentreffen zweier Ereignisse, die dazu führten, daß der Verfasser am Ende jenes Jahres den Entschluß faßte, sich für den heimischen Weinbau, der ihn während seiner ganzen Jugend geprägt hatte, endlich zu engagieren und positiv auf dessen Entwicklung einzuwirken? Der Verfasser vermag darauf keine Antwort zu geben. Dieses Engagement konnte sich aber nicht auf die Weinerzeugung beziehen. Vielmehr boten sich für ihn nicht zuletzt durch die Entdeckung der großen Piesporter Kelter ganz andere Möglichkeiten. Die Erforschung des heimischen Weinbaus, dessen Wurzeln – was zum damaligen Zeitpunkt keineswegs so sicher wie heute war – bis in die Römerzeit zurückreichten, war für den an den Hängen des Moseltals gewachsenen Wein zweifellos der beste Werbeträger. Sicher ist es auch kein Zufall, daß der Verfasser seither noch sieben weitere Kelteranlagen untersuchen oder ausgraben konnte, mitunter auch zum Unmut der Kollegen, die – aus verständlichen Gründen – diesem Forschungszweig zugunsten anderer Vorhaben lieber eine geringere Bedeutung beigemessen hätten.

Nun ist aus einer 14-jährigen Forschung rechtzeitig zur Wende zum nächsten Jahrtausend eine Arbeit entstanden, zu der es zwar schon bescheidenere Vorläufer gab, die aber nie in dieser Breite und Ausführlichkeit das Thema des antiken Weinbaus an Mosel und Rhein behandelten. Denn jede weitere Kelteranlage, vor allem die im Jahre 1998 entdeckte zweite Kelter von Erden, hat neue Aspekte und Anhaltspunkte zum römischen Weinbau, insbesondere zur Kellertechnik wie zur Weinbereitung, erbracht.

Die 2000jährige Weinkultur an Mosel und Rhein ist im Untertitel des Buches berücksichtigt. Die im Titel angesprochenen Gottheiten Bacchus und Sucellus stehen dagegen auch stellvertretend für den Kreis der angesprochenen Leser dieses Buches. Bacchus war primär der Schutzgott der Konsumenten, der Weingenießer, Sucellus hingegen der Schutzgott der einheimischen Winzer, also der Produzenten oder Erzeuger. Beide Personenkreise, Weintrinker wie Winzer, waren zu allen Zeiten und werden auch künftig voneinander abhängig sein. Ohne die Hilfe des anderen wird keiner auf »seine Kosten« kommen.

Die Erstellung eines solchen Buches wäre ohne freundliche Ratschläge und vielfältige Unterstützung nicht möglich gewesen. Für verschiedene Hinweise danke ich meinen Kollegen Prof. Dr. Wolfgang Binsfeld (Trier), Dr. Lukas Clemens (Trier), Dr. Sabine Faust (Trier), Dr. Margarethe König (Trier), Lothar Schwinden (Trier) und Dr. Fritz Schumann (Speyer). Fotos bzw. Pläne stellten die Herren Dr. Helmut Bernhard (Speyer), A. Biwer (Luxemburg), Franz Dewald (Trier), Bernd Hardy (Koblenz), Arne Houben (Briedel), Bruno Kremer (Trier), Dr. Jean Krier (Luxemburg), Wendt Kuschmann (Trier), Dr. Fritz Schumann (Speyer) und Hermann Thörnig sowie vor allem Thomas Zühmer (Rheinisches Landesmuseums Trier) zur Verfügung. Für zahlreiche Zeichnungen bin ich Frau Natalie Fatin (Trier) zu Dank verpflichtet, die mich zudem bei vorbereitenden Recherchen unterstützte. Das Lektorat übernahm Udo Marx, das Layout lag in den Händen von Cornelia Czerny und Arne Houben, der auch die Herausgabe des Buches übernahm.

Finanzielle Zuwendungen, die u. a. die Drucklegung, eine optimale Illustration und die Anfertigung zahlreicher neuer Zeichnungen ermöglichten, werden der Zukunftsinitiative Rheinland-Pfalz (ZIRP), der Mosel-Saar-Ruwer Wein e. V., der Johann Wolfgang Langguth-Stiftung (Traben-Trarbach), der Dr. Hans-Joachim Kann-Stiftung für Mittelalterarchäologie, den Trierer Münzfreunden e. V. – Gesellschaft für Numismatik und Heimatkunde, den Rheinpfälzischen Städtereinigungsbetrieben (RPS) Altvater GmbH (Ellerstadt), der Kreissparkasse Bernkastel-Wittlich, dem Kreis Bernkastel-Wittlich, den Verbandsgemeinden Bernkastel-Kues und Neumagen, der Gemeinde Piesport, dem Bernkasteler Ring e. V., der Weinbruderschaft Mosel-Saar-Ruwer, der Reh Kendermann GmbH (Leiwen) und Herrn Bernd Hardy (Koblenz) verdankt. Verbunden fühle ich mich dabei insbesondere Frau Landrätin Beate Läsch-Weber (Wittlich), Herrn Heinz Kolz (Mainz), Herrn Heinrich Barois (Traben-Trarbach), Frau Christel Erbisch und Herrn Jürgen Diederichs (Trier), den Bürgermeistern Rainer Grün (Bernkastel-Kues), Ferdinand Zenzen (Neumagen-Dhron) und Edgar Breit (Piesport), Herrn Hauptgeschäftsführer Jürgen Podzun (Koblenz), Herrn Hans-Jürgen Leukel (Trier), Herr

Dr. Hans-Joachim Kann (Trier), den Herren Rainer Kaminski und Honacker (Ellerstadt), Herrn Karl Kirch (Mertesdorf), Herrn Herbert Reh (Leiwen) und Herrn Dr. Karl-Heinz Faas (Trier). Die Verwaltung der Spenden oblag dem Geschäftsführer der Gesellschaft für Historische Hilfswissenschaften – Gemeinnützige Forschungsgesellschaft e. V. Koblenz, Herrn Gerd Martin Forneck (Koblenz).

Dank schulde ich nicht zuletzt auch meiner Familie für das Verständnis, das sie einmal mehr meiner Arbeit in den letzten Monaten entgegenbringen mußte.

Möge dieses Buch der Winzerschaft an Mosel und Rhein wie den Konsumenten ihrer Weine in aller Welt sehr viel Freude bereiten und dazu beitragen, daß der Weinbau in dieser Region noch weitere Jahrtausende Bestand haben wird.

Trier, im Oktober 1999

Dr. Karl-Josef Gilles

Silberne Rebe mit Trauben und Vogel, möglicherweise aus einer Bacchusgruppe, gefunden in der Hohenzollernstraße in Trier.

S. 13 rechts oben: Silberne Bacchus-Büste, gefunden an der Römerbrücke in Trier.

Die Erforschung des antiken Weinbaus an Mosel und Rhein

Obwohl bereits der römische Dichter Ausonius in seiner »Mosella« für die Zeit nach 370 n. Chr. umfangreiche Rebflächen für das Moseltal beschrieb, konnte dafür ein überzeugender archäologischer Nachweis erst vor rund 20 Jahren mit der Entdeckung eines römischen Kelterhauses erbracht werden. Inzwischen sind an Mosel und Rhein schon zehn römische Kelterhäuser ausgegraben worden. Einige Keltersteine machen noch weitere Kelteranlagen wahrscheinlich. Daneben gelang auch den Naturwissenschaften der Nachweis zahlreicher römischer Traubenkerne und Pollenkörner von Reben.

Die Erforschung des antiken Weinbaus

Bis vor kurzer Zeit war die Frage nach den Anfängen des Weinbaus an Mosel und Rhein ein umstrittenes Problem der archäologischen Forschung. So groß auch die Zahl der Funde von Trink- und Vorratsgefäßen war, die in unmittelbarer Beziehung zum Wein oder Weingenuß standen, so spärlich waren aber auch die Befunde, die als Beweis für einen römischen Weinbau hätten angeführt werden können. Zwar überlieferten schon verschiedene antike Schriftsteller, wie Ausonius[1] für das Moseltal im letzten Drittel des 4. Jahrhunderts n. Chr. oder Venantius Fortunatus[2] für das Mosel- und Rheintal in der 2. Hälfte 6. Jahrhunderts umfangreiche Rebflächen, doch wurde dafür ein überzeugender archäologischer Nachweis erst vor rund 20 Jahren mit der Entdeckung eines römischen Kelterhauses erbracht. Auch im Bereich der Naturwissenschaften, wie der →Archäobotanik, gelang der Nachweis römischer Traubenkerne von sicher vor Ort gewachsenen Reben erstmals im Jahre 1981 für die Pfalz und 1987 für das Moseltal. Römerzeitliche Pollenkörner von Reben sind an der Mosel gar erst seit 1998 belegt.

Als Anhaltspunkte für einen intensiven römerzeitlichen Weinbau wurden von der Forschung in den Jahrzehnten zuvor vor allem Steindenkmäler, wie etwa das Neumagener Weinschiff oder verschiedene Reliefs mit Reben- und Traubendarstellungen, angeführt. Doch auch hier lieferte, von zwei Quadern eines Grabmals an der Luxemburger Mosel einmal abgesehen, erst der im Jahre 1976 in einer römischen Villa bei Kinheim (Kreis Bernkastel-Wittlich) entdeckte Sucellus einen eindeutigeren Hinweis auf antiken Weinbau. Der gallo-römische Gott Sucellus darf im Gegensatz zu dem in der regionalen Literatur als Weingott verherrlichten Bacchus als Gott der Weinerzeuger angesehen werden. Nicht zufällig zeigt jenes Hochrelief den »Schlegelgott« erstmals mit einer Traube, die zugleich Rückschlüsse auf den Inhalt der hinter ihr gestapelten Fässer zuläßt. Wenn Sucellus, was naheliegt, von den Bewohnern dieser römischen Villa verehrt wurde, können wir deren (bevorzugte) Tätigkeit leicht erschließen.

Als indirekten Beweis für einen frühen römischen Weinbau an Mosel und Rhein wurde in der Forschung ein Edikt Kaiser Domitians (81-96) aus dem Jahre 92 n. Chr. angeführt[3], nach dem der Weinbau, um einer Überproduktion von Wein zu begegnen, in den gallischen Provinzen eingeschränkt werden sollte. Eine Verordnung, die erst um 278 n. Chr. von Kaiser Probus (276-282) wieder gelockert werden sollte[4]. Ob zwischenzeitlich ein intensiver Weinbau betrieben wurde, war ebenso umstritten wie die zuletzt von P. Kneißl[5] vertretene Feststellung, *»die zahlreichen Darstellungen auf den Neumagener Grabmälern sind somit nicht Zeugnisse eines Weinbaus an der Mosel, sie dokumentieren vielmehr den von Lyon ausgehenden Weinhandel, an dem Trierer Unternehmer offenkundig maßgeblichen Anteil hatten.«*

Für die Pfalz verharrte der Kenntnisstand über den römischen Weinbau bis Anfang der 80er Jahre weitgehend auf der bereits im Jahre 1923 erschienenen Arbeit von Friedrich Bassermann-Jordan, »Die Geschichte des Weinbaus«. Zwar wurden danach noch einzelne Gerätschaften und Gefäße gefunden, die mit dem Weinbau und dem Weingenuß in Verbindung gebracht werden konnten, doch gaben auch die jüngeren Arbeiten von Friedrich von Bassermann-Jordan, »Der Weinbau der Pfalz zur Römerzeit« (1946), und von Friedrich Sprater, »Römischer Wein und Weinbau« (1948), keine wesentlichen neuen Erkenntnisse. So konnten immer nur die verschiedenen Gerätschaften, wie Winzermesser oder Weinbergskarste, einzelne Reliefs mit Reben- und Traubendarstellungen, sowie verschiedene Trinkgefäße mit dem antiken Weinbau in Verbindung gebracht werden.

Ebenso glaubten Siegfried Loeschcke (1934), und Heinz Cüppers (1970) in ihren Publikationen vor allem aus den verschiedenen Fundgegenständen, die zum Weinkonsum verwendet wurden, einen intensiven Weinanbau in römischer Zeit ableiten zu dürfen. Beide Arbeiten gingen auch auf jene »Rebmesser« näher ein, die 1884 in frührömischen (?) Gräbern bei Kobern (Kreis Mayen-Koblenz) gefunden und als Teile eines »Winzergrabes« gedeutet worden waren. Doch sind die Fundzusammenhänge dieses vielzitierten »Winzergrabes« aus dem 1. Jahrhundert n. Chr. – wie auch Loeschcke bereits einräumte – keineswegs gesichert[6]. Zudem bleibt die Frage, ob es sich bei dem Messertyp mit der schmalen, nahezu rechtwinklig oder hakenförmig

umbiegenden Schneide überhaupt um ein im Weinbau verwendetes Messer handelte, oder ob es nicht die Funktion einer Waffe erfüllte. Waffenbeigaben waren bei frührömischen Gräbern durchaus üblich. Auch unser »Winzergrab« enthielt neben jenem Messer noch einen Wurfspieß, Pfeilspitzen und ein krumm gebogenes, also mit Absicht unbrauchbar gemachtes Schwert. Während der Ausgräber Richard Arnoldi noch von einem *»Grabfund eines Jägers und Winzers«* sprach, wurden die Waffenbeigaben in den folgenden Publikationen unterschlagen. Daher wurde dieses Grab bis zuletzt als ein wichtiges Indiz für den bis ins 1. Jahrhundert n. Chr. zurückreichenden Weinbau an der Mosel angeführt. Ebenso zweifelhaft ist die Deutung eines offenbar zweitverwendeten Reliefquaders aus dem Trierer Stadtgebiet, dessen heute sichtbares Relief wohl kaum einen Winzer des 1. Jahrhunderts n. Chr. zeigt[7], sondern eher romanischen Ursprungs sein dürfte.

Schwierig ist auch eine Bewertung der Beobachtungen, die im letzten Jahrhundert an der Ahr gemacht wurden[8]: *»römische Alterthümer wurden im November vorigen Jahres in der Nähe des Apollonarisbrunnens bei Ausgrabungen zu Neubauten ca. 14 Fuß tief unter der Oberfläche gefunden, worunter auch Thon- und Glasgefäße und gut erhaltene römische Münzen von Kaiser Valerianus (253-260) und Caesar Saloninus Valerianus. Dieses erinnert an interessante Ausgrabungen, welche im Jahre 1853 bei der Anlage des Abflußgrabens für den Apollinarisbrunnen gemacht wurden. Damals machte man eine Entdeckung, daß in einer Tiefe von ebenfalls 14 Fuß ganze Reihen regelmäßig gepflanzter Weinstöcke in der Erde standen. Hieraus läßt sich ein Schluß auf das Alter des Weinbaues in unserem Thale machen.«* Demnach gehen die älteren Beobachtungen von 1853 leider nur auf eine Überlieferung zurück. Ebensowenig ist eine Gleichzeitigkeit beider Fundstellen gesichert. Daher fällt es uns heute schwer, diese Angaben ohne Einschränkung zu übernehmen, zumal sie sich auf die Kölnische Zeitung beziehen und nie durch Fachleute bestätigt wurden. Allerdings glaubte auch Josef Röder, durch die Entdeckung von vermeintlich römischen Rigolgräben oder Pflanzgruben römischen Weinbau am nördlichen Mittelrhein bei Miesenheim und Kärlich (beide Kreis Mayen-Koblenz) nachweisen zu können[9].

Bis zum Jahre 1977 fehlte an Mosel und Rhein also jeder gesicherte und direkte archäologische Nachweis für eine Weinerzeugung oder Weinverarbeitung zur Römerzeit. Damals gelang es Adolf Neyses, eine römische Kelteranlage bei Maring-Noviand (Kreis Bernkastel-Wittlich) nachzuweisen, obgleich er bei den Ausgrabungen keine Traubenkerne bergen konnten. Zu dieser Zeit fehlte beim Rheinischen Landesmuseum Trier noch das Fachpersonal zur Durchführung von archäobotanischen Analysen. Dennoch schloß er wegen der Form und Anlage der einzelnen Becken, der durch die Säure des Mostes angegriffenen Oberfläche des Beckenputzes sowie der Tatsache, daß hier ein Konzentrat hergestellt

Maring-Noviand, Becken A mit angegriffener Putzoberfläche im unteren Drittel der Wände.

wurde, auf eine Kelteranlage. Trotz fehlender Traubenkerne können wir heute, nachdem in der unmittelbaren Umgebung acht weitere römische Kelterhäuser untersucht worden waren, jeden Zweifel an dieser These zurückweisen.

Dennoch hatte der Autor in seiner ersten Euphorie zwei weitere Nebengebäude von römerzeitlichen Villen in der Nähe von Papiermühle bei Neumagen-Dhron (Kreis Bernkastel-Wittlich) und bei Lösnich (Kreis Bernkastel-Wittlich) ebenfalls als Kelterhäuser bezeichnet. Allerdings ist für das 1974 freigelegte Gebäude von

Papiermühle die Deutung als Kelterhaus heute nicht mehr aufrecht zu erhalten, zumal zwischen den einzelnen Becken mit Sicherheit keine Verbindung bestand, über die Flüssigkeit hätte abfließen können. Zudem erbrachten nachträglich im Jahre 1989 genommene Bodenproben keine Hinweise auf Traubenkerne[10]. Ganz im Gegensatz dazu die Anlage von Lösnich: hier wurden bei Nachuntersuchungen in den Jahren 1990 und 1992 mehrere Traubenkerne und Himbeeren nachgewiesen. Damit waren die berechtigten Zweifel, die an dieser vermeintlich aus nur zwei Becken bestehenden Kelter gehegt wurden[11], ausgeräumt. Da wesentliche Teile der Anlage zerstört waren, führten neue Überlegungen zu einer veränderten Einschätzung des Grabungsbefundes. Hinzu kamen die Beobachtungen in den damals neu entdeckten Kelterhäusern, die zu einem überarbeiteten Grundriß führten[12].

Aus einer ungenauen Datierung der Keramik resultierte unglücklicherweise auch die Aussage des Autors, daß diese Anlagen *»um 200 entstanden sein könnten«*[13]. Damit waren alle Plätze um mindestens ein Jahrhundert zu früh datiert. Die Bestimmung der Münzen wie eine präzisere Auswertung der Keramik zeigten jedoch, daß die Kelter von Maring-Noviand nur in der 1. Hälfte des 4. Jahrhunderts[14], jene von Lösnich während des gesamten 4. bis ins frühe 5. Jahrhundert genutzt wurde[15].

Seither konnten an der Mittelmosel bei Ausgrabungen des Rheinischen Landesmuseums Trier unter Leitung des Verfassers in Bereich des Kreises Bernkastel-Wittlich sieben bzw. acht weitere römerzeitliche Kelteranlagen nachgewiesen werden. In den Jahren 1985/86 in Piesport, 1990 und 1991 gegenüber von Brauneberg (westliches und östliches Kelterhaus), 1990/92 (1974) bei Lösnich, 1992 gegenüber von Piesport-Müstert, 1992/93 gegenüber von Erden (westliches Kelterhaus), 1995 bei Graach und 1998 gegenüber von Erden (östliches Kelterhaus). Zuvor war im Jahre 1981 auch im Rheintal in der Vorderpfalz bei Bad Dürkheim-Ungstein das erste vergleichbare Kelterhaus entdeckt und untersucht worden.

Aufsehen erregte die 1990 vor der Abteikirche St. Maximin in Trier entdeckte und erstmals 1996 vorgelegte Inschrift eines Sarkophags. Sie nennt offensichtlich einen *praepositus vinorum*, einen in der Stadt Trier ansässigen kaiserlichen Kellermeister. Damit fand die schon sehr früh aus anderen Gründen geäußerte Vermutung, die größeren isoliert stehenden Kelteranlagen des Moseltals seien staatliche Einrichtungen[16], eine gewünschte Bestätigung.

In der Kelter von Ungstein wurden bereits 1981 mehrere hundert Traubenkerne geborgen. Sie stammten insbesondere aus einem dort aufgefundenen Bleibehälter, in dem offensichtlich ein Mostkonzentrat hergestellt wurde. Ein solcher Nachweis gelang für das Moseltal erst im Jahre 1987 durch das gerade neu eingerichtete Archäobotanische Labor des Rheinischen Landesmuseums Trier. In einer zwei Jahre zuvor in der Kelter von Piesport genommenen Bodenprobe wurden ein vollständiger und ein fragmentierter Traubenkern festgestellt. Dank glücklicher Umstände konnten daraufhin neben den Preßbecken nachträglich noch weitere Proben genommen werden, aus denen 79 vollständige Kerne und fast 200 Fragmente ausgelesen wurden. Größere Mengen von Traubenkernen brachten auch die in der Folgezeit untersuchten Kelterhäuser in Brauneberg, Erden, Graach und Piesport-Müstert, wobei in Müstert sogar 387 vollständige und mehrere hundert Fragmente geborgen werden konnten.

Da für das Moseltal lange Zeit keine Pollenanalysen vorgenommen worden waren, gelang erst im Jahre 1998 für das Stadtgebiet von Trier der Nachweis von Pollenkörnern von *vitis vinifera* (Wein)[17]. Die untersuchten Proben aus einer Grabung in der Walramsneustraße zeigten, daß der Wein erst um 150 n. Chr. auch als Pflanze in der Trierer Talweite vorkam und dort zuvor – anders wie im Rheintal – offenbar auch nicht die Wildrebe zu Hause war. Während bei Traubenkernen, die außerhalb von Kelterhäusern auftreten, nicht zweifelsfrei zu entscheiden ist, ob die Pflanze vor Ort gewachsen oder als Frucht oder Getränk importiert worden war, ist der Nachweis von Pollenkörnern ein sicheres Indiz für das lokale Vorkommen einer Art. Dennoch sagt dieser Beleg nichts über den Beginn eines großflächigen Anbaus aus, zumal die Rebe als insektenblütige Art (im Gegensatz zu den windblütigen) nur wenig Pollen verbreitet. Allerdings macht er nach Ansicht der Autoren »*in Zusammenhang mit hohen Werten anderer siedlungsanzeigender Pollentypen den Nachweis der Kultur von Wein sehr wahrscheinlich*«.

Ebensowenig läßt sich heute feststellen, ob die in einem Sarkophag bei Speyer im Jahre 1867 geborgene zylindrische Glasflasche mit Delphinhenkeln aus dem späten 3. oder der 1. Hälfte des 4. Jahrhunderts n. Chr. einheimischen oder importierten Wein enthielt. Immerhin birgt sie den bisher ältesten Wein, der je an Rhein und Mosel zutage kam. Die oberen zwei Drittel der Flasche sind verharzt, das untere ist noch dünnflüssig erhalten. Nach den chemischen Untersuchungen besteht die verharzte Masse aus Olivenöl und Wachs. Die Flüssigkeit enthält dagegen dieselben mineralischen Bestandteile, die bei einem völlig zersetzten Wein zu erwarten sind. Es handelt sich offensichtlich um einen ursprünglich mit Honig gesüßten Wein, der, wie es in Italien üblich war, mit Olivenöl abgedeckt war[18]. Schon im Jahre 1808 waren bei Ruppertsberg (Kreis Bad Dürkheim) in einem Steinsarg eine faßförmige Flasche der Frontinusgruppe zum Vorschein gekommen, deren Inhalt ein Arbeiter leergetrunken haben soll und der ihm, so die Überlieferung, gut bekommen sei. Gleiches wird von einer Glasflasche im Speyerer Museum berichtet, die 1838 in einem Steinsarg bei Großkarlbach (Kreis Bad Dürkheim) gefunden wurde. Sicherlich kein einheimisches Gewächs war dagegen der älteste auf deutschem Boden gefundene Wein- oder Mostrest, der 1909 bei Dampfing in der Nähe von Donauwörth in einem Glas des späten 1. oder frühen 2. Jahrhunderts n. Chr. als Beigabe eines Kindergrabes (?!) entdeckt wurde[19]. Später gelangte dieses Glas, wie auch ein weiteres, mit Weinresten des 2. Jahrhunderts aus Syrien in die Sammlung von Friedrich von Bassermann-Jordan. Heute befindet sich diese Sammlung als Depositum des Landes Rheinland-Pfalz im Historischen Museum der Pfalz in Speyer.

Dennoch lagen schon im letzten Jahrhundert verschiedene archäologische Hinweise auf römische Kelterhäuser und Keltersteine vor. Entweder wurden die archäologischen Befunde nicht erkannt oder falsch interpretiert, indem man römische Becken grundsätzlich mit Badeanlagen, die den Archäologen vertrauter waren, in Verbindung brachte[20]. Teilweise

Römische Glasflasche, vielleicht mit dem ältesten in Deutschland hergestellten Wein.

waren die Mauerreste der antiken Anlagen sogar noch sichtbar, doch glaubte niemand, ihnen ein solch hohes Alter zugestehen zu dürfen. So zeigt ein Stahlstich von Carl Bodmer aus dem Jahre 1833 die Reste eines zerstörten Bauwerks am westlichen Ortsrand von Piesport genau an der Stelle, an der 1985 eine römische Kelteranlage mit noch bis zu 3,80 m hohen Mauern angetroffen wurde[21]. Bodmer, der bei seinen Moselstichen in der Regel sehr genau gearbeitet hatte, wurde aber in diesem Falle – vielleicht von Einheimischen – zu einer Deutung der Ruinen verleitet, und ließ in der Wasserspiegelung unterhalb der Mauerreste einen Kirchturm erkennen. Damit ging er aber, wie wir heute wissen, einen Schritt zu weit. Bei keinem seiner übrigen Stiche zeigt die Wasserspiegelung eine Abweichung vom damaligen Baubestand.

Immerhin waren auch vier der im Katalog aufgelisteten Keltersteine schon in den 70er Jahren des 19. Jahrhunderts in den Bonner Jahrbüchern vorgestellt und mit Ausnahme jenes von Koblenz bzw. Engers als Kelterstein gedeutet worden. Offenbar gerieten sie rasch wieder in Vergessenheit, denn W. von Massow beschrieb

Die Ruinen der römischen Kelteranlage am westlichen Ortsrand von Piesport nach einem Stahlstich aus dem Jahre 1833 von Carl Bodmer.

1932 einen Grabmalquader aus Trittenheim[22], der mit jenen Keltersteinen vergleichbare Einarbeitungen aufwies. Die Zweitnutzung des Quaders erklärte er lediglich mit dem Satz: »*In der Mitte beider Seiten von oben nach unten durchlaufende, nicht antike Falz.*« Als Keltersteine waren diese Quader erst mit den Ausgrabungen in Piesport und Brauneberg aufgrund ihrer eindeutigen Fundlage wiedererkannt worden[23].

Inzwischen konnten fünf der zehn ausgrabenen römischen Kelteranlagen unter modernen, teilweise auf antikem Mauerwerk ruhenden Schutzbauten konserviert und auch rekonstruiert werden. Dabei stand in Piesport und in Brauneberg die Rekonstruktion der unterschiedlichen Pressvorrichtungen im Mittelpunkt. Allerdings waren durch diese Konservierungen die Aussagemöglichkeiten der Archäologen stark eingeschränkt. Denn durch die Entscheidung des Gemeinderats von Piesport, die Kelter zu erhalten, war es für die Archäologen nicht mehr möglich, unter den gut erhaltenen Beckenestrichen nach älteren Anlagen oder Vorgängerbauten zu suchen, obwohl von solchen mit großer Wahrscheinlichkeit auszugehen war. Dies wäre einer weitgehenden Zerstörung der Becken, die man verständlicherweise unversehrt erhalten wollte, gleichgekommen. So können in diesem Falle lediglich Aussagen zur jüngsten Kelter aus dem aus gehenden 4. Jahrhundert gemacht werden. Im Gegensatz dazu steht die Kelter im benachbarten Ortsteil Müstert: Beim Bau eines unmittelbar daneben gelegenen mittelalterlichen Kelterhauses war diese bereits so stark in Mitleidenschaft gezogen worden, daß vom Ausgräber keine größeren Rücksichten auf die bescheidenen Baureste mehr zu nehmen waren und letztlich mindestens fünf Bauphasen verschiedener Keltern aus der Zeit des 3. bis späten 4. Jahrhunderts nachgewiesen werden konnten.

Natürlich führte die Entdeckung der ersten Kelteranlagen auch zu einer gesteigerten Aufmerksamkeit bei den Winzern. Es hatte sich nämlich gezeigt, daß es für die heutige Winzerschaft von

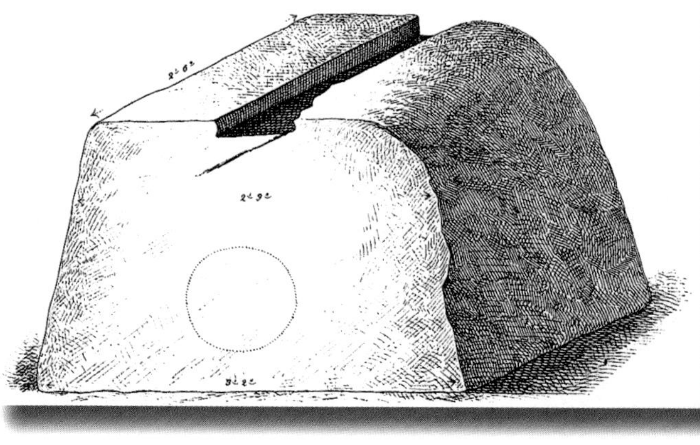

Nicht erkannter römischer Kelterstein aus Koblenz bzw. Engers nach Bonner Jahrbücher 53/54, 1873, Taf. XVII.

Die Kelterung von Trauben im römischen Weingut »Weilberg« bei Ungstein.

wirtschaftlichem Vorteil war, den Weinbau auf römische Wurzeln zurückführen bzw. bis in die Römerzeit dokumentieren zu können. Heute werden im Rahmen von Festen in zwei dieser Kelterhäuser, in Ungstein (seit 1991) und in Piesport (seit 1992), wieder jährlich Trauben nach römischer Art sowie in zwei weiteren, in Maring-Noviand (seit 1986) und in Brauneberg (seit 1997), in größeren zeitlichen Abständen ausgepreßt.

Anmerkungen

1 Mosella 152ff.
2 De navigio suo 30-42.
3 Sueton, De vita Caesarum. Domitianus 7.
4 Scriptores historiae Augustae (Vopiscus), vita Probi XVIII, 8.
5 Kneißl 1981, 196.
6 Vgl. dazu Kneißl 1981, 193 und Loeschcke 1934, 10f. Anm. 35.
7 Cüppers 1987, 93 Nr. 19.
8 Bonner Jahrbücher 53/54, 1873, 310.
9 Röder 1953, 176f.; 190.
10 Nach freundlicher Mitteilung von M. König ließen sich in den Proben neben der Haselnuß nur noch verschiedene Unkräuter nachweisen. Bodenproben von der neben den Becken gelegenen Darre enthielten dagegen nur Linsen (Neyses 1977, 218).
11 Gilles 1989^2, 59.
12 Gilles 1990^3, 39*-42*. – Gilles 1995^2, 183-186. – Vgl. auch S. 183.
13 Neyses 1977, 217: *»Aus den bei den Untersuchungen gemachten Keramikfunden geht klar hervor, daß die Anlagen um 200 entstanden sein können und sicherlich bis zum Ende der Römerzeit in Betrieb gewesen waren.«* Offenbar bezweifelte bereits Kneißl 1981, 194 diese Aussage, die er folgendermaßen interpretierte: *» Selbst die drei Anlagen,..., vermögen keine entscheidenden Hinweise zu liefern, da ihre Zeitstellung anscheinend nicht zu präzisieren ist«.*
14 Gilles 1990^2, 192-193 mit Abbildung der Münzen und einer genauen Beschreibung der Keramik.
15 Gilles 1995, 40.
16 Gilles 1987, 59; Gilles 1989^2, 54, 61; Gilles 1990^3 38f.
17 Dörfler 1998, 134 und 143.
18 F. Sprater, Der Römerwein im Weinmuseum des Historischen Museums der Pfalz zu Speier, in: Pfälzisches Museum 33, 1916, 43-47.
19 Grüß 1934, 19.
20 Vgl. z. B. den Katalog der »Möglichen römische Kelteranlagen« Nr. 2 und 17 sowie Nr. 7.
21 Auch in Brauneberg müssen die Mauerreste der beiden Kelterhäuser noch bis in das ausgehende 19. Jahrhundert sichtbar gewesen sein, da dieser Bereich nach den vorliegenden Katasterkarten damals noch brach lag und nicht mit Reben bepflanzt war.
22 v. Massow 1932, 250-252 Nr. 467. Weitere Einzelheiten, insbesondere zur heutigen Unter- und ehemaligen Oberseite gehen aus Skizzen in den Ortsakten des Rheinischen Landesmuseums Trier hervor.
23 Vgl. Gilles 1987, 54*-57* (Abb. 2), Gilles 1989, 186-189, insbesondere Abb. 2 u. 3; Gilles 1992^3, 27*-31* und Krier 1992, 415-420.

Etruskische Bronzeschnabelkanne des 5. Jahrhunderts v. Chr. aus Bescheid (Kreis Trier-Saarburg).

S. 21 rechts oben: Der etruskische Henkelbecher aus Bescheid (Kreis Trier-Saarburg) diente, wie etruskische Wandmalereien belegen, in der 1. Hälfte des 4. Jahrhundert v. Chr. als Schöpfgefäß.

Vor- und frührömischer Weinimport an Mosel und Rhein

Der Wein war bereits in keltischer Zeit ein sehr beliebtes Getränk. Allerdings mußte er, wie die zu seinem Genuß bevorzugten Trinkgefäße, damals noch aus dem Mittelmeerraum importiert werden. So ist es verständlich, daß der Wein zu dieser Zeit weitgehend dem Adel vorbehalten war. Eine deutliche Zunahme der Weinimporte läßt sich an Rhein und Mosel erst nach der Eroberung Galliens durch Caesar beobachten. Damit wurde der Wein auch breiteren Bevölkerungsschichten zugänglich. Die dadurch entstandene Nachfrage führte letztlich auch zum Anbau eigener Reben.

Die Anfänge des Weinbaus in Gallien

Auf welchem Weg der erste Wein und später auch die ersten Reben an Mosel und Rhein gelangten, darüber herrschten in der Forschung keine größeren Meinungsverschiedenheiten. Vom Gebiet der ehemaligen griechisch-phokäischen Kolonie Massilia, dem heutigen Marseille, führte dieser Weg offensichtlich entlang der Rhône bis Lyon, folgte dann weiter in nördlicher Richtung dem Flußlauf der Saône, erreichte bei Epinal die Mosel und gelangte so schließlich an den Rhein. Uneins dagegen war man sich über den Zeitpunkt, zu dem die Rebe an Mosel und Rhein erstmals Fuß gefaßt hatte, ob erst nach der römischen Okkupation im 1., 2. oder 3. Jahrhundert n. Chr. oder schon wesentlich früher, gar noch unter den Kelten. Auf Grund der insgesamt dürftigen, teilweise widersprüchlichen und häufig überinterpretierten Quellen gingen die Einschätzungen weit auseinander. Auch der zuletzt von A. Dieck unternommene Versuch, Funde von Weinblättern und Traubenkernen – jedoch ohne Mengenangaben, Maße oder Abbildungen – als Belege für einen Weinanbau oder eine Weinproduktion im Südwesten Niedersachsens für die Spätbronzezeit (900-750 v. Chr.), die Frühlatènezeit (500-400 v. Chr.) und die Spätlatènezeit (1. Jahrhundert v. Chr.) zu sehen, wurde von der Forschung kritisch aufgenommen, zumal der Autor keine Nutzung der Trauben als Obst in Betracht zieht[1].

Wildreben (helle und rötliche Blätter) in einem Rheinauenwald in Hoerdt bei Speyer (1984).

Die Wildrebe ist dagegen im Rheintal durch Pollenanalysen zumindest bis in die vorrömische Eisenzeit nachgewiesen. Inwieweit bei der Anlage der ersten Rebflächen auch heimische Wildreben, wie es Plinius von einer Rebe aus dem Gebiet der Allobroger meinte, in »Kultur genommen« wurden[2], läßt sich beim derzeitigen Forschungsstand nicht entscheiden. Um 1870 ließen sich vor allem in den Rheinauenwäldern oberhalb der Neckarmündung noch 36 Sorten wilder Reben nachweisen. In den folgenden Jahrzehnten wurden sie jedoch im Zuge von Kultivierungen erheblich zurückgedrängt und stellenweise sogar ganz ausgerottet[3].

Ob die ionischen Phokäer aus Kleinasien bei der Gründung ihrer Niederlassung in Massilia um 600 v. Chr. bereits kultivierte Reben angetroffen hatten, oder, wie Livius berichtete[4], erst die Etrusker den im Süden Frankreichs wohnenden Galliern den Wein brachten, um sie auf diese Weise schon 200 Jahre vor dem berühmten Feldzug des Senonenfürsten Brennus (390 v. Chr.) zu einem Überfall nach Italien zu locken, muß dahin gestellt bleiben. Auch Plutarch (ca. 45-125) erwähnte, daß ein gewisser Aruns schon bald nach der Gründung Massilias die Weinkultur von Etrurien dorthin gebracht habe[5]. Die relativ frühe Einführung der Rebe könnte auch einer der Gründe für das rasche Aufblühen dieser Stadt gewesen sein, denn schon Plato (427-347 v. Chr.) weiß zu berichten, daß die Kelten nur ungemischten Wein tranken[6], zu einer Zeit, als der Weinhandel noch wenig ausgeprägt war und der Wein wohl nur über Massilia bezogen werden konnte.

Offenbar entwickelten sich in der Umgebung von Marseille so umfangreiche Rebkulturen, daß sich Rom letztlich gezwungen sah, durch Ein-

fuhrverbote[7] den italischen Wein zu schützen und gegen Ende des 2. Jahrhunderts v. Chr. in den abhängigen Gebieten den Anbau von Wein gänzlich zu verbieten[8]. Solche staatlichen Eingriffe konnten, wie auch ein späterer Versuch unter Kaiser Domitian (81-96) zeigte, wohl nie in vollem Umfange durchgesetzt werden.

Wenn Diodor aus Sizilien um 50 v. Chr. über Gallien schrieb, daß dort wegen der übermäßigen Kälte weder Öl noch Wein wachsen würden[9], bezog er dies sicher nicht auf die Gegend von Marseille und die damals schon römische Provinz Gallia Narbonensis (seit 121 v. Chr.) sondern offensichtlich auf den noch nicht besetzten Teil Galliens. Ähnliches überlieferte Marcus Terentius Varro (116-27 v.), wonach in Gallien jenseits der Alpen im Binnenland am Rhein weder die Rebe noch die Olive noch der Obstbaum wachsen würden[10]. Ebenso erwähnte Gaius Iulius Caesar in keinem seiner acht Bücher über den gallischen Krieg (58-51 v.), obwohl er zweimal, 55 und 53 v. Chr., den Mittelrhein überschritten hatte, den Anbau der Rebe, wohl aber die Einstellung einzelner Stämme zum Wein, wie etwa der Nervier, die die Einfuhr von Wein und anderen Luxusgütern nicht zuließen, da die Männer verweichlichten und ihre Tapferkeit nachließe[11]. Der Historiker und Geograph Strabon (64/63 v. – ca. 23 n. Chr.) bemerkte wenig später, daß die Ligurer, im Gebiet der heutigen Provence, nur wenig Wein anbauten, der zudem nach Pech (Harz) schmeckte[12]. In der Gallia Narbonensis würden dagegen alle Obstsorten wie in Italien angebaut. Wenn er weiter ausführte, daß jenseits der Cevennen (ca. 50 km nördlich von Nîmes bzw. Montpellier) Trauben kaum zur Reife gelangen würden, schließen wir daraus, daß die Rebe damals zwar schon über diese Linie vorgedrungen war, doch in jenen Regionen wohl nur unbefriedigende Ergebnisse erbracht hatte.

Interessante Hinweise lieferte auch Plinius der Ältere (ca. 23-79 n.) in seiner Naturgeschichte, in der er u. a. die verschiedenen in Südgallien angepflanzten Rebsorten beschrieb. Dort erwähnte er auch, daß die zwischen Isère und Rhône (Savoyen) siedelnden Allobroger eine eigene Rebe pflanzten, die nach Pech (Harz) schmeckte[13] und in Rom besonders geschätzt sei. Zu den allobrogischen Weinen fügte er hinzu, daß diese dem Vergil (70-19 v.) noch unbekannt gewesen wären, so daß der Weinbau das Rhôneknie erst um die Zeitenwende erreicht haben dürfte.

Der Weinexport nach Gallien und Germanien

Leider geben die antiken Schriftsteller nur vereinzelte Hinweise auf den Handel bzw. die vielfältigen Schwierigkeiten beim Warenaustausch mit den Galliern, insbesondere dem Export von Wein. Wenig schmeichelhaft klingt eine Überlieferung von Diodor aus Sizilien aus der Mitte des 1. Jahrhunderts v. Chr.[14]: »*Wein lieben die Gallier über alle Maßen. Den Wein, der von Kaufleuten eingeführt wird, gießen sie unvermischt in sich hinein. Gierig sprechen sie dem Trank unablässig zu, bis sie berauscht in Schlaf oder Delirium fallen. Daher nutzen auch viele italische Kaufleute berechnend die Trunksucht der Gallier als günstige Gelegenheit zur Bereicherung. Sie verschiffen den Wein auf den Flüssen oder schaffen ihn mit dem Wagen über Land und bekommen unglaublich viel bezahlt. Denn für eine kleine Kruke Wein erhalten sie einen Sklaven, tauschen also für den Trank einen Mundschenk ein.*« Poseidonios von Apameia (ca. 135-51 v. Chr.) berichtete[15], lange bevor Caesar Gallien unterwarf, daß die reicheren Kelten Weine aus Italien oder der Gegend von Marseille beziehen und diesen unvermischt trinken oder, wenn überhaupt, nur wenig Wasser zusetzen, während die einfachere Bevölkerung Bier unterschiedlicher Qualität zu sich nimmt. Die Nervier hätten sogar den Import von Wein in ihr Stammesgebiet verboten, da der übermäßige Genuß nachteilige Folgen für die Kampfkraft habe.

Zu Zeiten Ciceros (106-43 v.) lieferten die Händler Rabirius und Galeo ihre Weine bis an die Moselmündung bei Koblenz, was als ein Zeichen eines umfangreichen Fernhandels gedeutet werden kann[16]. An den gewinnreichen Weinexporten beteiligten sich auch einzelne römische Verwaltungsbeamte wie der Statthalter der Provinz Gallia Narbonensis, Marcus Fonteius (77-75 v. Chr.). Dieser mußte sich im Jahre 69 v. Chr. von Cicero verteidigen lassen, nachdem ihn Kaufleute beschuldigt hatten, während seiner

Statthalterschaft auf Weine, welche über seine Provinz nach Innergallien exportiert wurden, allzu hohe Ein- und Ausfuhrzölle erhoben zu haben. Diese ließ er offenbar zum Nachteil der Staatskasse in die eigene Tasche »fließen«[17].

Auch die rechtsrheinischen Germanen haben bereits im 1. Jahrhundert v. Chr. gerne auf importierten Wein zurückgegriffen. So behauptete Poseidonios (ca. 135-51 v.), daß sie über die Maßen reinen Wein trinken würden[18]. Dagegen berichtete Caesar im vierten Buch des »Gallischen Krieges« (55 v. Chr.), daß die Sueben keine Einfuhr von Wein duldeten, *»weil er die Widerstandskraft der Menschen breche und die Männer schwächlich wie Frauen mache.«*[19] Kurz vor der Wende des 1. Jahrhunderts n. Chr. schrieb Tacitus (ca. 55-um 120) in seiner *Germania*, daß die Germanen als Getränk eine Flüssigkeit haben, die aus Gerste oder Weizen gewonnen und zu etwas ähnlichem wie Wein vergoren wird. Die grenznahen Völker (Bewohner der Uferstreifen) erhandelten sich auch Wein. Die Speisen seien einfach und man vertreibe ohne würzende Zutaten den Hunger. Dem Durst gegenüber gäbe es nicht das gleiche Maßhalten. Wenn man ihrer Trinklust entgegenkomme, würde man sie durch ihre Untugend, den übermäßigen Weinkonsum, leichter besiegen als mit Waffen[20]. An anderer Stelle meinte Tacitus, daß sie das Jahr nur in die Abschnitte Winter, Frühling und Sommer einteilten, *»einen Namen für Herbst kennen sie ebensowenig wie dessen Gaben«*. Wenn diese Aussage auch leicht übertrieben scheint, sollte daraus jedoch abzuleiten sein, daß es am Rhein während des 1. Jahrhunderts n. Chr. noch keinen Weinbau gegeben haben dürfte[21].

Keltische Trink- und Weingefäße

Im Zuge eines florierenden Handels und größeren Warenaustausches wurden im 5. und 4. Jahrhundert v. Chr. auch zahlreiche repräsentative »Trinkgeräte« an Mosel und Rhein vermittelt, die wohl vornehmlich zum Genuß von Wein bestimmt waren. Die Vielzahl der vorliegenden Metallgefäße läßt vermuten, daß der südländische Wein der keltischen Oberschicht des Rheinlandes wie der Pfalz schon lange vor der Einführung der Rebe bekannt war. Gerade der Besitz solcher kunstvoll ausgearbeiteter Gefäße erlaubte es, den Wein nach mediterranem Brauch in festlicher Runde darzureichen und zu genießen. Hiervon zeugen die Beigaben vieler keltischer Adelsgräber zwischen Mosel, Saar und Rhein[22].

Der bronzene Siebtrichter aus Hoppstätten (Kreis Birkenfeld) wurde im 5. Jahrhundert v. Chr. wohl zur Zubereitung des importierten Weines genutzt.

Mögen manche dieser Gefäße auch zum Genuß anderer Getränke verwendet worden sein, sind die verschiedenen Siebgefäße, die den zuvor gewürzten Wein zu filtern hatten, in ihrer Verwendung eindeutig. Zu ihnen zählte zweifellos ein gehenkelter Siebtrichter aus Hoppstädten (Kreis Birkenfeld). Das eigentliche Sieb, in dem noch doppellagige Stoffreste als zusätzliche Fil-

ter festgestellt werden konnten, läßt als Muster einen rechtsdrehenden Viererwirbel erkennen. Seine Außenwand ist wiederum mit Mäanderborten, Zirkelornamenten, Figuren und gezirkelten Punktkreisen reich verziert. Auf dem Rand des im 5. Jahrhundert v. Chr. gefertigten Trichters sind noch Reste eines →Tierfrieses erhalten.

Bemerkenswert sind auch einige goldene Zierbleche von Trinkhörnern, die vor allem auf dem Hunsrück gefunden wurden, ebenso die etruskischen Schnabelkannen, wie jene aus Grabhügel 4 von Bescheid (Kreis Trier-Saarburg). Sie fällt durch ihren relativ dicken Ausgußschnabel und den mit Pflanzenmotiven verzierten Griff auf und gehört noch dem 5. Jahrhundert v. Chr. an (vgl. S. 20).

Etruskischer Herkunft ist ebenfalls ein großer Henkelbecher mit hohem Henkel (vgl. S. 21), der

Die Amphore von Bescheid (Kreis Trier-Saarburg) wurde in Anlehnung an ein mediterranes Metallvorbild in Ton gefertigt.

in einer vierkralligen Löwenpranke endet. Sein Gefäßkörper ist reich mit Flechtbandornamenten und Perlstabbänder verziert. Auch er wurde in einem Grab (Hügel 9) von Bescheid entdeckt und wird von den Fachleuten der 1. Hälfte des 4. Jahrhunderts v. Chr. zugerechnet. Etruskische Wandmalereien belegen, daß solche Henkelbecher als Schöpfgefäße genutzt wurden.

Die Belieferung der keltischen Fürsten- und Adelsfamilien mit südländischen Trinkgeräten führte offenbar auch dazu, daß brei-

Die Tonkanne von Sien (Kreis Birkenfeld) ahmt eine etruskische Bronzekanne nach.

tere Bevölkerungsschichten an diesem Lebensstil teilhaben oder ihm zumindest nahekommen wollten. So wurden diese Gefäße schon bald von Einheimischen in Anlehnung an die italisch-etruskischen Bronzevorbilder in Ton nachgebildet. Ein besonders schönes Beispiel bildet dafür die Schnabelkanne aus Sien (Kreis Birkenfeld). Dabei wurden Mündung, Henkel und →Attaschen mit halbplastischen Mustern aus Riefen und Dellen verziert. Ebenfalls in Anlehnung an mediterrane Metallvorbilder fertigte man vermutlich im Hunsrückraum die große Tonamphore mit Standfuß aus Hügel 4 in Bescheid (Kreis Trier-Saarburg) und versah sie mit einer schwarzbraunen Politur.

In größerem Umfang läßt sich der Import von mediterranen Weinen aber erst in spätkeltischer Zeit, etwa ab der Mitte des 1. Jahrhunderts v. Chr., durch die Funde von zahlreichen Amphoren belegen. Solange dem Luxusgetränk Wein durch seine Seltenheit ein gewisser Prestigewert zukam, zeichnete die Beigabe einer Weinamphore, wie zuvor die südländischen Bronzegefäße, die einzelnen Gräber als solche des Adels aus. Dazu zählen Amphoren aus Grabfunden in Berglicht

(Kreis Bernkastel-Wittlich), Butzweiler (Kreis Trier-Saarburg), Bierfeld (Kreis St. Wendel) oder Saarlouis-Roden.

Vor allem während des 1. und 2. Jahrhunderts n. Chr. waren die Amphoren beliebte Behälter für den Ferntransport mediterraner Lebensmittel. Daher wurden sie in fast allen Gegenden des Mittelmeerraumes hergestellt. Neben Wein beförderte man in diesen robusten Keramikgefäßen, die uns wegen ihrer Unvergänglichkeit in recht vielfältigen Formen überliefert sind, vor allem Fischsaucen und Olivenöl, aber auch andere Lebensmittel und »Konserven«, wie Feigen, Datteln oder Oliven. Bisweilen tragen die Amphoren noch mit Pinsel angebrachte Aufschriften, welche Angaben über Maße, Inhalt, Alter, Händler, Herkunft und Transporteur festhalten. Darüber hinaus zeigen sie häufiger, vor allem auf ihren Henkeln, einen oder mehrere Stempel, die meist in verkürzter Form den Namen des Herstellers und damit auch dessen Herkunft verraten.

Oft wurden die zwischen 10 und 35 kg schweren Gefäße (Volumen 25-60 l) nach Erreichen ihres Bestimmungsortes einer neuen Verwendung zugeführt. Der Rücktransport einer leeren Amphore in den Mittelmeerraum wäre wegen ihres enormen Gewichtes viel zu kostspielig gewesen, so daß wir sie durchaus mit modernen Einwegflaschen vergleichen können. Die Herkunft des ursprünglichen Inhaltes einer Amphore dürfte daher nicht allzu weit von ihren Herstellungsort entfernt gelegen haben. So wurde aus der einheimischen Produktion von Amphoren auch für die Nordschweiz darauf geschlossen, daß bei Augst am Rhein bereits in der 2. Hälfte des 1. Jahrhunderts n. Chr. Wein angebaut wurde[23].

Allerdings hatten diese Amphoren einen relativ dünnen Fuß und waren daher kaum für den Ferntransport geeignet. Da diese Weinbehälter aber Amphorenformen renommierter Weine aus Italien und Spanien zum Vorbild nahmen, hatte man hier offenbar Weine aus der näheren Umgebung auf den lokalen Märkten unter einem falschen »Etikett« an die Weintrinker gebracht.

Frührömische Weinamphoren aus Berglicht, Butzweiler, Bierfeld und Saarlouis-Roden im Rheinischen Landesmuseum Trier.

Da die einzelnen Amphoren aber nur der Beförderung bestimmter Güter dienten, lassen sich die Weinamphoren heute wie damals aufgrund ihrer charakteristischen Formen von solchen unterscheiden, die etwa für den Transport von Fischsaucen oder Olivenöl gedient haben. Typisch für frührömische Weinamphoren ist die langgestreckte, konische Form mit einer abgestumpften zylindrischen Spitze und relativ großen Henkeln. Spätere Formen sind wesentlich bauchiger und weisen einen flachen oder gerundeten Boden mit verkümmertem Standzapfen auf. Mit einem geringeren Gewicht von etwa 15 kg und einem Fassungsvermögen von rund 30 l war das Gewichtsverhältnis zwischen Verpackung und Inhalt etwas günstiger als bei den älteren Amphoren.

Anmerkungen

1 Dieck 1976, 89-91.
2 Bassermann-Jordan 1923, 32.
3 Bassermann-Jordan 1923, 13-14. Zu der fälschlichen Annahme, die noch vorhandenen wilden Reben seien nur verwilderte Überbleibsel älterer, vielleicht sogar römerzeitlicher Rebanlagen, vgl. Bassermann-Jordan 1923, 11-13.
4 Vgl. Livius, Ab urbe condita V, 33: »*...Eam gentem traditur fama dulcedine frugam maximeque vini, nova tum voluptate, captam Alpes transisse agrosque ab Etruscis ante cultos possedisse; et invexisse in Galliam vinum iniciendae gentis causa Arruntem Clusinum...*« (Diese Völkerschaft hatte nach der Überlieferung, betört durch die Köstlichkeit der Früchte und vor allem des Weins, eines damals noch neuen Genusses, die Alpen überquert und das bisher von den Etruskern bestellte Land in Besitz genommen; und zwar soll Arruns aus Clusium den Wein in Gallien eingeführt haben, um die Bevölkerung herbeizulocken,...).
5 Plutarch, Camillus 15.
6 Plato, Leges I, 637.
7 Gellius, Noctium atticarum II, 24, 2.
8 Cicero, De re publica III, 9, 16 (zum Jahr 129 v. Chr.).
9 Diodor, »Bibliotheke historike« V, 26. Statt dessen machten sie einen Trunk aus Gerste: »*Cum vinum non habeant Galli, potum ex hordeo conficiunt...*«
10 Varro, De re rustica I, 7, 8: »*in Gallia transalpina intus ad Rhenum cum exercitum ducerem, aliquot regiones acessi, ubi nec vitis nec olea nec poma nascerentur...*«.
11 Caesar, De bello gallico II,15: »*...nihil pati vini reliquarumque rerum ad luxuriam pertinentium inferri, quod his rebus relanguescere animos eorum virtutemque remitti existimarent...*«
12 Strabon, Geographika IV, 1, 5: »*apud ipsos enim purum vini nascitur idque picem resipit...*«.
13 Plinius, Historia naturalis XIV, 4.
14 Diodor, »Bibliotheke historike« XXVI, 3.
15 Poseidonios, Historien zitiert nach seinem Schüler Athenaios von Attaleia IV, 12: »*Locupletes vinum bibunt ex Italia petitum vel Massiliensium regione et id merum, interdum aquae paululum affundentes...*«.
16 Cüppers 1970, 139.
17 Cicero, Pro Marco Fonteio 19.
18 Poseidonios, Historien, zitiert nach seinem Schüler Athenaios von Attaleia IV, 13.
19 Caesar, De bello gallico IV, 2: »*...vinum ad se omnino importari non patiuntur, quod ea re ad laborem ferendum remollescere homines atque effeminari arbitrantur...*«
20 Tacitus, Germania 23: »*Potui humor ex hordeo aut frumento in quandam similitudinem vini corruptus; proximi ripae et vinum mercantur. Cibi simplices, agrestia poma, recens fera aut lac concretum; sine apparatu, sine blandimentis expellunt famem. Adversus sitim non eadem temperantia. Si indulseris ebrietati suggerendo, quantum concupiscunt, haud minus facile vitiis quam armis vincentur.*
21 Tacitus, Germania 26: »*...unde annum quoque ipsum non in totidem digerunt species; hiems et ver et aestas intellectum ac vocabula habent, autumni perinde nomen ac bona ignorantur...*
22 Vgl. dazu z. B. Cüppers 1987, 10, 88-90 und R. Hackenberg-Cordie u. a., Hundert Meisterwerke keltischer Kunst. Schriftenreihe des Rheinischen Landesmuseums 7, 1992.
23 Martin-Kilcher 1994, 342-344 und 1995, 95-96.

Hore des Herbstes, Detail aus dem Bacchusmosaik von der Trierer Walramsneustraße.

S. 29 rechts oben: →Antoninian des römischen Kaisers Probus (276-282).

Der Wein an Mosel und Rhein in der antiken Literatur

»Weinstockbesetzt sich erhebt, ein natürlich entstand'nes Theater!«

Mit diesen Worten umschrieb um 370 n. Chr. Ausonius in seiner „Mosella«, dem ältesten erhaltenen Moselgedicht, die ausgeprägte Moselschleife bei Piesport. Vergleichsweise bescheiden klingt dagegen eine in Trier auf den Kaiser Maximianus gehaltene Lobrede, die als älteste Schriftquelle schon 80 Jahre früher Weinbau an der Mosel überlieferte. 200 Jahre nach Ausonius wurden in einem weiteren Gedicht durch Venantius Fortunatus auch die ersten Weinberge am Rhein bei Andernach gepriesen: *»Stehn auf den Hügeln dahier in geräumigen Reihen die Reben«.*

Die Edikte der Kaiser Domitian und Probus

Um 92 n. Chr. schränkte Kaiser Domitian (81-96 n. Chr.) in den gallischen Provinzen den Weinbau zugunsten des Getreideanbaus ein, um so einer Überproduktion von Wein zu begegnen und die Wirtschaftskraft der bisherigen (italischen) Weinbaugebiete zu erhalten. Ob dieses Edikt[1] als indirekte Erwähnung eines frühen römischen Weinanbaus an Mosel und Rhein gesehen werden kann, oder ob es nicht erst in den Folgejahren den geplanten Anbau wie die Ausbreitung der Rebe beeinflußte, ist abhängig von dem Zeitpunkt, zu dem die Rebe in unserer Region Fuß faßte. Auf jeden Fall läßt dieses Edikt aber erkennen, daß damals auch außerhalb der traditionellen Weinbaugebiete Italiens, Südfrankreichs und Spaniens wohl schon in größeren Mengen Wein angebaut wurde. Als Kaiser Probus (276-282 n. Chr.) um 278 n. Chr., also knapp 200 Jahre später, diese Einschränkung wieder lockerte, hob zumindest eine der antiken Quellen hervor, daß er allen in Gallien wohnenden Stämmen – damit auch jenen an Mosel und Rhein – gestattete, die Rebe anzupflanzen und auch Wein herzustellen. Dies könnte bedeuten, daß das Rheinland und die Pfalz, obwohl sie vielleicht von dem Edikt zunächst nicht betroffen waren, zumindest in der Folgezeit dessen Auswirkungen zu spüren bekamen, und wir daher während des 2. und 3. Jahrhunderts nur mit einem »gebremsten« Anbau der Rebe rechnen müssen.

Die antiken Quellen, durch die Kaiser Probus erst in unserer Zeit zum großen Förderer des deutschen Weines gemacht wurde, scheinen aber alle voneinander abhängig und berichten, daß Probus zum einen Erleichterungen für den provinziellen Weinbau gegenüber älteren Beschränkungen durchgesetzt, zum anderen neue Rebflächen geschaffen habe. Keine dieser Quellen bezeugt aber unmittelbar den Anbau von Wein an Mosel oder Rhein.

So überlieferte Aurelius Victor in der Mitte des 4. Jahrhunderts[2]: *»...eodem modo hic Galliam Pannoniasque et Moesorum colles vinetis replevit«* (auf dieselbe Weise hat dieser Gallien und Pannonien sowie die Berge der moesischen Provinzen mit Weinreben wieder gefüllt), ferner an anderer Stelle[3]: *»Vineas Gallos, Pannonias habere permisit ...«* (Er erlaubte den Galliern und Pannoniern Weinberge zu haben). Flavius Vopiscus, einer der sechs Autoren einer Sammlung von Kaiserbiographien, lieferte Anfang des 4. Jahrhunderts den vielleicht aussagekräftigsten Hinweis[4]: *»Gallis omnibus et Hispanis ac Britannis permisit, ut vites haberent vinumque conficerent.«* (Er erlaubte **allen** Galliern und Spaniern und Britanniern, daß sie Reben hatten und Wein herstellten). Eutropius wiederum bemerkte in der 2. Hälfte des 4. Jahrhunderts[5]: *»Probus ... vineas Gallos et Pannonios habere permisit ...«* (Probus erlaubte, den Galliern und Pannoniern Weinberge zu haben) und ähnlich auch Eusebios von Caesarea (ca. 260-340 n. Chr.)[6]: *»Probus Gallos et Pannonios vineas habere permisit ...«*.

Die Lobreden auf die Kaiser Maximianus und Constantin d. Gr.

Im Gegensatz zu den vorgenannten Quellen bilden zwei in Trier gehaltene Lobreden (Panegyrici) auf die Kaiser Maximianus (286-305 n. Chr.) und Constantin d. Gr. (306-337 n. Chr.) die ersten schriftlichen Zeugnisse, die unmittelbar den Anbau von Wein an der Mosel überliefern. So heißt es in dem im Jahre 291 von Claudius Mamertinus an Maximianus Herculius gerichteten →Panegyricus[7]: *»... rumpunt horrea conditae messes et tamen cultura duplicatur; ubi silvae fuere, iam seges est, metendo et vindemiando defecimus ...«* (... die eingebrachten Ernten sprengen die Speicher und dennoch wird der Anbau verdoppelt; wo einst Wälder waren, steht schon die Saat, Ernten und Weinlesen können wir nicht mehr bewältigen ...). Würden wir jene Feststellungen ohne Einschränkungen akzeptieren, müßten wir in den Jahren vor 291 mit einer Verdopplung der Rebflächen rechnen, die in diesem Falle zumindest teilweise auf die Erleichterungen unter Kaiser Probus (276-282 n. Chr.) zurückgehen könnte. Trotz aller propagandistischer Tendenzen, die allen vergleichbaren Lobreden zu eigen sind und ihren Aussagewert daher einschränken, sollte jene für das Trierer Land so bedeutsame Feststellung zum Zeitpunkt des Vor-

trages zumindest teilweise einen wahren Kern enthalten haben.

Den Anbau von Wein bestätigt auch ein zweiter von Eumenius im Jahre 311 in Trier an Constantin d. Gr. gerichteter Panegyricus[8]: »... *ipsaeque vineae quas mirantur ignari, ita vetustate senuerunt, ut culturam iam paene non sentiant, radices enim vitium quarum iam nescimus aetatem, millies replicando congestae altitudinem debitam scrobibus excludunt ...«* (... und selbst die Reben, über die Unkundige sich wundern, sind durch lange Jahre alt geworden, daß sie beinahe nicht mehr die Bearbeitung wahrnehmen, denn die unzähligen Wurzeln der Reben, deren Alter wir nicht mehr kennen, verhindern die notwendige Tiefe, um in Gruben Ersatzreben anzupflanzen ...). Neben weniger relevanten Einzelheiten über Arbeitsgänge im Weinberg erfahren wir durch Eumenius, daß sich damals niemand mehr des Alters der Reben erinnert, und es ihre dichten Wurzeln nahezu unmöglich machen, dazwischen neue Reben zu pflanzen. Wenn diese Aussage nicht übertrieben ist, müßten die dort beschriebenen Reben sicher schon vor der Regierungszeit von Probus (276-282) gepflanzt worden sein. Allerdings bleibt offen, ob diese Passage auf die Umgebung rund um die römische Hauptstadt Trier oder nicht eher auf *Augustodunum* (Autun), dem Ausgangspunkt dieser Lobrede zu beziehen ist, das damals zu Ehren Constantins den Namen *Flavia Haeduorum* angenommen hatte.

Nach dieser Lobrede sollten nochmals 60 Jahre vergehen, bis der Wein und der Rebanbau von dem am Trierer Kaiserhofe lebenden Ausonius im ältesten erhaltenen Moselgedicht gepriesen wird.

Die »Mosella« des Ausonius

Um das Jahr 371 verfaßte Decimus Magnus Ausonius († 393 in Bordeaux) seine »Mosella«. Wohl im Auftrage Kaiser Valentinians I. (364-375 n. Chr.) sollte er in Hexametern die in den Jahren zuvor von Bürgerkrieg heimgesuchte und

D. MAGNI
AVSONII
BVRDIGA-
LENSIS
MOSEL-
LA.
CVM
COMMENTARIO
MARQ. FREHERI
P. M. CONSILIARII AR-
CHIPALATINI ET CVRIÆ
PRÆSIDIS VI-
CARII:
In quo præter AVSONII, *multa* AV-
CTORVM *aliorum, multa veteris*
GERMANIÆ, *illustrantur & explicantur.*
Biblioth. publ. Civit. Trev. 1810.
Cum Privilegio quindecenni S. ROM. IMP. VICARII.
TYPIS GOTTHARDI VOEGELINI.
HEIDELBERGÆ
CIↃ IↃCXIX.

Frühe Ausgabe von Ausonius' Mosella aus dem Jahre 1619 (Gotthard Voegelin, Heidelberg).

Dieses Denkmal des Decimus Magnus Ausonius ist eine Schöpfung des frühen 20. Jahrhunderts und steht in Neumagen an der Mosel.

von germanischen Völkern bedrängte Region als blühende Landschaft an der Grenze zu den Germanen schildern. Der um 310 n. Chr. in Bordeaux geborene Dichter war kurz zuvor, wohl um 366/367, als Erzieher des Thronfolgers Gratian (367-383 n. Chr.) und dessen Bruder Valentinian II. (375-392 n. Chr.) nach Trier gekommen. Sein 483 Verse umfassendes Gedicht nimmt an drei bzw. vier Stellen mehr oder weniger direkt auf den damaligen Weinbau an der Mosel Bezug. Zunächst vergleicht er in den Versen 18-22 die Weinberge der Mosel mit denen seiner Heimat in Bordeaux an der Garonne[9].

In speciem tum me patriae cultumque nitentis
Burdigalae blando pepulerunt omnia visu:

Culmina villarum pendentibus edita ripis

Et virides Baccho colles et amoena fluenta

Subter labentis tacito rumore Mosellae.

Da trieb alles zum Schau'n und zu frommer Verehrung der Heimat,
Meines prächt'gen Bordeaux, mich an mit schmeichelndem Scheine:
Schroff aufragende Giebel der Villen am Hange des Ufers,
Hügel, umkränzt mit des Weinstocks Grün und – lieblich zu schauen –
sacht hingleitend der Strom der friedlich murmelnden Mosel.

Vielleicht war Ausonius nach 366 häufiger vom Rhein bzw. Bingen über den Hunsrück nach Trier gereist und erreichte, aufgrund der Straßenführung, immer gegenüber von Piesport (Kreis Bernkastel-Wittlich) das Moseltal.

Die »Arena« von Piesport, die Ausonius möglicherweise schon in seiner »Mosella« beschrieb.

Der erste wunderschöne Blick, der sich ihm an dieser Stelle auf den Fluß wie die relativ hohen Berge mit den Rebflächen bot, mögen ihn zu seinen schwärmerischen und viel interpretierten Versen (152-156) verleitet haben, die wohl den Höhepunkt seines ganzen Gedichtes bildeten und hier in einer metrischen Übersetzung von Wolfgang Binsfeld wiedergegeben werden:

Inducant aliam spectacula vitea pompam

Sollicitentque vagos Baccheia munera visus,

Qua sublimis apex longo super ardua tractu

Et rupes et aprica iugi flexusque sinusque

Vitibus assurgunt naturalique theatro.

Jetzt eröffn' einen anderen Festzug das Schauspiel der Reben,
und erfreue den schweifenden Blick der Gabe des Bacchus:
dort wo die krönende Kuppe in langem Zug über'm Steilhang,
dort wo Felsen und sonniger Grat in gewundenem Bogen
weinstockbesetzt sich erhebt, ein natürlich entstand'nes Theater.

Wieder folgt nach einem kurzen Vergleich mit Landschaften in Italien, Mazedonien und Thrakien sowie seiner Heimat in Vers 160-168 ein Lobpreis auf die Rebenlandschaft der Mosel wie deren frohes Winzervolk:

Sic mea flaventem pingunt vineta Garunnam:
Summis quippe iugis tendentis in ultima clivi
Conseritur viridi fluvialis margo Lyaeo.

Laeta operum plebes festinantesque coloni

Vertice nunc summo properant, nunc deiuge dorso,
Certantes stolidis clamoribus. inde viator

Riparum subiecta terens, hinc navita labens

Probra canunt seris cultoribus: adstrepit ollis
Et rupes et silva tremens et concavus amnis.

So auch malt sich die Rebe daheim an der gold'nen Garonne:
Denn hoch wächst auf den Jochen der himmelsanstrebenden Berge
Längs des Gestades das Grün des sorgenbezwingenden Weinstocks.
Arbeitsfreudiges Volk und emsig beschäftigte Winzer
Tummeln sich bald auf den Höh'n, bald eilen ins Tal sie hinunter,
Gröhlen dabei um die Wette wie närrisch; aber der Wand'rer
Der da des Wegs auf dem Leinpfad zieht, und der Schiffer im Kahne
Höhnen mit Kuckucksruf den verspäteten Winzern: zurückschallt's
Wieder vom Fels, vom hallenden Wald und der Mulde des Flusses.

In Vers 189-198 beschreibt er die Reize der Wasserspiegelung, insbesondere der Weinberge beim Glanz des Abendsterns. Dabei komponiert er in das Geschehen einen verträumten Schiffer hinein, der in seinem Kahn das Gefühl für Schein und Wirklichkeit verliert. Dieser Abschnitt gehört zweifellos zu den schönsten seiner »Mosella«:

Illa fruenda palam species: cum glaucus opaco
Respondet colli fluvius, frondere videntur

Fluminei latices et palmite consitus amnis.

Quis color ille vadis, seras cum propulit umbras
Hesperus et viridi perfundit monte Mosellam!
Tota natant crispis iuga motibus et tremit absens
Pampinus et vitreis vindemia turget in undis.
Adnumerat virides derisus navita vites,

Navita caudiceo fluitans super aequora lembo
per medium, qua sese amni confundit imago ...

Aber des Anblicks darf man sich freu'n: wenn im bläulichen Strome
Schattige Hügel sich spiegeln, die Wasser des Stromes zu grünen
Scheinen im Schmucke des Laubes, und Reben im Strome zu wachsen.
Wie färbt dann sich die Flut, wenn der Abendstern nächtliches Dunkel
Führet herauf und mit grünem Gebirg' überschattet die Mosel!
Alle die Grate verschwimmen im Wellengekräusel, der ferne
Weinstock schwankt, und es schwillt in kristallener Woge die Traube.
Aber der Schiffer – wie lustig! – zählt ruhig die Reben im Wasser
Zu den ander'n, indes er im Einbaum über die Fläche
Treibt in die Mitte des Stroms, wo das Bild des Hügels zerrinnet, ...

Die Gedichte des Venantius Fortunatus

Auch der um 530 in Oberitalien geborene Venantius Honorius Clementianus Fortunatus († um 601 als Bischof von Poitiers) geht in seinen Werken rund 200 Jahre nach Ausonius an insgesamt vier Stellen auf den Weinbau an Mosel und Rhein ein[10]. Die älteste Quelle bildet wohl ein Lobgedicht auf Vilicus (*Ad Vilicum episcopum Mettensem*), den langjährigen Bischof von Metz, der dort um 566 verstorben war, und dessen Gastfreundschaft Venantius Fortunatus mehrfach genießen durfte. In dem Gedicht, das vornehmlich die Umgebung von Metz beschreibt, heißt es in Vers 12-14:

Hinc sata culta vides, cernis et inde rosas;

Prospicis umbroso vestitos palmite colles:

Certatur varia fertilitate locus.

Sieh hier ländlichen Bau, Rosen gewahrst du dort,
Weiter erblickst du die Höh'n umkleidet mit schattenden Reben:
Im Wetteifer erzeugt mancherlei Früchte das Land.

Ein weiteres Gedicht gibt eine Beschreibung einer vom Trierer Bischof Nicetius († um 566) in der näheren Umgebung von Trier errichteten Bergbefestigung (*De castello Nicetii super Mosella*), *»welche, von der Mosel umschäumt, der winzige Rhodanus einkreist«*. Ihre Lokalisierung hatte in der Vergangenheit unter den Archäologen zu heftigen Kontroversen geführt. Nach der Beschreibung umfaßte die als *»Mediolanum«* überlieferte Anlage 30 Türme und bezog auch eine Talsiedlung mit ein. Weinberge und Obstgärten erstreckten sich hangabwärts bis zum Moselufer.

Nachdem man im Laufe der Jahre recht verschiedene Burgen und Berge des Moseltals mit diesem Ort in Verbindung gebracht hatte, glaub-

te man zuletzt, – ohne daß dafür eine archäologische Bestätigung vorlag – die Nicetiusburg auf dem »Folzerberg« zwischen Dhron und Neumagen (Kreis Bernkastel-Wittlich) lokalisieren zu können. Ein entscheidendes Argument war dabei, daß man den »*Rhodanus parvulus*« mit der Dhron, dem »*Drahonus*« des Ausonius, gleichsetzte. Jedenfalls markierte der Bau einer solchen Befestigung, sofern sie wirklich außerhalb von Trier lag, eine für die damalige Zeit außergewöhnliche Ausweitung des bischöflichen Einflusses über den Trierer Stadtbezirk hinaus, der kaum ohne königliche Zustimmung hätte erfolgen können. Zu den Weinbergen, die wie das »*castellum*« in der Nähe von Trier zu suchen sind, schrieb Venantius Fortunatus in Vers 39-42:

Blandifluas stupidis induxit collibus uvas

Vinea culta viret, quo fuit ante frutex.

Insita pomorum passim plantaria surgunt

Et pascunt vario floris odore locum.

Struppige Höh'n hat er (Nicetius) umkleidet mit saftigen Trauben,
Wingerte grünen in Bau, wo nur Gedörne vordem.
Obstpflanzungen auch seht hier und dort sich erheben
Mancherlei Blütengedüft wehet von ihnen umher.

Allzu gerne wüßten wir, ob diese Zeilen, vor allem Vers 40, so zu verstehen sind, daß Nicetius erst mit dem Bau seiner Befestigungsanlage die Sträucher aushauen ließ und statt ihrer Weinreben pflanzte, oder ob sich diese Feststellung auf einen Vorgang bezog, der schon längere Zeit zurücklag? Da aber Venantius Fortunatus ausdrücklich betont, daß »*gepflegte Weinstöcke grünen, wo vorher Gestrüpp war*«, spricht dies eher für eine von Nicetius veranlaßte Neuanpflanzung in der 1. Hälfte oder Mitte des 6. Jahrhunderts. Zu überlegen wäre auch, ob Venantius mit dem »*frutex*«, den er den »*vinea culta*«, den gepflegten Weinbergen, gegenüberstellte, vielleicht ältere, im 5. Jahrhundert aufgelassene und verwilderte Rebflächen oder sogar kriechende Reben meinte, die nun einer Neuanlage oder einer neuen Reberziehungsart weichen mußten.

Nahezu unbeachtet blieb in der bisherigen Forschung der Beitrag von Cord Meckseper »Der Palast des Nicetius – oder: ganz jenseits von Bauforschung«[11]. Dort versuchte der Autor, die Nicetiusburg mit der Porta Alba in Heiligkreuz bei Trier in Verbindung zu bringen. Wenn die Mauern der Nicetiusburg nach Venantius Fortunatus bis zur Mosel hinabreichten und mit dreißig Türmen besetzt waren, könnten nach Meinung des Autors damit durchaus auch Teile der alten Trierer Stadtbefestigung gemeint sein, die sich von der Porta Alba bis hin zur Mosel ausdehnte. Die Beschreibung des Venantius, nach der sich unterhalb der Burg (bzw. der Porta Alba) gepflegte Weinberge in Richtung Mosel erstreckt hätten, findet in einer Quelle aus dem Jahre 704 eine willkommene Bestätigung, nach der dort (beim Kreuz) Weinberge innerhalb der alten Stadtmauer, »*vineam infra muros Treveris civitatis ad crucem*«, gelegen haben[12].

Die Porta Alba, das Osttor der römischen Stadtbefestigung von Trier, zeigen noch ein →Denar und ein →Obol des Trierer Erzbischofs Rudolf von Wied (1183-1189). Allerdings muß der dort dargestellte Quaderbau wenig später, wohl um 1240, abgetragen worden sein. Seine Fundamente wurden verschiedentlich bei Ausgrabungen beobachtet. Da der Verlauf der römischen Stadtmauer während des Mittelalters in Vergessenheit geraten war, wurde die Alba Porta in jüngerer Zeit, wie verschiedene Trierer Stadtansichten erkennen lassen, mehrfach mit der in den Ruinen der Kaiserthermen errichteten Altport verwechselt.

Noch deutlicher nahm Venantius Fortunatus in seinem Gedicht »*De navigio suo*« auf den Weinbau an Mosel und Rhein Bezug. Dieses Gedicht, das als das zweitälteste erhaltene Moselgedicht gilt[13], entstand um das Jahr 588, als Venantius Fortunatus den fränkischen König Childebert (575-596) und dessen Mutter Brunhilde auf einer Mosel- und Rheinfahrt begleitete. In Vers 25-42 schrieb er:

Die Alba Porta auf einem Silberdenar des Trierer Erzbischofs Rudolf von Wied (1183-1189). Möglicherweise war sie die von Venantius Fortunatus beschriebene Nicetiusburg, vor der sich im 6. Jahrhundert ausgedehnte Rebflächen erstreckten.

Undique prospicimus minitantes vertice montes,	*Ringsum bieten dem Blick mit drohenden Gipfeln sich Berghöhn,*
Nubila quo penetrans surgit acuta silex;	*Wo zu den Wolken hinan steiget das schroffe Geklipp;*
Qua celsos scopulos praerupta cacumina tendunt	*Hoch zu den Felsen empor senkrecht aufstreben die Gipfel,*
Hispidus et tumulis crescit ad astra lapis.	*und das rauhe Gestein, himmelan thürmt es sich auf.*
Nec vacat his rigidis sine fructibus esse lapillis:	*Dennoch bezwinget man, Frucht zu erbringen, den starrenden Schiefer,*
Denique parturiunt saxaque vina fluunt.	*Selbst der Felsen gebiert und es entströmet der Wein.*
Palmite vestitos hic respicis undique colles,	*Allwärts siehst du die Höh'n umkleidet mit grünenden Reben,*
Et vaga pampineas ventilat aura comas;	*und sanft lächelnde Luft spielet der Rank' im Gelock.*
Cautibus insertae densantur in ordine vites,	*Dicht in Zeilen gepflanzt in das Schiefergestein ist der Rebstock,*
Atque supercilium regula picta petit;	*und an die Brauen des Berg's zieh'n sich begrenzte Gelänď'.*
Culta nitent inter horrentia saxa colonis;	*Anbau lacht aus starrendem Fels schmuck Pflanzern entgegen,*
In pallore petrae vitis amoena rubet,	*Selbst in der Blässe des Steins rötet (reifet) die Traube sich hold.*
Aspera mellitos pariunt ubi saxa racemos,	*Dort, wo steiles Geklüft kostbarste Süße der Beeren*
Et cote in sterili fertilis uva placet,	*zeugt, und an Reben die Frucht lacht in dem baren Gestein.*

Der Wein in der antiken Literatur

Quo vineta iugo calvo sub monte comantur,
et tegit umbrosus sicca metalla viror;

Inde coloratas decerpit vinitor uvas,

Rupibus adpensis pendet et ipse legens.

Wo Weinberge belaubt aufstreben zu kahlen Berghöh'n,
und reichschattendes Grün decket das trockne Geröll:
Hier einsammelt die Ernt' der gefärbten Trauben der Winzer,
Selbst am Felsabhang hänget er lesend die Frucht.

Besondere Aufmerksamkeit verdient der Vers 39 (*Quo vineta iugo calvo sub monte comantur*), da damit vielleicht ein bestimmter Ort beschrieben wurde. Der dort erwähnte »*calvo sub monte*« ist aufgrund der übrigen lokalisierbaren Ortsbezeichnungen sicher zwischen Trier bzw. Pfalzel, die in Vers 21/22 und 23/24 beschrieben werden, und dem in Vers 45 angesprochenen Kobern-Gondorf (Kreis Mayen-Koblenz) anzusiedeln. Aufgrund dieser lokalen Eingrenzung liegt der Verdacht nahe, die Beschreibung auf den Calmont bei Bremm (Kreis Cochem-Zell) zu beziehen, der ja als steilster Weinberg Europas weit über die Mosel hinaus bekannt ist. Zweifellos geht der Name »Calmont« auf ein romanisches, also lateinisches Wort zurück, das allerdings mehrere Deutungsmöglichkeiten zuläßt. Romanische Flurnamen lassen sich an der Mosel zwischen Cochem und Bernkastel in großer Zahl nachweisen. Dies ist kein Zufall, da in dieser Region nicht nur eine gewisse Bevölkerungskontinuität zu vermuten ist, sondern, wie Sprachforscher überzeugend nachgewiesen haben, noch bis ins 11./12. Jahrhundert eine eigene Sprache, das Moselromanische, verbreitet war. Erst danach wurde das Moselromanische, das auch einige Wörter aus dem Keltischen entlehnte, allmählich von der deutschen Sprache verdrängt. Bemerkenswert ist auch, daß sich gerade in der Winzersprache noch eine Vielzahl romanischer Reliktwörter erhalten hat.

Offen bleibt derzeit, ob der im Zusammenhang mit Weinbergen erstmals für das Jahr 1373 überlieferte Calmont »*am langen Kalmont*« etwa auf das keltische »*kal*« = hart, also »Felsberg« oder eher auf das römische »*calvus mons*« (kahler Berg) oder »*calidus mons*« (heißer Berg) zurückgeht. Alle drei Deutungsmöglichkeiten wären auf den Calmont anzuwenden, obgleich der Verfasser, entsprechend dem Moselgedicht des Venantius, der zweiten Möglichkeit den Vorzug geben würde.

Verschaffen wir uns ein Bild vor Ort und rufen uns nach diesen Ausführungen noch einmal jene vier Verse (39-42) in Erinnerung, glaubt man wirklich in der Beschreibung des Venantius aus dem späten 6. Jahrhundert den Bremmer Calmont erkennen zu können:

Der Calmont bei Bremm , der offensichtlich schon Venantius Fortunatus bei seiner Mosel- und Rheinfahrt inspirierte.

Wo Weinberge belaubt aufstreben zu kahlen Berghöh'n
und reichschattendes Grün decket das trockne Geröll
Hier einsammelt die Ernt' der gefärbten Trauben der Winzer
Selbst am Felsabhang hänget er lesend die Frucht.

Diese Zeilen lassen wie auch die viel interpretierten Verse in Ausonius' »Mosella« erkennen, daß die Rebflächen in römischer Zeit primär in klimatisch begünstigten Steilhängen angelegt waren. Sie finden ihre Bestätigung in den römischen Kelteranlagen in Erden, Brauneberg, Graach oder Piesport. Dabei wird man sich zwangsläufig auch kleinerer, künstlich, angelegter Terrassen bedient haben. Dies würde allerdings bedeuten, daß sich der Terrassenanbau nicht, wie von der mittelalterlichen Geschichtsforschung lange vermutet[14], erst im 11./12. Jahrhundert ausbreitete, sondern, wie am »Calmont«, auf wesentlich ältere Traditionen zurückgriff.

Auf seiner Weiterfahrt beschrieb Venantius Fortunatus, nachdem er Kobern und Koblenz passiert hatte, in Vers 63-68 auch einige am Rhein gelegene Rebflächen, die wir wohl wenig unterhalb von Andernach (Kreis Mayen-Koblenz) lokalisieren müssen. Diese Verse bilden bisher die älteste Überlieferung von Weinbergen im Rheintal:

In Trier geprägter →Goldtriens aus der 2. Hälfte des 6. Jahrhunderts n. Chr. mit einer recht ungeschickten Darstellung eines merowingischen Königs.

Antonnacensis castelli promptus ad arces	*Rasch zu den Mauern hinab an Andernachs Festung*
Inde prope accedens sarcina pergo ratis.	*Fahr ich dann nahe hinan, weiter getragen vom Boot.*
Sint licet hic spatiis vineta in collibus amplis	*Stehn auf den Hügeln dahier in geräumigen Reihen die Reben,*
Altera pars plani fertilis exstat agri,	*Dehnt Acker sich fruchtbar ans andere Gestad.*
Plus tamen illa loci speciosi copia pollet,	*Doch vorzüglicher scheint Reichtum dort prangender Landschaft,*
Alter quod populis fructus habetur aquis.	*Weil noch zweiten Ertrag erntet das Volk aus der Flut.*

Anmerkungen

1 Sueton, De vita caesarum, Domitianus 7.
2 Aurelius Victor, De Caesaribus, 37.
3 Aurelius Victor, De Caesaribus, 37.
4 Scriptores historiae Augustae (Vopiscus), vita Probi XVIII, 8.
5 Eutropius, Breviarium ab urbe condita IX, 17.
6 Eusebius, Chronica 264.
7 Panegyricus latinus XI, 15, 4.
8 Panegyricus latinus VIII, 6.
9 In den metrischen Übersetzungen folgen wir weitgehend M. W. Besser, in: Römische Erzähler (Wiesbaden/Berlin o. J.) 263-278.
10 In den metrischen Übersetzungen seiner Gedichte folgen wir weitgehend Eduard Böcking, Moselgedichte des Decimus Magnus Ausonius und des Venantius Fortunatus, 108-121, in: Anhang zu Bonner Jahrbücher 7, 1845. Vgl. auch unten S. 227 - 235 und Detlev Ellmers, Archäologischer Kommentar zu dem Gedicht des Venantius Fortunatus über seine Moselreise, in: Andernacher Beiträge 3, 1988, 55-59.
11 Architectura 24, 1994, 161-169.
12 Heinrich Beyer, Leopold Eltester, Adam Goerz: Urkundenbuch zur Geschichte der jetzt die preußischen Regierungsbezirke Coblenz und Trier bildenden mittelrheinischen Territorien 1 (Coblenz 1860) 2,1. – Vgl. auch R. Weiller, Die Münzen von Trier I, 1 (Düsseldorf 1988) 125f.
13 Ausonius kündigte in seiner Mosella (448ff.) noch ein weiteres, größeres Moselgedicht an, das er aber vermutlich nie in Angriff nahm, da er nach der Ermordung Gratians 383 die Mosel wieder verließ und sich in seine Heimat an die Garonne in der Nähe von Bordeaux zurückzog.
14 Vgl. z. B. Weiter-Matysiak 1985, 12.

Quader zweier Grabmäler mit achterförmig aufgebundener Rebe, gefunden in Neumagen und Trier (?).

S. 41 rechts oben: Rebe mit Traube und Vogel, gefunden in Trier (Hohenzollernstraße).

Antike Zuchtformen und Rebsorten

Obgleich zahlreiche antike Quellen auf die Erziehung der Weinrebe näher eingehen, können diese auf die Situation an Mosel und Rhein nur teilweise übertragen werden. Darstellungen auf Grabmälern und wenige archäologische Befunde lassen vermuten, daß in römischer Zeit an Mosel und Rhein die sog. »Pfahlerziehung« vorherrschte, aber auch die »Jocherziehung« nicht unbekannt war. Zu den angebauten Rebsorten lassen sich, trotz inzwischen zahlreich vorliegender Traubenkernfunde aus römischer Zeit, noch keine präziseren Aussagen gewinnen. Sicher scheint aber, daß neben Weißwein wohl in geringerem Umfang auch Rotwein angebaut wurde.

Antike Zuchtformen und Rebsorten

Obwohl der relativ hoch entwickelte griechische Weinbau schon seit dem 6. Jahrhundert v. Chr. Eingang in die dortige Literatur gefunden hatte und sich auch einige römische Agrarschriftsteller dieser Quellen bedienten, ist keines jener Werke erhalten geblieben. Daher müssen wir bei der Rekonstruktion der römischen Reberziehung vornehmlich auf fünf römische Schriftsteller zurückgreifen. Geringe Hinweise liefern außerdem noch einige archäologische und ikonographische Quellen.

Die ältesten Anweisungen zum römischen Weinbau gab Marcus Porcius Cato (234-149 v. Chr.) in seinem nach 175 v. Chr. entstandenen Werk zum Landbau (*De agri cultura*). Mehr als 130 Jahre später legte um 37 v. Chr. Marcus Terentius Varro (116-27 v. Chr.) seine drei Bücher zur Landwirtschaft (*De re rustica*) vor, wobei sein erstes Buch ausführlicher den Weinbau behandelt. Nochmals hundert Jahre später vollendete um 64 n. Chr. Lucius Iunius Moderatus Columella seine zwölf Bücher über die Landwirtschaft (*De re rustica*). In den Büchern 3 – 5 ging er näher auf den Weinbau ein. Im Jahre 77 n. Chr. schloß Caius Plinius Secundus (23-79 n. Chr.) seine 37-bändige Naturgeschichte (*Naturalis historiae*) ab, die vor allem in den Büchern 14 und 17 zahlreiche Anleitungen zum Weinbau enthielt. Als letzter römischer Schriftsteller ist in dieser Reihe Rutilius Taurus Aemilianus Palladius zu nennen, der wohl in der Mitte des 4. Jahrhunderts sein 14-bändige Werk zur Landwirtschaft (Opus de agri cultura) vorlegte und in den Büchern 2-13 jeweils die in einem Monat anfallenden Arbeiten beschrieb. Dabei stützte er sich auf eigene Erfahrungen sowie auf die Ausführungen Columellas.

Die einzelnen Reberziehungsarten wurden von den antiken Autoren unterschiedlich genau beschrieben, da sie vermutlich nicht alle Anbauformen aus eigener Anschauung kennengelernt hatten. Obwohl Plinius von fünf Reberziehungsarten sprach, beschrieb er in Wirklichkeit aber sechs Arten[1], die – hier wie bei M. Scharff[2] – berücksichtigt werden sollen: »*... behandeln wir nun die Pflege der Weingärten. Es gibt von ihnen fünf Arten: Entweder liegen die Reben über den Boden zerstreut oder der Weinstock steht für sich aufrecht oder an eine Stütze oder Querholz oder auf Pfähle mit einer einfachen Querleiste gestützt oder auf vierfacher, regendachförmig zusammengefügter Querlatte.*« Zweifellos wären noch differenziertere Untergliederungen möglich gewesen, doch stellen diese oft nur geringfügig abweichende, regional beschränkte Sonderformen dar.

Die kriechenden Reben

Die am Boden hingezogenen Reben beschrieb Plinius[3], wie folgt: »*Wo man Reben hindert, über den »Pollex« (= Kurzer Zweig, der beim Schnitt über dem ersten Auge stehenbleibt) hinauszuwachsen, breiten sie sich stets nach der Art der Gräser im bearbeiteten Boden über die Felder aus und saugen überall Bodensäfte ...*« Diese Reberziehungsart war nach Varro in Spanien und Kleinasien (Türkei) verbreitet[4] und erbrachte nach Plinius nur einen geringen Wein, dagegen aber wohlschmeckende Trauben[5]. Auch Columella schätzte diese Erziehungsart nicht besonders positiv ein[6], »*denn sie bringt den Bauern schwierige Arbeit und gibt nie Wein von edlem Geschmack*«.

Plinius empfahl diese Anbauform nur dort, wo es an Pfählen mangelte[7], Columella wiederum in besonders stürmischen Regionen[8]. Da die Trauben fast auf der Erde liegen, könnten sie nach Varro[9] von Füchsen und auch von Menschen gestohlen werden.

Für eine solche Reberziehung gibt es für die römische Zeit weder an Rhein noch an der Mosel irgendwelche Anhaltspunkte. Dennoch war sie bis in die 1. Hälfte des 19. Jahrhunderts im südlichen Rheinhessen bis in die Gegend von Bad Dürkheim verbreitet gewesen[10].

Die Heckenerziehung

Von der zuvor beschriebenen Gruppe der am Boden hingezogenen Reben unterschied Plinius die buschartigen, sich selbst tragenden Reben, die ohne Stütze aufrecht standen. Nötigenfalls wurden die Reben der einzelnen Stöcke zusammengebunden, bisweilen auch mit Gabeln unterstützt. Nach Columella war diese Anbauweise besonders in den Provinzen beliebt[11]: »*Ich habe erfahren, daß es in den Provinzen noch mehr Arten von Weinbergen gibt. Aber von denen, die ich selbst kennengelernt habe, finden die größte Zustimmung beispielsweise die niedrigen Bäume mit kurzen Schenkeln, die ohne Stütze von sich aus stehen ...«*. Auch Palladius sah in der Heckenerziehung eine optimale Erziehungsart[12]: *»es gibt eine sehr gute Art, bei der der Rebstock wie ein Bäumchen auf kurzem Schenkel gegründet steht«*. Nach Plinius[13] *»steht von sich aus die Rebe ohne jede Stütze, hält ihre Triebe zusammen und nährt durch die Kürze ihre Dicke* (= wächst bei seiner Kürze umsomehr in die Breite)*«*. Dennoch *»wird sie anfänglich nach einer irgendwie gearteten Stütze verlangen, bis sie gelernt hat zu stehen und aufwärts zu wachsen«*[14]. Ähnlich äußerte sich auch Palladius: *»Sie wird anfänglich an ein Rohr gebunden, solange bis sie erstarkt ist ...«*[15].

Über die Höhe der auf diese Weise erzogenen »Weinstöcke« machten Plinius und Palladius unterschiedliche Angaben. Plinius beschrieb drei bis fünf Fuß hohe Reben, die aber Mannshöhe nicht übersteigen dürfen[16], nach Palladius sollten sie nicht höher als sechs Fuß sein[17]. Weiter empfahl Plinius die Reben gleichmäßig zu beschneiden[18]: *»[es sollten] aber die Pollices durch Beschneiden nach allen Seiten im Gleichgewicht sein, damit die Frucht nicht auf einer Seite zu schwer wird«*. Palladius hielt es für nützlich, die Schenkel auf vier Seiten wachsen zu lassen[19]: *»du wirst auf vier Seiten Zweige und an diesen Armen Zweiglein entsprechend der Möglichkeiten der Reben belassen«*.

Diese Anbauform läßt sich an Mosel und Rhein für die Römerzeit bisher nicht nachweisen, es sei denn, man wollte auf der im Jahre 1808 geborgenen Sarkophagwand von St. Agneten in Trier[20] keine Rahmen- sondern eine solche Reberziehung erkennen. Allerdings wurde diese Anbauform noch im letzten Jahrhundert im Mittelrheingebiet und zwischen Mainz und Bad Dürkheim angetroffen. An der Nahe soll der letzte *»Heckenwingert«* gar erst im Jahre 1956 ausgehauen worden sein[21].

Die Baumerziehung

Die edelsten Weine wuchsen nach der Meinung von Plinius an Bäumen, die zu diesem Zweck in gleichmäßiger Anlage gepflanzt worden waren. Dabei betonte er [22]: *»Da man aufgrund so langer Dauer zu dem Urteil kommt, daß edle Weine nur in Baumgärten wachsen, und zwar liefern die am höchsten oben wachsenden Trauben den besten, die am niedrigsten wachsenden den reichlichsten Wein ...«*

Diese Art der Reberziehung wurde von den beiden Sasernae (Vater und Sohn, 2./1. Jahrhundert v. Chr.) abgelehnt. Sie waren die Verfasser des nach Cato zweitältesten, leider nur in Fragmenten erhaltenen Lehrbuches über die Landwirtschaft, auf das später noch Varro und Plinius zurückgriffen. Dagegen lobte Tremellius Scrofa (1. Jahrhundert v. Chr.), der von Varro in seinen beiden ersten Büchern als Dialogperson und Fachmann für die Landwirtschaft eingeführt worden war, diese Reberziehung und empfahl sie für Italien[23]. Wie aus Columella und Plinius hervorgeht, hatte Scorfa wohl auch selbst über die Landwirtschaft geschrieben.

→ Volutenförmig aufgebundene Reben mit Putto und Schädlingen, gefunden in den westlichen Kaiserthermen (St. Agneten). Diese Darstellung ist wohl kaum mit der von Plinius und Columella beschriebenen Heckenerziehung in Verbindung zu bringen.

Der große Vorteil der Baumerziehung waren die geringen Unterhaltungskosten, da die einzelnen Bäume ein »*natürliches Pfahlwerk*« abgaben[24]. Dabei wuchsen die Reben bis

Achterförmig aufgebundene Reben als Möglichkeit der Pfahlerziehung, gefunden in Neumagen (vgl. S. 40).

in die Baumkronen. Bevorzugt bei der Baumerziehung waren Ulme, Pappel, Esche, Feigenbaum und Ölbaum[25]. In Gallien existierte offenbar eine Sonderform dieser Baumerziehung, wobei die Reben von einem Baum zum anderen geleitet wurden. Columella bezeichnete diese Form der Reberziehung als »*rumpotinum*«[26]. Sie verlangt einen niedrigen und laubarmen Baum. Dafür eigneten sich am besten Maßholder, Kornelkirsche, Hainbuche, Esche und Ulme. Auch Varro war jene Erziehungsart nicht unbekannt, wobei er für die Rebtriebe die Bezeichnung »*rumpus*« verwendet[27]: »*Indem Baum zu Baum gebracht wird, entsteht aus den Reben ein Weinberg; die übergeleiteten Reben nennen manche »Rumpi«* ...

Obwohl eine solche Reberziehung für Gallien überliefert ist, läßt sie sich an Mosel und Rhein bisher nicht belegen. Allerdings könnte die Bekrönung eines Grabaltars, dessen Darstellung vielleicht auch auf südländische Vorbilder zurückgriff, auf ein »*rumpotinum*« hinweisen. Doch könnte es sich dabei ebensogut um die Darstellung einer Pfahl- oder Jocherziehung gehandelt haben. Dünnere Baumstämme oder Pfähle als Halt für die Reben lassen auch andere Grabdenkmäler aus dem Trierer Land erkennen. Lebende Bäume sollten wir wegen des fehlenden Blätteransatzes in ihnen jedoch nicht erkennen, sondern ausschließlich Pfähle oder grob zugerichtete Stützen für die Pfahlerziehung.

Die Pfahlerziehung

Die Pfahlerziehung war in römischer Zeit weit weniger verbreitet als allgemein angenommen. Dabei wurden die Reben nur an einzelnen Pfählen (*pedamenta*) hochgezogen, sie hatten also nur senkrechte Stützen ohne verbindende Längs- oder Querbalken[28]. Hinzu kommt, daß nicht immer die Pfahlerziehung anhand der vorliegenden Quellen von der Joch- oder, besser gesagt, der offenen Rahmenerziehung zu unterscheiden ist.

Kordonförmig angelegte Reben als Bekrönung eines Grabaltars, gefunden in Trier. Es bleibt offen, ob dieser Darstellung ein von Columella beschriebenes »rumpotinum«, eine Pfahl- oder Jocherziehung zugrundeliegt.

Antike Zuchtformen und Rebsorten

Über die Herstellung und Materialien der Pfähle geben Plinius und Columella Auskunft. Plinius meinte: » ... *beste Stützen, wie gesagt, sind Vierkantpfähle aus Wintereiche oder vom Ölbaum, wenn diese nicht zur Verfügung stehen, Pfähle aus Wacholder, Zypresse, breitblättrigem Bohnenbaum und Holunder* ...«[29]. Auch Columella betonte, daß zum Stützen der Vierkantpfahl (*ridica*) einem Rundpfahl (*palus*) vorzuziehen ist. Ebenso sei mit Keilen gespaltenes Ölbaumholz hervorragend[30]. Zur Höhe dieser Anbauform schrieb wiederum Plinius: »*diese ragen auf Pfählen gestützt in der Größe eines durchschnittlichen Menschen empor* ...«[31].

Als Sonderform der Pfahlerziehung müssen wir die von Columella beschriebene Pfahlgitterform sehen. Dabei wurde der Rebstock von mehreren Rundstäben umstellt, um daran seine Bogreben anzubinden (*vinea characatae*): »*Bald werden sie an dickeren, in den Boden getriebenen Stöcken herumgeschlungen und an den Stützen mit Bindematerial zu kleinen Kreisen gebogen. Einige nennen sie »Characatae« (= mit Pfählen versehen)*«[32]. Ähnliches wurde noch im letzten Jahrhundert in Nierstein und im Nahetal gepflegt und war als »*Niersteiner Erziehungsart*« bekannt[33]. Auch hier war jeder Weinstock von mehreren Pfählen umgeben.

Die normale Pfahlerziehung ist durchaus mit der heute an der Mosel dominierenden Anbauweise vergleichbar und könnte dort schon vor 1750 Jahren die vorherrschende Erziehungsform gewesen sein. So zeigen alle auf den bisher bekannten Steindenkmälern dargestellten Pfähle einen deutlichen Abschluß. Sie waren sicher nicht mit einem Querbalken verbunden und haben demnach auch keine Joche gebildet. Ebenso läßt die bekannte Steinsäule von Speyer über dem Knaben mit dem »griechischen« Rebmesser einen Pfahl mit Ansatz eines gekrümmten Astes erkennen, auf dem wiederum ein Pfau sitzt. Auch in diesem Falle sollten wir ein Joch ausschließen. Rebendarstellungen einer Jocherziehung liegen somit von Rhein und Mosel bisher nicht vor. Selbst die nur fragmentarisch erhaltene Bekrönung eines Grabaltars, für dessen Darstellung man vielleicht sogar auf südländische Vorbilder zurückgriff, kann nicht als Beispiel für die Jocherziehung an der Mosel in Anspruch genommen werden.

Soweit die einzelnen Darstellungen auf den Grabmälern eine Pfahlerziehung erkennen lassen, waren die Reben bogen- oder S-förmig an den Pfählen befestigt. Die vielbeachteten achterförmig aufgebundenen Reben sind, da eine solche Form mit einer einzigen Rebe kaum zu erzielen ist, eher als zwei S-förmig hochgezogene Reben zu sehen. Auch die einzige Winzerdarstellung auf einem Grabdenkmal (vgl. S. 58) zeigt zwei etwas weiter auseinanderstehende Pfähle, an denen sich einzelne Reben relativ eng am Stock hochwinden.

Für eine Pfahl- vielleicht auch eine Jocherziehung sprechen möglicherweise jene Beobachtungen, die 1853 an der Ahr gemacht wurden[34] und nach denen »*in einer Tiefe von ebenfalls 14 Fuß ganze Reihen regelmäßig gepflanzter Weinstöcke in der Erde standen.*« Allerdings glaubte auch Josef Röder durch die Entdeckung von Rigolgräben oder Pflanzgruben römischen Weinbau am nördlichen Mittelrhein unweit von Andernach bei Miesenheim und Kärlich (beide Kreis Mayen-Koblenz) nachweisen zu können.

Bogenförmig aufgebundene Reben als Möglichkeit der Pfahlerziehung mit Vogel und Schlange, gefunden in Neumagen.

Im nährstoffarmen Bimsgebiet, dessen Boden sicher »rasch rebmüde« wurde, so daß der Weinbau heute aus dem Bimsgebiet verschwunden ist, beobachtete er an 19 Fundstellen streifenförmig angelegte Gräbchen. Da nur der Wein als einzige Pflanze eine solche Bodenbearbeitung erfordert, glaubte er, darin Spuren eines älteren Weinbaus erkennen zu dürfen. Indem er sich auf Columella berief, deutete er sie als Rigol- oder Pflänzgräbchen. Allerdings waren die Fundstellen zum größten Teil undatiert oder gehörten meist dem Mittelalter oder der frühen Neuzeit an. Sicher römischen Ursprungs war nur eine Fundstelle bei Miesenheim, wahrscheinlich noch eine weitere bei Kärlich[35].

Auch Venantius Fortunatus könnten wir vielleicht für eine Pfahlerziehung anführen, der in den Versen 33 und 65 seines Moselgedichtes (*»Dicht in Zeilen gepflanzt in das Schiefergestein ist der Rebstock«* oder *»Stehn auf den Hügeln dahier in geräumigen Reihen die Reben«*[36]) wohl geordnete Reihen oder Zeilen von Weinstöcken beschrieb, die eher für eine Pfahl- und gegen eine Jocherziehung sprechen. Dagegen stellte Bassermann-Jordan die Frage, ob der Vers 40 (*»und reichschattendes Grün decket das trockne Geröll«*) nicht doch eher ein Hinweis auf eine Jocherziehung wäre[37].

Gebogene Rebe mit Blättern und Trauben, gefunden in Trier.

Die offene Rahmenerziehung (Jocherziehung)

Schon Plinius unterschied die mit einfachen Jochen gestützte (*pedetae simplici iugo*) offene Rahmenerziehung, bei der die Reben von fortlaufenden Balken in der Form eines Geländers gestützt werden[38], von den im folgenden Abschnitt behandelten Weinbergen in Gestalt eines Viereckjochs (*vineae compluviatae quadriplici*). Als Vorteile der offenen Rahmenerziehung stellte er heraus: *»Für den Wein ist sie besser, da sie sich selbst nicht beschattet, ständig von der Sonne ›gekocht‹ wird, eher einen Luftzug spürt, schneller den Tau abziehen läßt, auch für Ablauben und Eggen handlicher ist. Darüber hinaus blüht sie günstiger ab ...«*[39]. Auch Columella lobte diese Erziehungsart und empfahl sie besonders für klimatisch benachteiligte Regionen: *»dagegen sollen in regenreichen und kalten Gegenden mit Reif einfache Reihen (= damit meint er die offene Rahmenerziehung) eingerichtet werden*[40]. Für ihn war sie nach der Heckenerziehung die wichtigste Anbauweise[41].

Nach Varro verwandte man zur Herstellung ihrer Konstruktion am besten Stangen, Schilfrohr, Stricke und Weinranken[42]. Columella meinte wiederum: *»das Joch aus zusammengebundenen Weidenstöcken ist fester und macht weniger Mühe«*[43]. Zur Höhe der Anlagen äußerte er sich, wie folgt: *»Im Hinblick auf die Erstellung des Jochs, wie weit es von der Erde aufragen soll, genügt es, daß das niedrigste vier Fuß beträgt. Das höchste sieben ... die passende Höhe* *der Reben beträgt fünf Fuß ... Je feuchter übrigens Boden und Wetter sind, und je sanfter die Winde, um so höher läßt sich das Joch aufrichten ... andererseits verlangt armes, ansteigendes und ausgedörrtes Land, das auch heftigen Stürmen ausgesetzt ist, ein niedrigeres Joch ... Je höher die Joche aufragen, desto besserer Most wird erzeugt«*[44].

Die offene Rahmenerziehung läßt sich mit den Rahmenwingerten der neueren Zeit vergleichen und findet auch in den modernen Drahtanlagen einen Nachfolger. Auf eine Rahmenerziehung sind vielleicht auch einige Darstellungen auf Grabdenkmälern zu beziehen, obgleich keine Rahmen oder Joche zu erkennen sind. Dazu zählen insbesondere die im Jahre 1808 in den Kaiserthermen gefundene Sarkophagwand, die fragmentierte Bekrönung eines Grabaltars oder auch die Darstellung der Vitis (vgl. S. 144). Römische Vorgänger sind also an Rhein und Mosel nicht auszuschließen, bedürfen jedoch noch eines sichereren Beweises.

Die Laubenerziehung

Die Laubenerziehung ist zweifellos die aufwendigste Erziehungsform. Sie entsteht durch die Vereinigung mehrerer Joche und unterscheidet sich von der zuvor beschriebenen Form durch das Vorhandensein von Längs- und Querbalken. Zu den verschiedenen Arten der Laubenerziehung zählen Weindächer (*compluvia*), Pergeln (*pergolae*), Lauben (*trichilae*) und Kammern (*camerae*).

Die Weindächer erhielten nach Plinius ihren Namen von der viereckigen Dachöffnung über dem inneren Säulenhof eines Hauses: *»sie sind bezeichnet nach den Regendächern (der Innenhöfe) der Häuser ... und es ist in vier Teile mit ebenso vielen Jochen geteilt«*[45]. Die Pergeln sind wohl am ehesten mit heutigen Hauslauben in Verbindung zu bringen. Plinius beschrieb einen einzigen Weinstock, der mit seinen schattigen Lauben (*umbrosis pergolis*) die Wege in den Säulenhallen der Kaiserin Livia überdeckte und zwölf Amphoren Most lieferte[46]. Dennoch wurden an solchen *pergolae* bevorzugt Eßtrauben gezogen[47]. Als eine kleinere Form der Pergola müssen wir wohl die *trichila* sehen[48].

Auch Columella überlieferte eine Jocherziehung in quadratischer Form, die eine Art von Gewölbe (camera) bildete und ihm für heiße Regionen angebracht schien: *»An heißen und trockenen Orten muß das Joch nach allen Seiten ausgedehnt werden, damit die jungen Rebtriebe, die nach allen Seiten streben, angebunden werden und in Wölbungen verdichtet, der dürstenden Erde Schatten spenden ...«*[49]. Diese Form der Laubenerziehung steht dem einst in der Pfalz weit verbreiteten Kammertbau nahe, der in vereinzelten Anlagen noch bis in die 60er Jahre bestanden haben soll[50].

Nicht auszuschließen ist, daß er dort auch auf römische Wurzeln zurückgeht. Für die klimatisch begünstigten Steilhängen des Moseltals, an denen Ausonius wie Venantius Fortunatus ausgedehnte Rebflächen gesehen haben und die wir dort auch wegen der in den letzten Jahren entdeckten Kelterhäuser erwarten müssen, kommt die Laubenerziehung wohl nicht in Frage, selbst wenn man sich kleinerer Terrassen bedient hätte.

Neben der Reberziehung erfahren wir aus den antiken Schriftquellen noch weitere interessante Einzelheiten bezüglich der Anlage von Rebflächen. So meinte Columella[51]: *»Doch unabhängig davon, welche Anlage der Weinpflanzung man wählt, soll man entweder jeweils 100 Stöcke durch Zwischenwege zu Abschnitten zusammenfassen oder ... die ganze Fläche in Abschnitte von je einem halben iugerum unterteilen. Diese Gliederung hat nicht nur den Vorteil, daß sie den Reben mehr Sonne und Wind bietet, sondern sie gewährt auch den Augen und den Füßen des Besitzers ... leichteren Zutritt und erlaubt eine zuverlässige Abschätzung dessen, was man an Arbeitsleistungen fordern muß ...«*

Die Art und Weise, wie junge Rebpflanzen bzw. neu angelegte Weinpflanzungen zu behandeln sind, wurde von Columella und Plinius[52] ebenfalls ausführlich beschrieben. Dabei erörterten sie zahlreiche Fragen, die hier leider nicht weiter ausgeführt werden können: Wo, wie und zu welchem Zeitpunkt setzt man die Rebe? Wie sind die Rebpflanzen in die Grube zu legen? Soll man Blind- (= Hämmerchen-) oder Wurzelreben pflanzen? Wie oft ist der Weinberg umzugraben?

Wie ist der Setzling von unnötigen Trieben zu befreien? Wie und zu welchem Zeitpunkt müssen die Rebpflanzungen beschnitten werden? Oder: Wie versieht man die Rebpflanzungen mit Stützen?

Beide gingen auch ausführlich auf das Pfropfen der Reben ein, wobei neben der Pflege der gepfropften Reben insgesamt drei Arten des Pfropfens beschrieben werden. Bei der ersten Art sollte die Rebe durch das Mark gespalten werden, in das dann die zugespitzten Reiser gesteckt werden und Mark mit Mark verbunden werden. Nach der zweiten Methode sollten unterschiedliche Reben so gepflanzt werden, daß sie einander berühren. An jeder der beiden Reben solle die Gegenseite schräg abgeschabt werden, Mark und Mark aneinander gebracht und dann zusammengebunden werden. Die dritte Möglichkeit sah vor, den Weinstock schräg bis aufs Mark zu bohren, danach den Propfreiser einzuführen, festzubinden und mit Erde zu bestreichen[53].

Die Rebsorten

Zu den Rebsorten lassen sich derzeit noch keine präziseren Angaben machen, obwohl aus den meisten Kelterhäusern mitunter zahlreiche verkohlte Traubenkerne vorliegen. Sicher ist nach den Untersuchungen von M. König jedoch, daß die Kerne aus den Kelteranlagen des Moseltals weitgehend zu Zwischen- oder Übergangsformen und wohl nur wenige zu Wild- oder Kulturreben gehörten[54]. Die große Mehrzahl der Traubenkerne ist also als *»in Entwicklung befindliches Material«* anzusehen, das gegenüber der Wildrebe schon deutliche Merkmalveränderungen aufweist. Ähnlich verhält es sich auch bei den Kernen aus der Kelter von Ungstein (Kreis Bad Dürkheim). F. Schumann meinte dazu[55]: *»Die Rebsamen haben nach dem vorläufigen Befund überwiegend eine gedrungene Form und stehen damit unseren einheimischen Wildreben bzw. den davon abgeleiteten Sorten Riesling, Silvaner, Traminer und Burgunder nahe. [Anm. des Autors: Die Namen der Sorten wurden nur vergleichend angegeben. Sie können nicht als Hinweis auf das Vorkommen bestimmter Rebsorten zur Römerzeit dienen, da die Kernformen dazu zu unspezifisch sind.] Einige Samen sind mehr länglich. Sie können von eingeführten Rebsorten stammen.«* Leider machen beide Feststellungen aber deutlich, daß die Naturwissenschaften mit den herkömmlichen Methoden in dieser Frage im Moment jedenfalls nicht weiterkommen.

Wenn sich nach Meinung der →Paläobotaniker die Rebenkerne in der Pfalz wie an der Mosel in einem ähnlichen Entwicklungsabschnitt befanden, könnte dies bedeuten, daß bei der Anlage der römerzeitlichen Rebflächen in gewissem Umfange vielleicht gepfropfte, also weiterentwickelte einheimische Wildreben berücksichtigt wurden, die den klimatischen Bedingungen an Rhein und Mosel eher gerecht wurden. In dem Falle hätte der Import von Rebenmaterial aus dem Mittelmeerraum nur eine untergeordnete Rolle gespielt. Auch F. Bassermann-Jordan[56] glaubte, Plinius so verstehen zu können, daß die Allobroger ihren auch in Italien geschätzten Wein auf eine »in Kultur genommene«, einheimische Wildrebe zurückgeführt haben. Für das Rheintal wäre eine vergleichbare Entwicklung durchaus

Detail einer Traube mit grünen Farbspuren aus dem Quader mit der Darstellung einer achterförmig aufgebundenen Rebe, wohl aus Trier.

denkbar. Schwieriger wäre es für das Moseltal, wo bislang für die römische Zeit noch keine Wildreben nachgewiesen werden konnten.

Dennoch haben die beiden Kelteranlagen von Brauneberg, vielleicht auch jene von Müstert, einen indirekten Hinweis auf die Verarbeitung von blauen (roten) Trauben geliefert. Verschiedene in und vor den Becken genommene Bodenproben enthielten nämlich neben verkohlten Traubenkernen auch einige Kerne vom Schwarzen Holunder (*sambucus nigra*), vielleicht auch wenige vom Traubenholunder (*sambucus racemosa*). Ihr dunkelroter, herber Saft ist wegen seiner Intensität zum Verbessern der Farbe des Rotweins besonders geeignet, was auch in der Antike nicht unbekannt gewesen sein dürfte. Eine Verarbeitung des Holundersaftes zu Holunderwein ist allerdings wegen seines geringen Zuckergehaltes für die Römerzeit auszuschließen. Um ihn genießbarer zu machen, hätte man relativ große Mengen Honig benötigt, der damals sicher viel zu kostbar war, um damit einen solch minderen Wein schmackhafter zu machen. Daher dürfte der Holunder nur der Farbverbesserung des Rotweins gedient haben. Vermutlich wurden die Holunderbeeren, die einige Wochen vor den Trauben geerntet werden, wegen des hohen Säuregehaltes zunächst getrocknet und danach erst der Rotweinmaische zugesetzt. Holunderkerne waren auch in Piesport-Müstert, allerdings nur in einer neben den Mostbecken geborgenen Probe enthalten, in der sie jedoch – sicher nicht zufällig – als häufigste Art auftraten.

Ort	Weinrebe	Holunder	Kirsche	Brombeere	Himbeere
Piesport	x	-	-	-	-
P. – Müstert	x	x	-	-	-
Brauneberg (östl.)	x	x	x	-	-
Brauneberg (westl.)	x	x	-	x	-
Graach	x	-	-	-	-
Erden (östl.)	x	-	x	-	-
Erden (westl.)	x	-	-	x	-
Lösnich	x	-	-	-	x
Ungstein	x	-	-	-	-

In der östlichen Brauneberger Kelter wurden in einer Probe neben Schwarzem Holunder und Traubenholunder auch über 40 Kerne oder Kernfragmente der Vogelkirsche nachgewiesen. Schon aufgrund des Fundzusammenhanges liegt es nahe, ihr Auftreten ähnlich wie das des Holunders zu interpretieren. Dies trifft vermutlich auch für einzelne Brombeerkerne in Erden wie in Brauneberg sowie Himbeerkerne in Lösnich zu. Betrachten wir diese botanischen Funde als indirekten Hinweis auf Rotwein, könnte in fünf der neun Kelterhäuser des Moseltals zeitweise auch Rotwein verarbeitet worden sein. Da aber die einzelnen Kelterhäuser mitunter nur recht bescheidene oder überhaupt keine Anhaltspunkte für Rotwein boten, dürfte der Weißwein insgesamt dominiert haben. Ein Nebeneinander von Rot- und Weißwein ist sogar wahrscheinlich, erinnern wir uns an die Empfehlung Columellas[57], nicht gleichzeitig zur Reife gelangende Rebsorten zu pflanzen. Da die Rotweintrauben in der Regel früher als die Weißweintrauben geerntet wurden, konnte man einerseits Engpässe bei den Erntearbeitern umgehen, andererseits aber auch Verluste durch eventuell auftretende Herbstfröste bei später zur Reife gelangenden Rebsorten mindern. Hinweise auf Rot- wie auch auf Weißwein bieten ebenfalls die erhaltenen Farbspuren an verschiedenen

Detail einer Traube mit roten Farbspuren aus einem Reliefblock mit der Darstellung einer bogenförmig aufgebundenen Rebe, gefunden in Mehring-Lörsch.

Grabdenkmälern mit Rebendarstellungen aus Neumagen und Mehring-Lörsch.

Zu den Vorteilen, die die Pflanzung verschiedener Rebsorten bietet, äußerte sich Columella noch an anderer Stelle[58]: *»Ein kluger Bauer wird die Rebe, die er am meisten schätzen gelernt hat, anbauen, ohne einen Stamm einer fremden Sorte dazwischengeraten zu lassen, und ihre Zahl so groß halten wie möglich und immer noch vermehren. Ist er aber weitblickend, so wird er doch auch mehrere Sorten ziehen, denn kein Jahr ist so mild und klimatisch ausgeglichen, daß es nicht die eine oder andere Rebart durch irgendwelche Schädigungen beeinträchtigt. Ist es trocken, so schädigt es die, die im Feuchten gedeiht, ist es regnerisch, dann die, welche die Trockenperioden liebt; bringt es Frost oder Schneefälle, dann schadet es der Rebe, die Kälte nicht erträgt, ist es sehr heiß, dann schadet es derjenigen, die keine Hitze aushält ... Hat man also nur eine Sorte angebaut und tritt etwas ein, was ihr nicht bekommt, dann wird man um die ganze Lese gebracht, denn es wird keinerlei Ersatz geben ... Hat man aber Rebpflanzungen unterschiedlicher Art angelegt, so wird ein Teil davon ohne Schaden durchkommen ...«.*

Trotzdem legte man größeren Wert auf eine Sortentrennung. Dazu meinte Plinius[59]: *»Es ist sehr zweckmäßig, die Rebsorten getrennt zu halten und jede auf ein besonderes Landstück zu pflanzen – denn ihre Vermischung erweist sich nicht nur im Most, sondern auch im Wein als nachteilig – ; sollen sie aber doch vermischt werden, so ist es notwendig, nur solche zusammenzubringen, die gleichzeitig reif werden ...«.* Auch Columella sah in einer Trennung der Sorten große Vorteile[60]: *»Ferner hat die Trennung der Rebsorten den großen Vorteil, daß der Winzer leichter jeder einzelnen Sorte ihre eigene Beschneidung zukommen lassen kann, wenn er weiß, zu welcher Sorte der Wingert gehört, ... In gemischten Rebpflanzungen ist das sehr schwer zu unterscheiden.«* An anderer Stelle gab er zu bedenken[61]: *»Stöcke unterschiedlicher Züchtung blühen nicht zur gleichen Zeit ab und kommen nicht gleichzeitig zur Reife. Wer also seine Wingerte nicht nach Rebarten getrennt hat, muß notwendig den weiteren Nachteil in Kauf nehmen, daß er entweder spätreife Früchte zusammen mit den frühreifen aberntet, was dann eine Versäuerung bewirkt, oder daß er, wenn er die Reife der späten Sorten abwartet, den Ertrag der frühreifen einbüßt, der zumeist der Plünderung durch Vögel oder der Einwirkung von Regen und Wind zum Opfer fällt.«*

Ort	Gerste	Hirse	Hafer	Dinkel	Erbse	Linse	Hanf	Hasel	Walnuß
Piesport	-	-	-	-	-	-	-	-	-
P. – Müstert	x	x	x	x	x	-	-	x	-
Brauneberg (östl.)	x	x	-	-	-	-	-	-	-
Brauneberg (westl.)	-	x	-	-	-	-	-	x	-
Graach	x	x	-	-	-	-	-	-	x
Erden (östl.)	x	-	-	-	-	-	-	x	-
Erden (westl.)	x	x	-	-	-	-	x	x	-
Lösnich	-	-	-	-	-	x	-	-	-
Ungstein	x	x	-	x	x	x	-	-	-

Die Funddichte der Traubenkerne ist in den einzelnen Kelterhäusern recht unterschiedlich. Teilweise mag ein Zusammenhang mit dem

Verkohlte Traubenkerne aus der Kelter von Piesport-Müstert.

Gerste, Holunder und Kirschkerne (darüber Samen von Wildkräutern) aus der östlichen Kelter von Brauneberg.

stichprobenartigen Charakter der Probenentnahme bestehen, teilweise mag dieses Ergebnis auch auf eine sorgfältige Reinigung der Becken zurückzuführen sein. Dennoch lassen sich gewisse Tendenzen ablesen. Das Auftreten der Kerne ist in Beckennähe wesentlich dichter als in den entfernter gelegenen Teilen der Kelterhäuser. So stammen die fundreichen Proben in der Kelter von Piesport-Müstert entweder direkt aus dem Mostbecken oder einem unmittelbar daneben gelegenen Bereich. Auch in Brauneberg nimmt die Zahl der nachgewiesenen Kerne mit der Entfernung zu den Becken ab. So ist es verständlich, daß zwei rund 12 m vor den Becken der westlichen Kelter genommene Proben keine Traubenkerne mehr aufwiesen, ebenso wie die außerhalb des Gebäudes geborgenen Proben beider Anlagen.

Daneben zeigten die Bodenproben vor allem in Brauneberg und Piesport-Müstert eine größere Menge von Getreide- und Wildkörnern. Letztere sind offensichtlich mit dem Getreide in das Kelterhaus gelangt, das zwischenzeitlich wohl als Speicher genutzt wurde. Auffallenderweise konzentrierte sich das Getreide in Piesport-Müstert auf einen Vorgängerbau der Kelter, der später vermutlich als Anbau genutzt worden war. Aus dem Kelterhaus von Ungstein sind neben verschiedenen Getreidearten wie Weizen, Einkorn, Emmer, Dinkel, Roggen, Gerste auch noch Linsen, wie in Lösnich, und Erbsen wie auch in Piesport-Müstert, belegt[62].

Relieffragment mit traubenpickendem Vogel, Teil einer Sarkophagwand aus Trier-St. Paulin.

Anmerkungen

1 Plinius, Naturalis historiae XVII, 164: »... *curam sequitur vinearum, ratio, quinque generum hae: sparsis per terram palmitibus aut per se vite subrecta vel cum amminiculo sine iugo aut pedatae simplici iugo aut conpluviatae quadriplici* ...«. Die Übersetzungen von Plinius orientieren sich an den Arbeiten von Roderich König in Zusammenarbeit mit Gerhard Winkler bzw. Joachim Hopp, C. Plinius Secundus d. Ä., Buch XIV/XV (München 1981) und Buch XVII (München 1994).

2 Scharff, 1995, 17-29.

3 Plinius, Naturalis historiae XIV, 14: »*Ubi exrescere ultra suos pollices prohibitae semperque pastinatis similes her barum modo vagantur per arva ac sucum terrae passim usis bibunt* ...«

4 Varro, De re rustica I, 8, 1: »... *aliae enim humiles ac sine ridicis, ut in Hispania* ...« (... andere sind nämlich niedrig und ohne Pfähle, wie in Spanien ...). Vgl. auch Anm. 8.

5 Plinius, Naturalis historiae XIV, 14: »... *vina non alibi tristoria, sed uva non alibi gratior callo* ...« (... nirgendwo sind die Weine unangenehmer, aber [auch] nirgendwo hat die Traube ein angenehmeres festes Fleisch ...«)

6 Columella, De re rustica V, 5, 17: »... *nam et difficilem laborem colonis exhibet nec umquam generosi saporis vinum praebet* ...«. Die Übersetzungen von Columella orientieren sich an den Arbeiten von Willi Richter, Lucius Iunius Moderatus Columella (München 1981).

7 Plinius, Naturalis historiae XVII, 165: »... *enim non fit nisi pedamenta inopia* ...«.

8 Columella, De re rustica V, 5, 17: *Superest reliqua illa cultura prostratae vineae, quae nisi violentissimo caelo statu suscipi non debet* ...« (Es bleibt nur jenes Verfahren der am Boden liegenden Weinrebe übrig, das aber nur bei sehr ungestümem Wetter übernommen werden darf.).

9 Varro, De re rustica I, 8, 5: »*In quo terra cubilia praebet uvis, ut in Asia multis locis, quae saepe vulpibus et hominibus fit communis* ...« (Wo die Erde den Trauben Lagerstatt bietet, wie in vielen Orten Kleinasiens, das macht sie oft für Füchse und Mensch zum Gemeingut ...)

10 Scharff 1995, 21.

11 Columella, De re rustica V, 4, 1: *Vinearum provincialum plura genera esse conperi. Sed ex iis, quae ipse incognovi, maxime probantur velut arbusculae brevi crure sine adminiculo per se stantes* ...«.

12 Palladius, Opus de agri cultura III, 11ff.: »... *sed optimum genus est ubi vitis velut arbuscula stat brevi crure fundata* ...«.

13 Plinius, Naturalis historiae XIV, 13f.: »*stat ... per se vitis sine ullo pedamento, artus*
suos ligans et brevitate crassitudinem pascens ...«.

14 Plinius, Naturalis historiae XVII, 184: »... *qualecumque initio adminiculum desiderabit dum stare condiscat et recta surgere* ...«.

15 Palladius, Opus de agri cultura III, 1ff.: »... *haec primo calamo iugatur, donec solidetur* ...«.

16 Plinius, Naturalis historiae XVII, 184f.: »... *huic vineae trium pedum altitudo excelsior nutat, ceteris a quinto, dum ne excedat hominis longitudinem iustam* ...«.

17 Palladius, Opus de agri cultura III, 11: »... *sed altior sesquipede esse non debet* ...«.

18 Plinius, Naturalis historiae XVII, 184: »... *dividi autem putatione pollices in aequali examine undique, ne praegravet fructus parte aliqua* ...«.

19 Palladius, Opus de agri cultura III, 14: »... *ramos a quatuor partibus his relinques et in eis brachiis sarmenta pro vitis possibilitate serubis* ...«.

20 Vgl. Abb. S. 43.

21 Scharff 1995, 23.

22 Plinius, Naturalis historiae XVII, 199: »*Cum tam longo iudicetur aevo nobilia vina non nisi in arbustis gigni et in his quoque laudatoria summis sicut uberioria imis* ...«.

23 Plinius, Naturalis historiae XVII, 199: »*Sequitur arbusti ratio mirum in modum damnata Sasernae patri filioque, celebrata Scorfa, vetustissimis post Catonem peritissimisque* ...«

24 Varro, De re rustica I, 8, 4: »*pedamentum nativum*«.

25 Vgl. Scharff 1995, 18 und Plinius, Naturalis historiae XVII, 200f.

26 Columella, De re rustica V, 7, 1: »*Est et alterum genus arbusti Gallici, quod vocatur rumpotinum* [»*zum Halten der Weingesenke dienend*«]. *Id desiderat arborem humilem nec frondosam*«.

27 Varro, De re rustica I, 8, 4: »*Arboribus in arbores traductis vitibus vinea fit, quos traduces quidam rumpos appellant* ...«.

28 Plinius, Naturalis historiae XVII, 164: »... *vel amminiculo sine iugo* ...« (oder mit Rebstütze ohne Joch)

29 Plinius, Naturalis historiae XVII, 174: »... *pedamenta optima, quae diximus, aut ridicae e robore oleaque, si non sint, pali e iunipero, cupresso, laburno, sabuco* ...«

30 Columella, De re rustica IV, 26: »*stabiliendae melior est ridica palo, nam est praecipua cuneis fissa olea* ...«.

31 Plinius, Naturalis historiae XIV, 13: »... *eadem modici hominis altitudine adminiculatae sudibus horrent* ...«.

32 Columella, De re rustica V, 4, 1f.: »*Mox quae defixis harundinibus circumvinctae per statumina calamorum materiis ligatis in orbiculos garosque flectuntur. Eas nonulli characatas vocant* ...«.

33 Scharff 1995, 23.

34 Bonner Jahrbücher 53/54, 1873, 310.

35 Röder 1953, 176f.; 190. Seine Schlüsse zieht er auch aus folgender Feststellung: »*Die blühende Rebkultur, die Venantius Fortunatus aus der Gegend von Andernach beschrieb, ist ohne deren Zurückführung in römische Zeit nicht denkbar, ganz abgesehen davon, daß wir gerade in Andernach ein starkes Weiterleben romanisierter Volksteile auch über die Stürme der Jahre um und nach 400 anzunehmen haben* ...«.

36 Venantius Fortunatus, De navigio suo, 33: »*Cautibus insertae densantur in ordine vites*«. De navigio suo, 65: »*Sint licet hic spatiis vineta in collibus amplis*«.

37 Venantius Fortunatus, De navigio suo, 39f.:
»*Quo vineta iugo calvo sub monte comantur,*
et tegit umbrosus sicca metalla viror ...«.

38 Plinius, Naturalis historiae XVII, 165: »... *simplici iugo constat porrecto ordine quem cantherium appellant* ...« (besteht aus einem einfachen Joch in gerader Anordnung, die man »Cantherium« [Jochgeländer] nennt).

39 Plinius, Naturalis historiae XVII, 165: »... *Melior ea vino, quoniam sibi ipsa non obumbrat adsiduoque sole coquitur et adflatum magis sentit, celerius rorem dimittit, pampinationi quoque et occationi omnique operi facilior. Super cetera deflorescit utilius*«.

40 Columella, De re rustica IV, 17, 8: »... *contra pluviis et frigidis et pruinosis regionibus simplices ordines instituendi* ...«.

41 Columella, De re rustica V, 4, 1.: »*... deinde quae pedaminibus adnixae singulis iugis inponuntur ...*« (... danach diejenigen, die an Stützen gebunden, sich auf einfache Joche legen ...«).

42 Varro, De re rustica I, 8, 2: »*... iugerum genera fere quatuor, pertica, darundo, restes, vites ...*«. Ähnlich Plinius, Naturalis historiae XVII, 166.

43 Columella, De re rustica IV, 17, 1: »*Perticarum iugum firmius minusque opperosum est ...*«.

44 Columella, De re rustica IV, 19, 1-3: »*De positione iugi, quatenos a terra levandum sit, hoc dixisse abunde est humillimam esse quattuor pedum. Celissimam septem ... iusta est altitudo vineae pedum quinque ... Ceterum quanto est umidius solum et caelum mitioresque venti, tanto est altius ad tollendum iugum ... Rursus exilis terra et adclivis torrensque aestu, vel quae vehementibus provellis abnoxia est, humilius iugum poscit ... Tanto melioris saporis praebet mustum, quanto in editora iuga consurgat ...*«.

45 Plinius, Naturalis historiae XVII, 166.: »*... dicta a cavis aedium conpluviis ... dividitur in quaternas partes totidem iugis ...*«

46 Plinius, Naturalis historiae XIV, 11: »*... una vitis Romae in Liviae porticibus subdiales inambulationes umbrosis pergulis opacat, eadem duodenis musti amphoris fecunda ...*«.

47 Plinius, Naturalis historiae XIV, 42: »*... in pergolis vero seruntur escariae ...*«.

48 Vgl. dazu Scharff 1995, 28f.

49 Columella, De re rustica IV, 17, 8: »*... Calidis vero et siccioribus locis in omnem partem iugum porrigendum est, ut prorepentis undique pampini iungantur et condensati camerae more terram sitientem obumbrent ...*«.

50 Scharff 1995, 30ff., 52.

51 Columella, De re rustica IV, 18, 1: »*Sed quoque modo vineta placuerit ordinare, centenae stirpes per singulos hortos semitis distinguantur vel, ..., in semiiugera omnis modus dirimatur, quae distincto praeter illud commodum, quod plus solis et venti vitibus praebet, tum etiam oculos et vestigia domini, ..., facilius admittit certamque aestimationem in exigendis operibus praebet; ...*«.

52 Columella, De re rustica IV, 1-28. – Plinius, Naturalis historiae XVII, 152-214.

53 Plinius, Naturalis historiae XVII, 115-117. – Columella, De re rustica, IV, 28-29.

54 König 1992, 35 und 1997, 69f.

55 Schumann 1997, 85.

56 Bassermann-Jordan 1923, 32.

57 Columella, De re rustica III, 21, 10. Vgl. auch S. 108.

58 Columella, De re rustica III, 20, 1-3: »*Prudentiis igitur agricolae est vitem, quam praecipue probaverit, nulla interveniente alterius notae stirpe conserere numerumque quam maximum eius semper augere, sed et providentis est diversa quoque genera deponere; neque enim umquam sic mitis ac temperatus est annus, ut nullo incommodo vexet aliquod vitis genus: sive siccus est, id quod umore proficit) contristatur, seu pluvius, quod siccitatibus gaudet; seu frigidus et pruinosus, quod non est patiens uredinis, seu fervens, quod vaporem non sustinet, ... Igitur si unum genus severimus, cum id acciderit, quod ei noxium est, tota privabimur; neque enim ullum erit subsidium, ... at si varii generis vineta fecerimus, aliquid ex iis inviolatum erit ...*«.

59 Plinius, Naturalis historiae XVII, 187: »*Genera separari ac singulis conseri tratus utillissimum – mixtura enim generum etiam in vino, non modo in musto, discors – aut, si misceantur, non alia quam pariter maturescentia iungi necessarium ...*«.

60 Columella, De re rustica III, 21, 7: »*Iam illa generum separatio summam commoditatem habet, quod vinitor cuique facilius suam putationem reddet, cum scit, cuius notae sit hortus, ... ; idque in consemineis vineis observari difficile est, ...*«

61 Columella, De re rustica III, 21, 5: »*Diversae notae stirpes nec pariter deflorescunt nec ad maturitatem simul perveniunt. Quam ob causa qui separata generibus vineta non habet, patiatur alterum incommodum necesse est, ut aut serum fructum cum praecoque elevet, quae res mox acorem facit, aut, si maturitatem serotini expectet, amittat vindemiam praecoquem, (quae) plerumque populationibus volucrum pluviisque aut ventis lacessata dilabitur ...*«

62 Ulrike Piening, Verkohlte Pflanzenreste aus zwei römischen Gutshöfen bei Bad Dürkheim, in: Der prähistorische Mensch und seine Umwelt. Festschrift für U. Körber-Grohne. Forschungen und Berichte zur Vor- und Frühgeschichte in Baden-Württemberg 31, 1988, 325-331.

Detail aus einer Sarkophagwand mit volutenförmig aufgebundener Rebe, hier mit Darstellung eines Puttos und verschiedenen Vögeln, wie eines Wiedehopfes (?) und einer Eule, gefunden in den westlichen Kaiserthermen (St. Agneten) in Trier.

S. 55 rechts oben: *Rebmesser mit breiter Klinge und Rückenbeil für die Laubarbeit im Weinberg.*

Die Arbeiten im Weinberg

Die Arbeiten im Weinberg waren in römischer Zeit durchaus mit den heutigen vergleichbar. Selbst die eingesetzten Geräte, wie Karste, Rebmesser oder Lesekörbchen, zeigen gegenüber heute - von der modernen Technik einmal abgesehen - nur wenig Veränderungen. Leider geben sich die Darstellungen auf den Grabmälern recht bescheiden und überliefern ausschließlich Arbeiten der Weinlese und die Auseinandersetzung der Winzer mit den Schädlingen, insbesondere den Vögeln.

Das Schneiden und Graben

Zum Schneiden der Rebstöcke und Graben der Weinberge meinte Columella, nachdem im Anschluß an die letzte Lese die Pfähle oder Stützen, Latten und Joche überprüft und ausgebessert worden waren[1]: *»Ist der Wingert dann instandgesetzt, wird man ihn unverzüglich ausputzen und von dürren Reben befreien. Diese soll man aber nur bei trockenem Boden wegnehmen, damit nicht dem Umgräber durch ihr Festtreten in der nassen Erde vermehrte Arbeit erwächst. Dieser muß dann sogleich an die Arbeit gestellt werden, solange die Rebpflanzung noch ›schweigt‹; schickt man nämlich den Erdarbeiter hin, wenn die Triebe schon keimen oder hervorquellen, dann wird er einen großen Teil der Ernte herunterstoßen. Man muß also die Wingerte, noch ehe sie austreiben, am Übergang vom Winter zum Frühling so tief wie möglich umgraben, damit sie um so üppiger und fröhlicher ausschlagen; ...«*

Auf den Zeitpunkt des Schneidens ging er noch einmal gesondert ein[2]: *»... wenn es das milde und gemäßigte Klima der Gegend, in der wir anbauen, erlaubt, soll man im Anschluß an die Lese nach dem 15. Oktober mit dem Ausschneiden beginnen, ... Wenn aber ein kaltes und schneereiches Klima einen harten Winter erwarten läßt, wird man diese Arbeit auf den 13. Februar verschieben; und dies sollte möglich sein, wenn der Umfang des Besitzes gering ist. Wenn uns dagegen eine große Ausdehnung unseres Besitzes keine freie Wahl der Zeit läßt, empfiehlt es sich, die jeweils kräftigsten Teile des Reblandes in der kalten Jahreszeit, den dürftigsten Teil im Frühjahr oder Herbst, allenfalls auch die Reben am Südhang im Winter, am Nordhang im Frühling oder Herbst zu beschneiden ...«.*

Zur Art, wie die Reben am besten zu beschneiden sind, meinte er[3]: *»Wann immer sich der Winzer an diese Arbeit begibt, wird er auf drei Dinge besonders achten: erstens daß er auf möglichst großen Ertrag abzielt, zweitens daß er schon jetzt die kräftigsten Triebe für das kommende Jahr auswählt, drittens daß er den Stock solange wie möglich am Leben zu halten versucht ...«.*

Das Aufbinden und Entlauben

Weiter sagte Columella zum An- oder Aufbinden wie dem Entlauben der Weinstöcke, dem im römischen Weinbau eine größere Bedeutung als heute zukam[4]: *»Wenn sie (die Reben) dann Laub angesetzt haben, muß man die Schößlinge in Grenzen halten, solange sie noch zart und nicht ausgewachsen sind. Derselbe Winzer, der sie vorher noch mit dem Messer beschnitten hat, wird jetzt (die Blattkeime oder Geiztriebe) mit der Hand beseitigen und den Schatten einschränken und überflüssiges Laub entfernen ... Außerdem kommen die Zweige, die Früchte tragen, leichter zu Kraft und die Trauben reifen in voller Sonne besser aus. Daher gehört es zur Weitsicht und besonders zur Schlauheit eines Winzers abzuschätzen und zu überlegen, an welchen Stellen er für dieses Jahr Triebe wachsen lassen soll, und nicht allein leere Triebe sondern auch solche mit Frucht wegzunehmen, wenn sich ihre Zahl übers Maß vermehrt hat; ... Als Termin für das Entlauben ist vor allem die Zeit zu wählen, die der Blüte der Rebe vorangeht; ... Wenn sie dagegen heranwächst und gewissermaßen in die erste Jugend eintritt, ist es angebracht, sie anzubinden und von allen Blättern zu entblößen, außerdem durch häufiges Umgraben voller zu machen«.*

Die Düngung

Nur wenig erfahren wir zur Düngung der Weinberge[5]: *»... nichts sei nützlicher als die Saat der Lupine, wenn man sie, bevor sie Schoten bildet, mit dem Pflug oder der Hacke unter (die Erde) bringt oder in Bündeln abschneidet und um die Wurzeln von Bäumen und Weinstöcken herum vergräbt ... Wenn der Weinberg mager wird, dann verbrenne seine Reben und pflüge (die Asche) dort unter.«* Auch Mist scheint man bisweilen um die Rebstöcke gebracht zu haben, wobei Plinius jedoch vor dem Schweinemist warnte[6]: *»Schweinemist verbrennt die Weingärten, wenn er nicht fünf Jahre gelagert war und außerdem durch Wässerung verdünnt wurde, ebenso der Mist aus dem Abfall der Gerber, wenn nicht Wasser zugegeben wurde ...«.* Außerdem empfahl Plinius Kalk an die Weinstöcke zu brin-

gen[7]: *»Die Häduer und Piktonen haben ihre Äcker durch Kalk sehr fruchtbar gemacht, der sich auch für Ölbäume und Weinstöcke als sehr nützlich erweist ...«.*

Die Weinlese

Dürftig sind auch die Überlieferungen der antiken Autoren zur Traubenlese. Um so mehr beziehen sich die erhaltenen Darstellungen der verschiedenen Steindenkmäler auf die Zeit des Herbstes oder der Weinlese. Auffälligerweise ist keine der Arbeiten, die während des Frühjahrs oder im Sommer in den Weinbergen ansteht, auf einem der Grabmäler festgehalten. Weniger Beachtung sollten wir auch den vielfältigen Rebdarstellungen mit Trauben und Weinblättern schenken, die für dekorative →Pilasterrahmungen verwendet wurden. Sie dienten vornehmlich als gefällige Dekorationen und waren vermutlich einzelnen Musterbüchern entnommen, die sich kaum an realistischen Vorbildern aus der Region orientierten. Selbst bei den übrigen Reliefs beobachten wir in den Darstellungen häufig wenig Realität, so daß sie eher als allegorische Anspielung zu betrachten sind.

Plinius empfahl die Lese möglichst bei trockenem Wetter zu beginnen[8]: *»... man lese die Traube nicht, wenn es warm ist, d. h. wenn allzu große Trockenheit herrscht, sondern erst wenn sich Regen eingestellt hat. Man lese sie auch nicht, wenn sie betaut ist, d. h. wenn nächtlicher Tau aufgetreten ist, und nicht ehe dieser von der Sonne weggetrocknet ist.«* Nach Columella begann die Lese meist in den letzten Septembertagen[9], in kalten Regionen erst nach dem 13. oder 14. Oktober[10]: *»In diesen Tagen (Ende September) wird in den meisten Gegenden die Weinlese durchgeführt ... Einige glaubten schon, wenn sie sahen, daß auch nur ein Teil der Trauben weich wurde, die Zeit der Lese sei gekommen, andere erst dann, wenn sie die Trauben farbig oder durchsichtig sahen, wieder andere, wenn sie wahrnahmen, daß das Laub abfiel. Aber das alles kann täuschen, weil sich alle diese Dinge auch an unreifen Trauben abspielen können ... Deshalb suchten manche die Reife durch Geschmacksproben zu ermitteln, indem sie feststellten, ob die Trauben süß oder sauer schmecken. Aber auch dieses Verfahren enthält manche Unsicherheit; denn es gibt Trauben, die niemals süß werden, weil sie ungewöhnlich herb sind. Deshalb ist es das Beste, ..., die natürliche Reife unmittelbar zu ermitteln. Sie ist dann gegeben, wenn man die Kerne, die sich im Innern der Beeren verbergen, herausdrückt und sie bereits dunkel gefärbt, zum Teil auch schon schwarz vorfindet. Denn nichts kann den Kernen die dunkle Färbung geben außer der natürlichen Reife selbst, ...«.* Schlechte Trauben sollten bei der Lese ausgeschieden werden[11], was nicht immer konsequent durchgeführt werden konnte, worüber Columella Klage führte[12]: *»... denn man kann neben die Leser nicht ebenso viele Aufpasser stellen, die zusehen und Anweisungen geben, daß keine sauren Trauben abgeschnitten werden ...«.*

Nur vereinzelt zeigen die Reliefs die Lese selbst oder das Einbringen der Ernte. Dafür sind um so häufiger die Sorgen der Winzer um ihre Ernte dargestellt, indem auf die Gefahren durch traubennaschende Schädlinge wie Vögel, Schlangen, Eichhörnchen (Siebenschläfer) oder Hase hingewiesen wird.

Traubennaschender Hase, gefunden bei Kreuzweiler (Kreis Merzig-Wadern).

Ein Reliefquader aus Remerchen (Großherzogtum Luxemburg) aus der Mitte des 2. Jahrhunderts n. Chr. zeigt wohl die älteste erhaltene Winzerdarstellung an Mosel und Rhein. Ein nach vorn gebeugter, zwischen Weinstöcken stehender

Mann füllt ein zylindrisches Gefäß, vermutlich einen größeren Lesebottich oder eine Hotte mit Trauben. Während in diesem Falle eine

Grabmalquader mit der Darstellung eines Mannes bei der Lese im Weinberg, gefunden in Remerschen (Großherzogtum Luxemburg).

Pfahlerziehung anzunehmen ist, zeigt eine in Zeltingen-Rachtig gefundene Scherbe einer Terra-Sigillata-Schüssel, die wir einer ostgallischen Manufaktur (1. Hälfte 2. Jahrhundert n. Chr.) zurechnen müssen, wohl eher eine Heckenerziehung. Die einzelnen Weinstöcke haben hier eine solche Höhe erreicht, daß man offensichtlich gezwungen ist, die Trauben mit Leitern zu ernten. Auf der Säulentrommel von Speyer ist dagegen eher eine kultische Weinernte im Gefolge des Bacchus dargestellt. Zwei nackte Bacchanten schneiden mit unterschiedlichen Rebmessern Trauben ab, während ein dritter in gebückter Haltung einen Lesekorb füllt. Zur Ergänzung des fehlenden Teils mag man als Parallele das Relieffragment einer Sarkophagwand aus St. Matthias bei Trier anführen, das wiederum einen kleinen Amor zeigt, der sich über einen nach oben konisch erweiterten Lesekorb beugt und eine vor ihm hängende größere Traube erntet (vgl. S. 64).

Scherbe einer »Terra Sigillata«-Schüssel aus einer ostgallischen Manufaktur (1. Hälfte 2. Jahrhundert n. Chr.) mit der Darstellung einer Lese. Die einzelnen Weinstöcke haben eine solche Höhe erreicht, daß man die Trauben mit Leitern ernten muß. Gefunden in Zeltingen-Rachtig (Kreis Bernkastel-Wittlich).

Nackter Knabe mit sichelförmigem Rebmesser bei der Lese. Detail aus einer Säulentrommel mit der Darstellung einer kultischen Weinernte, gefunden in Speyer.

Der rechte Fries eines Sarkophagdeckels aus St. Irminen in Trier zeigt dagegen Menschen beim Einbringen der Ernte. Wir erkennen zwei Personen, die gemeinsam einen großen, auf einer Stange eingehängten Korb tragen. Unter dem mit Trauben gefüllten Korb begleitet sie ein Hund. Ihnen folgt ein dritter Mann, der einen ebenfalls reichlich gefüllten, hottenartigen Korb auf dem Rücken trägt.

Mit dem Reifen der Trauben wachsen natürlich auch die Verlockungen bei den Tieren, um sich an süßen tief herabhängenden Früchten zu bedienen. Die Schmälerung der Ernte entwickelte sich vielerorts wohl zu einem so großen Problem, daß man darauf immer wieder hinwies und traubennaschende Tiere darstellte oder

Der Sarkophagdeckel zeigt das Einbringen der Weinernte mit unterschiedlichen Transportbehältern, gefunden am St. Irminenkloster in Trier.

Gebogene Rebe mit Darstellung eines Reihers, gefunden in St. Matthias bei Trier.

Aufgebundene Rebe mit Darstellung eines Wiedehopfes, gefunden vermutlich in Trier.

zumindest die der Ernte drohende Gefahr andeutete. Auch Columella sprach bei den reifen Trauben von einer Plünderung durch die Vögel[13].

Unter den abgebildeten Vögeln erkennen wir den Wiedehopf, die Eule, den Reiher, den Sperling und den Raben. Häufig finden wir zwischen den Reben in geschickter Tarnung auch die Schlange, außerdem das Eichhörnchen oder den

Siebenschläfer und den Hasen, der mit aufgerichteten Löffeln auf seinen Hinterläufen sitzt und mit seinen Vorderpfoten eine Traube packt, die er in aller Ruhe verzehren möchte. Auch auf der Säulentrommel von Speyer sind alle bekannten Rebschädlinge vereint: die Schlange, das Eichhörnchen und verschiedene Vögel, darunter ein Pfau, eine Eule, ein Raubvogel, der einen auf dem Rücken liegenden Vogel krallt, sowie ein herbeifliegender Rabe (?).

Daß man diese Schädlinge, die zu einer erheblichen Reduzierung der Ernte beitragen konnten, auch unmittelbar bekämpfte, zeigen mehrere Beispiele von den Quadern mit der achterförmig gebundenen Rebe. Während ein →Putto einen Siebenschläfer (oder ein Eichhörnchen) mit

Detail aus einer Sarkophagwand mit volutenförmig aufgebundener Rebe, hier mit der Darstellung eines traubennaschenden Vogels, gefunden in den westlichen Kaiserthermen (St. Agneten).

Detail aus derselben Sarkophagwand mit der Darstellung einer Schlange und eines Vogels.

einem Tuch einfängt, versucht ein zweiter einen weiteren Vogel zu töten und ein dritter, der ein volles Lesekörbchen auf dem Rücken trägt, auf eine Schlange mit seinem Rebmesser einzuschlagen.

Putto fängt mit einem Tuch einen Siebenschläfer (Eichhörnchen), Detail aus dem Grabmalquader mit der achterförmig aufgebundenen Rebe, gefunden möglicherweise in Trier.

Putto fängt oder ersticht einen Vogel, Detail aus dem Grabmalquader mit der achterförmig aufgebundenen Rebe, gefunden möglicherweise in Trier.

Die Gerätschaften im Weinberg

Anhaltspunkte für antiken Weinbau bieten Rebmesser unterschiedlichster Form und Größe. Dennoch kann nicht jeder Fund eines »Rebmessers« oder auch eines »Weinbergkarstes« in einer römischen Villa als ein sicheres Indiz für Weinbau gewertet werden, zumal mit den Rebmessern vergleichbare Geräte in der Forstwirtschaft und Karste in weiten Bereichen der Landwirtschaft Verwendung fanden. Ähnliche Rebmesser fanden sich auch in klimatisch benachteiligten Gebieten der Eifel, des Hunsrücks und der Westpfalz, wo der Anbau von Reben zu allen Zeiten, selbst im späten Mittelalter, als der Weinbau die größte Ausdehnung erreichte, ausgeschlossen werden muß.

Putto mit geschultertem Lesekörbchen schlägt mit einem Rebmesser auf eine Schlange ein, Detail aus dem Grabmalquader mit der achterförmig aufgebundenen Rebe, gefunden möglicherweise in Trier.

Daneben werden von den antiken Schriftstellern für die verschiedenen Weinbergsarbeiten auch andere Geräte überliefert, die aber nicht nur im Weinberg eingesetzt wurden. Dazu zählen die »*pala*«, ein einfacher Spaten[14], das »*bipalium*«, ein schaufelartiges Gerät (»Doppelspaten«), das besonders zum Umgraben und bei Neuanlagen geeignet war[15], der »*bidens*«, eine zweizinkige Hacke, noch heute als Karst genutzt[16], das »*pastinum*«, das beim Roden, Einebnen und Set-

zen verwendet wurde[17], die *»marra«* und das leichtere *»sarculum«* zur oberflächlichen Bearbeitung des Bodens[18] und die *»dolabra«*, eine schwere beilartige Hacke, oder die ihr verwandte *»dolabella«*, eine Art Kreuzhacke, die vor allem dem Aus- oder Abhacken älterer Weinstöcke diente[19]. Da die Form dieser Geräte ebenso wie ihre Funktion bisher nicht in jedem Falle zweifelsfrei geklärt sind, verzichten wir darauf, dies hier weiter zu vertiefen und konzentrieren uns auf jene Geräte, die unmittelbar am Weinstock eingesetzt wurden.

Der Bestand an römischen Rebmessern (falx vinatoria) hat sich durch Neufunde in den letzten beiden Jahrzehnten erheblich vergrößert. Dabei lassen sich die einzelnen Eisenmesser zwei nicht näher datierbaren Gruppen zuordnen, deren Formen noch bis in unser Jahrhundert gebräuchlich waren. Aus römischen Fundzusammenhängen, die direkt mit dem Weinbau in Verbindung gebracht werden können, wie etwa aus Kelterhäusern, liegen allerdings erst drei Rebmesser vor. Ein großes hippenartiges »Rebmesser« mit breiter Schneide und weitgehend abgebrochenem Rückbeil kam in der östlichen Kelteranlage von Brauneberg zum Vorschein, ein kleineres sichelförmiges in der großen Kelteranlage von Piesport, sowie ein zweites sichelförmiges ebenfalls in Piesport im Bereich einer römischen Trümmerstelle auf Flur »Paland«, wo inmitten von Weinbergen möglicherweise ein weiteres Kelterhaus zu erwarten ist[20].

»Rebmesser« mit breiter Klinge und Rückenbeil für die Laubarbeit im Weinberg. Das rechte Exemplar wurde in der östlichen Kelter von Brauneberg gefunden. Das linke Messer aus einer Villa in Leiwen (Kreis Trier-Saarburg) könnte eine Variante zu dieser Rebmesserform bilden.

Columella gab auch eine ausführliche Beschreibung dieser Rebmesser[21]: *»Die Form der Winzermesser ist so gestaltet, daß der dem Griff am nächsten liegende Teil eine gerade Schneide hat; er wird wegen der Ähnlichkeit mit einem Messer ›culter‹ genannt; der nächste Teil, der gebogen ist, heißt Bogen (sinus); der aus der Biegung herauslaufende Teil heißt Federmesser (scalprum), das dann folgende krumme Stück Schnabel (rostrum), ein ... Stück, das dem Werkzeug aufgesetzt ist, nennt man Beil (securis), und ein wie eine Spitze aus ihm hervorstechendes Teil heißt Dolch (mucro). Jeder dieser Teile hat seine eigenen Aufgaben ... Wenn man nämlich etwas mit dem Druck der Hand quer zum Werkzeug abschneiden muß, benutzt man das »Messer«; muß man etwas nach rückwärts ziehen, benutzt man den »Bogen«; muß man etwas abschaben, verwendet man das »Federmesser«; ist etwas zu ritzen, nimmt man den »Schnabel«, muß man etwas abhauen, das »Beil«; ist etwas in beengtem Raum auszuputzen, dann verwendet man den »Dolch«.*

Die an Mosel und Rhein gefundenen Rebmesser zeigen gegenüber Columellas Beschreibung vereinfachte Formen. Zur ersten Gruppe zählen meist 16 bis 21 cm lange und 18 bis 19 cm breite hippenförmige Messer. Charakteristisch für diesen Typ ist eine nahezu rechtwinklig umknickende, sehr breite Schneide sowie auf deren Rücken eine zweite, langgezogene beilartige Schneide, die griechischen Vorbildern entlehnt ist (falx putatoria). Diese beilartige Schneide scheint eine Kombination des bei Columella beschriebenen Beiles (*securis*) wie des *mucro* (Dolch) zu sein. Der Holzgriff war bei diesen Messern auf eine Griffangel gesteckt und mit einer Manschette zusammengezogen. Am Übergang von Rücken zur *securis* haben sich häufiger Reste von meist unleserlichen Herstellermarken erhalten.

Diese Messerform wurde seit der Antike über das Mittelalter noch weit bis ins 19. Jahrhundert genutzt. Ein vergleichbares Messer mit Rückenbeil (erhaltene Länge 14,5 cm, Breite 20,5 cm) war auch einem merowingerzeitlichen Grab des 7. Jahrhunderts in Eller (Kreis Cochem-Zell) beigegeben und wies den Bestatteten möglicherweise als Winzer aus.

Diese Rebmesserform setzte man vornehmlich zum Rebschnitt und zur Laubarbeit an den Reben ein. Mit der breiten Schneide kürzte man die über den Stock hinausschießenden Triebe, während mit dem Rückenbeil die Geiztriebe entfernt oder ausgebrochen werden konnten. Eine römische Säulentrommel aus Speyer zeigt einen nackten Jüngling mit einem solchen Messer auch bei der Lese.

Nackter Jüngling verwendet ein Messer mit Rückenbeil zur Lese. Da die Trauben ausgereift und auch die übrigen auf der Säulentrommel abgebildeten Personen mit der Traubenlese beschäftigt sind, wurde das Messer in diesem Falle auch zur Ernte der Trauben verwendet.

Dagegen wurde die zweite »Rebmesserform« primär bei der Lese für den Traubenschnitt verwendet. Charakteristisch für diesen Typ ist die bogen- oder mondsichelförmig gestaltete Schneide, deren Ende wiederum in eine Griffangel übergeht, auf die der Holzgriff gesteckt und mit einer Manschette festgezogen war.

Rebmesser dieser Art sind weit verbreitet, was sich vor allem in der Vielfalt ihrer Größe niederschlägt. Die größten Messer erreichen (einschließlich Angel) Längen bis zu 40 cm. Die Mehrzahl dieser Messer gehört aber zu einem kleineren Typ (12-20 cm), der auch aus der Kelter von Piesport vorliegt. Gerade diese kleinere Form wird noch bis heute als »Krummes« sowohl für die Lese wie die Aufbinde- und Laubarbeit verwendet.

Das sichelförmige Rebmesser findet sich auch auf Trierer Grabmälern, wobei ein Putto, der ein Lesekörbchen auf der Schulter trägt, mit einen solchen Rebmesser auf eine Schlange einschlägt. Die schon genannte Säulentrommel von Speyer

Sichelförmige »Rebmesser« für die Lese. Das linke Messer stammt aus der Kelter von Piesport, daneben weitere Exemplare aus Piesport, Wittlich und Trier.

Kleines, an einem Finger getragenes Ringrebmesser aus einer Villa bei Konz (Kreis Trier-Saarburg).

zeigt dagegen zwei Personen mit den beiden Rebmessertypen bei der Lese.

Weniger zur Lese als zum Ausbrechen von Geiztrieben wurde vermutlich ein kleineres Ringrebmesser mit sichelförmiger Schneide verwendet, das neben anderen Eisengeräten im Keller einer römischen Villa bei Konz zum Vorschein kam[22]. Der Ring, der über einen Finger gezogen wurde, war offen und konnte somit auf die Größe des jeweiligen Fingers eingestellt oder angepaßt werden. Die am Ring angebrachte, etwa 3 cm lange Sichel war mit ihrer Schneide nach außen gerichtet. Mit ein wenig Geschick und Übung war es wohl kein größeres Problem, dieses Rebmesserchen bei Binde- und Laubarbeiten einzusetzen, vor allem um Geiztriebe abzuschneiden oder auszubrechen.

Ob andere Messer, etwa solche mit schmaler, nahezu rechtwinklig oder hakenförmig umbiegender Schneide und lappenförmigem Griffhalter oder ringförmigem Griffende ebenfalls als »Rebmesser« genutzt wurden, läßt sich derzeit nicht entscheiden. Sie sind bisher weder von Darstellungen, noch aus charakteristischen Fundzusammenhängen bekannt. Ähnliches gilt für ein sichelförmiges Messer mit breiter Schneide (ohne Rückenbeil) und bandförmiger Angel aus einer römischen Villa in Leiwen[23], das, sofern es im Weinbau Verwendung fand, eine weitere Variante eines Rebmessers darstellen würde.

Das Rebmesser mit der hakenförmigen Schneide soll zu den ältesten Messern zählen. Dabei beruft man sich auf ein frührömisches »Winzergrab« aus dem 1. Jahrhundert n. Chr. aus Kobern (Kreis Mayen-Koblenz), an dessen Fundumständen heute jedoch erhebliche Zweifel bestehen[24]. Zudem bleibt die Frage, ob es sich bei diesem Messertyp überhaupt um ein im Weinbau verwendetes Messer handelte, oder ob es nicht die Funktion einer Waffe erfüllte. Waffenbeigaben waren bei frührömischen Gräbern durchaus üblich. Auch unser »Winzergrab« von Kobern enthielt neben jenem Messer noch einen Wurfspieß, Pfeilspitzen und ein krumm gebogenes, also mit Absicht unbrauchbar gemachtes Schwert. Während der Ausgräber Richard Arnoldi noch von einem *»Grabfund eines Jägers und Winzers«* sprach, wurden die Waffenbeigaben in den folgenden Publikationen unterschlagen und das Grab bis zuletzt als wichtiges Indiz für einen bis ins 1. Jahrhundert n. Chr. zurückreichenden Weinbau an der Mosel angeführt.

Als Erntebehälter überliefern die erhaltenen Reliefs mehrere Lesekörbchen oder Lesebottiche sowie Transportbehälter. Dabei zeigen die Lesekörbchen alle eine nahezu gleichmäßige Form. Sowohl der kleine Amor auf der Sarkophagwand von St. Matthias, als auch das Vitisrelief aus Remerchen (Großherzogtum Luxemburg) sowie zwei Körbchen auf dem Grabmalquader mit der achterförmig gebundenen Rebe lassen, vermutlich aus Weiden geflochtene, nach oben konisch erweiterte Lesekörbe erkennen, die

Putto mit gefülltem Lesekörbchen, Detail aus einer in Trier gefundenen »Terra Sigillata«-Schüssel, die in Ostgallien hergestellt wurde.

innen mit Harz oder Pech abgedichtet worden waren, da überreife Trauben schon bei dem geringsten Druck aufbrechen und wertvoller Saft verloren gehen konnte. Der Rand und die Bodenplatte sind häufig mit einer zopfartigen Flechtung verstärkt. Vergleichbare Lesekörbchen sind auch auf mehreren reliefverzierten »Terra Sigillata«-Schüssel abgebildet, so daß es sich hierbei wohl um eine weit verbreitete Form handelt, die ebenfalls noch bis ins 20. Jahrhundert im Gebrauch war. Ob das zylindrische Gefäß zwischen Weinstöcken auf dem Reliefquader von Remerchen einen größeren Lesebottich oder eine Hotte darstellte, ist leider nicht zu entscheiden. Weitere, wiederum aus Weiden geflochtene Transportbehältnisse zeigt der Sarkophagdeckel aus St. Irminen in Trier, darunter einen hottenartigen, auf dem Rücken von zwei Riemen gehaltenen Korb sowie einen großen, auf einer oder zwei Stangen eingehängten Korb, der von zwei Personen auf der Schulter getragen werden mußte. Columella schrieb zu den Lesegeräten[25]: *»Wenn der Besitz groß und die Rebäcker oder Baumstücke umfangreich sind, muß man das ganze Jahr über Körbe mit 10 modii* [1 modius = 8,75 l] *und drei modii Fassungsvermögen und kleine Körbchen flechten und verpichen, desgleichen möglichst viele Rebmesser und eiserne Haken herstellen und schärfen, damit der Winzer bei der Lese die Trauben nicht mit der Hand abreißt und dadurch ein erheblicher Teil der Frucht beim Auseinanderziehen der Trauben zu Boden fällt ...«*

Teil einer Sarkophagwand mit traubenlesendem Amor und Lesekorb, gefunden in St. Matthias bei Trier.

Anmerkungen

1 Columella, De re rustica IV, 27,1: »*Sic deinde ordinata vineta festinabimus emundare sarmentisque et calamentis liberare. Quae sicco tamen solo legenda sunt, ne lutosa humus inculcata maiorem fossori laborem praebeat. Qui protinus ac velut silentibus vineis inducendus est; nam si palmis incientibus progemmantibusque fossorem inmiseris, magnam partem vindemiae decusserit. Igitur antequam germinent, per divortium veris atque hiems quam altissime fodiendae vineae sunt, quo laetius et hilarius pullulent;* ...«. Die Übersetzungen von Columella orientieren sich an den Arbeiten von Willi Richter, Lucius Iunius Moderatus Columella (München 1981).

2 Columella, De re rustica IV, 23, 1-2: »... *si mitis ac temperantia permittit in ea regione, quam colimus, caeli clentia, facta vindemia secundum Idus Octobris auspicari putationem,* ... *Sin autem caeli status frigidus et pruinosus hiems violentiam denuntiat, in Idus Februarias hanc curam differemus; atque id licebit facere, si erit exiguus possessionis modus, nam ubi ruris vastitas electionem nobis temporis negat, valentissimam quamque partem vineti frogoribus, macerrimam vere vel autumno, quin etiam per brumam meridiano axi oppositas vitis, aquiloni per ver et autumnum deputari conveniet* ...«

3 Columella, De re rustica IV, 24, 1: »*Quandoque igitur vinitor hoc opus obibit, tria praecipue custodiat: primum ut quam maxime fructui consulat; deinde ut in annum sequentem quam laetissimas iam hinc eligat materias; tum etiam ut quam longissimam perennitatem stirpi adquirat* ...«.

4 Columella, De re rustica IV, 27,2-4: »*eaeque ubi se frondibus vestierint, teneris caulibus necdumadultis modus habendus est. Idemque vinitor, qui ante ferro, nunc manu decutiet umbrasque conpescat ac supervacuos pampinos deturbet* ... *super haec materiae, quae fructum habent, melius convalescunt et uvae commodius insolatae percoquuntur.*
Quare prudentis est ac maxime callentis vinitoris aestimare ac dispicere, quibus locis in annum debeat materias submittere, nec orbos tantum detrahere palmites, verum etiam frugiferos, si supra modum se numeros eorum profuderit; ...«.
IV, 28,1: »*Tempus autem pampinationis, antequem florem vitis ostendat, maxime est eligendum,* ... *pubescentem vero et quasi adolescentem convenit religare foliisque omnibus nudare, tum et crebris fossionibus inplere;* ...«.

5 Plinius, Naturalis historiae XVII, 54: »... *nihil esse utilius lupini segete, priusquam siliquetur, arato vel bidentibus versa manipulisve desectae circa radices arborum ac vitium obrutis* ...«.
XVII, 55: »*Vinea si macra erit, sarmenta sua comburito et indidem inarato.*« Die Übersetzungen von Plinius orientieren sich an den Arbeiten von Roderich König in Zusammenarbeit mit Joachim Hopp, C. Plinius Secundus d. Ä., Buch XVII (München 1994).

6 Plinius, Naturalis historiae XVII, 258: »... *urit vineas suillum nisi quinquennio interposito, praeterquam si riguis diluatur, et e coriariorum sordibus nisi admixta aqua* ...«.

7 Plinius, Naturalis historiae XVII, 47: »... *Aedui ac Pictones calce uberrimos fecere agros, quae sane et oleis vitibusque utilissima reperitur* ...«.

8 Plinius, Naturalis historiae XVIII, 315-316: »... *uvam caldam ne legito, hoc est in nimia siccitate ac nisi imber intervenerit. Uvam rorulentam ne legito, hoc est siros nocturnus fuerit nec prius quam sole discutiatur* ...«.

9 Columella, De re rustica XI, 2, 67: »*His diebus vindemiae plurimis regionibus fiunt,* ... *quidam cum vidissent partem aliquam uvarum mitescere, crediderunt tempestivam esse vindemiam, quidam cum coloratas et perlucidas uvas animadvertissent, nonnulli etiam cum pampinos ac folia decidere considerassent, quae omnia fallacia sunt, quoniam inmaturis uvis omnia eadem possunt accidere* ... *Itaque nonnulli gustu explorare maturitatem temptaverunt, ut sive dulcis esset sapor uvae sive acidus, proinde aestimarent, sed et haec ipsa res habet aliquam fallaciam. Nam quaedam genera uvarum numquam dulcedinem capiunt propter austeritatem nimiam. Itaque optimum est,* ... *ipsam naturalem contemplar maturitatem. Naturalis autem maturitas est, si, cum expresseris vinacea, quae acinis celantur, iam infuscata et nonnullapropemodum nigra fuerint. Nam colorem nulla res vinaceis potest adferre nisi naturae maturitas,* ...«.

10 Columella, De re rustica XI, 2, 74: »*Per hos dies frigidis regionibus vindemia* ... *fieri solent*«.

11 Geoponica V, 45 (Sammlung landwirtschaftlicher Schriften aus dem 10. Jahrhundert, die weitgehend auf Cassianus Bassus aus dem 6. Jahrhundert basiert): »... *oportet omnes acerbas uvas aut aliter corruptas a reliquo fructu separare* ...«.

12 Columella, De re rustica III, 21, 6: »... *neque enim singulis totidem antistitores possit dare, qui observent praecipiantque, ne acerbae uvae demetantur* ...«.

13 Columella, De re rustica III, 21, 5: »... *populationibus volucrum* ...«.

14 Columella, De re rustica X, 45.

15 Cato, De re rustica, 6 u. 45.

16 Columella, De re rustica X, 87.

17 Columella, De re rustica III, 13 u. 18.

18 Columella, De re rustica X, 89 bzw. Plinius, Naturalis historiae XVIII, 21.

19 Palladius, Opus de agri cultura I, 43, II, 3, 2 und III, 21, 2.

20 Gilles 1989[2], 60.

21 Columella, De re rustica IV, 25,1-2: »*Est autem sic disposita vinitoriae falcis figura, ut capulopars proxima, quae rectam gerit aciem, culter ob similitudinem nominetur; quae flecitur, sinus, quae a flexu procurrit, scalprum, quae deinde adunca est, rostrum appellatur; cui superposita* ... *species securis dicitur, eiusque velut apex pronus inminens murco vocatur. Harum partium quaeque suis muneribus fungitur,* ... *Nam cum in adversum pressa manu desecare quid debet, cultro utitur, cum retrahere autem, sinu, cum adlevare, scalpro, cum incidere, rostro, cum ictu caedere, securi, cum in angusto aliquid expurgare, mucrone* ...«.

22 Trierer Zeitschrift 49, 1986, 376f.

23 Trierer Zeitschrift 24/26, 1956/58, 593. Auf der Klinge lesen wir die Herstellermarke SERVAT(us).

24 Vgl. dazu Kneißl 1981, 193 und Loeschcke 1934, 10f. Anm. 35.

25 Columella, De re rustica XII, 18, 2: »*Si ager amplus aut vineta aut arbusta grandia sunt, perenne fabricandae decemmodiae et trimodiae (fascinae et) fiscellae texendae et picandae; nec minus falculae et ungues ferri quam plurimi parandi et exacuendi sunt, ne vindemitor manu destringat uvas et non minima fructus portio dispersis acinis in terram dilabitur* ...«.

Blick in das konservierte Preßbecken (B 5) von Piesport mit dem rekonstruierten Preßkorb.

S. 67 rechts oben: Keltertreter auf einer reliefverzierten →»Terra Sigillata«-Scherbe aus Trier.

Die Arbeiten im Kelterhaus

Die Verarbeitung der Trauben erfolgte im Kelterhaus in zwei Schritten. Zunächst wurde das Lesegut in den Tret- oder Maischebecken gesammelt und danach mit Füßen oder Stampfern bearbeitet. Die dabei gewonnene Maische wurde nach Ablassen des Mostes in die Preßkörbe der Kelterbecken umgesetzt, wo man mit Hilfe einer Baumkelter den letzten noch verbliebenen Saft herauspreßte. Bisher lassen sich an Mosel und Rhein drei, vielleicht vier verschiedene Kelterkonstruktionen nachweisen, die sich vor allem die Hebelwirkung des Kelterbalkens zunutze machten.

Die Arbeiten im Kelterhaus

Das Austreten der Trauben mit den Füßen war über lange Zeit das einfachste Verfahren der Mostgewinnung. Seit etwa 1750 v. Chr. ist es im Orient nachgewiesen und bestimmte danach über fast 2000 Jahre die Weingewinnung im Mittelmeerraum. Schon das Alte Testament berichtete von der Anlage besonderer Keltergruben, bei denen man auch an ein tieferliegendes Ablaufbecken für den Most denken muß[1]. Sogar in römischer Zeit war es noch üblich, die Trauben mit den bloßen Füßen auszutreten. Zunächst geschah dies bei gutem Wetter meist im Freien vor Ort. Später wurden dann diese Arbeiten unter ein Dach oder in ein solider ausgebautes Kelterhaus verlegt. Als Austretgefäße dienten dabei häufig wannen- oder kistenförmige Bottiche mit Auslauföffnungen, aus denen der Most in untergestellte Gefäße, meist →Dolien, ablief. In größeren Behältnissen hielten sich die austretenden Arbeiter, um in der glitschigen Traubenmaische nicht auszurutschen, entweder gegeneinander fest oder führten in einer Hand längere Stäbe, mit denen sie sich abstützen konnten.

Die älteste römische Kelter scheint nach einem Bericht von Plinius eine Art Baumkelter gewesen zu sein, wobei der Kelterbaum mit Stricken und Riemen oder auch durch Winden herabgezogen wurde. Er meinte damit wohl denselben Typ einer Baumkelter, den bereits Cato in seinem um 175 v. Chr. entstandenen Werk über die Landwirtschaft beschrieb[2]. Keltern mit der Verwendung von Schrauben sind nach Plinius erst unter Kaiser Augustus (31 v.-14 n. Chr.), wohl im 3. Jahrzehnt v. Chr., nach griechischem Vorbild aufgekommen. In der Mitte des 1. Jahrhunderts n. Chr. soll noch eine weitere Verbesserung der Schrauben stattgefunden haben. Im einzelnen schrieb Plinius um 75 n. Chr.[3]: »*Andere pressen mit einzelnen Keltern, besser ist aber mit zwei, mag jede davon auch noch so groß sein. Es kommt hierbei auf die Länge, nicht auf die Dicke (des Pressbalkens) an. Die weiträumigen pressen besser. Die Alten zogen sie mit Stricken, Riemen und Winden. Vor rund 100 Jahren hat man die griechischen Keltern erfunden, bei denen ein Gewinde am Preßbalken durch eine Schraubenmutter geht. Bei den einen ist eine Säule am Preßbaum befestigt, bei den anderen ein Kasten von Steinen (Steinquader), der sich mit dem Preßbaum emporhebt, eine Einrichtung, die man für sehr nützlich erachtet. Vor 22 Jahren hat man entdeckt, mit kleinen Pressen, einer weniger großen Kelter und einem in der Mitte errichteten kürzeren Preßbaum (zu arbeiten); über den Trester (Maische) gelegte, runde Scheiben drücken mit ihrem ganzen Gewicht und über der Presse bringt man noch schwerere Gewichte an.*« Zur Größe der Kelterhäuser äußerte sich Vitruv in seinem um 25 v. Chr. verfaßten Werk über die Architektur[4]: »*Der Kelterraum selbst soll, wenn die Kelterpresse nicht mit einer Schraube gedreht wird, sondern mit Hebelstangen und einem Kelterbaum gepreßt wird, nicht weniger als 40 Fuß lang hergerichtet werden. So nämlich wird für den Mann, der die Hebelstange bedient, genügend Raum sein. Die Breite nicht weniger als 16 Fuß; denn so werden sich die Leute, die mit voller Kraft arbeiten, frei und unbehindert bewegen können. Wenn aber Platz für zwei Pressen nötig ist, soll man der Breite 24 Fuß geben.*«

Ein Ringstein aus Koblenz (hier stark vergrößert) zeigt neben dem Einbringen der Traubenernte, das Treten der Trauben sowie das Abfließen des Mostes in einen Bottich. Ein davor liegendes Faß soll wohl die Lagerung des Mostes (Weins) hervorheben.

Die Arbeiten im Kelterhaus

Einige der von Plinius und Vitruv beschriebenen Details können wir durchaus auf die an Mosel und Rhein entdeckten Kelterhäuser übertragen. Da sie jedoch noch weitere, über die antiken Überlieferungen hinausgehende Anhaltspunkte beschrieben haben, stehen im Folgenden die archäologischen Befunde dieser Anlagen im Vordergrund. Dabei werden neben ihrem Aufbau und den verschiedenen Preßvorrichtungen vor allem ihre Lage und ihre zeitliche Einordnung eingehender betrachtet.

Die Lage der römischen Kelterhäuser

Sicherlich ist es kein Zufall, daß die bisher untersuchten römerzeitlichen Kelteranlagen im Bereich heute noch genutzter Rebflächen oft unter meterhohem Hangschutt entdeckt wurden. Lediglich das Kelterhaus von Lösnich, das eines von neun Nebengebäuden eines größeren Gutshofes bildete, wurde an einem sanften Abhang freigelegt, rund 1500 m von den nächsten Weinbergen entfernt. Aus diesem Grunde entziehen sich derzeit vermutlich noch viele vergleichbare Anlagen ihrer Entdeckung, bis sie eher zufällig, im Rahmen größerer Erdbewegungen, aufgefunden werden. Andere Anlagen scheinen dagegen, sehr zum Leidwesen der heutigen Winzer wie der Werbestrategen, schon in früheren Jahrzehnten angeschnitten und aus Angst vor archäologischen Aktivitäten, die einer raschen Neubepflanzung des Weinberges im Wege gestanden hätten, verschwiegen worden zu sein. Auffallend ist auch, daß die Mehrzahl der im Moseltal nachgewiesenen Keltern innerhalb der besten und bekanntesten Weinlagen wie dem *Piesporter Goldtröpfchen*, der *Brauneberger Juffer Sonnenuhr*, dem *Graacher Josephshöfer* oder dem *Erdener Treppchen* zum Vorschein kamen. In der Regel verdanken wir ihre Entdeckung dem Zufall, aber auch der Aufmerksamkeit einzelner interessierter Mitbürger und einer neuerdings unter der Bevölkerung verbreiteten Sensibilität für römische Kelteranlagen. Lediglich die erste (westliche) im Jahre 1992 gegenüber von Erden freigelegte Kelter konnte aufgrund einer gezielten Sondierung, in Zusammenarbeit mit dem zuständigen Kulturamt, im Rahmen bevorstehender Erdbewegungen für eine Flurbereinigungsmaßnahme »aufgespürt« werden. Ebenso war die im Jahre 1995 am Josephshof bei Graach angeschnittene Kelter schon vorher an diesem Ort aufgrund der zuletzt gewonnenen Erfahrungen vermutet worden[5]. Die zweite (östliche) Erdener Kelter, die sich weder durch Oberflächenfunde noch sonstwie im Gelände abzeichnete, wurde dagegen im Jahre 1998 bei Ausschachtungsarbeiten für einen Parkplatz der ersten konservierten Kelter angetroffen. Der Parkplatz sollte an einer Stelle, an der selbst die

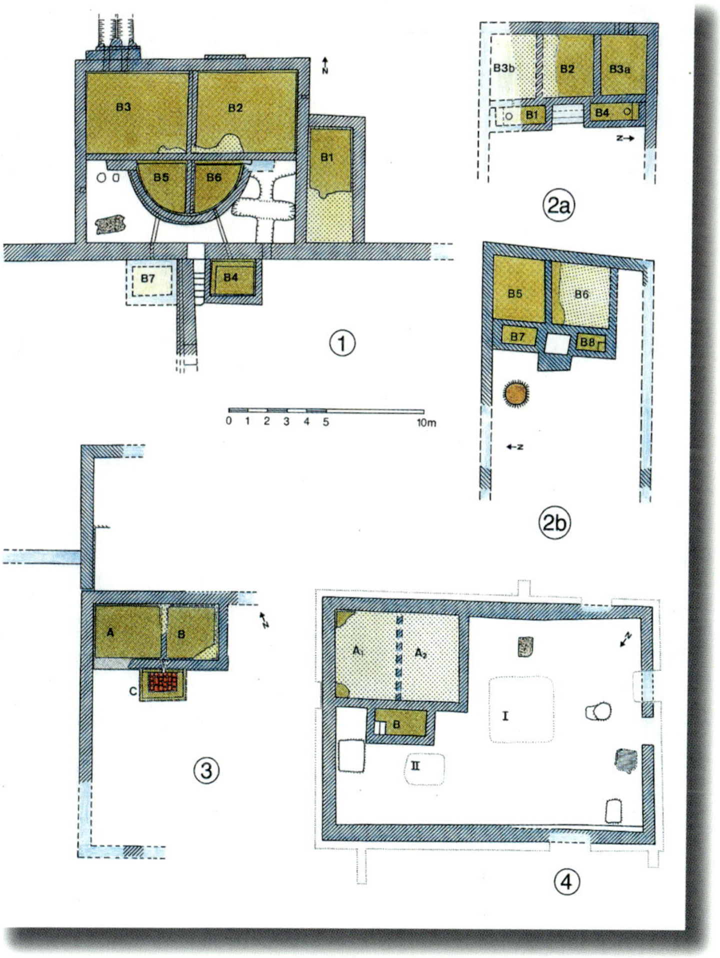

Grundrisse ausgewählter spätrömischer Kelteranlagen an der Mittelmosel. 1 Piesport; 2a Brauneberg, westliche Kelter; 2b Brauneberg, östliche Kelter; 3 Maring-Noviand, 4 Lösnich.

Archäologen weitere Funde ausschlossen, angelegt werden. Daher kam er letztlich nur in reduzierter Form zur Ausführung.

Heute lassen sich, aufgrund der in den letzten Jahren gewonnenen Erkenntnisse, zumindest für das Moseltal einzelne Kriterien herausarbeiten, die für die Existenz einer römerzeitlichen Kelteranlage sprechen. Danach waren solche Kelterhäuser in der Regel in den besseren Weinbergslagen am Fuße steilerer Süd- oder Südwesthänge, in unmittelbarer Nähe zur Mosel errichtet worden. Mehr als 20 weitere Plätze könnten aufgrund unterschiedlicher Anhaltspunkte ebenfalls als Kelteranlage gedient haben[6]. Wiederum lassen sich zahlreiche klangvolle und bekannte Weinlagen anführen, wie z. B.: *Longuicher Maximiner Herrenberg, Mehringer Zellerberg, Pölicher Held, Klüsserather Bruderschaft, Dhroner Hofberger, Wintricher Großer Herrgott, Wehlener und Zeltinger Sonnenuhr, Ürziger Würzgarten, Kinheimer Rosenberg, Pündericher Marienburg, Briedeler Herzchen, Zeller Schwarze Katz oder Merler Stephansberg*. Meist bilden jene Plätze begrenzte römische Trümmerstellen inmitten von Rebflächen, die allerdings von ihrer Lage und ihren Ausdehnungsmöglichkeiten für ein römisches Gehöft völlig ungeeignet erscheinen. Teilweise waren auch in früherer Zeit beobachtete Beckenreste, da der Aufbau römischer Kelterhäuser völlig unbekannt war, mit Badeanlagen in Verbindung gebracht worden. Wohl nicht zufällig kann auch die Mehrzahl jener Orte, wie schon Piesport und Brauneberg, auf relativ frühe Weinbaubelege aus der Zeit des 6.-10. Jahrhunderts zurückgreifen. Darüber hinaus kennen wir häufiger, wie in Piesport, Graach und Erden, aus dem näheren Umfeld der vermuteten Keltern auch merowingerzeitliche Grabfunde, die dort sogar einen kontinuierlichen Weinbau seit der Spätantike erwarten lassen. Außerdem liegen jene oft im Bereich von Weinbergen, die bei einer um 1850 vorgenommenen Wertschätzung (Klasse I-VIII) ausschließlich den Klassen I und II zugeordnet wurden[7].

Auch im Mittelalter wurden noch einzelne Kelterhäuser inmitten der Rebflächen errichtet. Dabei handelte es sich aber ausschließlich um kirchliche, kurstaatliche oder adlig-herrschaftliche Anlagen. Mehrheitlich lagen die Kelterhäuser aber in den Orten selbst, wo private Keltern erst ab dem 17./18. Jahrhundert häufiger belegt sind. Dies war eine Folge des Kelterbanns, der die Teilpächter verpflichtete, ihre Trauben nur in den herrschaftlichen Keltern zu pressen[8].

Zu Kelterhäusern und Weinhöfen abseits der Orte zählen die Kelter der Abtei Mettlach aus dem späten Mittelalter gegenüber von Piesport-Müstert[9], der im 12. Jahrhundert von der Benediktinerabtei St. Martin in Trier mit einer Kelter erbaute Josephshof bei Graach[10], der ebenfalls bis ins späte Mittelalter zurückreichende Himmeroder Hof (Mönchhof) mit Kelter bei Ürzig[11], der im 13./14. Jahrhundert errichtete Marienburghof mit Kelter gegenüber von Pünderich[12], der später an die kurtrierische Hofkammer fiel, das im 13. Jahrhundert von den Grafen von Salm

Blick über die Maische- und Preßbecken der großen Kelter von Piesport. Im Vordergrund ist - leicht angeschnitten - der Gewichtstein der Baumkelter zu erkennen. Deutlich sind auch mehrere Pfostenlöcher der ehemaligen Holzeinbauten wahrzunehmen.

gegenüber von Briedel errichtete »Grafenkelterhauses«, das ebenfalls in der frühen Neuzeit in den Besitz der Trierer Kurfürsten gelangte[13], und die auf mehrere Adelsgeschlechter aufgeteilten Lehmer Höfe bei Ediger[14]. Alle diese Kelterhäuser waren in der Nähe oder sogar unmittelbar auf den Ruinen römischer Kelterhäuser errichtet, die in den besten Weinbergen des Moseltals lagen und, wie unten ausgeführt[15], offensichtlich in staatlichem Besitz waren. Sie könnten daher während der fränkischen Landnahme im 5. Jahrhundert n. Chr. als Fiskalland in die Hände der fränkischen Könige übergegangen sein. Als königliche Lehen gelangten sie dann später in geistlichen oder ritterlichen Besitz, so daß sie möglicherweise einen Hinweis auf einen kontinuierlichen Weinbau am Ort liefern.

Die gerade gelesenen Trauben werden während des ersten Kelterfestes (1992) in die Piesporter Kelter gebracht.

Der Aufbau der römischen Kelterhäuser

Die bislang untersuchten Kelterhäuser erscheinen, sofern wir sie allein von ihren Grundrissen beurteilen, auf den ersten Blick recht verschieden und lassen kaum Gemeinsamkeiten erkennen. Bei einer näheren Betrachtung der Anlagen werden wir jedoch, insbesondere in ihrem Aufbau, viele Übereinstimmungen feststellen können. Danach gehörten zur Grundausstattung einer römischen Kelter in der Regel je ein Maische- oder Tretbecken, ein Kelter- oder Preßbecken und ein Most- oder Ablaufbecken, die alle mit einem wasserdichten Ziegelsplitt-Estrich versehen waren. Lediglich für die Kelter von Ungstein und wohl auch die östliche Anlage von Erden sind keine Kelter- oder Preßbecken nachgewiesen, so daß in ihren Falle das Pressen der Maische in einer separat angelegten, archäologisch nicht faßbaren Holzkonstruktion erfolgt sein könnte.

Die Trauben werden während des ersten Kelterfestes in Piesport (1992) getreten.

Die Maische wird in Holzeimer umgefüllt, nachdem zuvor der Most abgelassen worden war.

Die Maischebecken waren im Grundriß quadratisch oder rechteckig und erreichten recht unterschiedliche Ausmaße mit einem Fassungsvermögen von 2,5 m^3 bis zu 12 m^3. In ihnen wurde das Lesegut gesammelt und danach mit Stampfern bearbeitet oder mit den Füßen zertreten. Allerdings war der durch die Füße erzeugte Druck für eine optimale Saftgewinnung viel zu gering[16] und die dabei gewonnene Maische ein recht dickflüssiger, nur schwer trennbarer Brei. Daher wird das Stampfen der Trauben weniger der Mostgewinnung als dem Aufreißen

Die Preßkörbe werden mit Maische gefüllt.

Sobald die Preßkörbe gefüllt sind, wird der Kelterbaum mit Kelterklötzen unterbaut (Piesport 1992).

Der Kelterstein wird durch Drehen der Spindel während des ersten Kelterfestes in Piesport (1992) angehoben.

der Beeren, der Erzeugung einer flüssigeren Maische und ihrer Vorbereitung zum Pressen gedient haben. Nach einer kürzeren Maischephase wurde der Most, soweit er sich von der Maische trennen ließ, von den Maischebecken über Bleirohre in die tiefer gelegenen Ablauf- oder Mostbecken abgelassen. Ein kurzzeitiges, ein- bis zweitägiges Maischen der zertretenen Trauben war bei den damaligen Preßmethoden durchaus ratsam, zumal das Traubenmark durch das Maischen dünnflüssiger wurde und damit beim Preßvorgang wesentlich ergiebiger war. Die Mostbecken hatten meist eine langrechteckige Form. Ihr Fassungsvermögen reichte von einem halben bis zu 2 Fuder.

Nachdem der Most aus den Maische- oder Tretbecken abgeflossen war, wurde die zurückgebliebene Maische in die Holzkörbe der danebenoder darunterliegenden Kelter- oder Preßbecken umgefüllt. Mit Ausnahme der großen Piesporter Kelter, wo die Becken viertelkreisförmig angelegt waren, wiesen sie einen nahezu quadratischen Grundriß auf und umfaßten meist rund 4 m^3. Über den Kelterbecken bzw. Preßkörben waren, wie die Reste von mächtigen Pfostenstellungen und Holzeinbauten erkennen ließen, unterschiedliche Baumkeltern installiert, mit deren Hilfe der letzte Saft aus der Maische ausgepreßt wurde.

Die Kapazität (vgl. Tabelle S. 73) und Verteilung der einzelnen Becken war recht unterschiedlich. Waren die Maische-, Preß-, und Mostbecken in der großen Kelter von Piesport auf drei Ebenen verteilt, lagen sie bei den übrigen untersuchten Keltern – soweit eine Deutung der teilweise nur spärlichen Befunde möglich war – auf zwei verschiedenen Niveaus. In diesen Fällen waren die Maische- und Preßbecken unmittelbar benachbart.

In der westlichen Kelter von Brauneberg, möglicherweise auch in der westlichen Anlage von Erden, waren die Preß- oder Kelterbecken zwischen zwei Maischebecken errichtet. Mindestens zwei Maischebecken umfaßte auch die Kelter in Graach. In Ungstein wurde nachträglich ein zweites Maischebecken angelegt, ein sicheres Zeichen dafür, daß die Kapazität des ersten Tret- oder Maischebeckens nicht mehr ausreichte, da die Rebflächen im Laufe der Zeit erweitert wor-

Die Arbeiten im Kelterhaus

den waren.

Ebenso erhielt die Kelter von Piesport, in der alle Becken paarweise angelegt waren, nachträglich ein drittes Maischebecken. Auch in diesem Falle hatten die vorhandenen Becken nicht mehr zur Bewältigung der Ernte ausgereicht. Ähnlich ist wohl die Errichtung eines zweiten größeren Kelterhauses neben einer bereits bestehenden Anlage in Brauneberg und Erden zu interpretieren.

Das Vorhandensein mehrerer Maischebecken bedeutete in der nicht immer von der Witterung begünstigten Lesezeit einen großen Vorteil. War dagegen wie in Lösnich, Maring-Noviand und Ungstein oder zunächst auch in den beiden älteren östlichen Anlagen von Brauneberg und Erden nur ein Maischebecken vorhanden, konnte dies während des Herbstes und bei schlechter Witterung, die eine zügige Lese erforderlich machte, mitunter zu größeren Engpässen führen. Allerdings ist nicht auszuschließen, daß man sich in solchen Fällen mit zusätzlichen Bütten oder anderen Holzbehältern behalf, die in den Vorräumen der Kelterhäuser aufgestellt waren und als Tretzuber genutzt wurden. Im Gegensatz zu den in Stein ausgebauten Becken sind solche Behälter nur in Ausnahmefällen archäologisch nachzuweisen.

Teilweise war man sogar in der Lage, kurzfristig die Kapazität der Tret- oder Maischebecken zu vergrößern. So wurde im halb-

Fassungsvermögen der verschiedenen Becken in römischen Kelteranlagen

	Maischebecken **(Tretbecken)**	Kelterbecken **(Preßbecken)**	Mostbecken **(Ablaufbecken)**
Piesport, 1. Phase	23,0 m^3 [2]	8,0 m^3 [2]	5,0 m^3 [2]
Piesport, 2. Phase	30,5 m^3 [3]	8+? m^3 [2+?]	5+? m^3 [2+?]
Graach[17]	>15+? m^3 [2+?]	?	?
Brauneberg, östl. Kelter	5,4 m^3	4,6 m^3	2,4 m^3 [2]
Brauneberg, westl. Kelter	8,2 m^3 [2]	4,4 m^3	4,0 m^3 [2]
Erden, östl. Kelter[18]	9,6 m^3	?	0,6 m^3
Erden, westl. Kelter (a)	6,5 m^3	6,5 m^3	1,9 m^3 [3] oder
Erden, westl. Kelter (b)	8,3 m^3 [2]	3,0 m^3	1,9 m^3 [3]
Lösnich	8,0 m^3	6,3 m^3	1,5 m^3
Piesport-Müstert	ca. 6 m^3	ca. 5 m^3	2,8 m^3 [2]
Maring-Noviand	5,3 m^3	3,9 m^3	1,0 m^3
Ungstein, 1. Phase	2,5 m^3	-	1,0 m^3
Ungstein, 2. Phase	5,0 m^3 [2]	-	1,0 m^3

Blick auf die westliche Kelter von Brauneberg mit den verschiedenen Maische-, Preß- und Mostbecken.

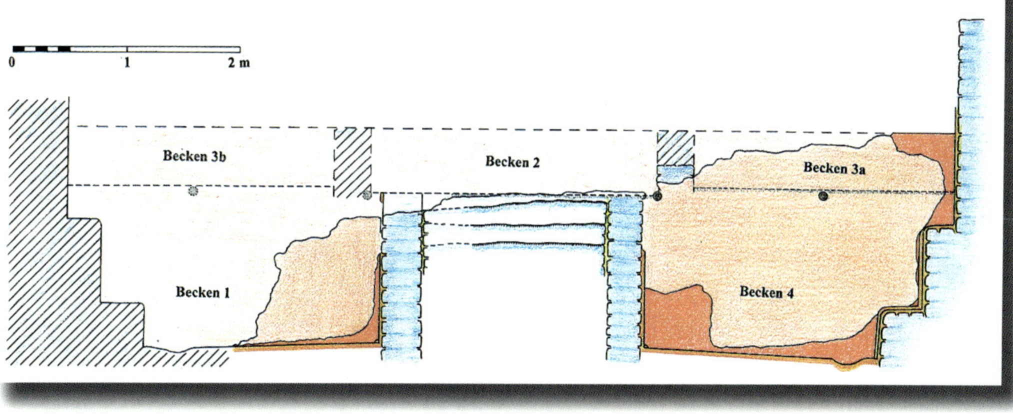

Schnitt durch die Becken der westlichen Kelter von Brauneberg. Von links Maischebecken (3 b), Preßbecken (2) und Maischebecken (3 a), davor die Most- oder Ablaufbecken B1 und B 4.

runden Abschluß der Trennwand zwischen beiden Maischebecken der Piesporter Kelter eine breitere, wohl nachträglich angelegte Nut festgestellt, in die offenbar stärkere Bohlen eingelassen werden konnten. Reste einer solchen verkohlten Bohle wurden sogar noch bei den Ausgrabungen angetroffen. Auf diese Weise ließ sich das Fassungsvermögen der einzelnen Becken erheblich steigern. Zudem verhinderte das Einlegen der Bohlen, daß beim Einbringen der Trauben einzelne in das Nacbarbecken fielen, wo vielleicht die Ernte des Vortages gerade maischte. Außerdem konnte man auf diese Weise einer Sorten- und auch Qualitätstrennung entgegenkommen. Sicherlich war dieser Einbau nicht als Provisorium infolge einer spürbaren Erweiterung der Rebflächen zu sehen, da man jener in Piesport bereits durch den nachträglichen Anbau eines dritten Maischebeckens Rechnung trug. Ähnliche Vorrichtungen könnten auch in den beiden westlichen Anlagen von Brauneberg und Erden vorhanden gewesen sein.

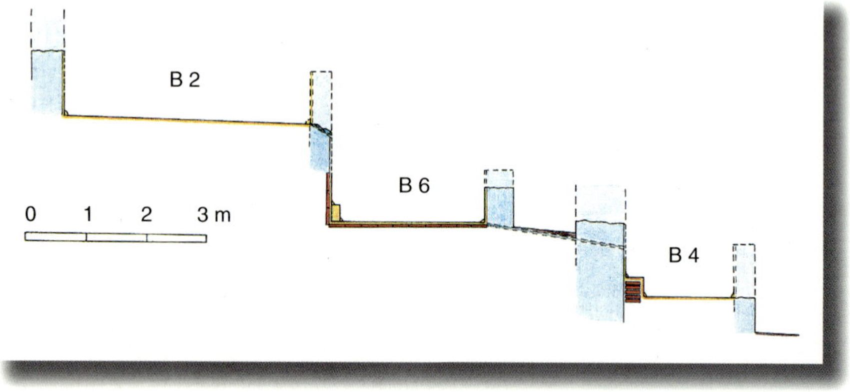

Schnitt durch das Maische- (B 2), Preß- (B 6) und Mostbecken (B 4) der großen Kelter von Piesport.

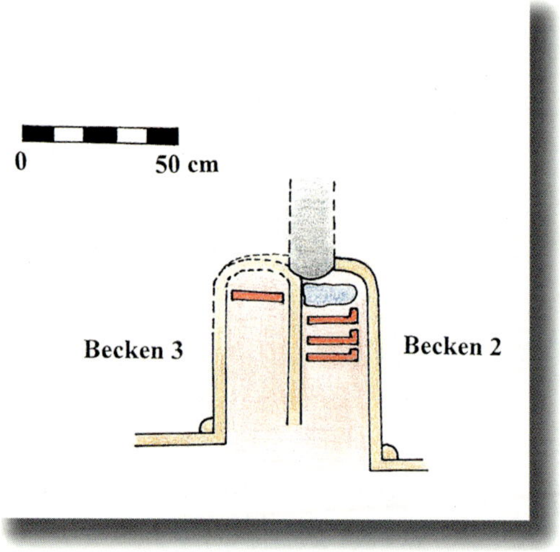

Schnitt durch die Trennmauer zwischen den Maischebecken B 3 und B 2 von Piesport.

Ob in den Maischebecken auch Nach- oder Tresterwein hergestellt wurde, den Plinius und Columella ausführlicher beschrieben, ist zwar zu vermuten, aber nicht mehr zu beweisen. R. Haart glaubte aufgrund einer nur 50 m westlich der Piesporter Kelter gelegenen Quelle, sowie aus zwei Wassereinläufen in das westliche Tret- oder Maischebecken (Becken 3) auf die Herstellung eines solchen Tresterweins schließen zu können[19]. An der oben beschriebenen Trennwand, die durch Einstecken von Brettern beliebig vergrößert werden konnte, hatte man nach seiner Meinung den beim Keltern anfallenden Trester aufgeschichtet. War ein genügender Vorrat angesammelt und ergab sich eine witterungsbedingte Ruhezeit, konnte man die entsprechende Menge Wasser einlaufen lassen, das Ganze dann vermischend stampfen und nach 24 Stunden erneut pressen, in etwa wie es Columella beschrieb[20]: *»Den besten Nachwein stellt*

Die Trennmauer zwischen den Maischebecken B 3 und B 2 von Piesport.

man folgendermaßen her: Man stelle fest, wie viele ›metretae‹ ein Zehntel dessen ausmachen, was man an einem Tag an Wein produziert; diese Zahl ›metretae‹ süßen Wassers gieße man auf den Trester, aus denen der Weinertrag eines Tages gepreßt worden ist. Dazu gieße man den Schaum vom Mostsaft oder Sirup und Hefe aus der Kelterwanne und mische es gut und lasse das Ganze eine Nacht lang einweichen. Am folgenden Tage trete man die Masse mit den Füßen und werfe sie dann unter die Presse ...«. Ähnlich äußerte sich Plinius[21]: *»Nicht mit Recht kann man als Weine bezeichnen, welche die Griechen Nachweine (›deuterion‹), Cato und wir Lauer (›lora‹) nennen, da sie aus Trester, der in Wasser eingeweicht wird, (hergestellt sind), aber dennoch zu den Weinen der Tagelöhner gezählt werden. Man machte drei Arten: für die ersten setzt man ein Zehntel des ausgepreßten Saftes an Wasser hinzu, läßt den Trester so eine Nacht und einen Tag weich werden und bringt ihn wieder auf die Presse; bei der zweiten fügt man, nach dem Vefahren der Griechen, Wasser entsprechend dem dritten Teil des Mostes hinzu und kocht den daraus gepreßten Saft auf ein Drittel wieder ein; die dritte ist aus ausgepreßter Weinhefe, was Cato als Hefewein (›faecatum‹) bezeichnet. Keiner ist länger als ein Jahr zu gebrauchen ...«.* Zweifellos war der Bedarf an solchem Nachwein damals sehr groß, da zur täglichen Verpflegung der Legionäre auch die *»posca«* gehörte, bei der diesem Wein noch Essig beigemischt wurde.

Zwei vergleichbare Einläufe sind auch für die westliche Kelter von Brauneberg nachgewiesen, ohne daß daraus die Herstellung von Tresterwein abzuleiten wäre. Vielmehr sollten die Einläufe in der Zeit vor wie nach der Lese zu Reinigungszwecken, vor allem dem Durchspülen der einzelnen Becken mit frischem Quellwasser gedient haben[22].

Die einzelnen Becken waren, mit Ausnahme des Mostbeckens von Maring-Noviand, das mit Ziegelplatten ausgelegt war, mit einem bis zum 10 cm starken wasserdichten Estrich aus einem Kalk-Ziegelgemisch versehen, wobei die Winkel der einzelnen Mauerecken, die Winkel zwischen Boden und Wänden sowie an den Trittstufen zusätzlich durch einen Viertelrundstab abgedichtet waren. Außerdem wiesen alle Tret- oder Maische- sowie Kelter- oder Preßbecken nach der Seite, auf der Most über Bleirohre in das Ablaufbecken gelangte, ein leichtes Gefälle auf. Eine geringfügige Neigung ließen auch die Most- oder Ablaufbecken erkennen. In ihrem Falle lag der tiefste Punkt meist an der Seite, an der eine breitere Trittstufe angelegt war. Allerdings sind solche Stufen bisher nur für Mostbecken in Piesport, Lösnich und den beiden Keltern von Brauneberg nachgewiesen. Auszuschließen sind sie in Maring-Noviand, Piesport-Müstert, den beiden Anlagen von Erden und in Ungstein. Die Stufen konnte man zur einfacheren Entleerung der Becken betreten, ohne mit dem Most unmittelbar in Berührung zu kommen.

Blick in das Mostbecken B 4 der westlichen Brauneberger Kelter mit Trittstufe und Schöpfkuhle.

Eine weitere Erleichterung bedeuteten dabei auch kleinere Schöpfkuhlen, die am Ende der leichten Neigung unmittelbar vor der Trittstufe angebracht waren, bisher allerdings nur in der jüngeren, westlichen Brauneberger Kelter beobachtet wurden. Es liegt in diesem Falle nahe, daß man sich für den Neubau die in der benachbarten, älteren Kelter gesammelten Erfahrungen zunutze gemacht hatte. Dafür spricht auch, daß man nun neben dem Press- oder Kelterbecken zwei Maischebecken anlegte und das Kelter-

becken mit zwei verschiedenen Abläufen versah (vgl. S. 73).

Eine weitere Besonderheit weist noch das Mostbecken der Piesporter Kelter auf. Dort war eine Trittstufe sogar an zwei Seiten, also L-förmig, angelegt. In der Mitte der rückwärtigen Stufe war in der Oberseite des Estrichs unmittelbar unter dem Zufluß von Maische- und Preßbecken eine flache rechteckige Aussparung zu erkennen. Dort war offensichtlich ein Weidenkorb oder kastenförmiger, siebartig durchlochter Sammler eingelassen oder angebracht, der die beim Pressen anfallenden Stiele, Kerne und andere Rückstände aufzufangen hatte. Solche Kelterseiher sind von Vergil[23] und Columella als »*cola prelorum*« überliefert. Columella schilderte in dem Zusammenhang auch eindrucksvoll die Vorbereitungen, die im Kelterhaus vor der Lese vom Verwalter (*villicus*) zu treffen waren[24]: »*... Doch ehe er (der Verwalter) anfängt, die Trauben einzubringen, muß er alles Nötige vorbereiten, wenn möglich, im vorausgehenden Monat, andernfalls wenigsten in den letzten 15 Tagen. Und zwar soll er die Dolien (Fässer) teils gepicht, teils gescheuert, gründlich mit Meerwasser oder Salzlauge ausgewaschen und ordentlich getrocknet, ferner Deckel, Seiher und was sonst zu ordnungsgemäßer Herstellung des Mostes unerläßlich ist, hergerichtet haben; er muß außerdem die Keltern und Wannen gründlich gereinigt und ausgespült, wenn erforderlich auch gepicht und das Brennholz bereitgestellt haben, mit dem man den Most und den Traubensirup einkocht. Endlich müssen solche Winzer, die Würzweine herzustellen pflegen, Salz und Aromastoffe längst vorher bereitgelegt haben*«. Hinweise auf die regelmäßige Ausbesserung der einzelnen Becken lieferte auch eine größere Anhäufung von lockerem Ziegelsplitt, der noch bei den Ausgrabungen in Piesport angetroffen werden konnte und wohl mit Absicht in der Nordwestecke des Raumes 5 hinter einer kleineren Mauer gelagert wurde.

Bei den Keltern von Piesport, Piesport-Müstert, der westlichen Anlage von Erden sowie den beiden von Brauneberg sind mehrere Most- oder

Das Mostbecken B 4 der Kelter von Piesport mit Trittstufe und Aussparung für einen siebartigen Einbau.

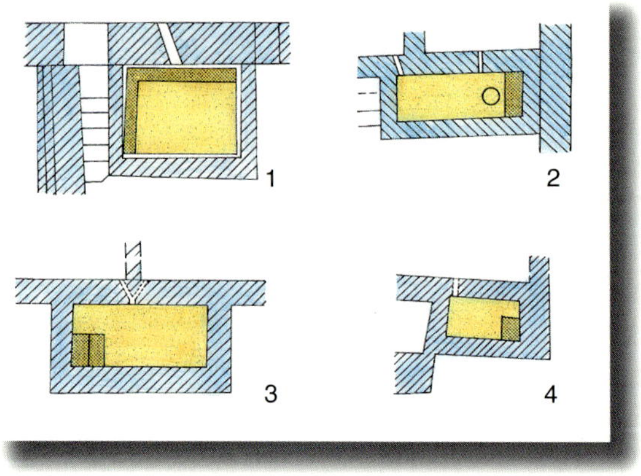

Grundrisse der Mostbecken in Kelteranlagen der Mittelmosel. 1 Piesport. 2 Brauneberg, westliche Anlage. 3 Lösnich. 4 Brauneberg, östliche Anlage.

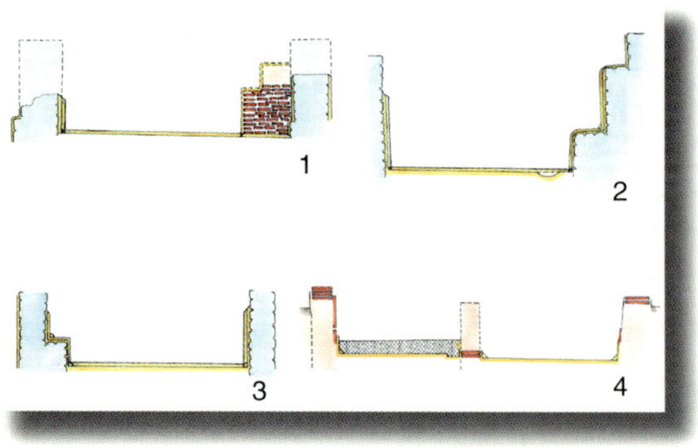

Schnitte durch die Mostbecken von Kelteranlagen der Mittelmosel. 1 Lösnich. 2 Brauneberg, westliche Anlage. 3 Piesport. 4 Erden, östliche Anlage.

Ablaufbecken nachgewiesen. In der Regel korrespondierten die einzelnen Mostbecken mit einem Maische- oder Pressbecken, wie bei der östlichen Kelter von Brauneberg oder in Piesport-Müstert. In diesen Fällen war es möglich, die von verschiedenen antiken Autoren gewünschte Trennung von Vor- und Nachlauf vorzunehmen[25]. Ein gemeinsames Ablaufbecken für Maische- und Pressbecken hatten dagegen die Keltern in Maring-Noviand und Lösnich sowie Ungstein, dort allerdings für zwei Maischebecken. Die beiden Piesporter Ablaufbecken hatten ursprünglich den Most von je einem Maische- und Preßbecken aufzunehmen. Später wurde eines der beiden Mostbecken zurückgebaut. Ob die dort festgestellten Verbindungen zwischen den einzelnen Abflüssen erst auf diesen Umbau zurückgingen oder schon vorher bestanden, war leider nicht mehr zu klären.

Eine weitere interessante Beobachtung wurde in der westlichen Brauneberger Kelter gemacht. Dort wies das zwischen zwei Maischebecken gelegene Preßbecken zwei verschiedene Abflüsse zu den einzelnen Mostbecken auf. Daraus müssen wir schließen, daß der in den Maische- und Preßbecken gewonnene Most offenbar nach Sorten, vielleicht auch nach Qualität getrennt wurde bzw. der beim Pressen erzeugte Most dem zuvor beim Treten erzielten zugeführt wurde. Vielleicht spielte dabei auch Columellas Empfehlung eine Rolle, die Sorten getrennt abzufüllen, weil nahezu jeder reine Wein die Eigenschaft hat, in langer Zeit an Güte zu wachsen[26]. Ähnliches könnte auch in Erden zutreffen, wo immerhin drei Mostbecken nebeneinander nachgewiesen sind, vorausgesetzt, es haben dort wirklich nur je ein Maische- und Preßbecken existiert. Die Vorrichtungen zum Trennen des Mostes, die sich bisher nur bei den jüngeren Keltern in Brauneberg, vielleicht auch Erden und Piesport nachweisen lassen, mögen einerseits auf die gesammelten Erfahrungen, andererseits auf die Empfehlungen der Agrarschriftsteller, wie Columella, zurückgehen, der besonders großen Wert darauf legte, daß man den Charakter der Weine nicht vermischte, sondern den Wein rein ins Faß brachte und diesen auch gesondert lagerte[27].

Auch in der östlichen Kelter von Erden wurden nebeneinander zwei Mostbecken festgestellt, die allerdings auf unterschiedlichem Niveau angelegt und durch ein Bleirohr miteinander verbunden waren. Da das höher gelegene Becken im Gegensatz zum Nachbarbecken am Boden und an den Seitenwänden deutliche Kalkablagerungen aufwies, muß es als eine Art Reaktionsbecken zum Abscheiden von Kalk genutzt worden sein. Die Behandlung der Maische oder des Mostes mit Kalk trug zum Entsäuern des Mostes (Weines) bei, was bereits Plinius bekannt war[28]. In dem höher gelegen Becken wurden demnach Kalk und andere Trubstoffe abgeschieden. Ein hölzerner Überlauf in seiner Südwestecke regulierte den Abfluß des geklärten Weines, der durch ein Bleirohr in das wenig tiefer liegende, eigentliche Most- oder Ablaufbecken gelangte und dort schließlich abgeschöpft werden konnte.

Vor den verschiedenen Becken erstreckte sich ein größerer Arbeitsraum, in den die einzelnen Baumkeltern, die unten gesondert vorgestellt werden, hineinragten. Vitruv forderte für den Kelterraum, wenn man mit Hebelstangen und einem Kelterbaum preßte, eine Länge von mindestens 40 Fuß (= rund 12 m) und eine Breite von 16 Fuß (= knapp 5 m)[29]. Spindelpressen erforderten demnach wohl kleinere Räume. Die bisher freigelegten Kelterräume kommen, wie in Brauneberg, Erden, Piesport-Müstert, Maring-Noviand oder in Lösnich, den Forderungen von Vitruv sehr nahe, insbesondere was ihre Länge betrifft. Lediglich die große Kelter von Piesport, die als Doppelkelter angelegt war, entsprach nicht den Empfehlungen von Vitruv. Hier lagen aber zahlreiche Anhaltspunkte dafür vor, das man die größere Raumbreite für die Kelterkonstruktion nutzte. Auch in Lösnich dürfte der Kelterbaum, wie schon die Fundstelle des Keltersteins andeutete, zur Seite angebracht gewesen sein. Damit stand auch dort eine größere Raumtiefe zur Verfügung.

Die eigentliche Nutzung der Gebäude als Kelterhäuser beschränkte sich während eines Jahres auf eine Zeitspanne von vielleicht sechs, maximal acht Wochen. Der nicht geringe Aufwand, mit dem sie errichtet worden waren, rechtfertigte aber kaum ihre alleinige Nutzung als Kelter, so daß wir mit einer Zweitnutzung der Gebäude rechnen müssen. Hierin werden wir vor allem durch die Archäobotanik bestätigt. Aufgrund zahlreicher untersuchter Bodenproben dienten zumindest die Kelterhäu-

Die rekonstruierte Baumkelter mit den Preßkörben in Piesport.

ser von Brauneberg, Erden, Graach, Piesport-Müstert und Ungstein zwischenzeitlich auch als Lagerraum für Obst und Getreide, möglicherweise sogar als eine Art Speicher. Denn an allen genannten Plätzen wurde zumindest Gerste und Hirse nachgewiesen. In Müstert kamen noch Hafer, Dinkel und Erbse hinzu, in Ungstein Dinkel, Erbse und Linse. Das auffallende Fehlen jeglicher Getreidereste in der großen Kelter von Piesport darf aber nicht überbewertet werden, da die Bodenproben dort alle in unmittelbarer Umgebung der Preßbecken genommen wurden, einem Bereich, in dem man kaum Getreide oder Früchte gelagert haben dürfte.

Andererseits können die großen Maischebecken, wie die Mostbecken, zwischenzeitlich auch zum Weichen der Bindemittel, wie Weiden oder Stroh, genutzt worden sein. Nicht unerwähnt bleiben darf in diesem Zusammenhang ein Fund von rund 5000 verkohlten Hanfkörnern *(Cannabis sativa)* in der Kelter von Erden, dem bisher größten Fund dieser Art aus der Römerzeit. Allerdings ließ sich dort nicht klären, ob die ausgereiften Früchte als zurückbehaltenes Saatgut einer Öl- oder Faserproduktion dienen oder gar als Rauschmittel Verwendung finden sollten.

Eine Zweigeschossigkeit der Kelterhäuser, die zumindest für Erden nachgewiesen ist, läßt Überlegungen zu, ob im Obergeschoß dieses Gebäudes nicht vielleicht Wohnräume für die Arbeiter des Weingutes bzw. der Kelter untergebracht waren. Ebenso hätte man das Obergeschoß auch als Getreidespeicher oder als Lager für die im Laufe eines Jahres im Weinberg, vor allem bei der Lese, benötigten Gerätschaften nutzen können.

Nachträgliche Anbauten an die Kelterhäuser konnten wie in Piesport entweder als Kellerräume oder wie in Piesport und bei beiden Anlagen in Erden als »Fumarien« gedeutet werden. Sie werden unten einer gesonderten Betrachtung unterzogen[30].

Die unterschiedlichen Preßvorrichtungen

Die Verarbeitung der Trauben zum Most erfolgte, wie schon beschrieben, in zwei Schritten. Zunächst wurde das Lesegut in die Tret- oder Maischebecken eingefüllt, um dort mit Hilfe der Füße oder einfacher Stampfer oder Kolben bearbeitet zu werden. Die auf diese Weise

Schematische Rekonstruktion einer Spindelpresse mit schwebenden Gewicht von Typ Piesport.

Die Arbeiten im Kelterhaus

Das Treten der Trauben wie das Umfüllen und Pressen der Maische (Detail aus dem Modell der Kelter von Piesport).

Zwei Arten solcher Spindelpressen mit schwebenden Gewicht sind in den Keltern von Piesport und Brauneberg nachgebaut. Dabei haben die Grabungsergebnisse für ihre Rekonstruktion recht verschiedene Anhaltspunkte geliefert. In Piesport wurden im eigentlichen Kelterraum (Raum 7/8) in unmittelbarer Umgebung der viertelkreisförmigen Preß- oder Kelterbecken (Becken 5/6) neben einem rund 27 Zentner schweren Gewichtstein auch zahlreiche Spuren mächtiger Holzeinbauten beobachtet. So wurden direkt westlich der Becken Pfostenlöcher von 60 cm Durchmesser, auf ihrer Ostseite ein 40 cm tiefer und 30 cm breiter Graben festgestellt, der sich quer durch den Raum zog. Die Sohle des Grabens zeigte einen rechteckigen Querschnitt, so daß darin ursprünglich ein ca. 30 cm starker Balken eingelegt war. Dieser war, wie eine Aussparung in der Nordwand des Raumes (unter Becken 2) und ein Durchbruch in der Südwand zu Raum 6 andeutete, unter beiden Mauern verankert. Der beinahe quadratische Durchbruch zu Raum 6 ließ außerdem erkennen, daß jener Balken über diesen Raum entfernt bzw. ausgetauscht oder erneuert werden konnte. Offensichtlich waren in diesen Balken zwei stärkere, senkrecht stehende Hölzer eingelassen, die, wie zwei Quergräben andeuteten, zusätzlich durch Querstreben gehalten wurden. Die beiden senkrecht stehenden Pfosten (*arbores*) bildeten wiederum die östliche Führung des Keltersbaums (*prelum*), dem an der Gegenseite ein mächtiges in den Boden eingelassenes Rundholz (*stipes*) mit U-förmiger Aussparung entsprach. Die östliche Führung des Kelterbaums konnte – in Abhängigkeit zur Füllhöhe der Preßkörbe – durch das

Das Umfüllen und Pressen der Maische (Detail aus dem Modell der Kelter von Piesport).

gewonnene Maische wurde, nach Ablassen des Mostes, in die eigentlichen Kelterbecken umgesetzt, um den letzten noch verbliebenen Saft herauszupressen. Dabei lassen sich für unsere Kelteranlagen drei oder vier Kelterkonstruktionen nachweisen, die sich alle eines größeren Kelterbaumes bedienten und sich dessen Hebelwirkung und Gewicht zunutze machten. Dazu gehörten die von Plinius erwähnten Haspelpressen ebenso wie die nach seiner Beschreibung erst im 3. Jahrzehnt v. Chr. aufgekommenen Spindelpressen mit schwebendem Gewicht[31].

Das Treten der Trauben und Pressen der Maische in der östlichen Kelter von Brauneberg (zeichnerische Rekonstruktion: W. Kuschmann).

Einschieben kürzerer Keilhölzer in dafür vorgesehene Schlitze verstellt werden. Hinter der westlichen Führung hing, wiederum am äußersten Ende des Kelterbaums an einer Spindel, der 27 Zentner schwere Gewichtstein. Dieser konnte durch Drehen der Spindel mit Hilfe einer Hebelstange beliebig gehoben oder auch gesenkt werden. Sobald der Stein schwebte, drückte er auf den Kelterbaum und preßte die Maische im Korb so lange zusammen, bis er wieder den Boden berührte. Erneut wurde der Stein über die Spindel angehoben. Jener Vorgang wurde so oft wiederholt, wie der Inhalt des Preßkorbes nachgab und der letzte auf diese Weise zu gewinnende Saft in das Auffangbecken abgeflossen war. Über Stufen begehbare Podeste zu beiden Seiten der Preßbecken erleichterten die Bedienung der Baumkelter wie auch das Bestücken der Körbe bzw. das Umfüllen der Maische aus den darüberliegenden Tretbecken. In den Becken selbst waren wiederum an den Rückwänden schmalere Trittstufen angebracht, die während der Bedienung der Kelter betreten werden konnten, ohne daß man mit dem Most unmittelbar in Berührung kam.

Der Vorteil einer solchen Baumkelter mit schwebendem Gewicht bestand gegenüber einer Haspelpresse darin, daß sie weniger Raum für ihre Bedienung benötigte und ohne den ständigen Einsatz von Arbeitskräften Tag und Nacht weiter- bzw. durcharbeiten konnte. Cato, der noch keine Spindelkeltern kannte, verlangte daher in seinem, um 175 v. Chr. entstandenen Werk, für Nachtarbeit im Kelterhaus außer zwei Lampen auch eine Lagerstatt, wo Wächter und Arbeiter sich vermutlich schichtweise ausruhen konnten[32].

Der heute in der rekonstruierten Kelter von Piesport integrierte Gewichtstein könnte im Gegensatz zu dem zweiten dort aufgefundenen Kelterstein zunächst auch für eine Haspelpresse verwendet worden sein. Er weist nämlich auf seiner Oberseite nicht die charakteristische kreisrunde Vertiefung auf, in der sich das untere Ende der Spindel bewegte. Statt dessen beobachten wir auf seiner Unterseite eine breitere Nut, die entweder auf die Aufhängung des Steines zurückgeht, so wie es etwa die Rekonstruktion der funktionsfähigen Piesporter Kelter zeigt, oder mit einer aufgesetzten Haspel in Verbindung stand.

Diente der Stein aber als Gegengewicht einer Haspelpresse, lag er fest auf dem Boden auf, wobei eine an dem Stein befestigte Haspel über Seile den auf die Preßkörbe drückenden Kelterbaum nach unten zog. Eine solche Presse beschrieb Plinius als Vorgänger der Spindelpressen[33]. Auch Vitruv scheint in seiner um 25 v. Chr. abgeschlossenen Arbeit beide Pressen gekannt zu haben[34].

Schematische Rekonstruktion einer Haspelpresse mit fest aufliegendem Gewicht (Variante zur Spindelpresse vom Typ Piesport).

Mit einer Haspelpresse sollten wir auch die beiden Keltersteine aus Bechtheim und Worms, die mehr als das doppelte, teilweise sogar das dreifache Gewicht (76 bzw. 62 Zentner) der meisten Steine erreichen, in Verbindung bringen. Diese Möglichkeit ist ebenfalls für die etwas schwereren Steinen von Kinheim und Nehren (36 bzw. 37 Zentner) zu erwägen, zumal ihre abweichenden Nuten eher den rheinhessischen Steinen entsprechen. Allerdings könnten diese Steine auch für eine Kelter mit festem Gegengewicht verwendet worden sein[35].

In der Kelter von Brauneberg wurde der Gewichtstein in einer Grube vor den Mostbecken aufgefunden, so daß wir auch hier eine Spindelpresse mit schwebendem Gewicht annehmen dürfen. Der Gewichtstein schwebte demnach in einer Grube, um die man bequem herumgehen und den Stein durch Drehen der

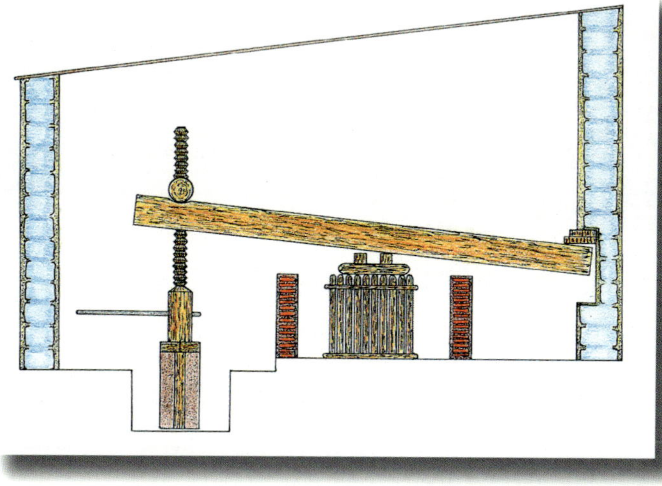

Schematische Rekonstruktion einer Spindelpresse mit schwebenden Gewicht über einer Grube von Typ Brauneberg.

Die östliche Kelteranlage von Brauneberg nach Fertigstellung der Rekonstruktion.

Schematische Rekonstruktion einer Spindelpresse mit stationärer Spindel, wie sie möglicherweise in Erden vorhanden war.

Spindel anheben oder absenken konnte. Als einziger Stein war er der Länge nach am Kelterbaum aufgehängt. Mit rund 14 Zentnern war er bei weitem auch der leichteste. Allerdings war der Kelterbaum in Brauneberg nicht zwischen zwei senkrecht stehenden Holzbalken, was schon die Lage des Preßbeckens ausschloß, sondern in der Rückwand des Preßbeckens verankert.

Für die Kelteranlagen von Erden waren im Gegensatz zu allen anderen Keltern keine Gewichtsteine bekannt. Hier ist daher zuerst an eine Presse mit stationärer Spindel zu denken, die im Boden und in der Decke verankert war. Dabei konnte der Kelterbaum durch Drehen der Spindel beliebig gesenkt und nach unten gezogen oder auch wieder gehoben werden.

Ein den Keltersteinen vergleichbarer Gewichtstein aus Trier gehörte vielleicht zu einer Spindelpresse mit festem Gegengewicht. Der Stein zeigte nur auf seiner Oberseite die bekannte kreisrunde Vertiefung zur Aufnahme der Spindel, wies aber mit Sicherheit keine Nuten für eine Aufhängevorrichtung auf. Ähnlich den Pressen mit stationärer Spindel bewegte sich die durch den Kelterbalken geführte Spindel nun in einem fest am Boden verankerten Stein. Durch Drehen der Spindel konnte auch hier der Kelterbaum allmählich nach unten gezogen werden.

Reste einer weiteren Presse bildeten wohl auch zwei abgearbeitete Steinsäulen, die unmittelbar vor dem westlichen Maischebecken der Kelter von Ungstein freigelegt wurden. Diese Tatsache erinnert an die von Plinius beschriebenen Spindelpressen, zu denen er festhielt[36]: *Bei den einen ist eine Säule am Preßbaum befestigt, bei den anderen ein Kasten von Steinen (Steinquader), der sich mit dem Preßbaum emporhebt.* Es wäre durchaus möglich, daß in den Tret- oder Maischebecken kurzfristig auch relativ leicht zu errichtende wie abzuschlagende Preßkörbe aufgestellt wurden[37]. Der Kelterbaum der darüber installierten Spindelpresse mit schwebendem Gewicht könnte in der Rückwand verankert gewesen sein. Als Gegengewicht dienten vielleicht die Säulen,

so wie es Plinius anmerkte. Andererseits könnten sie auch die Aufgabe der beiden senkrecht stehenden Pfosten (*arbores*) als Führung des Kelterbaums übernommen[38] oder als feste Auflage für den Kelterbaum im Ruhezustand gedient haben[39]. Ob die Maische, wie vom Ausgräber vermutet, in eine gesonderte, vor oder neben den Becken errichtete Kelter umgelagert wurde, ist wenig wahrscheinlich[40]. Zum einen wurden keine Fundamentierungsreste von einer solchen Presse bemerkt, zum anderen wäre auch das Umschütten der Maische in eine weiter entfernte Kelter sehr umständlich gewesen.

Schematische Rekonstruktion einer Spindelpresse mit festem Gegengewicht, wie vielleicht eine in Trier bestand.

Gewichtstein (ohne seitliche Nuten) einer Spindelpresse mit festem Gegengewicht aus Trier.

Zwei abgearbeitete Säulen, die vor dem westlichen Maischebecken der Kelter von Ungstein gefunden wurden, bildeten vielleicht den Rest einer ehemaligen Kelterkonstruktion.

Die Kelter- und Gewichtsteine

Die einzelnen Gewicht- oder Keltersteine zeichnen sich durch ihre Form und Größe sowie einige charakteristische Einarbeitungen aus. 24 solcher Steine konnten bisher an Mosel und Rhein nachgewiesen werden[41]. Die bisher bekannten Steine von Mosel und Mittelrhein bilden entweder nahezu quadratische oder rechteckige Quader, die in der Mitte von zwei gegenüberliegenden Seiten, meist den Schmalseiten der Steine, vertikale Einarbeitungen in Form von 10-15 cm breiten und rund 10 cm tiefen Nuten aufweisen. Die Nuten werden zur Oberseite der Steine in der Regel etwas schmäler. Im Zentrum ihrer Oberseite beobachten wir außerdem eine nahezu kreisrunde Aushöhlung (Dm. 22-35 cm;

Rekonstruktion der Aufhängung römischer Gewicht- und Keltersteine.

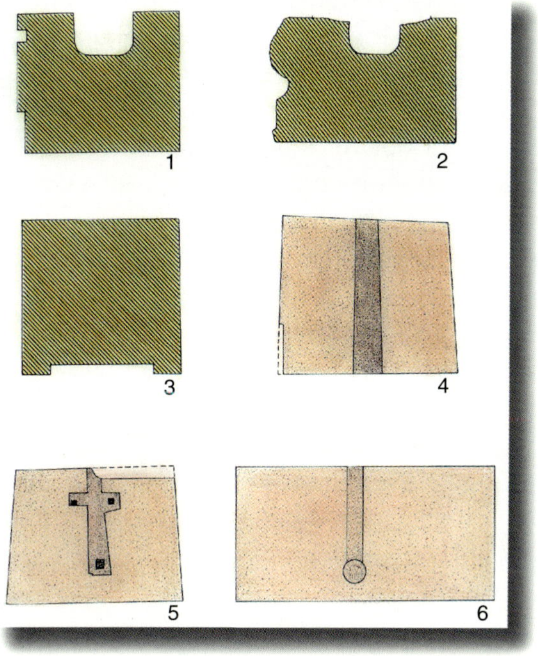

Schnitte und Seitenansichten von Keltersteinen mit unterschiedlichen Aufhängevorrichtungen. 1 Piesport-Müstert. 2 Trier. 3 Piesport. 4 Piesport, 5 Kinheim (Kröv), 6 Nehren.

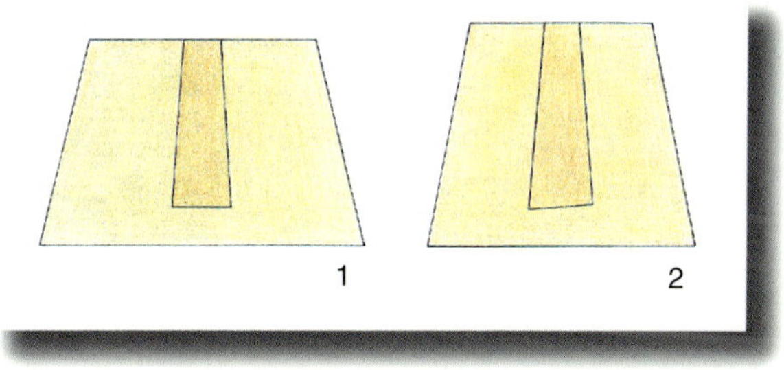

Die Seitenansichten der Keltersteine aus Rheinhessen. 1 Bechtheim. 2 Worms.

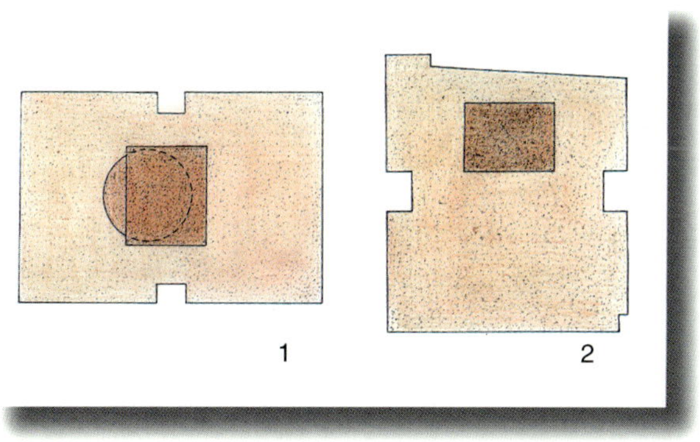

Römische Keltersteine mit Spuren einer Zweitverwendung. 1 Wintrich. 2 Thörnich.

Tiefe 17-29 cm). Aufgabe der Nuten war es, Hölzer einer Rahmenkonstruktion aufzunehmen, mit der der Stein an einer Holzspindel befestigt war, deren unteres Ende wiederum in die kreisrunde Vertiefung auf der Oberseite des Steins hineinragte. Die Gewichte der Steine variieren stärker und erreichen meist 23-28 Zentner.

Wesentlich schwerer sind jedoch die beide Steine aus Rheinhessen, die sich auch äußerlich durch die Form eines Pyramidenstumpfes, sowie ihre abweichenden Nuten von den übrigen Steinen abheben. Mit über 76 Zentner erreicht der Stein von Bechtheim das größte Gewicht und ist mehr als doppelt so schwer wie die meisten Steine des Moseltals. Mit immerhin rund 37 und 36 Zentnern fallen an der Mosel die Steine von Nehren und Kinheim aus dem üblichen Rahmen. Sie zeigen, entsprechend den rheinhessischen Steinen, abweichende Nuten, die sich nur über einen Teil (rund 80 %) der Seiten erstrecken und jeweils in runden oder quadratischen Vertiefungen (Klammerlöcher) enden. Daher ist bei diesen Steinen mit einer anderen Aufhängung zu rechnen, die zugleich auch eine Verwendung für einen anderen Keltertyp wahrscheinlich macht. Wie schon zuvor geschildert, war der Stein von Brauneberg als einziger der Länge nach am Kelterbaum aufgehängt. Mit rund 14 Zentnern war er aber bei weitem der leichteste.

Die zeitliche Einordnung der Kelteranlagen

Die bislang untersuchten Kelteranlagen datieren aufgrund des vorliegenden Fundmaterials vornehmlich ins 4. und in die erste Hälfte des 5. Jahrhunderts. Ältere Nutzungsspuren aus der Mitte bzw. der zweiten Hälfte des 3. Jahrhunderts liegen bisher nur aus der östlichen Anlage von Brauneberg, den beiden Keltern von Erden sowie aus Piesport-Müstert vor, wobei letztere vielleicht schon um 200 n. Chr. entstanden ist und bis ins späte 4. Jahrhundert insgesamt fünf verschiedene Umbauten oder Erweiterungen erfahren hat. Gerade dieses Beispiel läßt erkennen, daß ältere Spuren nur dann nachgewiesen werden konnten, wenn die archäologischen Reste

stärker zerstört waren und daher bei den Untersuchungen auf deren Erhaltung für eine eventuelle Rekonstruktion keine Rücksicht zu nehmen war. Diese Tatsache dürfte insbesondere die Ergebnisse zur großen Piesporter Kelter aus der 2. Hälfte des 4. Jahrhunderts beeinträchtigen, unter der sich durchaus noch die Reste älterer Vorgängerbauten verbergen können. Nur wenig westlich waren dort bereits im Jahre 1949 unterschiedliche Bauspuren angetroffen worden, von denen die ältesten wohl noch der Mitte des 3. Jahrhunderts angehörten[42]. Ein nur unweit davon im Jahre 1964 entdecktes Brandgrab datierte aufgrund seiner Beigaben, darunter eine Bronzemünze Kaiser Hadrians (117-138), sogar ins zweite Viertel des 2. Jahrhunderts[43]. In diesem Falle muß allerdings offenbleiben, ob der Grabfund im direkten Zusammenhang mit der späteren Kelter steht. Brandgräber mit Beigaben der 1. Hälfte wie des späten 3. Jahrhunderts kamen auch an der östlichen Erdener Kelter zum Vorschein.

Andererseits können sich auch viele ältere Kelteranlagen, wie etwa hölzerne Wipp- und Tretkeltern, oder auch Sack- bzw. →Torsionspressen[44], einer archäologischen Entdeckung entziehen, so daß wir heute nur die größeren und jüngeren, in Stein ausgebauten Kelteranlagen fassen. Viele dieser kleineren Pressen könnten auch in Nebengebäuden von Villen untergebracht gewesen sein, so daß der Archäologe sie bei Ausgrabungen nicht wahrnehmen muß.

Spätestens um die Mitte des 5. Jahrhunderts waren die Kelterhäuser mit ihren Einrichtungen größtenteils zerstört. Allerdings lassen vereinzelte Funde in Piesport, Brauneberg und Erden eine weitere Nutzung zumindest von Teilen der Gebäude vermuten, wobei auch hier an einfachere, archäologisch nicht faßbare Holzkeltern oder Sackpressen zu denken ist.

Spätestens im hohen Mittelalter wurde mit Erden der letzte dieser Plätze aufgegeben, obwohl die Mauerreste teilweise, wie in Piesport, noch bis ins 19. Jahrhundert sichtbar waren und erst danach von Rebflächen überdeckt wurden. Auch der engere Bereich der Brauneberger Kelter ist nach Katasterunterlagen erst in unserem Jahrhundert bepflanzt worden, vermutlich weil das Areal in früherer Zeit kaum zu nutzen und nicht oder nur schwer urbar zu machen war.

Darin liegt wohl auch der Grund, weshalb die Abtei Mettlach im späten Mittelalter ihr Kelterhaus auf oder in den Ruinen der römischen Kelter von Piesport-Müstert errichtete. Man nutzte somit eine für den Weinbau kaum brauchbare Trümmerstelle, schonte bzw. erhielt wertvolle Weinbergsflächen und gewann zugleich einen Teil des benötigten Baumaterials, wobei nicht nur alte Bruchsteine und Ziegel, sondern auch größere Estrichbrocken als »Mauersteine« eine zweite Verwendung fanden. Ähnliche Beweggründe haben die Benediktinerabtei St. Martin in Trier veranlaßt, im 12. Jahrhundert an der Stelle des Josephshofes bei Graach im Bereich einer älteren römerzeitlichen Kelter, einen Hof mit Kelterhaus zu erbauen. Wohl nicht zufällig liegt auch das im 13. Jahrhundert von den Grafen von Salm gegenüber von Briedel errichtete »Grafenkelterhaus« an der Stelle einer vermuteten römerzeitlichen Kelter.

Anmerkungen

1 Bassermann-Jordan 1923, 336. – Jesaias V,2. Ähnlich werden auch im Neuen Testament die Keltern beschrieben (Marcus 12,1 und Matthaeus 21,33): *»Ein Mensch pflanzte einen Weinberg und führte ein Zaun drum und grub eine Kelter ...«*.

2 Zur Baumkelter von Cato vgl. Troost 1990, 85-87 sowie E. Jüngst u. P. Thielscher, Catos Keltern und Kollergänge, in: Bonner Jahrbücher 154, 1954, 32ff. und 157, 1957, 53ff.

3 Plinius, Naturalis historiae XVIII, 317: *»... premunt aliqui singulis, utilius binis, licet magna sit vastitas singulis. Longitudo in his refert, non crassitudo. Spatiosa melius premunt. Antiqui funibus vittisque loreis ea detrahebant et vectibus. Intra C annos inventa Graecina, mali rugis per cocleam ambulantibus, ab aliis adfixa arbori stela, ab aliis arca lapidum adtollente se cum arbore, quod maxime probatur. Intra XXII hos annos inventum parvis prelis et minore torculario aedificio, breviore malo in media derecto, tympana inposita vinaceis superne toto pondere urgere et super prela construere congeriem.«* Die Übersetzungen von Plinius orientieren sich an den Arbeiten von Roderich König in Zusammenarbeit mit Joachim Hopp und Wolfgang Glöckner , C. Plinius Secundus d. Ä., Buch XVIII (München 1995).

4 Vitruv, De architectura VI, 6, 3: *»Ipsum autem torcular, si non cocleis torquetur sed vectibus et prelo premetur, ne minus longum pedes XL constituatur; ita enim erit vectiario spatium expeditum. Latitudo eius ne minus pedum senum denum; nam sic erit ad plenum opus facientibus libera versatio et expedita. Sin autem duobus prelis loco opus fuerit, quattuor et viginti pedes latitudini dentur.«* Die Übersetzung orientiert sich an C. Fensterbusch, Vitruv – Zehn Bücher über Architektur (Darmstadt 1976).

5 Gilles 1995, 36 u. 54.

6 Vgl. Katalog der möglichen Kelteranlagen, 204ff.

7 J. P. Hegner, Die Klassifikation der Moselweine in alter und neuer Zeit, in: Trierische Chronik I, 1905, 83ff.

8 Vgl. Klaus Freckmann, Kelterhäuser am Rhein und an der Mosel bis 1800, in: Jahrbuch für Hausforschung 41, 1994, 131f.

9 Vgl. S. 187f.

10 Vgl. S. 180ff.

11 Vgl. S. 207 und Ernst Wackenroder, Die Kunstdenkmäler des Kreises Wittlich (Düsseldorf 1934) 311.

12 Vgl. S. 207 und Hans Vogts, Die Kunstdenkmäler des Kreises Zell (Düsseldorf 1938) 263.

13 Vgl. S. 207f. und Karl-Josef Gilles, Die Geschichte der Gemeinde Briedel bis 1816 (Trier 1998) 217-220.

14 Vgl. S. 209 und Ernst Wackenroder, Die Kunstdenkmäler des Kreises Cochem (München 1959) 307f.

15 Vgl. S. 102ff.

16 Vgl. Troost 1990, 17f.

17 Zusätzlich mindestens drei weitere Becken.

18 Zusätzlich ein Reaktionsbecken mit 0,5 m^3.

19 R. Haart, Schon die Römer kelterten in Piesport Tresterwein, in: Jahrbuch Bernkastel-Wittlich 1998, 233.

20 Columella, De re rustica XII, 40: *»Lora optima sic fieri oportet: quantum vini uno die feceris, eius partem decimam, quot metretas efficiat, considerato et totidem metretas aquae dulcis in vinaceos, ex quibus unius diei vinum expressum erit, addito; eodem spumas defruti sive sapae et faecem ex lacu confundito et permisceto eamque intritam macerari una nocte sinito, postero die pedibus proculcato et sic permixtam prelo subicito ...«*. Die Übersetzungen von Columella orientieren sich an den Arbeiten von Willi Richter, Lucius Iunius Moderatus Columella (München 1981).

21 Plinius, Naturalis historiae XIV, 86: *»Non possunt iure dici vina, quae Graeci deuteria appellant, Cato et nos loram, maceratis aqua vinaceis, sed tamen inter vina operaria numerantur. Tria eorum genera: decima parte aquae addita quam musti expressa sit et ita nocte ac die madefactis vinaceis rursusque prelo subiectis; alterum, quo modo Graeci factitavere, tertia parte eius, quod expressum sit, addita aquae expressoque decocto ad tertias partes; tertium est faecibus vini expressum, quod faecatum Cato appellat. Nullum ex his plus quam annui usus ...«*.

22 Hierauf zielte der Hinweis bei Plinius, Naturalis historiae XVIII, 230: *»... torcular lavare et recondere ...«* (= ... die Weinpressen auswaschen und wieder verwahren ...).

23 Vergil, Georgica II, 242.

24 Columella, De re rustica XI, 2, 70f: *»... sed antequam fructum cogere incipiat, cuncta praeparanda erunt superiore, si fieri possit, mense; si minus, certe ut ante quindecim dies; dolia partim picata partim defricata et diligenter lota marina vel aqua salsa et recte siccata, tum et opercula colaque et cetera, sine quibus probe confici mustum non potest, torcularia vero et fora diligenter emundata lotaque et, si res ita exegerit, picata praeparataque habeat ligna, quibus defructum et sapam decoquat. Tum etiam salem et odoramenta, quibus condire vina consueverit multo ante reposita esse oportet«*.

25 Vgl. S. 90ff.

26 Columella, De re rustica III, 21, 10: *»... quae genera cum sic diffusa sunt, quia nihil intervenit diversae naturae quod repugnet, perpetuitate nobilitantur ... quoniam fere omne (merum) vinum eam qualitatem sortitum est, ut vetustate adquirat bonitatem.*

27 Columella, De re rustica III, 21, 10: *»iam et illud magnae dotis est posse gustum cuiusque generis non mixtum, sed vere merum condere ac separatim reponere, ...«*.

28 Vgl. ausführlich S. 91ff.

29 Vgl. Vitruv, De architectura VI,6,3: *»Ipsum autem torcular, si non cocleis torquetur sed vectibus et prelo premetur, ne minus longum pedes XL constituatur; ita enim erit vectiario spatium expeditum. Latitudo eius ne minus pedum senum denum ...«*

30 Vgl. S. 93ff.

31 Zu den verschiedenen Pressen vgl. auch Brun 1993, 311ff., Troost 1990, 13ff., 85ff., Hanel 1995, 101ff. und Gilles 1989, 186ff.

32 Cato, De re rustica XIII,1.

33 Vgl. Plinius, Naturalis historiae XVIII, 317: *»... Antiqui funibus vittisque loreis ea detrahebant et vectibus ...«*

34 Vgl. Vitruv, De architectura VI, 6, 3: *»Ipsum autem torcular, si non cocleis torquetur sed vectibus et prelo premetur, ne minus longum pedes XL constituatur; ita enim erit vectiario spatium expeditum ...«*

35 Zu den verschiedenen Haspelpressen vgl. Troost 1990, 85-87 sowie E. Jüngst u. P. Thielscher, Catos Keltern und Kollergänge, in: Bonner Jahrbücher 154, 1954, 32ff. und 157, 1957, 53ff.

36 Plinius, Naturalis historiae XVIII, 317: *»... ab aliis adfixa arbori stela, ab aliis arca lapidum adtollente se cum arbore,...«*.

37 Vgl. Anm. 22 und Plinius, Naturalis historiae XVIII, 230.

38 Vgl. S. 79f.

39 Schumann 1995, 82.

40 Bernhard 1984, 8.

41 Vgl. S. 192.

42 Trierer Zeitschrift 24/26, 1956/58, 607f.; vgl. auch S. 186 und Abb. S. 163.

43 Trierer Zeitschrift 30, 1967, 273.

44 Vgl. Troost 1990, 71, 84.

Bleigefäß aus Lieser zur Herstellung eines Mostkonzentrats.

S. 89 rechts oben: *Das Umfüllen einer kugelbauchigen Amphore in ein zylindrisches Gefäß. Detail aus einem Grabmal von Neumagen.*

Antike Weinbereitung und Kellertechnik

Die antike Weinbehandlung läßt die gleichen Sorgen wie die der heutigen Winzerschaft erkennen. Viele der Möglichkeiten, den Wein schmackhafter und haltbarer zu machen, gehen offenbar schon auf die Römerzeit zurück. Selbst technische Einrichtungen zum Entsäuern des Weines durch den Zusatz von Kalk oder die Anlage von Rauchkammern zur Herbeiführung einer vorzeitigen Alterung oder Reife des Weines sind in einzelnen Kelterhäusern an der Mosel nachgewiesen.

Weinbereitung und Kellertechnik

Nur wenige Darstellungen auf römischen Steindenkmälern lassen sich, wenn überhaupt, mit der antiken Weinbereitung oder Kellertechnik in Verbindung bringen. Dafür bieten zu diesem Thema überraschenderweise archäologische Befunde wie die antiken Schriftquellen zahlreiche Hinweise. Daher sollten wir uns auch nicht weiter mit der Frage beschäftigen, was man mit dem auf einem Grabmalquader aus Neumagen dargestellten Umfüllen von Wein bezweckte. Sicher ist nur, daß hier Wein aus einer kugelbauchigen Amphore in ein vom Volumen sicher umfangreicheres nahezu zylindrisches Gefäß umgeschüttet wird, das auf dem Boden steht. Natürlich läßt die Szene sogleich an die Zubereitung eines schmackhaften Festtrunkes mit der Mischung einheimischer und südländischer Weine oder auch den Verschnitt einheimischer Weine zur Faßlagerung denken. Doch werden wir einer Antwort auf diese Frage kaum näher kommen. Sicherere Anhaltspunkte zur Weinbereitung lieferten vor allem die jüngsten Grabungsbefunde aus der östlichen Kelter von Erden.

Das Gären und Abstechen des Mostes (Weines)

Schon den Römern war bewußt, daß die einzelnen Weine verschieden zu behandeln waren. Ebenso war das Maischen oder das »*Stehen lassen auf den Trebern*« bekannt. Außerdem nahm man gerade bei den schwereren italischen Weinen häufiger eine Trennung von Vor- und Nachlauf vor[1], die sich teilweise aus der Herstellung bestimmter Weinsorten[2], aber auch aus dem unterschiedlich verlaufenden Gärungsprozeß ergab.

Der Gärung hat man zur Römerzeit meist freien Lauf gelassen. Dennoch achtete man darauf, daß die Gefäße nie vollständig gefüllt und auch Abstände zwischen den einzelnen Fässern gelassen wurden[3]. Zu den Wochen nach der Gärung schrieb Columella[4]: »*Von dem Zeitpunkt, an dem man die Dolien (oder Weinfässer) verschlossen hat, bis zur Frühjahrs-Tag-und-Nachtgleiche genügt es, sich alle 36 Tage einmal um den Wein zu kümmern; nach der Frühjahrs-Tag-und-Nachtgleiche muß man es zweimal oder öfter tun, damit sein Schaum nicht vergeht und den Geschmack verdirbt. Je stärker sein Brausen ist, um so öfter empfiehlt es sich, den Wein zu pflegen, abzukühlen und zu lüften; denn solange er kühl ist, bleibt er in Ordnung.*«

Über den besten Zeitpunkt des Abstichs, also dem Abziehen der Weinhefen, gehen die Meinungen bei den antiken Autoren jedoch weit auseinander. Während Varro[5] den Wein bis zu einem Jahr auf der Hefe lassen will, empfahl Columella einen Abstich im Frühling[6]: »*... wenn man ihn aus den Krügen oder Tonnen abfüllen will, gieße man ihn im Frühling zur Zeit der Rosenblüte, von Hefe gereinigt und so klar wie möglich, in gut gepichte und saubere Gefäße um ...*«. Die beim Abstich zurückgebliebene Weinhefe wurde danach vielfach anderen, in der Regel geringeren Weinen zugesetzt. So lesen wir bei Horaz[7]: »*... man verbesserte schlau den Surrentiner Wein durch den Zusatz von Falerner Hefe ...*«. Zu einem Verfahren des »Umgärens« äußerte sich auch Columella[8]: »*Wenn irgendwelche Weine zu streng oder nicht besonders gut sind, ... nehme man die Hefe eines guten Weines, forme daraus brotähnliche Stücke, trockne sie an der Sonne und backe sie auf dem Feuer; danach verreibe man sie ... und verschließe den Wein. Dann wird er gut!*«

Das Filtrieren und Schönen des Weines

Selbst das Filtrieren des Weines war schon in römischer Zeit bekannt und erfolgte mit Hilfe eines Leinensäckchens, das von einem Weidengeflecht gehalten wurde[9]: »*... Man nimmt einen Weidenkorb oder einen in lockerer Webarbeit hergestellten Sack, ähnlich einer umgedrehten Wendesäule* (gemeint ist eine kegelförmige Säule im Circus Maximus) *und von der Art, wie man ihn zum Filtern des Weines gebraucht ...*«. Allerdings minderte ein solches Filtrieren auch die Qualität des Weines, was Horaz bitterlich beklagte[10]: »*aber der echte Geschmack wird verfälscht durch seihende Leinwände*«. Plinius deutete diese Tatsache in eine ganz andere Richtung[11]: *Ja, um mehr saufen zu können, brechen wir die Stärke des Weines durch Filtrieren ...*«. An anderer Stelle gab er sich allerdings versöhnlicher:

Das Doppelbecken der östlichen Erdener Kelter während der Ausgrabung.

»Für alle ist es am besten, wenn seine (des Weins) Kräfte durch Filtration gebrochen sind.«

Neben der Filtriertechnik war auch eine Art von Schönung bekannt. Zur Klärung von Trubstoffen im Wein griffen die Römer primär auf Eier, und dabei bevorzugt auf Taubeneier zurück[12]. Als weiteres Schönungsmittel kam auch Tonerde (*argilla*) in Betracht[13]. Die Anwendung von Schwefel ist dagegen nur durch Cato bekannt, auf den sich Plinius in seiner Arbeit bezog[14]. Doch ist der betreffende Teil seines Werkes leider verloren, so daß wir nicht wissen, ob er wirklichen Schwefel oder Schwefeldämpfe angewandt hatte.

Das Entsäuern des Mostes (Weines)

Die ersten archäologischen Hinweise auf eine Maische- oder Weinbehandlung lieferte der Inhalt zweier Holzfässer, die im Jahre 1992 in der westlichen Kelter von Erden entdeckt wurden. Chemische Untersuchungen[15] brachten den Beweis dafür, daß die aufrechtstehenden Fässer mit Calciumcarbonat ($CaCO_3$) gefüllt waren. Da der Kalk hier in einen Raum gelagert wurde, der auf der einen Seite an Kellerräume, mit den anderen Seiten an die Kelter und ihre verschiedenen Beckenanlagen anstieß, liegt die Vermutung nahe, daß der Kalk zum Entsäuern des Mostes oder der Weine verwendet wurde, worauf Plinius in seiner Naturalis historiae dreimal eingeht[16]: *»In Afrika mildert man die Strenge durch Gips, in manchen Gegenden dort durch Kalk ... Im übrigen ist die Bemühung um die Verbesserung der Weine so groß, daß einige, wie dies andernorts durch Gips und auf die erwähnten Arten geschieht, sie durch Asche auffrischen wollen ... man sagt, daß (die Karthager) für ihre Weine Kalk verwenden, weil sie so ihren Most zubereiten«*. Darüber hinaus diente der Kalk nach Plinius auch als Düngemittel bei Rebstöcken[17]: *»Die Häduer und Piktonen haben ihre Äcker durch Kalk sehr fruchtbar gemacht, der sich auch für Ölbäume und Weinstöcke als sehr*

Daubenreste eines aufrecht stehenden mit Kalk gefüllten Fasses an der Westmauer von Raum 3 der westlichen Erdener Kelter.

nützlich erweist ...«. Eine entsprechende Verwendung des Kalks wäre natürlich auch für Erden nicht auszuschließen, doch schien die vorgefundene Menge bzw. die geringe Kapazität der Vorratsbehälter gegen eine solche Nutzung zu sprechen. In Rotweingebieten soll der Kalk bisweilen auch zum »Gipsen« der Maische verwendet worden sein. Dadurch wollte man einerseits eine Verbesserung der Farbe andererseits eine bessere Preßbarkeit der Maische erreichen. Doch scheint Plinius von dieser Art der Weinbehandlung wenig begeistert und stellte die Frage[18]: *»Wer – und wäre er noch so gesund – würde sich denn nicht vor einem Wein entsetzen, der mit Marmor, Gips und Kalk geschönt wurde?«*

Die Aussparung im Reaktionsbecken und der Abfluß zum Ablaufbecken.

Im Jahre 1998 erfuhren diese Beobachtungen bei der Untersuchung der zweiten (östlichen) Kelter von Erden eine überraschende Ergänzung. Erstmals gelang es zwei Mostbecken nachzuweisen, die nebeneinander auf unterschiedlichen Niveaus angelegt und durch ein Bleirohr mit einander verbunden waren. Das höher gelegene Becken wies auf dem Boden wie an den Seitenwänden bis zu einer Höhe von rund 15 cm deutliche Kalkablagerungen auf. In dem daran anschließenden Becken waren dagegen keine Kalkspuren zu beobachten.

Dieser Befund kann nur so interpretiert werden, daß das höher gelegene Becken zum Abscheiden von Kalk genutzt wurde, der zuvor offenbar auf die Maische gestreut oder unmittelbar dem Most zugesetzt worden war. Der Zweck einer solchen Behandlung war das Entsäuern des Mostes, das bereits nach der Entdeckung der beiden mit Kalk gefüllten Fässer in der benachbarten Kelter in Erwägung gezogen worden war. Den Ablauf des Entsäuerns dürfen wir uns nach dem vorliegenden Befund – wie folgt – vorstellen: Nach dem Zertreten der Trauben bestreute man die Maische mit Kalk und ließ diesen eine gewisse Zeit auf die Maische wie den Most einwirken. Daraufhin wurde der Most aus dem Maischebecken in das nördliche Mostbecken, das vielleicht als Reaktionsbecken zu bezeichnen ist, abgelassen. Hier wurden danach der Kalk und andere Trubstoffe abgeschieden. Ein hölzerner Überlauf in der Südwestecke des Beckens regulierte den Abfluß des geklärten Mostes, der durch ein Bleirohr in das wenig tiefer liegende, eigentliche Most- oder Ablaufbecken gelangte und dort schließlich abgeschöpft wurde. Die Überlegungen, wie die Kritik von Plinius, bedürfen wohl keines besseren Beweises.

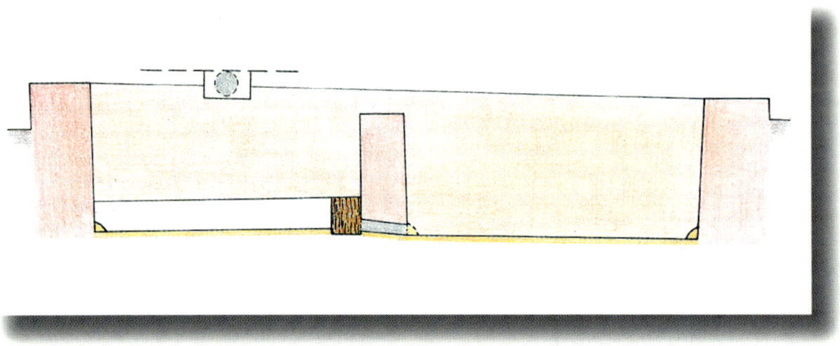

Schnitt durch das Doppelbecken der östlichen Kelter von Erden.

Das Räuchern des Weines (Mostes)

Nachträgliche Anbauten an die Kelterhäuser konnten, wie in Piesport und Erden, entweder als Kellerräume oder als »Rauchkammern« (Fumarien) gedeutet werden. Mindestens vier der neun bisher im Moseltal nachgewiesenen Kelteranlagen wurden im Laufe des 4. Jahrhunderts mit einer »Rauchkammer« ausgestattet, so die östliche und westliche Kelter von Erden, die Kelter in Graach und die große Kelter von Piesport. Die Größe der Rauchkammern schwankte zwischen rund 8 m^2 (Piesport, Erden, westliche Kelter) und 33 m^2 (Erden, östliche Kelter). Das →»Fumarium« von Graach, dessen Raum wie in Piesport zunächst auf andere Weise genutzt wurde, zählte mit 26 m^2 ebenfalls zu den größeren Anlagen.

Das »Fumarium« bei der Kelter von Piesport während der Ausgrabung.

Außer der östlichen Anlage von Erden griffen alle bisher freigelegten Fumarien auf eine Hypokaustheizung zurück. Bei allen Räumen war jedoch nur eine beschränkte Hitzeentwicklung möglich, da sie nur über wenige Rauchabzüge verfügten, die normalerweise die Wände stärker erwärmten. So waren die charakteristischen *tubuli* , die kastenförmige Röhren, durch die der heiße Rauch strömte, in Piesport, vermutlich aber auch in der westlichen Kelter von Erden nur in den Winkeln des Raumes angebracht. In Graach waren lediglich je zwei Stränge an der Ost- und Westwand eingebaut. Zwar sind in der östlichen Kelter von Erden sieben Stränge von *tubuli* (je zwei an der Ost-, Süd- und Westwand und drei an der Nordwand) nachgewiesen, doch wenn man bedenkt, daß jener Raum (7,70 x 6,80 m) dreimal größer war als jener von Piesport, konnte auch hier keine besonders große Hitze erzielt werden. Außerdem war dort eine Kanalheizung eingebaut, die weniger Wärme erzeugte als eine Hypokaustheizung. Alle Heizeinrichtungen bedienten sich quadratischer Pfeiler.

Das nachträglich angebaute »Fumarium« der östlichen Kelter von Erden mit einer im Moselland ungewöhnlichen Kanalheizung.

Die Bauweise und Lage der zunächst als Keller genutzten Rauchkammer von Piesport war schon deshalb nicht geeignet, eine größere Wärme zu erzielen, weil sie teilweise aus dem Fels gehauen und somit von Natur her relativ feucht und kühl war. Zudem konnte man den Eindruck gewinnen, daß dort die *tubuli* nicht nach außen führten, sondern im Raum selbst gemündet haben.

In solchen »Fumarien« erhielt der Wein nach Columella durch die Zuführung von Rauch eine vorzeitige Reife[19]: *»Die Weinlagerräume legt man am besten über denjenigen Räumen an, in den gewöhnlich Rauch entsteht; denn die Weine, die durch eine bestimmte Art von Rauch eine vorzeitige Reife erhalten, werden dadurch schneller alt. Aus demselben Grund ist es auch nötig, einen weiteren Lagerungsspeicher zu schaffen, auf den man sie dann umlagert, damit sie nicht durch übermäßige Räucherung ihren Geschmack verlieren«.*

Wie oben bereits erwähnt, war die in diesen Räumen erzielte Wärme aufgrund der wenigen Rauchabzüge recht bescheiden. Noch weniger dürfte es möglich gewesen sein, in einem solchen Raum Most einzudicken, denn dazu bedurfte es einer wesentlich größeren Hitze, die sicher nur in einem Kessel über einem offenen Feuer erzeugt werden konnte (vgl. unten). Das »Fumarium« der östlichen Kelter von Erden war, wie das zugemauerte →*praefurnium* (Schürkanal) erkennen ließ, in der letzten Nutzungsphase bereits aufgegeben. Das Interesse an künstlich gealtertem Wein hatte sicher nicht nachgelassen, doch wollte man sich wohl auf ein »Fumarium«, nämlich das der benachbarten Anlage, beschränken.

Allgemein nahm man zwar an, daß Maßnahmen zur Forcierung der Gärung, wie Kellerheizungen, erst neuere Erfindungen seien[20], doch ist nicht auszuschließen, daß diese »Fumarien« ähnliche Aufgaben erfüllt haben. Plinius berichtete sogar[21]: *»Im Gebiet der Alpen bewahrt man ihn (den Wein) in hölzernen Gefäßen auf, umschließt diese mit Reifen und hält im strengen Winter die Kälte durch Feuer ab ... doch zuweilen ist beobachtet worden, daß, wenn Gefäße sprangen, der Wein als Eisklotz dastand, ...«.* Damit war aber nur ein Verhindern des Einfrierens, weniger eine Förderung der Gärung gemeint, wie es Bassermann-Jordan vermutete. Möglicherweise verfolgte man mit einer relativ großen Feuerstelle inmitten eines 8,5 x 8 m großen Raumes, der beide Brauneberger Kelterhäuser miteinander verband, einen ähnlichen Zweck. Es ist denkbar, daß in diesem Raum der

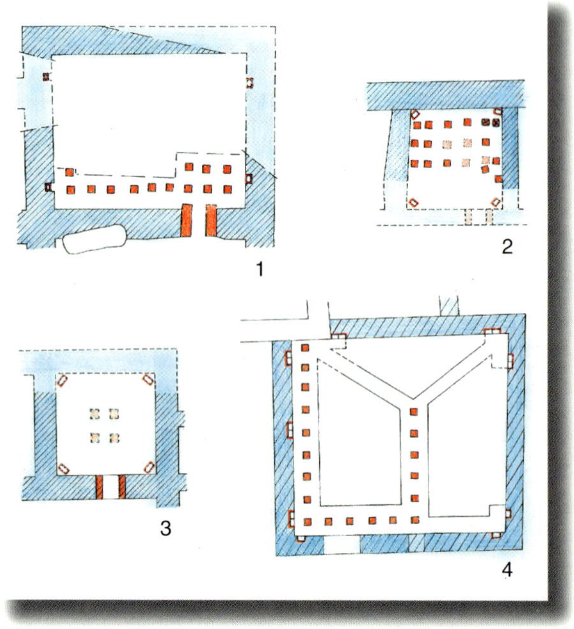

Grundrisse der Fumarien von Graach (1), Piesport (2), der westlichen (3) und östlichen (4) Kelter von Erden.

Wein nicht nur gelagert, sondern zeitweise auch dem Rauch ausgesetzt war und durch die Zufuhr von Wärme die Gärung in Gang gehalten wurde.

Allerdings war der Rauchgeschmack ein nicht immer gewünschter Nebeneffekt, über den sich

Das Bleigefäß von Musbach zur Herstellung eines Mostkonzentrats.

gerade Martial bei den gallischen und Plinius (»*widriger Geruch nach Rauch*«) bei den spanischen Weinen beklagen[22].

Das Eindicken des Mostes

Weitere, bislang wenig beachtete Hinweise auf die antike Weinverarbeitung lieferte eine Gruppe von Bleigefäßen. Die ursprünglich ca. 0,60 m hohen glockenförmigen Behälter hatten am schmaleren Ende einen Ausguß. Ein Fragment eines solchen Gefäßes, das in einem Wirtschaftsgebäude nordöstlich des Kelterhauses von Bad Dürkheim-Ungstein gefunden wurde, enthielt zahlreiche verkohlte Reste von Trauben (Kerne, Stielchen und Reste von Beerenschalen). Diese deuteten auf die Herstellung eines Mostkonzentrats, *sapa* oder *defrutum*, hin, das Columella ausführlich beschrieb[23]: *... Manche gießen den Most in Bleigefäße und verkochen ein Viertel davon, manche sogar ein Drittel; wenn ihn jemand zur Hälfte einkocht, wird er zweifellos einen noch besseren und verwendungsfähigeren Traubensirup gewinnen, derart, daß er den Weinmost, der von alten Rebäckern kommt, mit diesem Sirup anstelle von Fruchtsaft würzen kann ... und liest an einem heiteren und trockenen Tag möglichst ausgereifte Trauben; man tritt sie aus und gießt den abgeflossenen Saft, noch ehe man den Fuß aus der Kelter genommen hat, sofort aus der Auffangwanne in Mostgefäße und heizt den Ofen zunächst mit mildem Feuer von noch zarten Zweigen, die die Bauern Reisig nennen, damit der Most gemächlich zum Kochen gebracht wird ... Ehe man aber den Most in die Mostgefäße abgießt, muß man die Bleitöpfe innen mit gutem Öl befeuchten, gut ausreiben und dann erst den Most eingießen. Dies verhindert das Anbrennen des Mostsudes ... Die Behälter selbst, in denen Sirup oder Mostsaft abgekocht wird, sollen lieber aus Blei als aus Bronze sein. Denn die bronzenen geben beim Kochen Grünspan ab und beeinträchtigen den Geschmack des Zusatzes.*

Plinius meinte dazu[24]: »*Das siraeum nämlich, das andere ›Suppe‹, unsere Fachleute aber ›Sirup‹ (sapa) nennen, ist ein Werk kluger Erfindung, nicht der Natur, wobei der Most bis zu einem Drittel eingekocht wird. Wo dies bis zur Hälfte geschieht, nennt man ihn Mostsaft (defrutum) ...*«. Zur Haltbarkeit des Mostkonzentrates, das in Küche und Keller als Honigersatz zum Süßen diente, sagte Plinius[25]: »*... damit er (der Most) süß werde, läßt man ihn im Verhältnis seiner Stärke einkochen; so ein (Getränk) soll sich aber nicht länger als ein Jahr halten ...*«. Zum Ort, an dem man das Mostkonzentrat herstellte, unterbreitete Columella folgende Ratschläge[26]: »*Der Kesselraum, in dem der Fruchtsaft hergestellt wird, soll weder eng noch dunkel sein, damit sich der Knecht, der den Saft einkocht, bequem bewegen kann.*«

Inzwischen konnte Heinz Eschnauer zehn weitere solcher Gefäße insbesondere in Rheinhessen und der Vorderpfalz nachweisen, so in Mainz, Worms, Biedesheim, Eisenberg, Mußbach und Bellheim[27]. Von der Mosel ist bislang erst ein solches Gefäß in Lieser (Kreis Bernkastel-Wittlich) bekannt geworden (vgl. Abb. S. 88).

Die Kellerräume (R 2-4) von Piesport während der Ausgrabung.

Die Lagerung des Weines

Bei den bisher ausgegrabenen Kelterhäusern wurden Weinlager- oder Kellerräume mit Sicherheit nur in Piesport, vielleicht auch bei der westlichen Anlage von Erden und in Graach nachgewiesen. Dabei boten die in Piesport freigelegten Räume die idealen Voraussetzungen für die Lagerung von Weinen. Vier nahezu gleich große, aus dem Fels geschlagene Räume waren von Natur her relativ feucht und außerdem nahezu dunkel, wie eine Nische zur Aufstellung einer künstlicher Lichtquelle erkennen ließ. Dennoch waren diese Lagerräume für den in Piesport erzeugten Wein bei weitem nicht ausreichend und dienten wohl nur als Zwischenlager, so daß die Mehrzahl der Weine in die großen zentralen Weinkeller nach Trier transportiert wurde, die ebenfalls in Ufernähe bei den grossen Getreidespeichern (*horrea*) bei St. Irminen zu vermuten sind.

Die Kellerräume von Piesport im Modell.

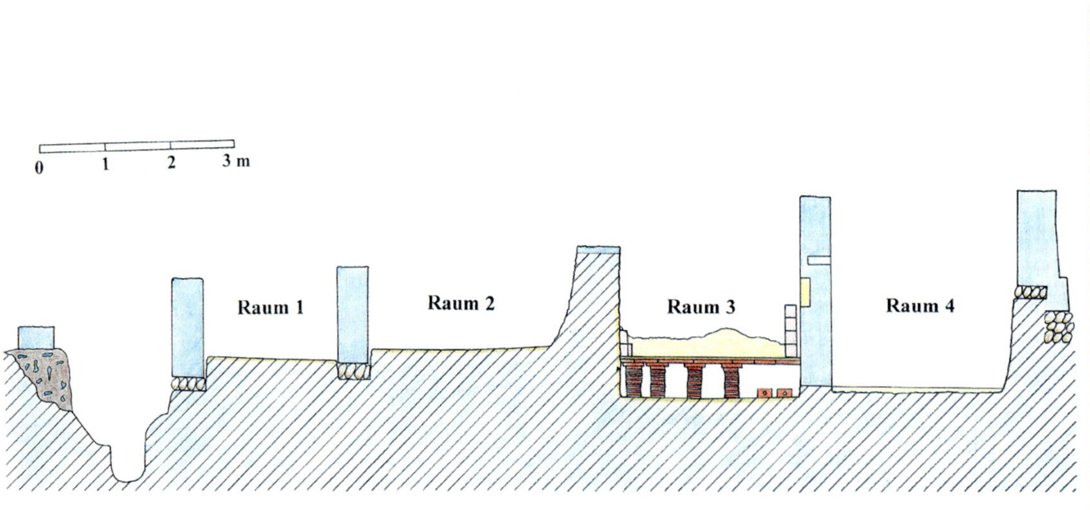

Schnitt durch die Kellerräume von Piesport.

Anmerkungen

1 Bassermann-Jordan 1923, 433f.
2 Columella, De re rustica XII, 27 und 36.
3 Plinius, Naturalis historiae XIV, 135 und 134.
4 Columella, De re rustica XII, 30, 1: »*Ab eo tempore, quo primum dolia operculaveris, usque ad aequinoctium vernum semel in diebus triginta sex vinum curare satis est, post aequinoctium vernum bis aut, si vinum florere incipiet, saepius curare oportebit, ne flos eius pessum eat et saporem vitiet. Quanto maior aestus erit, eo saepius convenit vinum nutriri refrigerarique et ventilari; nam quamdiu bene frigidum erit, tamdiu recte manebit ...*«
5 Varro, De re rustica I, 65.
6 Columella, De re rustica XII, 28, 3: »*... cum de doliis aut de seriis diffundere voles, per ver florente rosa effaecatum quam limpidissimum in vasa bene picata et pura transferto ...*«.
7 Horaz, Satiren II, 4, 55.
8 Columella, De re rustica XII, 30, 2: »*Si qua vina erunt duriora aut minus bona, ... sumito faecem vini boni et panes facito et in sole arefacito et coquito in igne; postea terito ... et oblinito; bonum fiet.* Vgl. auch Palladius, Opus de agri cultura XI, 14, 5: »*Suave vinum de duro fieri docent, si ... feces vini dulcis admiscent*«.
9 Columella, De re rustica IX, 15, 12: »*Saligneus qualus, vel tenui vimine varius contextus saccus, inversae metae similis, qualis est quo vinum liquatur ...*«.
10 Horaz, Satiren II, 4, 53f.: »*at illa – integrum perdunt lino vitiata saporem*«.
11 Plinius, Naturalis historiae XIV, 138: »*... quin immo, ut plus capiamus, sacco frangimus vires ...*« sowie XXIII, 45: »*... utilissimum omnibus sacco viribus fractis ...*«.
12 Horaz, Satiren II, 4, 56: »*columbino limum bene colligit ovo ...*« (*... gebrauche des Taubeneies zur Klärung ...*). Vgl. auch Geoponica VII, 22.
13 Geoponica VII,12: »*... argilla etiam postquam deferbuerunt vina immissa, ipsa purgat, deferens secum turbidum ad fecem, atque id magis si fuerit tosta ...*«.
14 Plinius, Naturalis historiae XIV, 129: »*... facit et sulpuris mentionem ...*«.
15 Die Untersuchungen wurden von Dr. G. Scholten von der Landes-, Lehr- und Versuchsanstalt in Trier durchgeführt.
16 Plinius, Naturalis historiae XIV, 120: »*Africa gypso mitigat asperitatem nec non aliquibus partibus sui calce ...*«. XIV, 126: »*... cetero vinorum medicaminis tanta cura est, ut cinere apud quosdam, ceu gypso alibi et quibus diximus modis, instaurentur ...*«. XXXVI, 166: »*... dictum est ... ad vina calce uti, quoniam sic musta condiunt ...*«.
17 Plinius, Naturalis historiae XVII, 47: »*... Aedui ac Pictones calce uberrimos fecere agros, quae sane et oleis vitibusque utilissima reperitur ...*«.
18 Plinius, Naturalis historiae XXIII, 45: »*... marmore enim et gypso aut calce condita quis non et validus expaverit?*«
19 Columella, De re rustica I, 6, 20: *... apothecae recte superponentur his locis, unde plerumque fumus exoritur, quoniam vina celerius vetustescunt, quae fumi quodam genere praecoquem maturitatem trahunt ...*«. Vgl. auch Martial, Epigrammaton X, 36, 1.
20 Bassermann-Jordan 1923, 441.
21 Plinius, Naturalis historiae XIV, 132. »*... circa Alpes ligneis vasis condunt circulisque cingunt atque etiam hieme gelida ignibus rigorem arcent ... sed aliquando visum, ruptis vasis stetere glaciatae moles ...*«
22 Martial, Epigrammaton X, 36, 1. – Plinius, Naturalis historiae XIV, 127. »*... vitia praeter supra dicta acor aut fumium virus ...*«.
23 Columella, De re rustica XII, 19, 1ff.: *Quidam partem quartam eius musti, quod in vasa plumbea coniecerunt, nonnulli tertiam concoquunt. Nec dubium, quin ad dimidiam si quis excoxerit, meliorem sapam facturus sit eoque usibus utiliorem, adeo quidem, ut etiam vice defruti sapa mustum, quod est ex veteribus vineis, condire possit ... et sereno siccoque die uvas quam maturissimas legemus, quibus proculcatis mustum, quod defluxerit, ante quam prelo pes eximatur, statim de lacu in vasa defrutaria conferemus, lenique primum igne et tenuibus admodum lignis, quae cremia rustici appellant, fornacem incendemus, ut ex commodo mustum ferveat... antequam mustum in vasa defrutaria coiciatur, oleo bono plumbea intrinsecus inbui, bene fricari atque ita mustum adici. Ea res non patitur defrutum aduri ...* XII,20,1: »*ipsa autem vasa, quibus sapa aut defrutum coquitur, plumbea potius quam aenea esse debent. Nam in coctura aeruginem remittunt aenea et medicaminis saporem vitiant ...*«.
24 Plinius, Naturalis historiae XIV, 80: »*nam siraeum, quod alii hepsema, nostri sapam appellant, ingenii, non naturae, opus est musto usque ad tertiam mensurae decocto. Quod ubi factum ad dimidiam est, defrutum vocatur ...*«
25 Plinius, Naturalis historiae XIV, 121: »*... decoquitur ut dulcescat pro portione virium; nec durare ultra annuum spatium tale proditur ...*«
26 Columella, De re rustica I, 6, 19: »*... cortinale, ubi defrutum fiat, nec angustum nec obscurum sit, ut sine incommodo minister, qui sapam decoquet, versari possit ...*«.
27 Eschnauer 1996, 6-14.

Das Diatretglas von Piesport-Niederemmel (1. Hälfte 4. Jahrhundert). Über dem glockenförmigen Körper liegt ein Netz von leicht ovalen Kreisen, an deren Schnittpunkten kreuzförmige Blättchen ausgebildet sind. Die Besonderheit der technischen Ausführung – das Glas wurde mit seinem feingliedrigen Netzornament in mühevoller Kleinarbeit aus einem Glasblock herausgeschliffen – zeichnet diese Gläser als höchste Luxusgüter von besonderer Seltenheit aus, die nur am kaiserlichen Hof oder in Familien von höher gestellten Beamten Verwendung fanden.

S. 99 rechts oben: Goldmünze (→Doppelsolidus) von Constantin d. Gr., 313/15 in Trier geprägt.

Die Betreiber der Weingüter

Die einzelnen Weingüter lassen sich mit ihren Kelterhäusern zwei unterschiedlichen Gruppen zuordnen. Zu den privaten Land- oder Weingütern gehörten zweifellos die in Nebengebäuden von Gutshöfen untergebrachten kleineren Kelteranlagen. Die größeren Kelterhäuser lagen dagegen inmitten von Weinbergen bester Qualität weit ab von sonstiger Bebauung. Sie waren Teil staatlicher Domänen und bildeten reine Zweckbauten innerhalb der zu bewirtschaftenden Rebflächen, die ihrem Falle dem Umfang der heutigen recht nahekommen.

Die bisher untersuchten römerzeitlichen Kelterhäuser lassen sich nach dem derzeitigen Forschungsstand zwei verschiedenen Gruppen zuordnen. Während die Kelteranlagen von Lösnich, Maring-Noviand oder Ungstein in Nebengebäuden größerer Gutshöfe errichtet waren, lagen die Kelterhäuser von Piesport, Piesport-Müstert und Graach sowie die beiden von Brauneberg und Erden am Fuße steilerer Südhänge inmitten von Weinbergen bester Qualität. In ihrer näheren Umgebung konnten keine weiteren Baureste, vor allem keine Wohngebäude, beobachtet oder nachgewiesen werden. Diese Kelterhäuser lagen also weit ab irgendwelcher Bebauung und bildeten offenbar reine Zweckbauten inmitten der zu bewirtschaftenden Rebflächen.

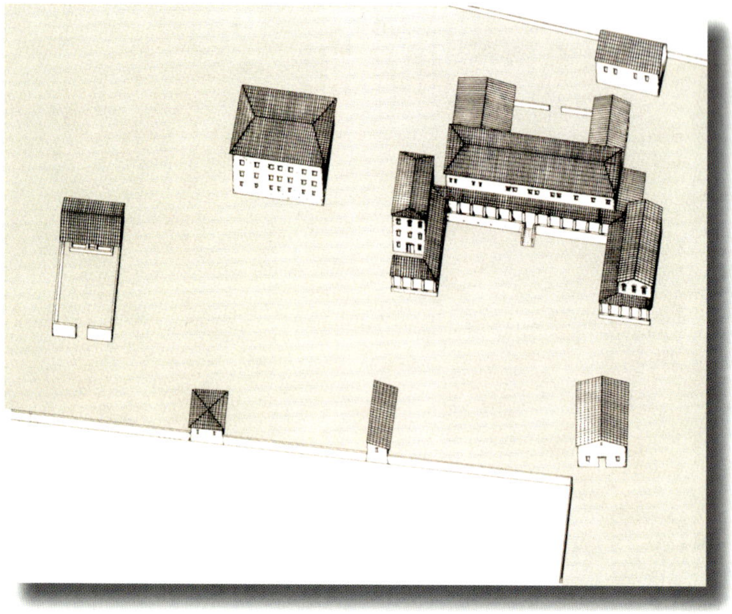

Isometrische Darstellung vom römischen Gutshof Ungstein (nach H. Bernhard).

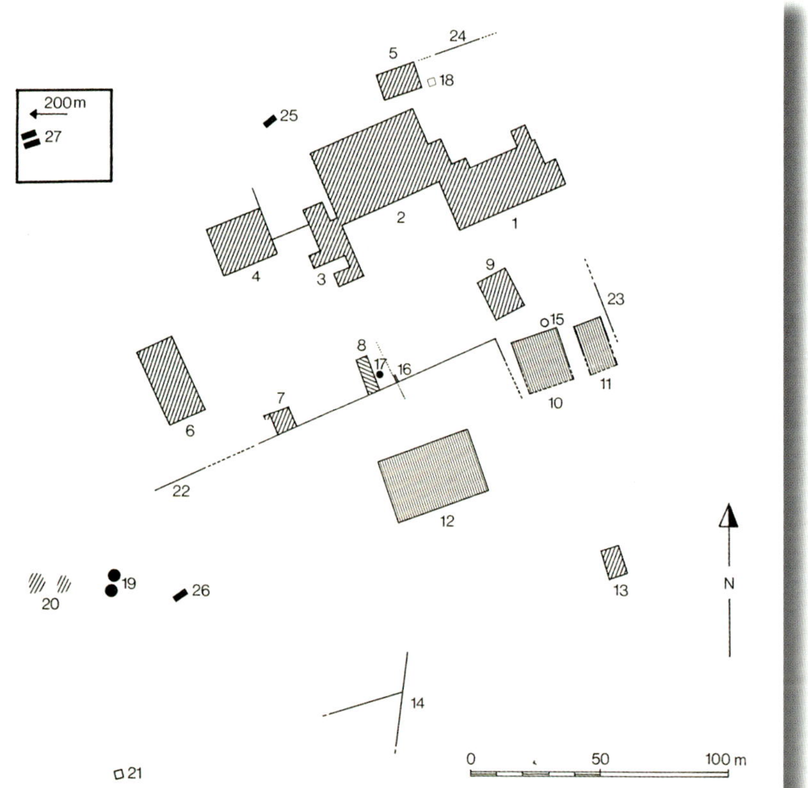

Abb. 5 Bad Dürkheim-Ungstein. Villa »Weilberg«. Gesamtplan. — 1-3 Herrenhaus. — 4. 5. 7-9. 13. 14 Wirtschaftsbauten. — 6 Kelterhaus. — 10-12 Villenanlage des späten 4. Jhs. — 15 Brunnen. — 16 Wasserleitung. — 17 Depotfund. 18 Kalklöschgrube. — 19 Öfen. — 20 Schmiede. — 21 Wasserstelle. — 22-24 Hofmauern. — 25-27 Steinsärge.

Grundriß des römischen Gutshofes bei Bad Dürkheim-Ungstein. Das Gebäude 6 diente als Kelterhaus (nach H. Bernhard).

Private Weingüter

Beide Gruppen von Kelterhäusern unterscheiden sich nicht nur deutlich von ihrem Umfang, ihrer Größe sowie der Anzahl und der Kapazität der einzelnen Becken, sondern vor allem auch von ihrer Lage und in ihrem Aufbau. Die Kelterhäuser von Gutshöfen wiesen alle nur drei Becken auf, je ein Maische-, Preß- und Mostbecken, in Bad Dürkheim-Ungstein offenbar zwei kleinere Maischebecken, dafür aber kein Preßbecken. Damit war in ihrem Falle – anders als bei den größeren Kelterhäusern – ein permanentes Keltern nicht möglich, es sei denn, man hätte sich zwischenzeitlich zusätzlicher Bütten oder Zuber bedient. Somit waren ihre Becken während der Lesezeit auch weniger ausgelastet, was sich vor allem auf den Umfang der für die einzelnen Keltern zu errechnenden Reb-

flächen auswirkt. Ferner vermißt man in den kleineren Anlagen auch Vorrichtungen zur Sorten- oder Qualitätstrennung, wie sie in Brauneberg, vielleicht auch in Erden oder Piesport nachgewiesen sind. Außerdem lagen die Rebflächen, die den Kelterhäusern eines Gutshofes zuzuordnen waren, nur teilweise in der unmittelbaren Umgebung jener Gehöfte, in Lösnich sogar mehr als 1,5 km entfernt. Ebenso dürften in Maring-Noviand in römischer Zeit die nächsten Weinberge mindestens einige hundert Meter vom Kelterhaus entfernt gelegen haben. In Ungstein könnten sie dagegen bis an die Hofmauern des rund zehn Gebäude umfassenden Hofes herangereicht haben.

Die Lage des Kelterhauses innerhalb des Lösnicher Gutshofes unmittelbar vor der Hauptfront des Herrenhauses läßt unschwer seine nachträgliche Errichtung erkennen, was auch durch das aus dem Gebäude vorliegende Fundmaterial (4.-Anfang 5. Jahrhundert) eine Bestätigung findet.

Der römische Gutshof von Lösnich mit seinen verschiedenen Nebengebäuden. Das Gebäude II wurde, wie bereits der Grundrißplan zu erkennen gibt, nachträglich errichtet und beherbergte die Weinkelter (nach A. Neyses).

Ebenso zeigt die große Entfernung zu den nächsten Weinbergen, daß sich der Besitzer dieses Gutshofes erst relativ spät dem Weinbau zugewendet hatte. Auch in Maring-Noviand zählt das Kelterhaus nach den vorliegenden Funden sicher zu den jüngeren Nebengebäuden des dortigen Gehöftes. Entsprechendes gilt für die Kelter von Ungstein, wo das Herrenhaus offensichtlich im 2. Jahrhundert in Stein ausgebaut worden war und sogar noch einfachere Vorgängerbauten in Holz aufwies, die bis in die 1. Hälfte des 1. Jahrhunderts n. Chr. zurückreichten.

Die größeren Kelterhäuser lagen im Gegensatz zu den Gutshöfen, bei denen eine Kelter nachgewiesen ist, inmitten von Weinbergen bester Qualität. Sie sind offenbar gleichzeitig oder kurz nach der Anlage der ersten Rebflächen errichtet worden. Die Gutshöfe erhielten dagegen erst im Laufe des späten 3. oder während des 4. Jahrhundert ein eigenes Kelterhaus, so daß ihr landwirtschaftlicher Betrieb während des 2. und 3. Jahrhunderts noch weitgehend auf Ackerbau und Viehzucht ausgerichtet war. Allerdings könnten sich kleinere ältere Kelter, wie etwa hölzerne Wipp- und Tretkelter, oder auch Sack- bzw. Torsionspressen, die in einem anderen Nebengebäuden untergebracht waren, einer archäologischen Entdeckung entziehen.

Die Menge des in den Keltern von Gutshöfen erzeugten Weines war verglichen mit den größeren Anlagen eher bescheiden und, wie ihre Verkehrsanbindung vermuten läßt, wohl auch weniger für den Export bestimmt. Denn keiner dieser Gutshöfe war in der Nähe einer bedeutenderen Straßenverbindung oder eines schiffbaren Wasserweges errichtet. Der Umfang dieser Keltern und ihr bescheidenerer Ausbau, die relativ große Entfernung zu den nächsten Rebflächen und letztlich auch ihre Lage im Bereich eines Gutshofes lassen den Schluß zu, daß es sich bei diesen Kelterhäusern um private Anlagen handelte.

Staatliche Weingüter

Die Kelteranlagen von Piesport, Piesport-Müstert, Graach, Brauneberg und Erden waren ausnahmslos inmitten antiker Rebflächen errichtet, die zweifellos zu besten des Moseltals zählten. Ihr Umfang und ihre Größe, die Anzahl ihrer Becken sowie deren Kapazität lassen hier eine Gruppe von Kelterhäusern vermuten, die weniger von Privatpersonen oder Besitzern von Gutshöfen, sondern vielmehr von der Provinzverwaltung eingerichtet, ausgebaut und auch unterhalten wurden. Darauf deuten neben den aufwendigeren Konstruktionen teilweise zahlreich in diesen Keltern aufgefundene Ziegel mit

Gestempelter Ziegel mit der Aufschrift »REMI«. *Die* →tabula ansata *läßt vermuten, daß sich hinter dieser Bezeichnung eine spätantike Truppeneinheit aus dem Gebiet der Remer (Umgebung von Reims) verbirgt.*

Herstellerstempel, wie z. B. *ADIVTEX, CAMAR, CAPIONACI, TAMIC*, die in größerer Zahl sonst nur bei spätantiken Befestigungsanlagen oder in den kaiserlichen Großbauten von Trier (Basilika, Kaiserthermen) zum Vorschein kamen. Allgemein werden sie als Erzeugnisse eines staatlichen Großbetriebes gedeutet[1]. Besondere Aufmerksamkeit verdient auch ein Ziegel mit dem Stempel *»REMI«* aus Erden, der innerhalb einer *tabula ansata*, einer rechteckigen »Tafel« mit dreieckigen seitlichen Erweiterungen, angebracht war. Dieser läßt gar auf eine spätantike Truppeneinheit aus dem Gebiet der Remer (Umgebung von Reims) schließen, die somit am Bau der westlichen Kelter von Erden beteiligt gewesen wäre. Andere bemerkenswerte Kleinfunde bildeten einzelne charakteristische Beschlagteile

Die kerbschnittverzierte Riemenzunge aus der Kelter von Erden gehörte zu einer Gürtelgarnitur eines höhergestellten Beamten oder Militärs.

von Gürteln höher gestellter Beamter oder Militärs[2], darunter eine kerbschnittverzierte Riemenzunge, eine verzierte Röhrenhülse einer Kerbschnittschnalle, ein einfacherer Gürtelbeschlag und eine weitere punzverzierte Riemenzunge aus Erden, eine Gürtelschnalle vom Typ Haillot[3] aus Graach, ein Gürtelverstärker aus Brauneberg, sowie eine herzförmige Riemenzunge aus Piesport-Müstert.

Alle diese Funde lassen den Schluß zu, daß jene Kelteranlagen, wie bereits die erwähnten Ziegelstempel zeigten, ausschließlich staatlichen oder militärischen Betrieben zuzuordnen sind. Sie sind wohl erst um 300 n. Chr. entstanden, also wenige Jahre nach Verlegung der Kaiserresidenz nach Trier und der Errichtung der gallischen Präfektur, der Zentralverwaltung für den Westteil des römischen Reiches. Möglicherweise waren zuvor in den besseren Weinlagen kleinere private Winzerbetriebe zu Domänen zusammengeführt oder durch die Anlage neuer Rebflächen ausgebaut worden. Zumindest die östliche Kelter von Brauneberg, sowie Teile jener von Piesport-Müstert, Graach und der von Erden könnten im 3. Jahrhundert n. Chr. vielleicht noch von privater Seite errichtet worden sein, ehe sie um 300 n. Chr. dann in staatliche Hand übergingen. Damit verbunden war in der Regel eine Erweiterung oder ein Ausbau der Kelter, bisweilen auch ihre Einbindung in eine größere Anlage. Dabei legte man besonderen Wert darauf, daß mindestens zwei Tret- oder Maischebecken zur Verfügung standen, so daß es während der Leseperiode, im Falle ungünstiger Witterung, in der mitunter eine

rasche Ernte von Vorteil war, zu keinen Engpässen kommen konnte.

Diese Kelterhäuser lagen alle in unmittelbarer Nähe der Mosel, so war es jederzeit möglich, den anfallenden Most ohne größere Probleme auf ein Schiff umzuladen und nach Trier in die Keller (*horrea*) des Kaiserhofes oder der Präfektur zu transportieren. Lediglich in Piesport, vielleicht auch in Erden und Graach, hatte man nachträglich Kellerräume zur Zwischenlagerung des Mostes bzw. Weines errichtet. Wohl nicht zufällig waren an den gleichen Orten auch Fumarien, Rauchkammern zur vorzeitigen Alterung des Weines, eventuell auch zur Förderung des Gärprozesses angelegt worden. Allerdings war bei keinem der Kelterhäuser ein ausreichender Lagerplatz für alle in der Kelter erzeugten Weine (Moste) vorhanden, so daß sicher schon während der Lese ein Teil des Mostes nach Trier auf den Weg ging.

Da die Gebäude isoliert inmitten von Weinbergen errichtet wurden, hatten sie vermutlich auch bescheidene Wohnmöglichkeiten geboten. Zumindest für Erden ist eine Zweigeschossigkeit des Kelterhauses nachgewiesen, wobei wir in seinem Obergeschoß neben Speicher oder Lagerräumen durchaus auch Wohnräume für die Arbeiter des Weingutes bzw. der Kelter annehmen können.

Wenn nach Columella[4] sieben *iugera* (1 *iugerum* = 2523 m^2), also rund 1,77 ha, die Arbeitskraft eines Winzers verlangten, können die größeren Kelteranlagen, wie jene von Piesport, Brauneberg, Graach oder Erden, kaum von privater Seite bewirtschaftet worden sein. Berücksichtigen wir Columellas Angaben, wären etwa für Piesport, für das wir weiter unten eine Rebfläche von rund 75 ha errechnet haben, ständig mehr als 40 Arbeiter erforderlich gewesen, für Brauneberg etwa 15 und für Erden und Graach mindestens 20. Während der Erntezeit dürfte die Zahl der Arbeiter sogar noch höher gelegen haben. Schon daher kam ein Privatmann für eine solche Kelter kaum in Frage. Als Betreiber jener Weindomänen sollten wir daher, wie bereits einige charakteristische Funde andeuteten, nur an den kaiserlichen Hof, die Provinzverwaltung oder das Militär denken.

Vermutlich hatte das Militär auch ein eigenes Interesse daran, stand ihm doch in der Zeit um 360 n. Chr. bei Kriegszügen an jedem zweiten Tag eine bestimmte Weinration zu[5]. Nach Auskunft einer anderen Quelle betrug das tägliche Weindeputat eines Soldaten, je nach Rang ein bis zwei *sextarii* (1 *sextarius* = 0,54 l), also zwischen gut einem halben und einem ganzen Liter[6].

Die Domänen wurden sicherlich von einzelnen *»villici«*[7] geleitet. Diese unterstanden vermutlich einem weiteren Beamten, der zudem noch die größte dieser Domänen verwaltete und vielleicht gegenüber von Piesport im heutigen Ortsteil Niederemmel residierte. Wohl nicht zufällig sind dort zwei weit über ihre Grenzen bekannte Fundstücke entdeckt wurden, wie das aus einem spätrömischen Sarkophag stammende Diatretglas (vgl. S. 98). Dessen Besonderheit liegt in seiner technischen Ausführung. Das Glas mit seinem feingliedrigen Netzornament wurde in jahrelanger und mühevoller Kleinarbeit aus einem Glasblock herausgeschliffen. Solche Gläser waren von besonderer Seltenheit und galten als höchste Luxusgüter, die nur am kaiserlichen Hofe oder in Familien höher gestellter Beamter Verwendung fanden[8]. Das zweite außergewöhnliche Fundstück aus Piesport-Niederemmel bildet eine →Goldfibel, eine Gewandspange, die wie eine auf ihrem Bügel angebrachte Inschrift zu erkennen gibt, im Jahre 315/6 n. Chr. zum zehnjährigen Regierungsjubiläum von Kaiser Constantin I. angefertigt wurde. Da der Kaiser solche Fibeln zu besonderen Anlässen an hohe

Die Goldfibel (Gewandspange) von Piesport-Niederemmel wurde, wie die auf ihrem Bügel angebrachte Inschrift zu erkennen gibt, im Jahre 315/6 n. Chr. zum zehnjährigen Regierungsjubiläum von Kaiser Constantin I. angefertigt. Der Kaiser verlieh solche Fibeln zu besonderen Anlässen an hohe Beamte oder Offiziere.

*Inschrifttafel des Sarkophages, den ein kaiserlicher Kellermeister (*praepositus vinorum*) um 300 n. Chr. für seine Gattin Callosia Clamosa herrichten ließ.*

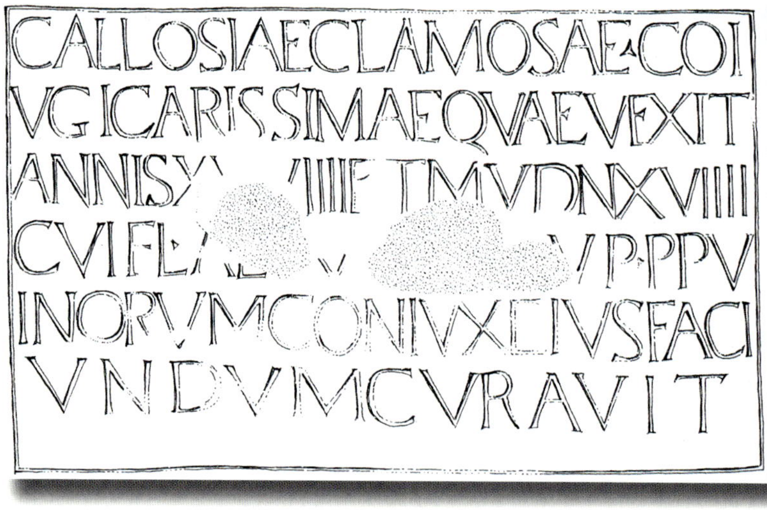

Inschrift des Sarkophages als Umzeichnung nach L. Schwinden.

Beamte oder Offiziere verlieh, dürfen wir ihren Träger zweifellos im näheren Umfeld des Kaisers suchen[9]. Beide Fundstücke müssen wohl derselben, in Piesport-Niederemmel ansässigen Familie, zugerechnet werden. Doch wer hatte an diesem Ort einen solchen Einfluß, um in den Besitz dieser beiden außergewöhnlichen Gegenstände zu gelangen? Dafür konnte entweder nur ein Militär, der sich dort vielleicht zur Ruhe gesetzt hatte, oder, was wahrscheinlicher ist, ein einflußreicher Beamter in Frage kommen, der in diesem Raum seinen Wirkungsbereich hatte. Es liegt daher nahe, in dieser Person vielleicht den Verwalter nicht nur der großen Piesporter Kelter sondern aller kaiserlichen Weindomänen an der Mosel zu sehen. Sein Pendant, einen kaiserlichen Kellermeister, der die in den Weinbaudomänen erzeugten Weine behandelte, abfüllte und verwaltete, haben wir erst durch eine kürzlich in Trier entdeckte Sarkophaginschrift kennengelernt.

Ein kaiserlicher Kellermeister aus Trier

Im Jahre 1990 wurde bei Ausgrabungen vor der Abteikirche von St. Maximin in Trier ein Sarkophag mit Inschrift gefunden, die einen kaiserlichen Kellermeister (*praepositus vinorum*) überliefert. Nach Untersuchungen von L. Schwinden hatte er diesen Sarkophag für seine Gattin etwa zwischen 293 und 310 n. Chr. herrichten lassen[10].

Auf der Tabula des heute in der Krypta von St. Maximin aufgestellten Sarkophages lesen wir folgende sechzeilige Inschrift:

CALLOSIAE CLAMOSAE CO[N]I
VGI CARISSIMAE QVAE VEXIT
ANNIS XXVIIII ET M(ensis) V D(ies) N(umero) XVIIII
CVI FL(avius) A[...] V(ir) P(erfectissimus) P(rae)P(ositus) V
INORVM CONIVX EIVS FACI
VNDVM CVRAVIT

zu deutsch: Callosia Clamosa, seiner teuersten Gattin, die gelebt hat 29 Jahre, 5 Monate und 19 Tage. Ihr hat Flavius A..., ritterlicher Beamter, Verwalter der (kaiserlichen/staatlichen) Weine, ihr Gatte, (diesen Sarkophag) herrichten lassen.

Der Bezeichnung *v(ir) p(erfectissimus) p(rae)p(ositus) vinorum* verlangt unsere besondere Aufmerksamkeit. Sie umfaßt einen Rangtitel (*vir perfectissimus*) und eine Amtsbezeichnung (*praepositus vinorum*). Der Titel *vir perfectissimus* wurde als Auszeichnung für Beamte aus dem höheren Ritterstand verwendet und im ausgehenden 3. Jahrhundert auch auf hervorgehobene Ämter in den Provinzen ausgedehnt. Seit dem 3. Jahrhundert wurde ihm, wie auch in unserem Falle, häufiger die Amtsbezeichnung hinzugefügt. Seit den Reformen Diocletians (284-305) trugen viele höher gestellte Beamte aus der Verwaltung, Versorgung und der Finanzverwaltung diesen Titel.

Dagegen ist das Amt des *praepositus vinorum* bisher nicht bekannt und erstmalig durch diese Inschrift belegt. Wie bereits angedeutet, dürfte dieses Verwaltungsamt im engen Zusammenhang mit der Hofadministration zu sehen sein. Der Wein gehörte, besonders in Italien, mit Getreide, Olivenöl, Fleisch und Brot zur Grundversorgung. Ihre Bereitstellung wurde zunehmend stärker reguliert. Massive administrative Eingriffe zur Sicherstellung der Versorgung sind unter Kaiser Aurelian (270-275) bekannt[11]. Auf dieses Verteilungsinstrument stützte sich auch Diocletian (284-305). »Staatsweine« (*fiscalia vina*) wurden zu vergünstigten Preisen angeboten und haben sicher auch marktregulierend gewirkt. Ihr Verkaufspreis war in der Regel um 25 % unter dem aktuellen Marktpreis angesetzt[12]. Andererseits sollten sie eine ausreichende Versorgung des Heeres wie der Verwaltung garantieren. Bei den preiswerten Weinen handelte es sich vor allem um Steuer- oder Abgabenweine, aber auch um Pachtleistungen aus einer kaiserlichen Domäne, die meist wohl ein Drittel betrug[13].

Eine besondere Bedeutung kam dem Wein in der Spätantike auch bei der Versorgung der Truppen zu. Die Rationen der Soldaten bestanden aus Brot, Fleisch, Wein und Öl. Nach der Überlieferung von Papyri betrug das tägliche Weindeputat der Soldaten, wie oben bereits ausgeführt, je nach Rang ein bis zwei *sextarii* (1 sextarius = 0,54 l), also zwischen gut einem halben und einem ganzen Liter. Auch nach einer zweiten Quelle aus der Zeit um 360 stand den Soldaten auf Kriegszügen an jedem zweiten Tag eine bestimmte Weinration zu[14]. Da die Truppe nicht zuletzt aus staatserhaltenden Gründen bei guter Laune gehalten werden mußte, sahen sich offenbar Kaiser Valentinian I. (364-375) und sein Sohn Gratian (367-383) zwischen 370 und 374 zur Sicherung der Versorgung des Militärs gezwungen, neben anderen Gütern auch den Export von Wein zu verbieten. Im Codex Iustinianus ist überliefert[15]: »*In das Barbaricum* (= Gebiete außerhalb des römischen Imperiums, in diesem Falle wohl Germanien) *Wein, Öl oder Liquamen hinauszubringen, habe keiner die Befugnis, weder des Genusses noch des Geschäftes wegen*«.

Die Grenznähe der Kaiserresidenz Trier und die den Grenzprovinzen ständig drohende Gefahr durch germanische Überfälle machten an Rhein und Mosel zweifellos eine größere Truppenpräsenz erforderlich. Daher werden die Weine, die sich in der Obhut des Trierer *praepositus vinorum* befanden, weniger zur Preisregulierung als zur Versorgung des Militärs wie des kaiserlichen Hofes und der gallischen Präfektur, der Zentralverwaltung für die Westprovinzen, eingesetzt worden sein. Offenbar erforderte die Versorgung mit Wein, insbesondere der Truppen, und die Verwaltung der staatlichen Weine ein eigenes Amt, das nun mit dem in der Sarkophaginschrift von St. Maximin genannten *praepositus vinorum* erstmals im römischen Reich nachgewiesen werden konnte. Sein Amt war für die Sicherheit in der Spätantike demnach ebenso bedeutend wie das des Verwalter der kaiserlichen Weindomänen, den wir in Piesport-Niederemmel zu fassen glauben.

Waren die guten Weine, und damit auch die besten Weinberge, wie die Weindomänen, was nach den obigen Ausführungen zu erwarten ist, in staatlichem oder kaiserlichem Besitz, sind sie während der fränkischen Landnahme im 5. Jahrhundert n. Chr. als Fiskalgut wohl geschlossen in die Hände der fränkischen Könige übergegangen. Als königliche Lehen gelangten viele

dieser Rebflächen später dann in geistlichen oder ritterlichen Besitz. Diese Tatsache könnte wiederum die umfangreichen geistlichen Besitzungen in Piesport, Brauneberg, Erden und Graach erklären. In Piesport betrug der Anteil des geistlichen Besitzes an Weinbergen sogar 56 % und erreichte damit den höchsten Anteil innerhalb des Trierer Kurstaates[16]. Somit könnten auch jene Keltern und Weinhöfe, die an der Stelle römischer Kelterhäuser errichtet wurden, zusätzliche Hinweise für einen kontinuierlichen Weinbau liefern.

Zur Wirtschaftlichkeit der Weingüter

Unter beinahe modernen Gesichtspunkten eines Rechnungs- oder Wirtschaftsprüfers untersuchte Columella die Erträge wie die Rendite der Weingüter seiner Zeit. Sein Text bezieht sich auf die Zeit der Mitte des 1. Jahrhunderts n. Chr. und ist auch für denjenigen verständlich, der nicht unbedingt mit betriebswirtschaftlichen Regeln vertraut ist. Daher wird er hier in Auszügen nahezu unkommentiert wiedergegeben[17]: *»Denn wenn auch Weinpflanzungen umfangreiche Investitionen fordern, so verlangen doch sieben ›iugera‹ (1 iugerum = 2523 m^2; 7 iugera = 1,77 ha) nicht mehr als die Arbeitskraft eines einzigen Winzers; den halten die meisten Leute für einen billigen Mann und meinen, es genüge, einen Sklaven zu kaufen. Ich bin aber im Gegensatz zu der großen Masse der Meinung, ein Winzer sei besonders wertvoll. Angenommen, er sei für 8000 Sesterze (= 2000 Denare oder 80 Aurei) erworben; angenommen ferner, die sieben ›iugera‹ Grund seien für ebenso viele tausend Sesterze gekauft; setzt man außerdem die Einrichtung der Weingärten samt Ausstattung, d, h. mit Stützen und Bindematerial, mit 2000 Sesterze pro ›iugerum‹ an, so belaufen sich die Kosten, alles in allem gerechnet doch nur auf 29 000 Sesterzen. Dazu kommen bei 6%iger Verzinsung 3480 Sesterze für zwei Jahre, in denen der Wingert wegen seines sozusagen kindlichen Alters noch keine Frucht trägt. Das ergibt zusammen an Kapital und Zinsen 32 480 (= 8120 Denare oder rund 325 Aurei). Wenn nun der Bauer seinen Weinpflanzungen eine solche Schuldenrechnung, wie ein Gläubiger seinem Schuldner aufstellt, derart daß er von dieser Summe eine auf ewig garantierte 6%ige Rendite festlegt, dann müßte er jedes Jahr 1950 Sesterzen einnehmen. Nach dieser Berechnung wird aber der finanzielle Ertrag von 7 ›iugera‹ ... das Zinsaufkommen von 32 480 Sesterzen übertreffen. Denn selbst, wenn es sich um Weinpflanzungen minderwertigster Qualität handelt, wird doch bei hinreichender Pflege jedes iugerum Land einen ›culleus‹ (= 521,8 l) Wein bringen; wird dieser (culleus), d. h. 40 Urnen (zu 13,04 l), zu je 300 Sesterzen verkauft, was der niedrigste Marktpreis ist, so machen 7 cullei immerhin 2100 Sesterzen aus; dieser Ertrag übersteigt somit einen Zins in Höhe von 6 % (= 1950 Sesterzen). Doch diese Berechnung geht von dem Ansatz des Graecinus aus; ich bin dagegen der Meinung, man sollte Weinpflanzungen, die auf das iugerum weniger als 3 ›cul-*

Weinberge in den Gemarkungen Piesport, Ferres und Niederemmel um 1700. Besonders vermerkt sind die Weingärten des Trierer Kurfürsten, des Domkapitels und des Klosters Mettlach.

lei‹ Wein liefern, ausreißen. Gleichwohl habe ich bisher so gerechnet, als gebe es keine Ableger, die man dem bebauten Land entnimmt, während doch allein diese schon den ganzen Preis für das Grundstück durch ihren Ertrag auffangen, vorausgesetzt, es handelt sich nicht um Land in den Provinzen, sondern in Italien.

Auch darüber sollte niemand im Zweifel sein, wenn er meine Berechnung und die des Julius Atticus zur Kenntnis nimmt; denn ich stecke pro ›iugerum‹ Weinland bis zu 20 000 Hämmerchenreben zwischen die Reihen, er weniger als 4000[18]*; aber selbst wenn seine Berechnung Geltung haben soll, bringt doch kein noch so minderwertiges Grundstück weniger ein, als es an Aufwand gefordert hat. Selbst wenn nämlich durch Nachlässigkeit eines Pflanzers 6000 Ableger eingehen, werden die restlichen 10 000 dennoch gern mit 3000 Sesterzen bezahlt und noch mit Gewinn für den Käufer sein; eine Summe, die um die Hälfte höher liegt als die 2000 Sesterzen, die, wie gesagt, das ›iugerum‹ Rebland kostet ... Sei es also der Ertrag aus der Vermehrung der Pflanzen, sei es die Erwartung der kommenden Ernten: alles muß uns zur Anlage von Weingärten Mut machen. Nachdem ich so bewiesen habe, daß es sich lohnt, sie anzupflanzen, werde ich nun Anleitungen für ihre Einrichtung geben ...«.*

Der Umfang der Rebflächen

Der Umfang der ehemaligen Rebflächen läßt sich für die einzelnen Kelterhäuser am ehesten über die Größe und Anzahl der Tret- oder Maischebecken ermitteln. So ist die Errichtung eines weiteren Maischebeckens, wie in Ungstein oder Piesport ebenso wie die Anlage eines zweiten Kelterhauses sicherlich ein Indiz für eine Ausdehnung der vorhandenen Rebflächen. Entscheidend für die Berechnung ist die jeweilige Anzahl der Maischebecken. Lag, wie in Maring-Noviand oder Lösnich, nur ein Maischebecken vor, konnte jenes während einer vierwöchigen Leseperiode vielleicht acht- bis zehnmal gefüllt werden. Daher ist bei diesen Keltern von einer geringeren Ausnutzung der Becken auszugehen, zumal für den Zeitraum, in dem die Trauben im Becken maischten, kein neues Lesegut eingebracht werden konnte. Es sei denn, Holzbehälter hätten als Zwischenlager gedient. Doch bedeutete auch dies eine zeitliche Verzögerungen, selbst wenn man den Maischeprozeß verkürzt hätte. Bei Kelterhäusern mit mehr als einem Maischebecken, wie in Piesport oder Brauneberg, Graach und Erden, war dagegen ein kontinuierliches Lesen und somit eine häufigere Nutzung der Becken (vielleicht 12 bis 14 mal) möglich. Während in einem der Becken die Trauben maischten, wurde in das zweite das neue Lesegut eingebracht. War der Maischeprozeß im ersten Becken abgeschlossen, wurde der Most abgelassen und die zurückgebliebene Maische in die Preßkörbe umgefüllt. Damit war das Becken wieder frei für neues Lesegut. Gleichzeitig wurde im zweiten Becken mit dem Treten der Trauben begonnen und der Maischeprozeß setzte erneut ein.

Wenn Columella betonte[19], daß Rebflächen, die auf das *iugerum* (2523 m^2) weniger als drei *cullei* (1 *culleus* = 521,8 l) Wein liefern, auszureißen sind, sich dabei aber wohl auf Italien bezog, ist in Gallien sicherlich von einer geringeren Durchschnittsernte auszugehen. In anderem Zusammenhang stellte er fest[20], daß selbst Weinpflanzungen minderwertigster Qualität bei hinreichender Pflege pro *iugerum* einen *culleus* Wein erbringen. Daher werden die Hektarerträge in den gallischen Provinzen einerseits deutlich unter jenen 6000 l Wein (3 *cullei* pro *iugerum*), andererseits aber merklich über 2000 l (1 *culleus* pro *iugerum*) gelegen haben. Noch um 1900 beliefen sich die durchschnittlichen Hektarerträge auf rund 2500 l Wein, wobei zu berücksichtigen ist, daß die Menge damals durch Reblaus, Peronospora und andere Krankheiten oder Schädlinge erheblich eingeschränkt war. Das Mittel der von Columella genannten Zahlen, etwa 4000 l geernteter Wein pro Hektar, sollte daher den römerzeitlichen Durchschnittserträgen im Moseltal recht nahe kommen. 4000 l Wein (= rund 4360 l Most) entsprachen bei den damaligen Preßmethoden sicherlich rund 5200 l Maische. Aus dem Fassungsvermögen der Maischebecken wie der Häufigkeit ihrer Nutzung ergibt sich dann die durchschnittliche Erntemenge eines Jahres und somit auch ein ungefährer Anhaltspunkt für die ehemalige Rebfläche.

Kapazität der Maischebecken, ihre Nutzungsmöglichkeit, die Menge der erzeugten Maische und die daraus berechneten Rebflächen für die einzelnen Kelteranlagen.

	Maischebecken	Nutzung	Maische	Rebfläche
Piesport, 1. Phase	23,0 m³ [2]	12-14x	300 m³	58 ha
Piesport, 2. Phase	30,5 m³ [3]	12-14x	396 m³	76 ha
Graach	>15+? m³ [2+?]	12-14x	>195 m³	>38 ha
Brauneberg, östl. Kelter	5,4 m³	8-10x	50 m³	10 ha
Brauneberg, westl. Kelter	8,2 m³ [2]	12-14x	107 m³	21 ha
Erden, östl. Kelter	9,6 m³	8-10x	86 m³	17 ha
Erden, westl. Kelter (a)	6,5 m³	8-10x	59 m³	11 ha
Erden, westl. Kelter (b)	8,3 m³ [2]	12-14x	108 m³	21 ha
Lösnich	8,0 m³	8-10x	72 m³	14 ha
Piesport-Müstert	ca. 6 m³	8-10x	54 m³	>10 ha
Maring-Noviand	5,3 m³	8-10x	48 m³	9 ha
Ungstein, 1. Phase	2,5 m³	8-10x	22,5 m³	4,5 ha
Ungstein, 2. Phase	5,0 m³ [2]	12-14x	65 m³	12,5 ha

Die Zahlen der Tabelle gehen bei der Kapazität der Maischebecken von einer durchschnittlichen Füllhöhe von 0,50-0,60 m aus. Legen wir ihre oben erläuterten Nutzungsmöglichkeiten zugrunde, können wir der Piesporter Kelter eine Rebfläche von mindestens 58 ha, nach der Erweiterung sogar rund 76 ha zuordnen. Die beiden Anlagen von Brauneberg erreichten zusammen etwa 31 ha, die von Erden rund 38 ha, sofern wir für die westliche Kelter zwei Maischebecken annehmen. In der Kelter von Graach müssen ebenfalls weit über 38 ha verarbeitet worden sein. Für Lösnich geht unsere Rechnung von rund 14 ha, für Piesport-Müstert von vielleicht 10 ha, wobei dort die jüngste (und vermutlich größte) Kelter weitgehend einem mittelalterlichen Kelterhaus zum Opfer fiel, für Maring-Noviand etwa 9 ha und für Bad Dürkheim-Ungstein von 4,5 bzw. 12,5 ha aus[21].

Diese Berechnungen basieren ausschließlich auf der Verarbeitung von Weißwein. Im Falle von Rotwein, an den man zunächst in Verbindung mit Maischebecken denkt, würden sich die Rebflächen wegen des längeren Maischeprozesses erheblich reduzieren. Interessant ist in diesem Zusammenhang die Empfehlung Columellas[22] unterschiedliche Rebsorten zu pflanzen, die nicht gleichzeitig zur Reife gelangen. Die Weinberge müßten dann nicht in kürzester Zeit abgeerntet werden, und die Besitzer wären nicht genötigt, Erntearbeiter um jeden Preis anzuwerben. Zu denken ist hierbei auch an rote Trauben, die in der Regel wenige Wochen vor den grünen Trauben geerntet wurden. Da in einigen Keltern die Verarbeitung von Rotwein, wenn auch nur indirekt nachgewiesen ist[23], konnte man die früher geernteten, roten Trauben, was sinnvoll ist, dann auch längere Zeit maischen lassen. Andererseits konnte man durch den Anbau von Trauben, die früher geerntet wurden, auch Verluste durch eventuell auftretende Herbstfröste bei später zur Reife gelangenden Rebsorten mindern. Eine sich über mindestens vier bis sechs Wochen erstreckende Lese dürfte daher auch in den gallischen Weinbaugebieten keine Seltenheit gewesen sein.

Die für Piesport angenommene Rebfläche bildete wohl eine der umfangreichsten zusammenhängenden Rebflächen nördlich der Alpen. Für die große Kelter wurden rund 76 ha errechnet und für jene von Piesport-Müstert mehr als zehn, wobei dort die jüngste Kelter dem Bau eines mittelalterlichen Kelterhauses weitgehend zum Opfer fiel, so daß wir ihren Umfang nicht genau kennen. 10 ha sind auch dem vermuteten Kelterhaus von Piesport-Ferres zuzuordnen, so daß wir bei Piesport im späten 4. Jahrhundert n. Chr. eine Rebfläche von mindestens 100 ha annehmen können.

Möglicherweise wurde Ausonius, als er bei seiner Reise von Bingen über den Hunsrück nach Trier um 370 n. Chr. offenbar gegenüber von Piesport das Moseltal erreichte, gerade durch den Anblick dieser Rebflächen zu seinen schwärmerischen und viel interpretierten Versen (152-156) seiner »Mosella« verleitet, die hier in einer metrischen Übersetzung von W. Binsfeld wiedergegeben werden:

Die Betreiber der Weingüter

Jetzt eröffn' einen anderen Festzug das Schauspiel der Reben,
und erfreue den schweifenden Blick der Gabe des Bacchus:
dort wo die krönende Kuppe in langem Zug überm Steilhang,
dort wo Felsen und sonniger Grat in gewundenem Bogen
weinstockbesetzt sich erhebt, ein natürlich entstand'nes Theater.

Die Zeilen vom »*weinstockbesetzten Theater*« lassen ebenso wie verschiedene Verse bei Venantius Fortunatus[24] erkennen, daß die Rebflächen an der Mosel in römischer Zeit vor allem in klimatisch begünstigten Steilhängen angelegt waren. An vergleichbaren Stellen sollten wir auch die Weinberge suchen, die wir den römischen Kelterhäusern in Brauneberg, Erden, Graach oder Piesport zuordnen müssen. Dabei wird man sich zwangsläufig auch kleinerer, künstlich angelegter Terrassen bedient haben, so daß der Terrassenanbau entgegen der Meinung der mittelalterlichen Geschichtsforschung[25] schon auf römische Wurzeln zurückgreift.

Anmerkungen

1 Vgl. P. Steiner, Einige Bemerkungen zu den römischen Ziegelstempeln aus Trier, in: Trierer Jahresberichte X/XI, 1917/18, 15ff. und H. J. Kann, Einführung in römische Ziegelstempel – anhand neuer Funde von der Trierer Palastaula in Privatbesitz (Trier 1985) insbesondere 114ff. Aus einer staatlichen Ziegelei stammen vermutlich auch die in den Keltern vertretenen Stempel *DE AETHERI, AMANTIOLVS, ARIGIVS, EVENTIVS, FLORENTINVS* und *TAIN*. Aus den privaten Kelterhäusern liegen dagegen bisher keine solcher Ziegelstempel vor.

2 Vgl. dazu H. W. Böhme, Germanische Grabfunde des 4. bis 5. Jahrhunderts zwischen unterer Elbe und Loire. Münchner Beiträge zur Vor- und Frühgeschichte 19 (München 1974) 53ff.

3 Böhme (Anm. 2) 72f.

4 Columella, De re rustica III, 3, 8: »*... non tamen excedunt septem iugera unius operam vinitoris ...*«.

5 Codex Theodosianus 7, 4, 6.

6 Schwinden 1996, 55.

7 Columella, De re rustica XI, 2, 70.

8 Vgl. z. B. Cüppers 1987, 145f. und W. Binsfeld, Was Diatrete vermögen?, in: Funde und Ausgrabungen im Bezirk Trier 28 = Kurtrierisches Jahrbuch 36, 1996, 61f.

9 Vgl. Katalog Trier – Kaiserresidenz und Bischofssitz (Mainz 1984) S. 114, Nr. 31 g; S. 129, Nr. 42.

10 Schwinden 1996, 50ff.

11 Scriptores historiae Augustae, vita Aureliani XLVIII, 1: »*... statuerat et vinum gratuitum p(opulo) R(omano) dare, ut, auam ad modum oleum ... gratuita praebentur, sic etiam vinum daretur, quod perpetuum hac dispositione conceperat ...*«.

12 Peter Herz, Studien zur römischen Wirtschaftsgesetzgebung – Die Lebensmittelversorgung. Historia Einzelschrift Nr. 55 (Stuttgart 1988) 297.

13 Ebd. 194.

14 Codex Theodosianus 7, 4, 6: »*Idem A(ugustus) et Iulianus Caes(ar) helipidio P(raefectus) P(raetorio). Repetita consuetudo monstrabit expeditionis tempore buccellatum ac panem, vinum quoque atque acetum, sed et laridum carnem et berbecinam etiam milites nostros ita solere percipere: biduo, buccellatum; tertio die, panem, uno die vinum, alio die acetum, uno die laridum, biduo carnem berbecinam.*« (zu deutsch: Derselbe (Constantius) Augustus und Julianus Caesar an Elpidius, dem Praefectus praetorio. Der wiederholte Brauch zeigt, daß unsere Soldaten auf Kriegszügen Zwieback und Brot, Wein und Essig, Speck, Fleisch und auch Hammelfleisch auf folgende Weise zu erhalten pflegen: Während zweier Tage Zwieback, am dritten Tag Brot, einen Tag Wein, den anderen Essig, einen Tag Speck, an zwei Tagen Hammelfleisch. [Gegeben am 16. vor den Kalenden des Junis im 10. Konsulatsjahr des Constantius II. und im 3. des Julianus Caesar = 360]).

15 Codex Iustinianus IV, 41, 1.

16 Vgl. G. Reitz, Die Größe des geistlichen und ritterlichen Grundbesitzes im ehemaligen Kur-Trier (Koblenz 1919) 20.

17 Columella, De re rustica III, 3, 8-15. Wegen seines Umfangs wird hier auf eine Wiedergabe des lateinischen Textes verzichtet.

18 Gemeint sind aber wohl 4000 Stecklinge weniger (= 16000), wie aus den folgenden Berechnungen hervorgeht. Die Übersetzung von Columella orientiert sich an der Arbeit von Willi Richter, Lucius Iunius Moderatus Columella (München 1981).

19 Columella, De re rustica III, 3, 11: »*... sed nos extirpanda vineta censemus, quorum singula iugera minus quam ternos culleos praebent ...*«.

20 Columella, De re rustica III, 3, 10: »*... quippe ut deterrimi generis sint vineae, tamen, si cultae, singulos utique culleos vini singula earum iugera peraequabunt ...*«.

21 Schumann 1995, 84 kommt für die Kelter von Ungstein auf eine Rebfläche von 20-30 ha, legt dabei aber eine zweimalige Nutzung der Tret- oder Maischebecken am Tag zugrunde. Außerdem geht er von einem Hektarertrag von mehr als 5000 l Wein aus. Würden wir seine Berechnung als Grundlage für die übrigen römischen Kelterhäuser nehmen, müßten wir dann von einer mehr als doppelt so großen Rebfläche, in Piesport beispielsweise von mehr als 160 ha, ausgehen. Solche Zahlen scheinen mir zu hoch gegriffen, zumal in der unmittelbaren Umgebung der Piesporter Kelter noch ein weiteres Kelterhaus in Piesport-Müstert nachgewiesen und ein drittes in Piesport-Ferres wahrscheinlich sind. Rechnen wir deren Weinberge noch hinzu, wäre der Umfang der römischen Rebflächen im Bereich der Piesporter Steilhänge ähnlich dem unserer Tagen gewesen.

22 Columella, De re rustica III, 21, 10: »*... nec pariter vetus atque tempestivus fructus praecipitat vindemiam cogitque pluris operas quantocumque pretio conducere ...*«

23 Vgl. S. 49f.

24 Vgl. z. B. De navigio suo 39-42.

25 Vgl. z. B. Weiter-Matysiak 1985, 12.

Grabmalquader mit der Darstellung eines Weinladens und eines Faßtransportes, gefunden unter der ehemaligen Abteikirche von St. Maximin in Trier.

S. 111 rechts oben: Faßförmiger Trinkbecher mit der Aufschrift »VINVM«. Er gehört zu der in den Trierer Töpfereien hergestellten Wein- oder Spruchbecherkeramik.

Der Weinhandel an Mosel und Rhein in römischer Zeit

Der Weinhandel an Mosel und Rhein wurde bis ins 2. Jahrhundert n. Chr., wie zahlreiche Weinamphoren aus dem Mittelmeerraum erkennen lassen, ausschließlich vom Import bestimmt. Nach der Anlage der ersten Rebflächen folgten einige Jahrzehnte des Nebeneinanders von südländischen Importen und einheimischen Weinen, bis spätestens in der 2. Hälfte des 3. Jahrhunderts nach einer weiteren Ausweitung der Rebflächen auch die ersten Weine von Mosel und Rhein in andere Provinzen des Römischen Imperiums exportiert werden konnten.

Der Weinhandel in römischer Zeit

Der Weinhandel an Mosel und Rhein ist während der römischen Epoche aus zwei verschiedenen Blickwickeln zu betrachten. Bis ins 2. Jahrhundert n. Chr. wurde der Weinhandel, wie zahlreiche Weinamphoren aus dem Mittelmeerraum erkennen lassen, ausschließlich vom Import bestimmt, der auch nach der Anlage der ersten Rebflächen vermutlich noch bis in die 1. Hälfte des 3. Jahrhunderts dominierte. Nach einigen Jahrzehnten des Nebeneinanders von südländischen Importen und einheimischen Weinen wurden die Provinzen an Mosel und Rhein allmählich von den Importen unabhängig und haben spätestens in der 2. Hälfte des 3. Jahrhunderts, nach einer weiteren Ausweitung der Rebflächen, selbst die ersten Weine in andere Provinzen des Römischen Imperiums exportieren können.

Obwohl nach den jüngsten archäologischen Untersuchungen an Mosel und Rhein während des 3. Jahrhunderts mit einem enormen Aufschwung der Weinproduktion zu rechnen ist, konnten bisher nirgendwo in dieser Region Töpfereien nachgewiesen werden, die die notwendigen Amphoren für den Weinexport herstellten. Daher geht man allgemein davon aus, daß der Rhein- und Moselwein wohl ausschließlich in Fässern, welche in den gallischen Provinzen verbreitet und beliebt waren, gelagert und transportiert wurde.

Von großer Bedeutung sind in dem Zusammenhang die Untersuchungen von S. Martin-Kilcher[1] zu den Weinimporten in der römischen Stadt *Augusta Raurica*, dem heutigen nordschweizerischen Augst am Rhein. Sie konnte nachweisen, daß in Augst die Weinamphoren zu Beginn des 1. Jahrhunderts n. Chr. unter allen Amphoren mit über einem Drittel die erste Stelle einnahmen, ehe sie wenig später hinter die Olivenöl- und Fischsaucenbehälter zurücktraten. Zu Beginn des 2. Jahrhunderts änderte sich dieses Verhältnis wieder grundlegend. Nach der Mitte des 2. Jahrhunderts stieg der Anteil der Weinamphoren für rund 130 Jahre sogar auf über 50 % an. Danach, etwa ab 280, nahm ihre Zahl wieder deutlich ab und sank auf rund 20 % im 4. Jahrhundert.

Von Interesse war auch die Herkunft der einzelnen Weinamphoren, die durch ihre Form und Herstellerstempel zugleich den Ursprungsort ihres Inhalts zu erkennen gaben. Danach kam bis 280 n. Chr. der größte Teil der Amphoren bzw. des Weines aus Südgallien. Weine aus der *Tarraconensis* (Spanien) ließen sich nur während des 1. Jahrhunderts bis an die Wende zum 2. Jahrhundert nachweisen. Weine aus Italien gelangten bis um 200 n. Chr. nach Augst, während Weine aus Nordafrika erst ab dem frühen 3. Jahrhundert dort nachgewiesen werden konnten. Sie waren Luxusimporte wie die Weine aus dem östlichen Mittelmeerraum, die von frührömischer Zeit bis in die Spätantike nahezu gleichmäßig vertreten waren. Für die um 75 n. Chr. gehandelten Weine gab Plinius eine Aufstellung von rund 90 Weinen, von denen knapp 60 % italischer Herkunft waren[2].

Wenn aber in Augst im späten 3. Jahrhundert die bis dahin vorherrschenden südgallischen Weinamphoren fehlten, sieht Martin-Kilcher darin einen unmittelbaren Zusammenhang mit dem Aufschwung der Weinproduktion an Rhein und Mosel, zu dem auch das um 278 erlassene Edikt von Kaiser Probus beigetragen haben dürfte, das den Weinbau in ganz Gallien erlaubte. Da sich die Anteile der Weinimporte aber nur über die Amphoren feststellen lassen, der Mosel- und Rheinwein aber in archäologisch nur selten nachweisbaren Fässern transportiert wurde, liegt darin nach ihrer Meinung der Grund für den deutlichen Rückgang der südgallischen Weinamphoren nach dem Jahr 280. Als der südgallische Weinexport, bedingt durch die Kriegswirren in der 2. Hälfte des 3. Jahrhunderts, nicht mehr den Bedarf decken konnte, fand man an Mosel und Rhein offensichtlich eine neue Bezugsquelle. Leichtere Transportmittel (Fässer statt der schweren Amphoren) und die besseren Transportwege (Flüsse statt Straßen durch bergiges Gelände) kamen dieser neuen Bezugsquelle zugute.

Weinhändler aus dem Trevererland

Schon im 1. Jahrhundert n. Chr. hatten Kaufleute und Weinhändler in Gallien ein Netz von Handelsstationen aufgebaut. Eine bedeutsame Aufgabe innerhalb dieses Netzes kam vor allem der am Zusammenfluß von Rhône und Saône

Ehreninschrift für einen Weinhändler aus dem Trevererland aus der Zeit um 110/125 n. Chr., gefunden in Lyon.

gelegenen Provinzhauptstadt der *Gallia Lugdunensis*, Lyon (*Lugdunum*), zu. Dort ist eine einflußreiche Korporation von Weinhändlern, die »*negotiatores vinarii*«, nachgewiesen, die ihre Verkaufshallen, Lager und Stapelflächen (*canabae*) am Zusammenfluß von Saône und Rhône hatten. Dieser Vereinigung gehörten auch zwei Händler aus Trier bzw. dem Trevererland an.

Nach einer monumentalen Grabinschrift aus der Zeit um 110/125 n. Chr. hatte sich ein Treverer namens Caius Apronius Raptor, der Ratsmitglied (*decurio*) in seiner Heimatstadt, der *Civitas Treverorum*, war, in den *canabae* von Lyon als Weinhändler und Saôneschiffer niedergelassen. In der neuen Heimat kam er als Patronus dieser beiden Körperschaften rasch zu einer einflußreichen Stellung. Offenbar gelangte er in Lyon sogar zu einem solchen Ansehen, daß ihm die dort ansässigen Weinhändler ein Ehrenmal errichten ließen, von dem die Statuenbasis mit der Ehreninschrift erhalten blieb. Aus beiden Inschriften geht hervor, daß Apronius Raptor durch seine Zugehörigkeit zu den Saôneschiffern eine wichtige Zwischenrolle im Vertrieb südländischer Weine nach dem Mosel- und Rheinland spielte. Die Inschriften liefern ein aufschlußreiches Zeugnis über intensive Handelsbeziehungen zwischen Lyon und Trier, dem zum Mittelmeer ausgerichteten Rhône-Saône-Becken und dem Grenzgebiet an Mosel und Rhein. Es ist nicht auszuschließen, daß Apronius Raptor mit einem Handelsunternehmen in seiner Heimatstadt zusammenarbeitete, dem dann vermutlich ein Familienangehöriger vorstand[3].

Das Fragment eines weiteren Grabsteins aus der Zeit um 125/150 n. Chr. nennt mit Marcus Murranius Verus (?) einen zweiten treverischen

Grabsteinfragment eines Weinhändlers aus dem Trevererland aus der Zeit um 125/150 n. Chr., gefunden in Lyon.

Weinhändler, der sich an dem bedeutenden Warenumschlagplatz Lyon niedergelassen hatte. Er gehörte zwar nicht der Korporation der Saôneschiffer an, war dafür aber zugleich als Keramikhändler tätig. Drei Keramikgefäße, vermutlich einhenklige Weinkrüge, zeigt auch der obere Abschluß seines Grabsteins. Daher liegt es nahe, daß Murranius neben dem Wein auch das für den Konsum und Transport notwendige Tongeschirr vertrieb. Wegen des risikoreichen Transports hat er die Keramikprodukte aber kaum aus den Töpferwerkstätten seiner Heimat, sondern eher aus örtlichen Manufakturen in der Umgebung von Lyon bezogen. Da er nicht zur Korporation der Schiffer zählte, scheint seine gewerbliche Tätigkeit auf Lyon oder dessen näherer Umgebung beschränkt gewesen zu sein. Auch der in Lyon ansässige treverische Kaufmann Marcus Sennius Metilius versuchte, durch den Einstieg ins Transportwesen einen größeren Absatz für seine Waren zu erreichen[4].

Die Händler, die im 1. und 2. Jahrhundert die Provinzen an Mosel und Rhein mit mediterranem oder südgallischem Wein versorgten, operierten aber nicht ausschließlich von Lyon aus. Der leider nur als Bruchstück erhaltene Grabstein des Weinhändlers Marcus Valerius Lui(...) aus Bonn zeigt uns, daß die Händler auch im Gebiet ihrer Abnehmer ansässig waren[5]. In seinem Falle liegt die Vermutung nahe, daß er bevorzugt das Militär in der Grenzregion belieferte.

Transportwege und Transportmittel

Neben dem Import von Amphoren zeigen verschiedene Grabmäler auch den Transport von Holzfässern, sowohl auf dem Wasser als auch dem Landweg. Ob allerdings alle Faßtransporte, insbesondere jene auf vierrädrigen Wagen, auf eine örtliche Weinproduktion zurückzuführen

Amphorenpyramide mit zwei kleineren Weinschiffen, Bekrönung eines Grabmals aus Neumagen.

Transport von Amphoren in einem Segelschiff auf den Okeanos-Mosaik von Bad Kreuznach.

sind oder ob der Wein nicht auch aus anderen Teilen Galliens herangebracht wurde, werden wir wohl nie mit Sicherheit klären können. Dies gilt insbesondere für die Grabmalbekrönung aus Neumagen mit der Darstellung einer Amphorenpyramide (um 215 n. Chr.), die von zwei kleineren Weinschiffen flankiert wird. Die in einem Holzrahmen gestapelten und in drei Lagen aufgeschichteten kugelförmigen Amphoren sind zusätzlich mit Tonstöpseln und Pech oder Harz verschlossen sowie durch ein zopfartiges Strohgeflecht bruchsicher verpackt. Die Forschung bezog diese Darstellung auf Importe eines Weinhändlers bzw. Fuhrunternehmers und brachte die Darstellung der beiden kleineren fragmentierten Weinschiffe wiederum mit dem Export lokaler Weine in Verbindung.

Sicher nicht auf unsere Region zu beziehen ist der Transport mediterraner Amphoren in einem Segelschiff auf dem Okeanos-Mosaik von Bad Kreuznach. Es sollte eher als ein Teil des Gesamtkonzeptes betrachtet werden, das jenem Mosaik zugrundelag. Dagegen zeigen zwei Quader eines größeren, um 175 n. Chr. angefertigten Grabmals aus Neumagen auf einem offenbar getreidelten Schiff den Import von Kugelamphoren, die in der bekannten Weise mit Verschlußstöpseln versehen und mit einem Strohgeflecht bruch- und transportsicher verpackt sind. Von dem Schiff ist, mit Ausnahme der Ladung und des Mastes, von dem ein straff gespanntes Tau abgeht, nichts erhalten. Wir erkennen jedoch, daß das Schiff mit Hilfe des Seiles von einem mit Spezialschuhen ausgestatteten Mann am Flußufer und weiteren, nicht mehr erhaltenen Treidelknechten flußaufwärts gezogen wurde[6]. Dabei wurden sie von einem weiteren Mann im Vorschiff unterstützt, der das Schiff mit einem Stakholz (Holzstange mit Eisenschuh) abstößt oder zusätzlich vorantreibt.

Als Verschluß der Amphoren mag man neben den auf den Grabmälern abgebildeten Tonstöpseln auch Kork verwendet haben, dessen Import für Trier durch den Fund eines Bleietiketts nachgewiesen ist. Das Etikett gab Auskunft über die verschnürte Ware »18 Pfund Kork von Marti«. Diese entsprachen rund 5900 g und ergaben ca. 14 l Korkeiche[7]. Ob aber der Kork damals schon an Mosel und Rhein als Pfropfen für Glasflaschen oder zum Verschluß anderer Gefäße mit flüssigem Inhalt genutzt wurde[8], oder nicht doch einer der vielen anderen Verwendungsmöglichkeiten zugeführt wurde[9], läßt sich derzeit nicht entscheiden.

Bleietikett mit der Warenangabe Kork.

Transport von Kugelamphoren auf einem Schiff als Teil eines größeren Grabmals aus Neumagen.

Die in Gallien schon sehr früh gebräuchlichen Holzfässer hatten gegenüber den tönernen Vorratsbehältern aus dem Mittelmeerraum zahlreiche Vorteile. Wegen ihres geringeren Gewichtes wie des größeren Fassungsvermögens war ihnen nicht nur für den Transport und den Fernhandel der Vorzug zu geben[10], sie eigneten sich auch wesentlich besser zur Stapelung und Aufbewahrung des Weines in einem Keller. Der Gebrauch der gallischen Fässer breitete sich schon bald über Norditalien oder Südgallien bis nach Rom aus. Plinius bemerkte zu den verschiedenen Vorratsgefäßen[11]: »... *Groß ist der Unterschied (der Aufbewahrung) bei dem bereits eingebrachten Wein im Hinblick auf das Klima. Im Gebiet der Alpen bewahrt man ihn in hölzernen Gefäßen auf, umschließt diese mit Reifen ... In milderen Gegenden bewahrt man sie in Dolien (große Tongefäße) auf und gräbt diese in den Boden ein, entweder ganz oder teilweise, je nach Lage* ...«. Die Römer haben für das von ihnen übernommene Faß die Bezeichnung »*cupa*« (Kufe) gewählt. Ursprünglich bezeichnete *cupa* eine oben offene Bütte. Von *cupa* ist auch »*cuparius*« (= Küfer, Böttcher) abgeleitet. Eine Küferwerkstatt zeigt offenbar auch ein Grabmal aus Berburg im Großherzogtum Luxemburg[12]. Selbst aus Trier ist eine heute leider verschollene Grabinschrift bekannt, die einen *cuparius* nannte[13]. Sofern ihr Text korrekt überliefert ist, setzte wohl in der 2. Hälfte des 2. oder zum Beginn des 3. Jahrhunderts der *cuparius* und *saccarius Iulius Victor* seiner verstorbenen Tochter *Eugenia* einen Grabstein, bei dem später noch seine Frau *Acceptina* und sein Sohn *Florentius* beigesetzt werden sollten. Aufmerksamkeit verdient vor allem seine zweite Berufsbezeichnung »*saccarius*«, hinter der sich nicht nur ein Hersteller von Säcken sondern vermutlich auch von Leintüchern, insbesondere leinenen Filtern (*saccus vinarius*) zum Klären und Reinigen des Weines, verbergen sollte[14]. Typische Küferwerkzeuge, wie Faßzirkel, Schnitzmesser und Dächsel, sowie ein Rebmesser mit Rückenbeil enthielt auch das während der Kriegswirren um 350 n. Chr. vergrabene Werkzeugdepot von Lingenfeld (Kreis Germersheim)[15].

Weinschiff mit Darstellung des »fröhlichen« Steuermanns, Teil eines Grabmals aus Neumagen.

Bislang sind nur wenige Funde von Holzfässern an Rhein und Mosel bekannt geworden, wie etwa aus dem bereits im Jahre 74 n. Chr. aufgegebenen Kastell von Rheingönnheim (Stadt Ludwigshafen), wo sie als Brunnenverschalung eine zweite Verwendung fanden[16]. Sie wurden also – wie die Amphoren – nicht mehr an den Absender bzw. den Lieferanten des Weines zurückgeschickt. An der Mosel sind dagegen bisher nur die Reste zweier Holzfässer in der Kelter von Erden aufgefunden worden, wo auch sie von den damaligen Nutzern als Vorratsbehälter für Kalk einer neuen Verwendung zugeführt waren.

Den Transport von Holzfässern auf dem Wasserwege zeigen immerhin vier verschiedene Schiffe aus Neumagen, die ursprünglich als Grabmalbekrönung dienten. Die um 220 n. Chr. entstandenen »Weinschiffe« lassen an den Langseiten schematisch angedeutete Wellen erkennen, aus denen der Bug, ein spitz auslaufender Rammsporn herausragt. 22 Ruder dienen als Hinweis auf die Rudermannschaft im Unterdeck. Über dem umlaufenden Profil erhebt sich an Bug und Heck ein wind- und wasserabweisender Aufbau, der jeweils in einem Drachenkopf endet. Im Mittelteil markieren Gitter die Begrenzung des Oberdecks. Auf der Ladefläche sind wiederum vier große Weinfässer befestigt. Davor haben sich die Köpfe von sechs individuell ausgestatteten Passagieren oder Ruderern erhalten. Im vorde-

ren Teil sitzen vor dem ersten Faß zwei weitere Personen, die vielleicht die Kommandos geben, und im hinteren noch einmal zwei Personen, die das Steuerruder halten. Die Hälfte des Weinschiffes mit dem »fröhlichen« Steuermanns läßt

»Rückseite« des Weinschiffes mit dem fröhlichen Steuermann.

vom eigentlichen Schiff nur noch wenig erkennen, dafür zeigt sie auf dem Oberdeck aber sehr lebendige und ausdrucksvolle Gesichter der Schiffsbesatzung. Weinfässer wurden aber nicht ausschließlich auf Ruderbooten sondern bisweilen auch auf getreidelten Booten transportiert[17].

Daneben ist der Faßtransport auch auf dem Landweg dargestellt, wie auf dem unteren Relief eines in St. Maximin bei Trier gefundenen Grabmalquaders, der wohl ins 2. Jahrhundert n. Chr. datiert (vgl. S. 110). Ob hier der von einem Ochsen gezogene vierrädrige Wagen gerade das Hof- oder Kellertor verläßt oder etwa ein weiteres Weinfaß auf das Lager eines größeren Gewölbekellers bringt, ist schwer zu entscheiden. Auf der Ladefläche erkennen wir jedenfalls ein großes Daubenfaß, das durch eine starke Eisenkette gesichert ist. Ein Mann in einheimischer, wohl treverischer Tracht treibt das kräftige Zugtier mit einem zugespitzten Stock an.

Faßtransport auf kleinem vierrädrigen Wagen, wohl Teil eines Grabmals aus Neumagen.

Faßtransporte auf zweiachsigen Wagen zeigen auch zwei Grabmalreste des späten 2. oder frühen 3. Jahrhunderts aus Neumagen. Auf der Ladefläche eines zweiachsigen Wagens ist wiederum ein Weinfaß befestigt. Die einzelnen Faßreifen scheinen in diesem Falle mit einer Metallzunge verstärkt, so daß wir auf zusammengeschmiedete und genietete Eisenreifen schließen können. Vor dem Faß erkennen wir bei einem der Quader noch die Gewandreste einer stehenden Figur, vermutlich des Pferde- oder Gespannführers.

Grabmalquader mit Darstellung eines Faßtransportes auf zweiachsigem Wagen aus Neumagen.

»Neumagener Weinschiff«, gefunden 1878 in den Fundamenten des spätrömischen Kastells Neumagen.

Der Verkauf beim Händler

Der Handel mit Wein war offenbar ein ertragreiches Geschäft, insbesondere wenn man zudem auf ein Fuhrunternehmen zurückgreifen konnte. Dennoch verdienten auch die Zwischen- und Kleinhändler noch reichlich an dem begehrten Getränk, das wohl erst bei ihnen verarbeitet, verschnitten oder verbessert wurde. Im Kontor eines Weinhändlers wurden nach den erhaltenen Darstellungen die verfügbaren Weine in kleineren Fässern aufbewahrt und konnten wohl jederzeit geprobt werden. In kleineren Weingeschäften und Tavernen war der Wein vornehmlich in Amphoren und Bottichen gelagert. Hier wurde er in kleineren Mengen abgegeben. Der Käufer trat an die Verkaufstheke, in der ein Fülltrichter eingehängt war und über der an einem Balken unterschiedliche Hohlmaße in Form kleinerer Kannen hingen. Er brachte sein eigenes Gefäß mit, das dort mit der von ihm gewünschten Menge an Wein gefüllt wurde. Der Wein wurde also, wie es heute noch in südlichen Ländern üblich ist, offen gezapft und in Krügen oder Kannen dem Kunden angeboten und mitgegeben.

Das obere Relief eines Grabmalquaders aus dem 2. Jahrhundert n. Chr., der unter der ehemaligen Abteikirche von St. Maximin in Trier gefunden wurde, gibt wohl einen typischen Einblick in einen kleineren Verkaufsladen für Wein (vgl. S. 110). Auf einer hohen Theke steht ein Ständer, in dem ein Abfülltrichter eingelassen ist. Darüber hängen an der Wand oder an einem Deckenbalken sieben Henkelkrüge unterschiedlicher Größe, vermutlich die einzelnen zum Abfüllen benötigten Hohl- und Füllmaße. Vor der Theke steht ein offenes Holzfaß mit großem Schöpflöffel, daneben im Strohgeflecht, noch bruchsicher verpackt, eine kugelbauchige Amphore. Die rechte Bildhälfte zeigt drei Personen an einem Tisch, die offenbar in Geschäfte verwickelt sind. Ob dieser Weinladen, in Verbindung mit dem darunter dargestellten Weintransport, auch auf den Verkauf lokaler Weinerzeugnisse, vielleicht sogar aus eigenem Anbau hinweist, vermögen wir nicht zu beantworten. Sicherlich wurden Importweine angeboten; der dargestellte Faßtransport kann aber ebensogut als Lieferung neuer Weine verstanden werden.

Die Seitenfläche eines in Metz gefundenen Grabmalquaders aus dem 2. Jahrhundert n. Chr. zeigt im oberen Bildfeld das Umfüllen von Wein in ein kleineres Faß, das vielleicht in einer Taverne Verwendung fand. Neben einem großen Holzbottich oder Zuber, dessen Dauben von drei paarweise angeordneten Reifen zusammengehalten werden, steht ein Frau (?) mit langem Gewand, die mit einer Schöpfkelle Wein in ein kleineres Faß mit aufgesetztem Trichter füllen will. Ein neben ihr stehender Mann mit geschürztem Gewand beobachtet aufmerksam den Vorgang. Hinter dem Bottich erkennen wir noch einen zweiten Zuber, der vielleicht eine andere Weinsorte enthielt.

Das Umfüllen von Wein in ein kleineres Faß auf einem Grabmalquader aus Metz.

Ein Faßlager im Kontor eines Weinhändlers zeigt das mit Absicht abgespitzte Relief eines Grabmalquaders aus dem 2./3. Jahrhundert n. Chr., der in zweiter Verwendung in der Ruwerwasserleitung am Grüneberg zwischen Trier und Ruwer verbaut war. Ein Mann sitzt leicht nach vorne gebeugt in einem Lehnstuhl an einem tru-

henartigen Tisch, auf dem ein (Geld)Sack sowie ein Tintenfaß zu erkennen ist, und liest in einem →Diptychon. Im Hintergrund liegen auf einem von Säulen getragenen Faßlager mindestens fünf Weinfässer, die von Interessenten wohl geprobt werden konnten.

Das Faßlager im Kontor eines Weinhändlers. Umzeichnung eines abgespitzten Grabmalquaders, der in der Ruwerwasserleitung verbaut war.

Anmerkungen

1 Martin-Kilcher 1994, 473-474; 1995, 96-98.
2 Plinius, Naturalis historiae XIV, 59-76.
3 Krier 1981, 34f.
4 Krier 1981, 56.
5 Hans Lehner, Die antiken Steindenkmäler des Provinzialmuseums in Bonn (Bonn 1918) 317 Nr. 789.
6 Vgl. dazu die Rekonstruktionszeichnung bei Cüppers 1987, 114.
7 Schwinden 1985, 137.
8 Cato, De agri cultura 129.
9 Schwinden 1985, 136.
10 Vgl. S.112.
11 Plinius, Naturalis historiae XIV, 132-133: *»Magna et collecto iam vino differentia in caelo. Circa Alpes ligneis vasis condunt circulisque cingunt ... mitiores plagae doliis condunt infodiuntque terrae tota aut ad portionem situs ...«*.
12 E. Espérandieu, Recueil générale des bas reliefs, statues et bustes de la Gaule Romaine V (Paris 1913) V 4221.
13 Loeschcke 1933, 24.
14 Cüppers 1970, 143.
15 Sprater 1948, 20 und Taf. IX. – Bernhard 1997², 87.
16 Sprater 1948, 22 und Taf. XIV.
17 Vgl. den Reliefquader eines Grabmals aus Cabrières-d'Aigues bei Loeschcke 1933, 23.

»Mundschenk« auf einem Eckquader eines Grabpfeilers (um 185 n. Chr.).

S. 123 rechts oben: Fröhlicher, vom Wein berauschter Steuermann (um 220 n. Chr.).

Weingenuß – der Wein im römischen Alltag

VINUM BIBE – Trink Wein! So lautet eine der vielen Inschriften auf einem der beliebten, römischen Spruchbecher. Zahlreiche Zeugnisse aus römischer Zeit, wie die bekannten, in Stein gemeißelten Weinschiffe aus Neumagen und eine seit dem 3. Jahrhundert n. Chr. in Trier produzierte Keramikgattung erlauben, neben wenigen antiken Schriftquellen, interessante Rückschlüsse auf die Trinksitten und den Weingenuß in römischer Zeit an Mosel und Rhein. Anschaulich lassen die Trinkbecher die vielfältigen Sorgen der Konsumenten bezüglich der Qualität des eingeschenkten Weines lebendig werden, ebenso die Stimmungen und Gelüste, die beim Zecher während des Trinkens aufkommen konnten.

Der »fröhliche Steuermann« ist weithin das Symbol eines vom Wein berauschten Mannes, dem jedermann nur Sympathien entgegenbringen kann. Er war Teil des zweiten, nur zur Hälfte erhaltenen Weinschiffes, das bereits letztes Jahrhundert zusammen mit anderen Steindenkmälern im Fundament des Kastells Neumagen aufgefunden wurde. Dagegen hinterläßt sein Kollege auf dem nahezu vollständig erhaltenen Weinschiff[1] eher einen unzufriedenen Eindruck und zeigt eine Miene, die auf eine gewisse Verdrossenheit schließen läßt. Etwa deshalb, weil er nur leere Weinfässer auf seinem Schiff zurücktransportiert oder der Wein in den Fässern seines Schiffes nicht ganz seinen Qualitätsvorstellungen entsprach? Anderseits könnte er sogar so viel von seiner flüssigen Fracht probiert haben, daß ihm die Weinseligkeit und damit auch das Lachen vergangen war.

Im »fröhlichen Steuermann« hat der Bildhauer um 220 n. Chr. offenbar einen liebenswerten Zeitgenossen, einen netten Freund oder gar sich selbst in einem natürlichen Portrait verewigt. Der bärtige Mann hat seinen Kopf und sein Ohr ans Faß gelehnt, als führte er mit dessen Inhalt gerade eine angeregte Unterhaltung. Seine Gesichtszüge lassen, nicht zuletzt durch seine Pausbacken, durch die betonten, vielleicht ein Trinklied anstimmenden Lippen und die nach oben gerichteten Augen eine verschmitzte Fröhlichkeit erkennen. Setzen wir bei ihm einmal voraus, der freudige Ausdruck rühre aus einer Verkostung der in den Fässern transportierten Weine her oder aus der Vorstellung (weiterer) noch bevorstehender Gaumenfreuden.

Doch bilden solche Darstellungen eher eine Ausnahme. Dennoch geben auch andere römerzeitliche Funde manch interessanten Hinweis zum Weingenuß und den damaligen Trinkgewohnheiten an Mosel und Rhein.

Die Trinkgefäße

Mit dem Genuß des Weines lassen sich eine Vielzahl römischer Metall-, Keramik- und Glasgefäße in Verbindung bringen. Die allmähliche Ausdehnung der Rebflächen in römischer Zeit, die zweifellos aus einer verstärkten Nachfrage und einem gesteigerten Weinkonsum resultierte, erforderte natürlich entsprechende Trink- und Vorratsgefäße, die ab dem 3. Jahrhundert n. Chr. auch an Mosel und Rhein in vielfältigen Formen hergestellt wurden.

Ausgiebige Tonvorkommen hatten die Keramikherstellung in der Eifel, an der Mosel und am Rhein schon in vorrömischer Zeit begünstigt, so daß an verschiedenen Orten Tongefäße für den Eigenbedarf geformt und gebrannt worden waren. In römischer Zeit haben diese Werkstätten ihre Produkte mehr und mehr den südländischen Importen angepaßt und diese häufig auch nachgeahmt, wie etwa das unter der Bezeichnung »Terra Sigillata« bekannte, beliebte und weit verbreitete Tafelgeschirr mit einem glänzend roten Überzug.

Zu den ältesten Gefäßen, die auf heimischen Weinbau Bezug nehmen könnten, zählen jedoch →Terra nigra – Gefäße mit einfachen Traubendarstellungen. Sie waren in der Mitte des 1. Jahrhunderts n. Chr. in Trier zwei Gräbern beigege-

Vermutlich in Trier hergestellte »Terra nigra«-Gefäße mit Traubendarstellungen (Mitte 1. Jahrhundert n. Chr.)

ben worden und zeigen daher die ältesten Traubendarstellungen des Moseltals. Unter Terra nigra versteht der Archäologe eine Töpferware aus gut geschlämmtem, hellgrauem bis grauschwarzem Ton. Diese Gefäße wurden in einheimischer Technik in Anlehnung an spätkeltische oder auch in Nachahmung römischer Formen hergestellt. Sie wurden häufig mit einem weißen Überzug oder einer →Engobe versehen, der durch Zufuhr von Rauch in den Töpferöfen grau bis glänzend schwarz geschmaucht wurde. Die Schauseiten der Gefäße sind oft geglättet oder poliert und weisen vielfältige Verzierungen auf. Unsere beiden bauchigen, vermutlich in der näheren Umgebung von Trier gefertigten Töpfe zeigen unterhalb des Schulterknicks in →»Barbotinetechnik«, also mit Pinsel und Spritzhörnchen, aufgelegte Halbbögen, von denen abwechselnd stilisierte Trauben und Blätter herabhängen. Derzeit bilden sie noch Einzelstücke. Man weiß allerdings nicht, ob diese Gefäße vornehmlich für den Weinkonsum hergestellt wurden, oder ob die abgebildeten Trauben nicht eher eine dekoratives Element darstellen, wie etwa bei den in der Trierer Manufaktur produzierten »Terra Sigillata«-Schüsseln mit Reliefverzierung. Diese Keramiken zeigen zwischen Trauben und Weinblättern umherspringende Putti, die teilweise mit der Lese beschäftigt sind oder mit Trauben gefüllte Lesekörbchen tragen. Zuerst waren diese Motive von dem im 2. Drittel des 2. Jahrhunderts n. Chr. in Ostgallien arbeitenden Töpferkreis des Satto und Saturninus verwendet[2], später dann auch von den Trierer Werkstätten übernommen worden.

Seit der Mitte des 3. Jahrhunderts n. Chr. entwickelten die Trierer Töpfereien, die im Süden der antiken Stadt unweit des heutigen Pacelli-Ufers gelegen waren, eine eigene Keramikgat-

Ab der Mitte des 3. Jahrhunderts in den Trierer Töpfereien gefertigte Spruchbecher mit verschiedenen Trinksprüchen, die darauf schließen lassen, daß diese Gefäße vornehmlich Weintrinkern dienten.

tung. Durch den gestiegenen Weinkonsum in der Region entstand eine Keramikgattung, die aufgrund ihrer Aufschriften wohl ausschließlich zum Weingenuß bestimmt war und die von Fachleuten »Trierer Wein- oder Spruchbecherkeramik« benannt wurde.

Offenbar erfreute sich diese Keramik einer so großen Nachfrage und Beliebtheit, daß sie später vielleicht auch an anderen Orten des Rheinlands, wie in Köln, produziert und im Norden bis nach Britannien (Mittelengland), im Westen bis an die Kanalküste, im Süden bis in die Schweiz und im Osten bis in die römischen Donauprovinzen, ja sogar bis nach Dacien (heute Rumänien) gelangte[3].

Sicher ist es kein Zufall, daß in Südfrankreich nur zwei Einzelstücke und in Italien überhaupt keine Gefäße dieser Keramikgattung belegt sind. Der Export war vielleicht eng mit dem des einheimischen Weines verknüpft. Auch der spätestens um die Mitte des 2. Jahrhunderts in Lyon verstorbene, aus dem Trevererland stammende Marcus Muranius Verus handelte, wie aus seiner Grabinschrift hervorgeht, mit Wein und Töpferwaren[4].

Bei der Spruchbecherkeramik handelt es sich, von jüngeren, qualitativ geringeren Erzeugnissen einmal abgesehen, in der Regel um ein relativ dünnwandiges Geschirr, dessen Engobe im reduzierenden Brand des Ofens meist silbrig schwarz von metallischem Glanz bis tiefschwarz und matt ausfiel. Bisweilen erscheint die Engobe infolge eines Fehlers beim Brennvorgang auch rot- oder hellbraun.

In einem zweiten Arbeitsgang wurde den einzelnen Gefäßen in der sogenannten »Barbotinetechnik« mit Pinsel und Spritzhörnchen ein Dekor von Girlanden, Rosetten, Blüten, Trauben und Punkten aufgelegt, der beim Brand weiß ausfiel. Darauf konnten weitere Verzierungen in verschiedenen brennfähigen Farben, darunter auch Reliefs, appliziert werden, wie uns verschiedene Sonderformen zeigen, die vor allem im kultischen Bereich Verwendung fanden. Zu den häufigeren Formen der Spruchbecherkeramik zählen kleinere (Trink-) Becher, kugelbauchige Flaschen, schlanke Einhenkelkrüge und, wohl nicht zufällig, hohe Becher in Form eines stehenden Fasses. Kleinere Wülste sollen hier die einzelnen Faßreifen andeuten. Ein Teller mit einem Traubendekor auf breiterem Rand bildet dagegen bisher ein Einzelstück.

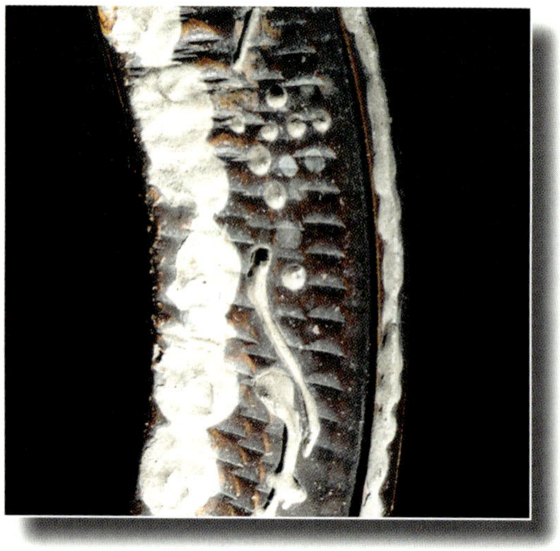

Randscherbe eines Teller mit Traubendarstellung in der Technik der Trierer Spruchbecherkeramik (1. Hälfte 4. Jahrhundert).

Die Mehrzahl der auf diese Weise verzierten Gefäße tragen unterschiedliche Aufschriften – daher auch die Bezeichnung »Spruchbecher« – die sich von ihrem Inhalt drei Gruppen zuordnen lassen.

Es sind einmal Wünsche allgemeiner Art, die auf den Gefäßen zum Ausdruck kommen, so:
ACCIPE ET VTERE FELIX (Nimm und benutze es glücklich!),
LVCRVM FAC (Mach Gewinn!),
FELIX SIS (Du sollst glücklich sein!),
VIVAS (Du sollst leben!),
VIVE und *VIVITE* (Leb[t]!),
VIVAS FELIX (Du sollst glücklich leben!),
VALE und VALETE (Bleib[t] gesund!),
SALVE (Sei gegrüßt!) oder
AVE und *AVETE* (Sei[d] gegrüßt!).

Eine weitere Gruppe nimmt Bezug auf die Liebe, so:
AMO TE (Ich liebe dich!),
AMAS ME VITA (Du liebst mich, Liebling!),
VITVLA [MEA] ([Mein] Liebchen!),
LVDE (Spiel!),
AMA ME AMICA (Liebe mich, Freundin!) oder
FVTVI HOSPITAM (Hier bekennt der Zecher in einem recht derbem Ton, daß er von der Wirtin mehr als nur Wein verlangt hatte.).

Der Wein im römischen Alltag

Die dritte und zugleich umfangreichste Gruppe bezieht sich auf den Weingenuß selbst, so:
BIBE oder *BIBITE* (Trink! bzw. Trinkt!),
BIBAMVS (Laßt uns trinken!),
BENE BIBO (Ich trinke gut!),
VINVM BIBE (Trink Wein!),
BIBE CVM POSSIS (Trink, wenn du kannst!),
EXCIPE (Nimm heraus [den Wein]!),
GAVDIAMVS (Laßt uns freuen!),
[IAM] SITIO (Ich bin [schon wieder] durstig!),
DA VINVM (Gib Wein!),
IMPLE (Schenk ein!),
REPLE [ME] (Füll [mich] nach!),
ITERVM (Wiederum = Füll nach!),
MITTE MI VINVM (Schick mir Wein!),
IMPLE ME COPO VINI (Fülle mich, Wirt, mit Wein!),
REPLE ME COPO MERO (Füll mir unvermischten Wein nach, Wirt!),
REPLE ME COPO CONDITI (Fülle mich wieder, Wirt, mit Würzwein!),
DA CALDAM (Gib Glühwein!),
MISCE [COPO] (Mische, [Wirt]!),
REMISCE ME (Mische [mir] nochmal!),
MISCE FELIX BIBAMVS VINVM (Mische gut, wir wollen Wein [kein Wasser] trinken!),
PARCE AQVAM ADIC MERVM (Spare Wasser und gib reinen Wein hinzu!),
PARCE PICATVM DA MERVM (Spare den gewürzten, gib reinen Wein!),
DA MERVM (Gib reinen Wein!),
IVVAT [ME] (Es erfreut mich [das Trinken]!),
LAVTE (Köstlich!),
AVOCO TE oder *ME* (Halte dich [mich] fern!),
VINCO TE (Ich besiege dich!),
VINCIS (Du siegst!),
PETE VINVM (Hol Wein!),
PETE ME (Hol mich! [den Becher, damit er gefüllt wird]),
TENE ME (Halt mich!),
SVME (Nimm mich!),
FER ME (Trag mich!),
VINVM TOLLE (Erheb den Wein!),
FRVI ME (Genieß mich!),
FRVERE ME (Genießt mich!),
VITAM FRVI (Genießt das Leben [das Liebchen]!),
EME ME ET FER DOMV INPLE (Kauf mich und trag mich voll nach Hause!) oder
BENE TIBI SIT (Wohl bekomm's!).

Daneben lesen wir auf einzelnen Bechern auch kurze griechische Zurufe, die jedoch in lateinischer Schrift wiedergegeben sind, wie:
CALO (Schön! oder Prost!),
DOS (Gib!), *LABE* (Nimm!),
PIE (Trink!),
ZESES (Du sollst leben!) oder
PIE ZESES (Trink, Du sollst leben!).

Sie zeigen, daß Trier mit der Verlegung der Kaiserresidenz im ausgehenden 3. Jahrhundert n. Chr. eine Weltstadt geworden war, in der sich auch Verwaltungsbeamte aus dem Griechisch sprechenden Ostteil des Römischen Imperiums niedergelassen und ebenfalls Geschmack am hiesigen Wein gefunden hatten.

Die einzelnen auf den Bechern überlieferten Trinksprüche lassen also nicht nur die vielfältigen Sorgen der Trinkenden bezüglich der Qualität des ihnen eingeschenkten Weines erkennen, sondern spiegeln zudem die unterschiedlichsten Wirkungen und Stimmungen wider, die beim Zecher während des Trinkens aufkommen konnten. Beliebt war die Trierer Spruchbecherkeramik außerdem als Grabbeigabe. Sie erfreute also nicht nur die Lebenden beim »geselligen Treiben«, sondern sollte auch die Toten weiterhin an den Freuden des Weingenusses teilhaben lassen.

Im Laufe des 4. Jahrhunderts n. Chr. nahm jedoch der Formenreichtum dieser Trinkbecher ab, reduzierte sich auf wenige Typen und wurde schließlich mehr und mehr durch andere Keramikgattungen oder Glasgefäße verdrängt, aus denen der Wein offensichtlich besser mundete. Möglicherweise führte auch der durch die →Usurpation des Magnentius (350-353) hervorgerufene Bürgerkrieg nach 353 n. Chr. zu einer weitgehenden Zerstörung der Trierer Töpfereien und damit zum abrupten Ende der Spruchbecherproduktion. Gegen Ende des 4. Jahrhunderts ist diese Keramikgattung, obwohl der antike Weinbau an der Mosel damals seinen ersten Höhepunkt erreichte, nahezu vollständig aus dem Gebrauch verschwunden.
Verwandt mit der Spruchbecherkeramik ist die späte »Terra nigra«, die nach einer längeren Unterbrechung seit dem Ende des 3. Jahrhun-

derts n. Chr. wieder in Trier hergestellt wurde. Durch verschiedene Faßformen, ähnlich denen der Spruchbecher, kann man sicher auf den bevorzugten Inhalt einzelner Gefäße schließen. Daß sich diese Ware gegenüber der dekorativeren Spruchbecherkeramik allmählich durchsetzen konnte, mag daran gelegen haben, daß die Gefäße in der Schmauchtechnik preiswerter hergestellt werden konnten.

In den Trierer Töpfereien ab dem späten 3. Jahrhundert produzierte »Terra nigra«-Becher in Faßform im Vergleich mit einem zeitgleichen Spruchbecher.

Eine Besonderheit unter den »Terra nigra«-Gefäßen bildet ein vermutlich im 4. Jahrhundert n. Chr. hergestellter kolbenförmiger Stechheber (L. 14 cm), der wohl weniger im Keller als bei Tisch zum Füllen kleinerer Trinkbecher aus größeren Eimern oder Mischgefäßen genutzt wurde. Sicherlich gab es diese Geräte in vielen verschiedenen Ausführungen, da sowohl bei der Kontrolle und Pflege des gärenden oder vergorenen Weines als auch beim Verkauf aus den Vorratsbehältern immer wieder Proben genommen werden mußten.

Kolbenförmiger Stechheber aus »Terra nigra« (4. Jahrhundert).

Eine Szene, auf der eine solche Weinprobe dargestellt ist, läßt ein Tonmodel des 4. Jahrhunderts aus der Trierer Töpferei erkennen. Ein relativ leichtes, mit zwei Holzfässern beladenes Boot wird von einem am Bug stehenden Mann mit einer Stakstange vorwärtsgetrieben. Am Bootsende sitzt ein weiterer Mann, der mit seiner angewinkelten Linken das Steuerruder führt. Dazwischen erkennen wir zwei Fässer, deren Reifen teilweise über die Bordkanten des kleinen Schiffes hinausreichen. In der Mitte des erhaltenen Bildfeldes beugt sich von der Seite ein dritter Mann über eines der Fässer und nimmt am Spundloch mit einem leicht gekrümmten Stechheber oder Saugrohr eine Probe.

Tonmodel mit der Darstellung eines Faßtransportes und der Entnahme einer Probe (4. Jahrhundert).

Da nun aber die Notwendigkeit einer Probeentnahme während eines Transportes nicht unbedingt erforderlich ist, stellt sich die Frage, ob der Töpfer mit seiner Darstellung nicht eine menschliche Schwäche offenbaren wollte, die man auch unserem »fröhlichen Steuermann« nachsagt. Bei Weintransporten auf dem Wasserwege war vermutlich die Versuchung relativ groß, den einzelnen Fässern hin und wieder zuzusprechen und die entnommene Menge mit Wasser nachzufüllen. Was bei der damaligen Wasserqualität der Flüsse kein größeres Problem gewesen wäre.

In den Trierer Töpfereien wurde im 4. Jahrhundert n. Chr. noch eine weitere bemerkenswerte Sonderform hergestellt, die gleichfalls mit dem Weingenuß in Verbindung gebracht werden muß. Es handelt sich um einen Doppelhenkelkrug mit stöpselartiger Mündung über einem Gefäßkörper, der sich als ein querliegendes Faß zu erkennen gibt. Der rote Ton zeigt einen weißen Überzug, auf dem im Tupfverfahren unregelmäßige rotbraune Pinselstriche aufgetragen sind. Das außergewöhnliche Gefäß zählt zur Gruppe der »geflammten Ware«, die außer in Trier noch in den Speicherer und Kardener Töpfereien bis in die 2. Hälfte des 4. Jahrhunderts gefertigt wurde und ausschließlich Trinkgeschirr, wie doppelhenkelige Tassen auf hohem Standfuß, kugelbauchige oder birnenförmige Einhenkelkrüge und bauchige Kannen mit eingekniffener Schnauze, umfaßte.

In Trier hergestellter Faßkrug (4. Jahrhundert).

Bevorzugtes Geschirr beim Weingenuß waren aber spätestens seit dem 4. Jahrhundert Gefäße aus Glas, die zweifellos zu einer Verfeinerung des Geschmacks, vielleicht auch der Trinksitten beigetragen haben. Mit dem zunehmenden Bedarf sind solche Gläser auch in den Trierer Glasmanufakturen im Süden der antiken Stadt hergestellt worden und haben die bis dahin dominierende Trierer Spruchbecherkeramik allmählich verdrängt.

Traubenförmige Gläser aus Trier (2./3. und 4. Jahrhundert).

Gläser sind uns in vielfältigen Formen vor allem als Beigaben in spätrömischen Gräbern erhalten geblieben. Die einzelnen Glasformen nehmen unmittelbaren Bezug auf ihren ursprünglichen Inhalt oder geben eindeutige Hinweise darauf. In die Zeit des 2./3. Jahrhunderts n. Chr. datiert ein amphorenförmiges Gefäß aus flaschengrünem Glas, dessen Körper einer nach unten sich verjüngenden Weintraube entspricht und dessen einzelne Trauben sich als kleine Buckel abheben. Bereits dem 4. Jahrhundert gehört dagegen ein nur in Bruchstücken erhaltenes Traubengefäß mit abgeflachtem Boden an. Offensichtlich wies es keine Henkel auf. Beide Gläser sind aus einer zweiteiligen, aufklappbaren Form geblasen.

Faßförmige Krüge und Flaschen aus Glas (4. Jahrhundert).

Während des 4. Jahrhunderts wurden in der Region um die römische Residenzstadt in größerer Zahl auch faßförmige Ein- und Doppelhenkelkrüge hergestellt, die recht unterschiedliche Größe aufweisen können. Auch sie gehören zur Gruppe der formgeblasenen Gläser, wobei lediglich Hals, Mündung und Henkel frei gegossen sind. Der zylindrische Körper hat die Form eines Fasses, das beiderseits von der Mitte in der Regel von vier Reifen umzogen ist. Einige größere Gefäße zeigen auf der Bodenfläche in erhabenen Buchstaben die Herstellermarke FRON(tinus). Ein Faß diente wohl auch einem doppelkonischen Glasgefäß mit Standring und dünnen Fadenauflagen, die wohl die einzelnen Faßreifen andeuten sollten, als Vorbild. Das relativ dünnwandige, hellgrüne Glas wurde zu Beginn des 4. Jahrhunderts n. Chr. hergestellt.

Ein für diese Landschaft außergewöhnliches Trinkgefäß bildet ein Trinkhorn mit aufgelegtem Gittermuster und zwei Ösen zur Befestigung einer Aufhängeschnur. Die spitz auslaufende Mündung wird durch umlaufende Glasfäden betont. Das Trinkhorn gehörte zu den Beigaben einer reichen Sarkophagbestattung aus dem 1. Drittel des 4. Jahrhunderts. Zu den Beigaben zählten auch drei kugelbauchige Trichterhalsflaschen, die mit verschiedenen halbkugeligen und konischen Bechern zu den verbreitetsten Trinkgefäßen jener Zeit zählen. Sie wurden im 4. Jahrhundert nicht nur in Trier in großen Mengen hergestellt. Ein →Satyr mit einem vergleichbaren Trinkhorn oder →Rhyton ist auch auf einem Pila-

Trinkhorn mit aufgelegtem Gittermuster und zwei Ösen zur Befestigung einer Aufhängeschnur aus Glas (1. Drittel 4. Jahrhundert).

Trinkender Satyr auf einem Pilaster eines Grabpfeilers aus Neumagen.

Randscherbe eines Goldglases aus Mehring mit Traubendarstellung (1. Hälfte 4. Jahrhundert).

ster eines um 185 n. Chr. errichteten Grabpfeilers aus Neumagen dargestellt.

Außergewöhnlich ist auch das Mehringer Goldglas aus der 1. Hälfte des 4. Jahrhunderts. Ein flacher Teller aus blauem Glas mit einem aus einer dünnen Goldfolie aufgelegten Dekor – Ranken oder Reben mit Trauben und Blättern. Hier diente die Darstellung offensichtlich nur als eine attraktive Verzierung des wertvollen Glases.

Die Zubereitung des Weines

Mehrere Grabmäler des Trierer Landes zeigen verschiedene Gastmahlszenen des 2. und 3. Jahrhunderts n. Chr. Die Männer sind in der Regel auf der →Kline liegend, die Frauen auf Stühlen oder Sesseln sitzend dargestellt. Besondere Aufmerksamkeit verdient hier das Gastmahlrelief der Igeler Säule, eines Grabpfeilers einer reichen Tuchhändlerfamilie aus der Zeit um 220 n. Chr. Hier interessiert uns aber weniger das Gastmahl, bei dem die Brüder Aventinus und Securus ihre Trinkbecher ihren Frauen reichen, sondern der auf der linken Seite durch eine toskanische Säule abgeteilte Nebenraum, welcher offenbar als Vorrats- oder Anrichteraum mit einem Serviertisch an der linken Reliefseite ausgestattet ist. Die runde Tischplatte ruht auf einer mächtigen Stütze in Gestalt eines Löwen mit Kopf, Bein und Prankenfuß. In dieser Szene lassen sich eine große Anzahl der damals gebräuchlichen Gefäße nachweisen. Auf dem Tisch erkennen wir zwei Henkelkannen, ein hochovales becherförmiges Mischgefäß sowie ein Weinsieb und ein Schöpfgefäß (Kelle). Unter der Tischplatte steht wiederum eine größere prismatische Kanne aus Glas (?) sowie eine elegante Metallkanne mit hochgeschwungenem Henkel. Ein Diener tritt mit einer über die Schulter geschlagenen Serviette an den Tisch, um ein kleineres, in seiner Linken gehaltenes Gefäß mit einer Kanne nachzufüllen. Eine zweiter, unmittelbar rechts daneben stehender Diener füllt oder mischt ebenfalls Wein in ein weiteres Gefäß.

Eine ähnliche Gefäßanordnung zeigt auch der Tisch auf dem Eckquader eines um 185 n. Chr. entstandenen Grabpfeilers aus Neumagen mit der Darstellung des sog. »Mundschenks« (vgl.

Zeichnerisch ergänztes Familienmahl auf der Südseite der Igeler Säule (um 250 n. Chr.), nach E. Zahn/L. Dahm.

Serviertisch mit Dienern, Ausschnitt aus dem an der Kopie der Igeler Säule farbig rekonstruierten Familienmahl.

S. 122). Wiederum erkennen wir einen runden Tisch, der auf einer mächtigen, in einem Löwenkopf auslaufenden Stütze ruht. Auf der Tischplatte selbst stehen verschiedene Metallgefäße, ein →Kantharos mit feingliedrigen →Volutenhenkeln, eine Kanne und eine Schöpfkelle. Der neben dem Tisch stehende, bärtige Mann in einem langarmigen, mantelartigen Übergewand, der allgemein als »Mundschenk« gedeutet wird, könnte aber ebenso der seine Gäste bewirtende Hausherr selbst sein. Er hält in seiner Linken einen leeren zylindrischen Becher, den er offenbar wieder füllen möchte.

Von besonderer Bedeutung waren bei der Zubereitung des Weines Kelle und Sieb, die in römischer Zeit einen zusammengehörigen Gefäßsatz bildeten, der sich meist schon an der gleichmäßigen Form des Gefäßkörpers wie des bandförmigen Griffes zu erkennen gibt. Das Sieb ist im Durchmesser wenig kleiner und paßt somit – was beabsichtigt ist – in die Schöpfkelle. In der Bodenplatte des abgebildeten Siebes (vgl. S. 134/135) sind zahlreiche kleine Löcher in Form einer großen Blattrosette um ein Hakenkreuz angebracht. Sie finden Fortsetzung in einem mäanderförmigen Dekor auf der Gefäßwand.

Benötigt wurden Kelle und Sieb vornehmlich zum Abschöpfen der Kräuter, mit denen der Wein zuvor in größeren Mischgefäßen, teilweise auch in Eimern oder Dolien, gewürzt worden war. Geschöpft und gesiebt wurde nahezu gleichzeitig, indem das Sieb mit den auszuscheidenden Kräutern vorsichtig aus der Kelle herausgehoben wurde, so daß die Gewürze vom Sieb aufgefangen und in der Kelle danach ein nahezu klarer Wein zurückblieb. Bisweilen mag man mit Hilfe von Kelle und Sieb beim Most oder bei jüngeren Weinen auch jene Rückstände (Stengel, Haut der Trauben) aufgefangen haben, die sich beim Gärprozeß noch nicht abgesetzt hatten.

Die abgebildeten Gefäße waren Teil eines größeren Depots von mindestens 17 Bronzegefäßen, das im Jahre 1927 im Pinnertal beim Brauneberger Ortsteil Filzen entdeckt wurde. Vermutlich wurden die Gegenstände in der durch Bürgerkriege geprägten Zeit nach der Usurpation

Römisches Bronzesieb aus Dienstweiler (Kreis Birkenfeld) mit Palmetten und verschiedenen Mäandern.

des Magnentius (350-353) um 353 von seinem Besitzer dort versteckt [5]. Zu dem Depot zählten zwei Paare von Kelle und Sieb, zwei weitere Siebe sowie mehrere Kessel, Teller und Schalen. Die Gefäße lagen zusammen in einem größeren Bronzekessel von 75 cm Durchmesser, der wiederum auf einem eisernen Rost stand. Aufgrund seines Fundortes am Rande von seit Jahrhunderten genutzten Rebflächen, liegt es nahe, die Seihgeräte mit der Weinbereitung in Verbindung zu bringen. Die Kochgefäße mit dem Rost erinnern an das vielerorts praktizierte Einkochen (Eindicken) des Mostes, das u. a. von Columella ausführlich beschrieben wird[6]. Nicht unerwähnt bleiben sollte, daß nur 1,5 km nordwestlich unserer Fundstelle bei Erdarbeiten im Jahre 1935 eine ungewöhnliche Beckenanlage teilweise freigelegt werden konnte, die durchaus mit römischen Kelteranlagen vergleichbar ist[7].

Bemerkenswert ist in diesem Zusammenhang auch eine unmittelbar westlich der Kellerräume von Piesport entdeckte Bleiplombe aus dem späten 4. Jahrhundert, die nach Schrift und Form vermutlich aus Nordafrika stammte und vielleicht einen Hinweis auf aus dieser Region importierte Gewürze gibt, die in den Kellerräumen dem Most oder Wein zugesetzt wurden. Beachtung verdienen dort auch einige neben den Preßbecken unweit einer Feuerstelle aufgefundene Mohnsamen, deren Fruchtkapseln nach Plinius[8] und Dioskurides[9] in Wein gekocht wurden, damit jener eine stärkere einschläfernde Wirkung bekam. Nicht unerwähnt bleiben darf in diesem Zusammenhang der geschilderte Fund von rund 4840 verkohlten Hanfkörnern (*Cannabis sativa*) in Raum 3 der Kelter von Erden, dem bisher größten bekannten Fund dieser Art aus der Römerzeit. Allerdings läßt sich nicht mehr klären, ob die ausgereiften Früchte als zurück-

Spätrömische Bleiplombe aus Piesport (Ende 4. Jahrhundert).

Verkohlte römerzeitliche Hanffrüchte aus der Kelter von Erden.

Kelle und Sieb aus dem Bronzehortfund von Brauneberg-Filzen (1. Hälfte 4. Jahrhundert).

26.117

behaltenes Saatgut einer Öl- oder Faserproduktion dienen oder gar als Rauschmittel Verwendung finden sollten. Nach Quellen des 2. Jahrhunderts n. Chr. scheinen chinesische Ärzte abgekochte Fruchthüllen von Hanf mit Wein vermischt zu haben, um das Getränk Patienten zu reichen, die operiert werden sollten[10].
Wie wir u. a. von Cicero und Horaz[11] sowie aus verschiedenen Amphorenaufschriften wissen, schätzte man in der Antike auch vollreife, ausgegorene Weine, die mitunter mehrere Jahre gelagert wurden, um sie danach teurer verkaufen zu können[12]. Doch führte diese Wertsteigerung dazu, daß man die Weine immer häufiger manipulierte, indem man ihnen durch Kochen oder Räuchern, durch Verschnitt und den Zusatz von Gewürzen den Geschmack eines älteren Weines zu verleihen versuchte. Mindestens vier der zehn an Rhein und Mosel nachgewiesenen Kelteranlagen erhielten nachträglich, meist in der 2. Hälfte des 4. Jahrhunderts, ein Fumarium, also eine Einrichtung, mit der der Wein geräuchert und schneller gealtert werden konnte[13].

Eventuelle Mängel des Weines wurden, wie ebenfalls überliefert ist, dem Käufer auch durch mancherlei Tricks, etwa durch einen Imbiß mit Käse, Brot und Nüssen verborgen. Daneben wurde auch versucht, bei Amphoren durch Staub oder Aufschriften früherer bekannter Consuln ein höheres Alter des Inhalts vorzutäuschen. Zwar gelangten auch geräucherte Weine, etwa aus Massilia (Marseille), zu gewissem Ansehen, bis ein Weinhändler namens Munna den Vertrieb übernahm, den Martial (ca. 40-103) heftig kritisierte[14]: *»Alles, was die Hügel von Marseille an geräucherten und alten Weinen umschließen, das schickst du uns, Munna! Deinen unglückseligen Freunden sendest Du das Zeug über die Meere und oft nicht enden wollenden Wegen, dieses scheußliche Gift, und zu solchen Wucherpreisen, daß ihnen die heimischen Gewächse von Setia oder der Falerner billiger kämen. Wenn schon lange Du Rom mit Deinem Besuche nicht beehrt hast, so ist es der Fluch und die Furcht, dort Deinen eigenen Wein trinken zu müssen.«*

Während Horaz dem Verschnitt von Weinen durchaus noch etwas Positives abgewinnen kann[15], scheint das Verschneiden in späterer Zeit in eine böse Panscherei ausgeartet zu sein, was wiederum Martial, an einen Schankwirt gerichtet, witzig aufs Korn nimmt[16]:

»Wie kannst Du nur so edlen Trank
Mit minderwertigem Gesöff verschneiden?
Wofür verdient der schlechte Wein den Dank?
Und warum muß der gute Wein so leiden?
An uns nicht, nein, am Wein ist's Missetat,
Durch solche Panscherei ihn zu verderben.
Um Deine Gäste wär's vielleicht nicht schad,
Doch dieser Wein hat nicht verdient, zu sterben.«

Plinius kritisiert dagegen die Beimengung von Gewürzen und schreibt[17]: *»es ist schon soweit gekommen, daß die bloßen Namen aus den Kellern verkauft werden«* und auch die zahlungsfähigsten Leute keinen reinen Wein mehr genießen können. Dennoch scheint der gewürzte Wein an Rhein und Mosel beliebt gewesen zu sein. Dafür sprechen nicht nur die aufgefundenen Schöpfkellen und Weinsiebe, sondern auch einzelne Spruchbecher mit der Aufschrift:

REPLE ME COPO CONDITI (Fülle mich wieder, Wirt, mit Würzwein!).

Dagegen lehnt ein anderer den gewürzten Wein mit Nachdruck ab:

PARCE PICATVM DA MERVM (Spare den gewürzten, gib reinen Wein!).

Ein weiterer Spruchbecher läßt erkennen, daß der Wein bisweilen auch erhitzt getrunken wurde:

DA CALDAM (Gib Glühwein!).

Verbreitet war auch eine Verdünnung oder Streckung des Weines mit Wasser, worauf auch mehrere Trierer Spruchbecher mit aller Deutlichkeit Bezug nehmen:

DA MERVM (Gib reinen Wein!),

PARCE AQVAM ADIC MERVM (Spare Wasser und gib reinen Wein hinzu!),

REPLE ME COPO MERO (Füll mir unvermischten Wein nach, Wirt!) oder

MISCE FELIX BIBAMVS VINVM (Mische gut, wir wollen Wein [kein Wasser] trinken!).

Diese Vorwürfe richten sich primär an die Schankwirte, denen auch andernorts eine Weinverlängerung nachgesagt wurde. Petron behauptete sogar[18]: *»nascuntur in aquario copones«* = *»die Schankwirte sind im Sternzeichen des Wassermanns geboren«*.

Trierer Weinkrug mit der abgerollten Aufschrift PARCE AQVAM ADIC MERVM (Spare Wasser und gib reinen Wein hinzu!).

Anmerkungen

1 Vgl. S. 118/119.
2 Gilles, 1990, 170ff.
3 Künzl, 1997, 107f.
4 Krier, 1981, 54ff.
5 Gilles 1992^{2}, 306ff.
6 Columella, De re rustica XII, 19, 1-6. – Vgl. S. 95.
7 Vgl. S. 205f.
8 Plinius, Naturalis historiae, 204.
9 Dioskurides, Materia medica VI, 63, 2.
10 König 1994, 44, 47f.
11 Horaz (65-8 v. Chr.) bevorzugte die alten abgelagerten Weine (vgl. Oden III, 14):
Knabe, geh, bring Salben herbei und Kränze
Einen Krug auch, der noch den Marsenkrieg sah (=90-87 v. Chr.)
Falls ein Faß bei Spartakus' wildem Streifzug (=73-72 v. Chr.)
Glücklich davonkam.
12 Columella, De re rustica XII, 28, 30.
13 Vgl. S. 93f.
14 Martial, Epigrammaton X, 36.
15 Horaz, Satiren I, 10, 23.
16 Martial, Epigrammaton I,18.
17 Plinius, Naturalis historiae XXIII, 33.
18 Petron, Satyrion XXXIX, 33.

Sucellus, der gallo-römische Schutzgott der Moselwinzer und Küfer mit Schlegel, Traube und Fässern, gefunden 1976 in einer römischen Villa bei Kinheim (Kreis Bernkastel-Wittlich).

S. 139 rechts oben: Terrakottenbüste eines jugendlichen Bacchus aus Tawern (Kreis Trier-Saarburg).

Weinmythologie

Zahlreiche Mythen ranken sich um den griechisch-römischen Weingott Dionysos-Bacchus. Sein Kult mit den viel gerühmten und berauschenden Feierlichkeiten war bis in die Spätantike an Mosel und Rhein verbreitet. War Bacchus aber eher der Schutzgott der Weingenießer, also der Konsumenten, wurde dagegen sein keltisches Pedant, der gallo-römische Sucellus, an Rhein und Mosel wohl nur von den einheimischen Winzern, den Produzenten, verehrt. Seine Attribute, Schlegel, Fässer und Traube, zeichnen ihn eindeutig als Schuttgott der Winzer und Küfer aus.

Der Wein wurde erst relativ spät in die griechische Mythologie einbezogen. Auch im Opferritual war er lange Zeit fremd, da vor allem die Gesundheit erhaltende Getränke und Speisen, wie Milch und Honig, als wohlgefällige Opfer an die Götter angesehen wurden. Der kultivierte Wein galt als Schöpfung oder Geschenk des Dionysos (oder auch *Bakchos*, lateinisch: *Bacchus*). Daher ist Dionysos-Bacchus in der abendländischen Kunst und Literatur unendlich oft verherrlicht worden. Er bleibt allerdings eine der eigenartigsten Göttergestalten, dessen ursprüngliches Wesen nur schwer faßbar ist und in zahlreichen Mythen seinen Niederschlag gefunden hat. Ebenso ist die Herkunft, der Weg und die Ausbreitung seines Kultes trotz des vorliegenden archäologischen Materials wie der Schriftquellen immer noch umstritten.

Bacchus und seine Begleiter

Der Sage nach war Dionysos-Bacchus ein Sohn von Göttervater Zeus und der thebanischen Königstochter Semele. Durch eine List der eifersüchtigen Hera wurde Semele aber Opfer eines von Zeus ausgesandten Blitzes. Dennoch gelang es Zeus, den noch ungeborenen Dionysos aus der Asche seiner Mutter zu retten und in seiner Lende auszutragen. Danach wurde er zunächst von einer Amme und schließlich von den Nymphen von Nysa aufgezogen. Sein Kult verbreitete sich sehr schnell von Thrakien aus und gewann rasch an Bedeutung. Grausam soll er alle verfolgt haben, die seinen Kult nicht zulassen und seine Macht nicht anerkennen wollten. Daneben stehen auch Mythen von der friedlichen Ausbreitung seines Kultes. Auf der Insel Naxos liierte er sich mit der von Theseus verlassenen Ariadne und zeugte mit ihr vier Kinder.

Während die olympischen Götter mit vornehmer Distanz über die Menschen regierten, kam Dionysos selbst zur Erde und zwang alle Menschen in seinen Dienst. Dabei begleiteten ihn halbgöttliche wie halbtierische Wesen, darunter Nymphen, Satyrn und →Silenen. Bei seinen nächtlichen Kultfeiern schlossen sich seiner Versammlung auch Frauen an, die den Thyrsos, einen mit Weinlaub umwundenen Stab, schwangen und Fackeln trugen (→Mänaden, Bacchen und Thyiaden). Dabei gerieten sie in Ekstase und wurden von göttlicher Raserei ergriffen, tanzten wirbelnd durch die Wälder und waren sich der Erscheinung des Gottes gewiß, wenn sie Milch, Honig und Wein aus dem Boden quellen sahen. In höchster Verzückung ergriffen sie dann Tiere, die sie zerrissen und roh verschlangen.

Später wurde der Kult des alle Grenzen sprengenden Gottes, der fast barbarisch anmutet, dem griechischen Wesen angepaßt und in geordnetere Bahnen gelenkt, indem Dionysos sogar neben Apollon in den heiligen Bezirk von Delphi aufgenommen wurde. Auch in den Augen des römischen Senats hatten die mit dem Bacchuskult einhergehenden Festlichkeiten im 2. Jahrhundert v. Chr. ein solches Übermaß an Enthemmungen und Ausschweifungen erreicht, daß die »Bacchanalien« zunächst ganz verboten und später wieder eingeschränkt zugelassen wurden. Der Bacchuskult überlebte auch an Rhein und Mosel, vor allem in den größeren Ansiedlungen und Städten bis in die Spätantike.

Ebenso machte sich in der Darstellung des Götterbildes ein deutlicher Wandel bemerkbar. Zeigte man Bacchus ursprünglich als einen älteren würdigen Mann mit Bart im langen Gewand, trat an dessen Stelle seit dem 4. Jahrhundert v. Chr. immer häufiger das Bild eines schönen jugendlichen Gottes.

Zunächst verehrte man Dionysos-Bacchus als Vegetationsgott, als Spender der Fruchtbarkeit und Beschützer der Baumzucht. Später opferte man ihm vor allem als Gott des Weinbaus und des Weines. In Rom wurde er vermutlich schon im 6. Jahrhundert v. Chr. mit dem italischen *Liber Pater* gleichgesetzt. *Liber Pater* bildete mit *Libera* ein Götterpaar, das man vor allem zur Förderung der pflanzlichen und tierischen wie auch der menschlichen Fruchtbarkeit huldigte. Daher galt *Liber Pater* auch als Gott der Rebe wie des Weines. An Rhein und Mosel war er weniger bekannt. Dennoch kennen wir einen Altar mit Weiheinschrift, der ihm von einem *Publius Urvinius* wohl im 2. Jahrhundert n. Chr. bei Mainz-Weisenau errichtet wurde[1].

Die Vermittlung des Weines und später auch der Rebe brachten den gallischen Provinzen eine Bereicherung ihrer Götterwelt wie auch ihrer

Religionsvorstellungen. Diese beruhten auf zwei Wurzeln – einer griechischen, von der um 600 v. Chr. gegründeten Kolonie Massilia (Marseille) ausgehenden, und einer wesentlich jüngeren italisch-römischen – die nach der Eroberung Galliens durch die Römer von der neuen Verwaltung und dem Militär beeinflußt war. An Mosel und Rhein haben sich daher zahlreiche archäologische Zeugnisse erhalten, die vor allem auf Bacchus und seine verschiedenen Begleiter Bezug nehmen. An dieser Stelle können aber nur einige wenige dieser Denkmäler exemplarisch besprochen und vorgestellt werden.

Bronzestatuette eines Bacchus von der Biederburg bei Oberöfflingen (Kreis Daun).

Einen jugendlichen Bacchus mit einem schräg über die Brust gelegten Tierfell zeigt eine 15,5 cm hohe Terrakottenbüste (vgl. S. 139) aus dem gallo-römischen *Vicus* (dorfartige Ansiedlung) von Tawern (Kreis Trier-Saarburg)[2]. Auf seinem Kopf trägt er einen typischen Efeukranz mit Trauben sowie über der Stirn eine Binde. Die als Opfergabe verwendete Tonbüste weist in ihrer Darstellung größere Ähnlichkeiten mit einer bisher unveröffentlichen Bronzestatuette von der Biederburg bei Oberöfflingen (Kreis Daun) auf. Hier trägt der jugendliche und weitgehend nackte Bacchus (Höhe 12,2 cm), wiederum schräg über die Schulter gelegt, ein ähnliches, wenig breiteres Tierfell. Sein Kopf und seine Haare sind mit einem Blätterkranz geschmückt, der an den Seiten kappenartig absteht und über der Stirn in einem knaufartigen Haarknoten mündet. Über beide Ohren hängt jeweils eine kräftige Traube herab. In seiner gesenkten Rechten hielt er vermutlich einen Kantharos, einen Trinkbecher mit hochgezogenem Schlaufenhenkel, oder eine Traube. In der angewinkelten, abgebrochenen Linken vielleicht einen →Thyrsosstab, so wie beim Bacchusrelief

Toskanische Säule mit Bacchusrelief aus Tholey (Kreis St. Wendel).

einer toskanischen Säule aus Tholey (Kreis St. Wendel). Diese, vermutlich als Stütze einer Tischplatte dienende Säule, zeigt auf einer leicht abgeflachten Seite einen nackten jugendlichen Bacchus. Sein Kopf ist nach links geneigt, sein gescheiteltes Haar in welligen Strähnen zur Seite gekämmt. In der gesenkten Rechten hält er eine dicke Traube, mit der angewinkelten Linken einen szepterartigen Stab[3]. Während dieser Tisch, der vielleicht einmal einen Weinkeller zierte, wie auch die zuvor beschriebenen Objekte Hinterlassenschaften einer privaten Bacchusverehrung bilden, stand die bekannte Säulentrommel aus Speyer mit der Darstellung einer kultischen Weinlese eher im Zusammenhang mit einem örtlichen Bacchuskult. Sie gehörte wahrscheinlich zum Schaft einer Jupitersäule, die auf dem Marktplatz des antiken Speyer (Noviomagus) errichtet worden war[4].

Bacchus in zweirädrigem Wagen mit Tigergespann auf einem Mosaik aus der Walramsneustraße in Trier.

Die verschiedenen Mosaikteppiche nehmen dagegen auf die zahlreichen Mythen des Dionysos-Bacchus Bezug. Als Triumphierender ist Bacchus auf einem Mosaik aus der Walramsneustraße in Trier dargestellt[5]. Er erobert in einem Siegeszug die Länder des Mittelmeeres und beherrscht auch die einzelnen Jahreszeiten. Er steht, geschmückt mit dem bekannten Früchtekranz auf dem Kopf, mit Efeuszepter in der Rechten und Kantharos in der Linken, auf einem zweirädrigen Wagen, einer Biga, die von zwei Tigern gezogen wird. Auch hier wird die Macht der Gottheit, im übertragenden Sinne wohl auch des Weines, verdeutlicht, der selbst die wildesten Tiere seiner Herrschaft unterwirft und bändigt. Zwischen den Wildkatzen erkennen wir als Tierführer einen Putto mit ausgeprägten Flügeln und einem mit Weinlaub umwundenen Thyrsosstab. In den Eckzwickeln

Bacchus mit seiner Geliebten Ariadne bei einem fröhlichen Weingelage auf einem Mosaik aus der Olewiger Straße (»Fausenburg«) in Trier.

Ein Silen schüttet Wein aus einem Schlauch in einen Krater, vor dem ein Tiger sitzt, der davon zu naschen versucht.

sind in ovalen Feldern die vier Jahreszeiten, die Horen von Frühling, Sommer, Herbst[6] und Winter, jeweils mit den Früchten, welche die einzelnen Jahreszeiten kennzeichnen, dargestellt.

Ein zweites Mosaik von der Olewiger Straße (»Fausenburg«) aus Trier zeigt Bacchus mit seiner Geliebten Ariadne und zwei weiteren Begleitern bei einem fröhlichen Weingelage unter einer Laube[7]. Allerdings ist das Hauptbild des Mosaiks stark ergänzt[8]. Dennoch lassen seine erhaltenen Reste sowie die Bildmotive in den umgebenden Halbkreisfeldern und Viertelkreissegmenten einen Lobpreis des Hausherrn auf den Weingott erkennen. Dabei zeigen die Außenfelder weitere seiner Begleiter, wie Silenen, Satyrn, Mänaden[9], auch Pan und Eroten beim bacchantischen Treiben und geben teilweise auch die Wirkungen des Weines zu erkennen[10]. In einem der Halbkreise schüttet ein Silen Wein aus einem Schlauch in einen →Krater, ein großes doppelhenkliges Mischgefäß, vor dem ein Tiger sitzt und davon zu naschen versucht. Es liegt nahe, daß dieser Mosaikboden ursprünglich den Speiseraum (*triclinium*) eines vornehmen Trierer Bürgers zierte, der dem Weingenuß in besonderem Maße ergeben war.

Sucellus mit Schlegel und Becher (olla), *gefunden 1914 in den Kaiserthermen in Trier.*

Sucellus, der gallo-römische Schutzgott der Winzer

Als einheimischen Vegetations- und Schutzgott der Winzer wie des Weines müssen wir dagegen den keltischen oder, besser gesagt, gallo-römischen »Schlegelgott« *Sucellus* sehen. Bisher ist dieser Name nur von einer Darstellung in Verbindung mit einer Weiheinschrift aus Saarburg in Lothringen bekannt. Nach allgemeiner Auffassung bedeutet *Sucellus* etymologisch *»der gut zuschlägt«*[11]. Dies bezieht sich zweifellos auf den kräftigen Schlegel, mit dem man unter zur Hilfenahme eines kleineren Hammers, die Reifen auf die Faßdauben trieb. Der Schlegel zeichnete *Sucellus* demnach auch als Schutzgott der Küfer aus. Zwar hatte man den gallischen *Sucellus* schon früher immer wieder mit Wein in Verbindung gebracht, doch konnte ein spezieller Bezug zum Wein erst durch ein im Jahre 1976 in einer römischen Villa bei Kinheim (Kreis Bernkastel-Wittlich) entdecktes Hochrelief eindeutig nachgewiesen werden[12].

Das Relief (vgl. S. 138) zeigt die bärtige Gottheit vor einer Platte mit altarähnlicher Bekrönung. *Sucellus* trägt ein geschürztes Gewand, eine faltige gallische Hose und Schuhe. Auf der rechten Schulter wird der Mantel von einer Scheibenfibel (Gewandspange) gehalten. Vor der Brust bildet er einen Bausch, in dem er mit seiner linken Hand eine übergroße Weintraube mit Blättern trägt. An seine rechte Schulter ist ein hoher kräftiger Schlegel gelehnt, den er vermutlich mit seiner (fehlenden) rechten Hand festhielt. Hinter ihm sind zweimal zwei Daubenfässer übereinander gestapelt, deren Inhalt sicher durch die Traube angedeutet werden soll. Bezeichnend ist hier, daß nicht nur die Gottheit selbst ein Gallier ist, sondern auch seine Attribute, die Holzfässer, eine gallische Erfindung sind.

Während der Sucellus aus Kinheim aus stilistischen Gründen sicher schon der 2. Hälfte des 3. Jahrhunderts angehört, dürfte ein zweites Sucellus-Relief, das im Jahre 1914 in den Kaiserthermen von Trier gefunden wurde, rund hundert Jahre älter sein. Es zeigt den bärtigen Gott in einer halbrunden Nische. Wiederum trägt er ein gegürtetes und geschürztes Untergewand und darüber einen Mantel, der auf seiner Schulter von einer Gewandspange gehalten wird. In der angewinkelten Rechten hält er diesmal ein Gefäß (*olla*) mit weit ausladendem Rand. Dafür umfaßt er mit der nach oben geführten Linken einen szepterartig ausgebildeten Stiel eines Schlegels mit abgeschrägten Schlagflächen[13].

Die dicke Traube auf dem Kinheimer Relief läßt die direkte Zuständigkeit des *Sucellus* für die Reben und eine reiche Ernte erkennen. Das Gefäß und die Fässer sind wiederum ein Hinweis auf die Weinerzeugung und die Kellertechnik, die offenbar ebenfalls seinem Einfluß unterlagen. Hier war es wohl eine seiner vornehmsten Aufgaben, den in den Fässern lagernden Most beim Wandel zu einem berauschenden Getränk Hilfe zu leisten. Ob das nun in jedem Falle gelang, oder nicht doch häufiger ein äußerst herber Wein das Ergebnis war, der seinen ernsten Gesichtsausdruck verursachte, mag der Betrachter dieses außergewöhnlichen Reliefs selbst entscheiden[14].

Sucellus scheint im Gegensatz zu Bacchus mehr auf dem Lande von der Weinbau treibenden Bevölkerung, also den Produzenten, verehrt worden zu sein. Bacchus war hingegen eher in der Stadt wie den dorfartigen Ansiedlungen verbreitet und war wohl primär der Schutzgott der Weingenießer, also der Konsumenten.

Vitis, die personifizierte Rebe

Eine außergewöhnliche Darstellung zeigt ein im Jahre 1852 an der Mosel in Remerschen (Großherzogtum Luxemburg) gefundener Grabmalquader, der das Mittelteil eines größeren Frieses bildete. Er läßt die Darstellung einer Vitis, der Personifikation einer Weinrebe erkennen, die hier in Gestalt einer jungen nackten Frau aus der Erde hervorsteigt, wobei aus ihren, als Blatt-

Personifizierte Rebe (Vitis) *auf einem im Jahre 1852 gefundenen Grabmalquader aus Remerschen (Großherzogtum Luxemburg).*

knospen ausgebildeten Knien nach beiden Seiten kräftige Weinreben sprießen. Die nach rechts gewandte Frau greift mit beiden Händen nach diesen Reben, welche sich volutenförmig über das ganze Relief verteilen und mit naturalistischen Blättern, Trauben und spiralförmigen Hafttrieben die übrige Bildfläche füllen. Während rechts von ihr ein nacktes Kind Trauben nascht, ist ein zweites Kind zur ihrer Linken mit dem Ernten von Trauben in einen Lesekorb beschäftigt. Außerdem beobachten wir am rechten Rand einen hochbeinigen Fischreiher, der wohl auf die Gunst der Stunde wartet. Bisher ist diese Darstellung in Gallien ohne Parallele geblieben.

Trauben und Reben in der frühchristlichen Kunst

Weinranken mit herabhängenden Trauben waren in der antiken Kunst ein sehr beliebtes Dekorationselement. So darf es nicht wundern, wenn Trauben- und Rebenmotive auch in der frühchristlichen Kunst eine weite Verbreitung fanden. Vor allem auf frühchristlichen Grabinschriften bilden geschwungene Weinranken häufig die Umrahmung des Inschriftenfeldes. Aus einer Vase wachsen Reben mit Trauben heraus, an denen wiederum mehrere Tauben picken. Die einzelnen Elemente des Ornaments, also Tauben, Rebe mit Trauben waren im Laufe der Zeit christliche Symbole geworden und fanden eine vielfältige Verwendung. So waren der Weinstock bzw. die Rebe das biblische Bild der Verbundenheit Christi mit seinen Jüngern (oder Anhängern). Vielleicht waren diese Darstellungen gar noch durch die Worte des heiligen Hieronymus (um 347-420 n. Chr.), des großen Kirchenlehrers, der um 370 an der Trierer Universität studierte, beeinflußt. Jedenfalls galten nach seiner Meinung die Rebe und die Traube als ein Symbol des Martyriums, weil in Mose V,32 der Wein das Blut der Trauben genannt wurde.

Eines der schönsten Beispiele frühchristlicher Rebendarstellungen bildet eine spätrömische Schrankenplatte einer Chorschranke aus St. Matthias bei Trier, die wohl noch für die Kirche des Trierer Bischofs Cyrillus (450-475) um 460 n. Chr. angefertigt worden war. Zwischen zwei einfachen Bögen mit angedeuteten Säulen, Basen und Kapitellen steht ein Kantharos mit Volutenhenkeln, aus dem zwei Reben in schwungvollen Bögen herauswachsen. Auf den Bögen sitzt je eine Taube mit prächtigem Gefieder, die an einer herabhängenden Traube pickt. Eine dritte steht auf einem Stab mit abschließendem Knauf und versucht gleichfalls eine Traube zu packen.

Aus der Vielzahl der Fragmente von frühchristlichen Grabinschriften mit Trauben- und Re-

Spätrömische Schrankenplatte einer Chorschranke aus St. Matthias bei Trier, die wohl noch für die Kirche des Trierer Bischofs Cyrillus (450-475) um 460 n. Chr. angefertigt wurde.

bendarstellungen[15] wird hier nur auf zwei näher eingegangen, die das gleiche bekannte Motiv, allerdings in unterschiedlicher Ausführung zeigen. Aus einer bauchigen Vase in der linken unteren Ecke der marmornen Grabplatte wachsen zwei Reben, wobei von einer eine Traube herabhängt, an der ein Vogel mit langgestrecktem Hals pickt. Während das Motiv in einem Falle als Relief erhaben herausgearbeitet wurde, ist die Darstellung beim zweiten Fragment in die Platte eingeritzt. Beide Marmorplatten stammen wohl aus Trier und gehören dem 5./6. Jahrhundert n. Chr. an.

Eingravierte Weinranken und eingepunzte Trauben in Verbindung mit einem Christogramm zeigt auch ein spätantikes Bronzegewicht, das 1988 auf der spätrömischen Höhensiedlung »Burglay« bei Minheim (Kreis Bernkastel-Wittlich) gefunden wurde[16]. Ähnlich den Grabinschriften bilden hier die Reben und Trauben einen Rahmen, der sich diesmal um die Maßangabe »6 Unzen« zieht. Darunter ist eine Palme, darüber zwischen zwei achtstrahligen Sternen das Christogramm zwischen A und ω eingraviert. Auch bei diesem Fundstück, das der 2. Hälfte des 4. oder dem frühen 5. Jahrhundert angehört, scheint schon die christliche Symbolik im engen Zusammenhang mit den Trauben und Reben zu stehen.

Frühchristliche Grabinschrift mit als Relief ausgearbeitetem Weinrankenmotiv.

Frühchristliche Grabinschrift mit eingeritztem Weinrankenmotiv.

Spätrömisches Gewicht mit Trauben und Reben sowie einem Christogramm von der »Burgley« bei Minheim.

Anmerkungen

1 Vgl. Corpus Inscriptionum Latinarum XIII, 4 (Berlin 1916) Nr. 11817. Eine zweite stark fragmentierte Weihung an *Liber Pater* kennen wir aus Frankfurt-Heddernheim, vgl. Corpus Inscriptionum Latinarum XIII, 2,1 (Berlin 1905) Nr. 7356.

2 S. Faust, Der römische Vicus von Tawern. Neue Grabungsergebnisse, in: Funde und Ausgrabungen im Bezirk Trier 28, 1996, 27.

3 Zu weiteren Steindenkmäler des Bacchus vgl. Binsfeld 1988, 20ff.

4 Vgl. Abb. S. 58 und 62.

5 Cüppers 1987, 127.

6 Vgl. Abb. S. 28

7 W. Binsfeld, Das Mosaik von der Fausenburg in Trier, in: Trierer Zeitschrift 31, 1968, 235ff.

8 Hinzu kommt, daß die Ergänzungen des Restaurators, soweit es die rekonstruierten Glasgefäße angeht, als falsch anzusehen sind. Von ihrem Formenschatz sind sie wesentlich älter als das Mosaik selbst, das in die Mitte des 3. Jahrhunderts datiert.

9 Vgl. auch Abb. S. 149.

10 Zu Darstellungen von Satyrn aus der Region vgl. Binsfeld 1988, 146ff. und Abb. S. 131.

11 Binsfeld 1979, 265.

12 Binsfeld 1979, 263-266.

13 Zu weiteren möglichen Sucellusdarstellungen aus der Region vgl. Binsfeld 1988, 151 Nr. 312 und 152 Nr. 313 A.

14 Zu früher vermuteten Verbindungen zwischen dem keltischen Sucellus und dem römischen Silvanus vgl. Binsfeld 1979, 265 und K. J. Gilles, in: Cüppers 1987, 125. Die Sichelmesser des Silvanus sind kaum mit den römischen Rebmessern vergleichbar (vgl. auch Binsfeld 1988, 153) und entsprachen eher Geräten, die in der Forstwirtschaft Verwendung fanden.

15 Vgl. Merten 1986, 43. Zu Recht spricht die Autorin eine in der Pfarrkirche von Riol vermauerte Grabplatte als »*verschleppt*« an, meint dabei aber wohl Trier. Wie mir aus zuverlässiger Quelle berichtet wurde, ist der überlieferte Fundort nicht korrekt. Angeblich soll dieses Fragment in Rom erworben und in Riol mit neuem Fundort versehen worden sein. Ob allerdings alle motivgleichen Trierer Inschriftfragmente ausschließlich vom nördlichen Gräberfeld kommen und einer Werkstatt zuzuweisen sind, »deren ›Spezialität‹ in der Anfertigung von Weinrankendekor als Randbegrenzung von Inschriftplatten bestand«, werden erst weitere Inschriften mit gesichertem Fundort bestätigen können.

16 W. Binsfeld, Trierer Zeitschrift 53, 1990, 281f.

Auf dem um 220 n. Chr. errichteten Elternpaarpfeiler aus Neumagen bilden die rebenverzierte Pilaster lediglich ein rein dekoratives Element.

S. 149 rechts oben: Tanzende Mänade mit großer Traube auf dem um 140/145 n. Chr. errichteten Grabmal des Albinius Asper und seiner Gemahlin Secundia Restituta aus Neumagen. Diese Darstellung bezieht sich auf den Bacchuskult und läßt die Verstorbenen vielleicht als Liebhaber des Weins erkennen.

Zusammenfassung zur Römerzeit

Noch weit bis ins 2. Jahrhundert n. Chr. wurde der Weinkonsum an Mosel und Rhein von südländischen Weinimporten bestimmt. Die gestiegene Nachfrage erforderte aber schon bald die Anlage eigener Rebflächen. Seine erste Blüte erlangte der Weinbau in unserer Region schließlich in der 2. Hälfte des 3. Jahrhunderts, die sich auch am Export von Mosel- und Rheinweinen in andere Provinzen ablesen läßt. Mit der Verlegung der Kaiserresidenz nach Trier entstanden um 300 n. Chr. im Moseltal mehrere größere Weindomänen zur Versorgung des kaiserlichen Hofes und der Verwaltung. Im 5. Jahrhundert führten germanische Überfälle im Zuge der Völkerwanderung allerdings zu einer Reduzierung der Rebflächen.

Zusammenfassung zur Römerzeit

Wie oben dargelegt, erlangte der Weinbau an Mosel und Rhein zur Römerzeit erst im ausgehenden 3. Jahrhundert n. Chr. eine größere Bedeutung. Sicher war der Wein schon einige Jahrhunderte zuvor, spätestens seit dem 5. Jahrhundert v. Chr., wie zahlreiche repräsentative Trink- und Weingefäße erkennen lassen, ein begehrtes Importgut. Dieses konnte sich aber nur der keltische Adel leisten. In größerem Umfang sind mediterrane Weinimporte an der Mosel und am Rhein jedoch erst nach der römischen Eroberung Galliens durch Caesar ab der Mitte des 1. Jahrhunderts v. Chr. nachzuweisen.

Ob das bekannte Edikt Kaiser Domitians (81-96), mit dem er um 92 n. Chr. den Weinbau in den gallischen Provinzen einzuschränken versuchte, als eine indirekte Erwähnung eines frühen römischen Rebanbaus an Mosel und Rhein gesehen werden kann, ist eher unwahrscheinlich, zumal die Rebe zu diesem Zeitpunkt im Gebiet des heutigen Rheinland-Pfalz noch keinen Fuß gefaßt hatte. Bisher angeführte Belege für einen frühen Weinbau, wie das berühmte »Winzergrab« von Kobern oder ein frührömisches Relief eines »Winzers« aus dem Trierer Stadtgebiet waren entweder funktional oder zeitlich falsch angesprochen. Sie stehen in einem anderen Kontext und sind sicher kein Indiz für einen frührömischen Weinbau an der Mosel.

Damit war das Mosel- und Rheinland von dem vorliegenden Edikt zunächst vermutlich nicht betroffen, bekam aber in der Folgezeit dessen Auswirkungen zu spüren, so daß es während des 2. und 3. Jahrhunderts nur zu einem gebremsten« Anbau und einer geringeren Ausbreitung der Rebe kam. In der Trierer Talweite sind für die Zeit um 150 n. Chr. die ersten Pollenkörner von *vitis vinifera* (Wein) nachgewiesen. Dennoch sagt dieser Beleg nichts über den Beginn eines großflächigen Anbaus aus, zumal die Rebe, als insektenblütige Art, nur wenige Pollen verbreitet. Vielleicht wurde der Anbau der Rebe in der 1. Hälfte des 2. Jahrhunderts auch durch in Lyon ansässige Treverer begünstigt, die ihre alte Heimat mit südgallischem Wein belieferten und letztlich wegen der gestiegenen Nachfrage und des gesteigerten Bedarfs den Anstoß zum Anbau der Weinrebe gaben.

In die Mitte oder 2. Hälfte des 2. Jahrhunderts n. Chr. datieren auch die ersten Steindenkmäler, die unmittelbar mit Weinbau an Mosel und Rhein in Verbindung gebracht werden können, wie der traubenlesende Winzer aus Remerschen (Großherzogtum Luxemburg) oder ein Teil der Neumagener Grabmäler. Dennoch sollte man viele der bisher mit antikem Weinbau in Verbindung gebrachten Denkmäler differenzierter betrachten. Darstellungen einzelner Reben und Weinblätter oder traubenlesender Putti gehörten häufig zum Repertoire einer Steinmetzwerkstatt und bilden oft nichts anderes als gefällige Dekorationen. Teilweise sind sie auch mythologische Darstellungen, die sich kaum auf einen lokalen Weinbau beziehen lassen. Selbst die bekannten Neumagener Weinschiffe zeigen, wenn wir die Darstellung genau nehmen, nur den Transport von Wein (oder einer Flüssigkeit) und bieten damit keinen direkten Anhaltspunkt für einen heimischen Weinbau.

Eine der ältesten Darstellungen einer Traube aus der Zeit um 140/145 n. Chr. ist auf einer Schmalseite vom Grabmal des Albinius Asper und seiner Gemahlin Secundia Restituta aus Neumagen zu sehen (vgl. S. 149). Eine tanzende Mänade dreht sich im wilden Schwunge, so daß sich ihr Mantel in einem weiten Bogen aufwölbt. Sie hält in ihrer linken Hand eine große Traube. Diese Darstellung bezieht sich zweifellos auf den Bacchuskult und bietet daher kaum einen Anhaltspunkt für einen einheimischen Weinbau. Allenfalls wird man aus ihr ableiten können, daß Albinius Asper, vielleicht auch seine Gemahlin, gerne dem Weingenuß, vielleicht auch berauschenden Festen, ergeben waren.

Der um 220 n. Chr. errichtete Elternpaarpfeiler aus Neumagen zeigt rebenverzierte Pilaster mit vereinzelten Vögeln, die an Trauben picken (vgl. S. 148). Auch hier bilden die Reben ein rein dekoratives Element, dem keine tiefere Bedeutung beizumessen ist. Selbst eine marmorne Tischstütze des 4. Jahrhunderts n. Chr. mit Traubendarstellungen gibt keinen Hinweis auf einen lokalen Weinbau, wohl aber auf die Kunstfertigkeit des Steinmetzes (vgl. S. 155). Auf der Seitenfläche wachsen aus einem zierlichen Krater (ohne Henkel) in symmetrischer Anordnung volutenförmig zwei Reben mit Blättern und Trau-

Bronzenes Möbelbein mit Weinranke aus Trier (2. Jahrhundert n. Chr.).

ben heraus. Die beiden Schmalseiten zeigen geflügelte Löwen, deren Pranken den Fuß und deren Köpfe den Träger der Tischplatte bilden.

Eine Weinranke zeigt ebenfalls ein bronzenes Möbelbein, das aus dem Rücken eines vollplastisch ausgebildeten Löwen herauswächst. Wenn auch hier der dekorative Charakter des Motivs wieder naheliegt, mag in diesem Falle das Bein zur Stütze eines Tisches gehört haben, den man im 2. Jahrhundert zum Mischen und Servieren von wohlschmeckenden Weinen nutzte.

Ein dekoratives Element bildeten Trauben und Weinblätter auch bei den reliefverzierten »Terra Sigillata«-Schüsseln, jenem beliebten und weit verbreiteten Tafelgeschirr mit dem glänzend roten Überzug. Zuerst waren solche Motive im 2. Drittel des 2. Jahrhunderts n. Chr. von ostgallischen Manufakturen verwendet worden, ehe sie wenig später auch von den Trierer Werkstätten übernommen wurden. Trierer »Terra Sigillata«-Erzeugnisse zeigen Putti, die zwischen Trauben und Weinblättern umherspringen, teilweise mit der Lese beschäftigt sind oder mit Trauben gefüllte Lesekörbchen tragen. Aus dem Trierer Töpfereigelände liegt sogar noch eine unversehrte Formschüssel mit Traubenmotiven zur Herstellung solcher »Bilderschüsseln« vor. Der Name des Töpfers war *DEXTER*, von dem aber auch zahlreiche andere Motive bekannt sind, die keinen Bezug zum Wein haben.

»Terra Sigillata«-Scherbe mit der Darstellung von Trauben und Weinblättern aus dem Tempelbezirk auf dem Metzenberg bei Tawern (Kreis Trier-Saarburg).

Trotz dieser Vorbehalte dürfte sich der Weinbau ab der Mitte des 2. Jahrhunderts n. Chr. allmählich an Mosel und Rhein ausgedehnt haben. Nach der Mitte oder gegen Ende des 3. Jahrhunderts erreichte er schließlich seine erste Blüte. Daher müssen wir auch für einige Jahrzehnte mit einem Nebeneinander von südländischen Importen und einheimischen Weinen

Die Trierer »Göttervase« zeigt in vier Medaillons neben Merkur (mit Flügelhut und Schlangenstab) und Minerva (mit Helm), eine stärker ergänzte Fortuna (mit Füllhorn) und die gallische Bellona (mit Helm und Doppelaxt), die hier in Gestalt einer Amazone auftritt. Die aufgemalte Inschrift »ACCIPE ET VTERE FELIX« (Nimm und gebrauche es glücklich!) läßt auch hier an eine Verwendung in Verbindung mit Wein denken.

Trierer Spruchbecherkeramik mit der Aufschrift »REMISCE« (Misch nochmal!).

rechnen. Spätestens in der 2. Hälfte des 3. Jahrhunderts wurden dann nach einer weiteren Ausweitung der Rebflächen die ersten Weine von Mosel und Rhein in andere Provinzen des Römischen Imperiums exportiert. Dies ergab eine jüngere Untersuchung zu Augst, einer antiken Stadt in der Nordschweiz. Dort brach der Import römischer Weinamphoren aus Südgallien und Italien vor 280 n. Chr. vollkommen ab. Statt dessen versorgte man Augst nach Ansicht der Archäologen mit Moselwein in Fässern, die über den Rhein in jene antike Stadt gelangten. Vermutlich kamen dieser Entwicklung auch die Aktivitäten von Kaiser Probus (276-282) entgegen, weit mehr als bisher allgemein angenommen. Er lockerte nämlich um 278 n. Chr. die Restriktionen Domitians und gestattete allen in Gallien wohnenden Stämmen, die Rebe anzupflanzen und auch Wein herzustellen.

Daß der Weinbau in der 2. Hälfte des 3. Jahrhunderts an Mosel und Rhein einen Aufschwung nahm und zuvor ein sehr viel bescheideneres Dasein geführt hatte, zeigen neben literarischen und ikonographischen neuerdings auch epigraphische Zeugnisse. So datiert das älteste schriftliche Zeugnis, das antiken Weinbau an der Mosel überliefert, in das Jahr 291 und bildet eine in Trier auf Kaiser Maximianus (286-305) gehaltene Lobrede (*panegyricus*): *Ubi silvae fuere, iam seges est, metendo et vindemiando defecimus* (Wo einst Wälder waren, steht schon die Saat, Ernten und Weinlesen können wir nicht mehr bewältigen). Zweifellos verbergen sich hinter solchen Aussagen auch propagandistische Tendenzen. Dennoch sollte jene für das Trierer Land so bedeutsame Aussage sicherlich auf einen wahren Kern zurückgegriffen haben. Dem ausgehenden 3. Jahrhundert gehört auch das eindrucksvolle

Formschüssel mit Traubenmotiven des Trierer Töpfers DEXTER zur Herstellung reliefverzierter »Terra Sigillata«-Schüsseln (2. Hälfte 2. Jahrhundert n. Chr.).

Relief des gallo-römischen Schlegelgottes Sucellus an, der durch seine Attribute – Schlegel, Fässer und Trauben – und letztlich auch durch seinen Fundort in einer römischen Villa deutlich zu erkennen gibt, daß er von den Winzern selbst und weniger von den Weinliebhabern verehrt wurde. Aus der Zeit um 300 n. Chr. stammt auch jene interessante Sarkophaginschrift, die uns einen kaiserlichen Kellermeister für die spätantike Kaiserresidenz in Trier überliefert. Ebenfalls nach der Mitte des 3. Jahrhunderts n. Chr. entwickelten die Trierer Töpfereien, bedingt durch den gestiegenen Weinkonsum eine Keramikgattung (»Trierer Wein- oder Spruchbecherkeramik«), die aufgrund ihrer Aufschriften wohl ausschließlich zum Weingenuß bestimmt war. Gegen Ende des Jahrhunderts erreichte auch sie ihre erste Blüte.

Vornehmlich ins 4. und in die erste Hälfte des 5. Jahrhunderts datieren aufgrund der vorliegenden Grabungsergebnisse auch die Mehrzahl der bisher untersuchten Kelteranlagen. Teilweise liegen noch ältere Nutzungsspuren aus der ersten Hälfte bzw. der Mitte des 3. Jahrhunderts

vor. Andererseits ist nicht auszuschließen, daß sich ältere Keltern, wie etwa hölzerne Wipp- und Tretkeltern oder auch Sack- bzw. Torsionspressen einer archäologischen Entdeckung entziehen, so daß wir heute nur die größeren und jüngeren, in Stein ausgebauten Kelteranlagen fassen. Kleinere Pressen könnten vielfach auch in anderen Nebengebäuden von Villen untergebracht gewesen sein, ohne daß sie der Archäologe bei Ausgrabungen wahrnehmen muß.

»Terra Sigillata«-Scherbe der 1. Hälfte des 2. Jahrhunderts mit der Darstellung von Putti und Trauben aus Trier.

Die Verarbeitung der Trauben zum Most erfolgte in zwei Schritten. Zunächst wurde das Lesegut in die Tret- oder Maischebecken verbracht, um dort mit Hilfe der Füße oder einfacher Stampfer oder Kolben bearbeitet zu werden. Die auf diese Weise gewonnene Maische wurde, nach Ablassen des Mostes, in die eigentlichen Kelterbecken umgesetzt, um den letzten noch verbliebenen Saft herauszupressen. Drei oder vier Kelterkonstruktionen sind bekannt, die sich alle eines größeren Kelterbaums bedienten. Dabei machte man sich vor allem die Hebelwirkung und das Gewicht des Kelterbaums zunutze. In der Regel waren es Spindelpressen mit schwebendem Gewicht, das am Ende des Kelterbalkens an einer Spindel hing und beliebig gehoben oder gesenkt werden konnte. Bei einem weiteren Typ war die durch den Kelterbaum geführte Spindel stationär im Boden oder in einen festen Gewichtstein eingelassen. Durch Drehen der Spindel konnte der Kelterbaum beliebig gesenkt werden. Bei der Haspelpresse lag das Gegengewicht ebenfalls fest auf dem Boden, wobei aber eine an dem Stein befestigte Haspel über Seile den auf die Preßkörbe drückenden Kelterbaum nach unten zog.

Die einzelnen römerzeitlichen Kelterhäuser sind nach dem derzeitigen Forschungsstand zwei verschiedenen Gruppen zuzuordnen. Während die Keltern von Lösnich, Maring-Noviand oder Bad Dürheim-Ungstein in Nebengebäuden größerer Gutshöfe untergebracht waren, lagen die Kelterhäuser von Piesport, Piesport-Müstert und Graach sowie die beiden von Brauneberg und Erden inmitten von Weinbergen bester Qualität, weit ab von irgendwelcher Bebauung. Sie bildeten offenbar reine Zweckbauten innerhalb der zu bewirtschaftenden Rebflächen.

Die genannten Gutshöfe erhielten erst im Laufe des 3. oder während des frühen 4. Jahrhunderts ein eigenes Kelterhaus, so daß ihr landwirtschaftlicher Betrieb während des 2. und 3. Jahrhunderts noch weitgehend auf Ackerbau und Viehzucht ausgerichtet war. Kleinere ältere Keltern, die in einem anderen Nebengebäuden untergebracht waren, insbesondere Sack- oder Torsionspressen, könnten sich allerdings einer archäologischen Entdeckung entziehen. Die Menge des in diesen Keltern erzeugten Weines war verglichen mit den größeren Anlagen aber eher bescheiden und, wie ihre Verkehrsanbindung vermuten läßt, wohl auch weniger für den Export bestimmt. Der Umfang dieser Keltern, die

Zusammenfassung zur Römerszeit

Anzahl und Kapazität ihrer Becken, die relativ große Entfernung zu den nächsten Rebflächen und letztlich auch ihre Lage im Bereich eines Gutshofes geben sie als private Anlagen zu erkennen.

Dagegen waren die Kelterhäuser von Piesport, Piesport-Müstert, Graach, Brauneberg und Erden ausnahmslos inmitten antiker Rebflächen errichtet, die zweifellos zu besten des Moseltals zählten. Ihre Größe und ihr Umfang, die Anzahl ihrer Becken wie deren Kapazität lassen mit ihnen eine Gruppe von Kelterhäusern fassen, die weniger von Privatpersonen als vielmehr von einer übergeordneten Stelle der staatlichen Verwaltung eingerichtet, ausgebaut und auch unterhalten wurde. Darauf deuten neben den aufwendigeren Konstruktionen, vor allem die Verwendung von in staatlichen oder militärischen Ziegeleien hergestellten Dachziegeln, sowie einzelne aufgefundene Gürtelteile, die höher gestellten Beamten oder Militärs zugerechnet werden müssen. Diese Funde lassen den Schluß zu, jene Kelteranlagen nur staatlichen oder militärischen Betrieben zuzuordnen, die wohl erst um 300 n. Chr. entstanden sind. Ein Zusammenhang mit der wenige Jahre zuvor nach Trier verlegten Kaiserresidenz, wie der Einrichtung der gallischen Präfektur, der Zentralverwaltung für den Westteil des römischen Reiches, liegt daher nahe.

Ein Teil dieser Kelterhäuser wurde gleichzeitig oder kurz nach der Anlage der ersten Rebflächen errichtet. Andere griffen auf bescheidenere, noch im 3. Jahrhundert n. Chr. vielleicht von privater Seite angelegte Kelter zurück, die um oder kurz vor 300 in staatliche Hand übergingen. Offenbar waren zuvor in den besseren Weinbergslagen kleinere, private Winzerbetriebe zu Domänen zusammengeführt und durch die Anlage weiterer Rebflächen erheblich ausgebaut worden. Damit verbunden war häufig eine Erweiterung oder ein Ausbau des Kelterhauses, bisweilen auch die Einbindung eines vorhandenen in eine größere, neue Anlage. Dabei legte man besonderen Wert darauf, daß mindestens zwei Tret- oder Maischebecken zur Verfügung standen, die im Falle ungünstiger Witterung eine kontinuierliche Ernte gewährleisteten.

Aufgrund der Nutzungsmöglichkeiten wie der Kapazität der Maischebecken konnten wir der großen Piesporter Kelter eine Rebfläche von mindestens 58 ha, später sogar rund 76 ha zuordnen. Die beiden Anlagen von Brauneberg und Erden erreichten zusammen etwa 31 ha bzw. rund 38 ha. In der Kelter von Graach, deren Becken nur teilweise erfaßt wurden und die vielleicht die umfangreichste aller bisher untersuchten Keltern war, müssen ebenfalls weit über 38 ha verarbeitet worden sein. Für die privaten Anlagen wurden dagegen Rebflächen errechnet, die wie in Lösnich mit rund 14 ha, in Maring-Noviand mit etwa 9 ha und in Bad Dürkheim-Ungstein mit 4,5 bzw. 12,5 ha nur ein Drittel bis zu einem Achtel der Flächen von den staatlichen Keltern erreichten.

Die Darstellungen auf Grabmälern und wenige archäologische Befunde lassen vermuten, daß an Mosel und Rhein in römischer Zeit die Pfahlerziehung vorherrschte. Auch die Jocherziehung war nicht unbekannt. Zu den angebauten Rebsorten lassen sich allerdings trotz inzwischen zahlreich vorliegender Traubenkerne, die weitgehend zu Übergangsformen gehören, noch keine präziseren Aussagen gewinnen. Sicher scheint aber, daß neben Weißwein in geringerem Umfange wohl auch Rotwein angebaut wurde.

Im frühen 5. Jahrhundert sind die Rebflächen wohl infolge der sich damals häufenden Germaneneinfälle reduziert worden. In Erden wurden die Räumlichkeiten teilweise zu anderen Zwecken genutzt und die Preßvorrichtungen verkleinert, doch war damit der Weinbau im Moseltal keineswegs zum Erliegen gekommen. Zwar waren, spätestens um die Mitte des 5. Jahrhunderts, die Einrichtungen der Kelterhäuser wegen der andauernden Germanenüberfälle größtenteils zerstört, doch lassen vereinzelte Funde in Piesport, Brauneberg, Graach und Erden eine weitere Nutzung zumindest von Teilen der Gebäude vermuten. Dabei ist auch an einfachere, archäologisch nicht faßbare Holzkeltern oder Sackpressen zu denken. Sicherlich zeichnete Venantius Fortunatus gegen Ende des 6. Jahrhunderts ein realistisches Bild, wenn er bei Metz, zwischen Trier und Kobern und bei Andernach die Hügel mit grünendem Weinlaub oder auch zahlreiche durch Marken begrenzte Weinberge beschrieb. Daß es sich hierbei ausschließlich um merowingerzeitliche Neuanlagen handelte, ist

wenig wahrscheinlich. Wir müssen daher davon ausgehen, daß ein großer Teil der Rebkulturen seit der Spätantike über die fränkische Landnahme hinweg von der einheimischen Bevölkerung weiter gepflegt und auch den fränkischen Zuwanderern vermittelt wurde.

Spätestens im hohen Mittelalter wurde mit der westlichen Kelter in Erden der letzte dieser Plätze aufgegeben. Teilweise waren ihre Mauerreste, wie in Piesport und vermutlich Brauneberg, noch bis ins 19. Jahrhundert sichtbar. Darin liegt wohl auch der Grund, weshalb die Abtei Mettlach im späten Mittelalter ihr Kelterhaus auf oder in den Ruinen der römischen Kelter von Piesport-Müstert errichtete. Man nutzte somit eine für den Weinbau kaum brauchbare Trümmerstelle, schonte bzw. erhielt wertvolle Weinbergsflächen und gewann zugleich einen Teil des benötigten Baumaterials. Ähnliche Beweggründe haben die Benediktinerabtei St. Martin in Trier veranlaßt, im 12. Jahrhundert an der Stelle des heutigen Josephshofes bei Graach im Bereich einer älteren römerzeitlichen Kelter einen Hof mit Kelterhaus zu erbauen. Wohl nicht zufällig liegt auch das im 13. Jahrhundert von den Grafen von Salm gegenüber von Briedel errichtete »Grafenkelterhaus« an der Stelle einer vermuteten römerzeitlichen Kelter.

Marmorne Tischstütze des 4. Jahrhunderts mit dekorativer Reben- und Traubendarstellung aus Mettlach (Kreis Merzig-Wadern).

Der Sturzbecher und der etwas gedrungenere Tummler waren im 6. und 7. Jahrhundert beliebte Trinkgefäße. Allerdings besaßen sie keinen Standboden und konnten daher nie ungeleert vom Zecher abgestellt werden.

S. 159 rechts oben: Merowingerzeitlicher Bronzenietknopf einer Schwertscheide mit stilisierter Tierdarstellung (dreifacher Tierwirbel) aus der Kelter von Erden (7. Jahrhundert).

Der Fortbestand der Rebkulturen in merowingischer Zeit

Zwar fällt der archäologische Nachweis für frühmittelalterlichen Weinbau derzeit noch schwer, doch lassen die Gedichte des Venantius Fortunatus, wie die ersten urkundlichen Quellen, ein Weiterleben der Rebkulturen an Mosel und Rhein erkennen. Immer häufiger wurden in den letzten Jahren in den römischen Kelterhäusern auch vereinzelte merowingerzeitliche Funde entdeckt, die, ebenso wie die Grabbeigabe eines Rebmessers, mit frühmittelalterlichem Weinbau in Verbindung zu bringen sind. Zeugnisse eines ausgeprägten Weingenusses bilden wohl auch eine Gruppe von Trinkgefäßen, die wegen ihres abgerundeten Bodens nie ungeleert abgestellt werden konnten.

Für die Merowingerzeit ist der archäologische Nachweis von Weinbau – verglichen mit der Römerzeit – äußerst schwierig. Überhaupt ist es für die frühmittelalterliche Archäologie ein größeres Problem, Siedlungsspuren aus jener Zeit zu fassen. Daher versuchen wir zunächst, über die schriftlichen Quellen dem frühmittelalterlichen Weinbau an Mosel und Rhein näherzukommen.

Schriftliche Überlieferungen zum Weinbau in merowingischer Zeit

Die wichtigsten Hinweise zum merowingerzeitlichen Weinbau liefert uns mit seinen Gedichten der um 530 in Oberitalien geborene Venantius Honorius Clementianus Fortunatus († um 601 als Bischof von Potiers). An insgesamt vier Stellen seiner Werke geht er näher auf den Weinbau an Mosel und Rhein ein. Mit Weinreben bepflanzte Berge sah er auch in der Umgebung von Metz[1], die wir hier, da sie außerhalb unseres Untersuchungsgebietes liegen, keiner näheren Betrachtung unterziehen.

Deutlicher nahm Venantius Fortunatus in seinem Gedicht »*De navigio suo*«, dem zweitältesten erhaltenen Moselgedicht, auf den damaligen Weinbau Bezug. Jenes entstand um das Jahr 588, als er den fränkischen König Childebert (575-596) und dessen Mutter Brunhilde auf einer Mosel- und Rheinfahrt begleitete[2].

Mehrfach beschrieb er in diesem Gedicht Berge oder Hänge mit grünenden Reben und reifenden Trauben. Besondere Aufmerksamkeit verdient dabei Vers 39 (*Quo vineta iugo calvo sub monte comantur – Wo Weinberge belaubt aufstreben zu kahlen Berghöh'n)*, mit dem er offensichtlich einen ganz bestimmten Ort im Moseltal ansprach. Der dort erwähnte »*calvo sub monte*« ist aufgrund der übrigen lokalisierbaren Ortsbezeichnungen auf den Calmont bei Bremm zu beziehen[5], der als steilster Weinberg Europas weit über die Grenzen der Mosel hinaus bekannt ist.

Auf seiner Weiterfahrt sah Venantius Fortunatus, nachdem er Kobern und Koblenz passiert hatte, auch einige Rebflächen am Rhein, die wir wenig unterhalb von Andernach lokalisieren müssen. Diese Verse bilden bisher die älteste Überlieferung von Weinbergen im Rheintal[6].

In einem weiteren Gedicht gab Venantius Fortunatus eine Beschreibung einer vom Trierer Bischof Nicetius († um 566) in der näheren Umgebung von Trier errichteten Bergbefestigung, *»welche die Mosel umschäumt und der winzige Rhodanus einkreist«*. Nach seinen Ausführungen umfaßte die als »*Mediolanum*« überlieferte Anlage dreißig Türme und bezog auch eine Talsiedlung mit ein. Weinberge und Obstgärten erstreckten sich hangabwärts bis zum Moselufer[7].

Die dort erwähnten Weinberge haben mehrfach Eingang in die Literatur gefunden, ohne daß die entsprechenden Zeilen eingehender betrachtet worden waren, obwohl sie für den merowingerzeitlichen Weinbau einen der wichtigsten Hinweise liefern. Allzu gerne wüßten wir, ob vor allem der Vers 40 (*Vinea culta viret, quo fuit ante frutex* ...) so zu verstehen ist, daß Nicetius erst mit dem Bau seiner Befestigungsanlage die dort angetroffenen Sträucher aushauen ließ und statt ihrer Weinreben pflanzte, oder ob sich diese Feststellung nicht auf einen Vorgang bezog, der schon längere Zeit zurücklag. Da aber Venantius Fortunatus ausdrücklich betonte, daß *»gepflegte Weinstöcke grünen, wo vorher Gestrüpp war«*, spricht dies eher für eine erst von Nicetius veranlaßte Neuanpflanzung von Reben in der 1. Hälfte oder Mitte des 6. Jahrhunderts. Zu überlegen wäre auch, ob Venantius mit dem »*frutex*«, den er den »*vinea culta*«, den gepflegten Weinbergen, wohl absichtlich gegenüberstellte, vielleicht ältere im 5. Jahrhundert aufgelassene und verwilderte Rebflächen oder sogar kriechende Reben meinte, die nun einer Neuanlage oder einer neuen Reberziehungsart weichen mußten. Damit hätten wir einen Hinweis darauf, daß man schon in der 1. Hälfte des 6. Jahrhunderts wieder neue Rebflächen anlegte. Ob dies an der Stelle verwilderter, in den Wirren der Völkerwanderungszeit aufgelassener Weinberge erfolgte, oder ob dort zu keiner Zeit zuvor Reben gestanden hatten, läßt sich anhand der dürftigen Angaben leider nicht entscheiden.

Neuerdings wurde versucht[8], die von Venantius Fortunatus beschriebene Nicetiusburg mit der Porta Alba in Heiligkreuz bei Trier gleichzusetzen. Wenn ihre Mauern bis zur Mosel hinabreichten und mit dreißig Türmen besetzt waren, könnten damit auch Teile der alten Trierer Stadtbefestigung gemeint gewesen sein, die sich von der Porta Alba bis hin zur Mosel ausdehnte. Die unterhalb der Burg sich erstreckenden Weinberge würden dann sogar in einer Überlieferung aus dem Jahre 704 eine Bestätigung finden, nach der dort (beim Kreuz) Weinberge innerhalb der alten Stadtmauer (»*vineam infra muros Treveris civitatis ad crucem*«) gelegen haben[9].

Sicherlich zeichnete Venantius Fortunatus gegen Ende des 6. Jahrhunderts ein realistisches Bild, wenn er bei Metz, zwischen Trier und Kobern sowie bei Andernach zahlreiche Rebflächen sah. Daß es sich dabei, wie bei den Weinbergen unterhalb der Nicetiusburg, ausschließlich um merowingerzeitliche Neuanlagen gehandelt hat, ist aber wenig wahrscheinlich. Vielmehr müssen wir davon ausgehen, daß ein großer Teil der Rebkulturen seit der Spätantike über die fränkische Landnahme hinweg von der einheimischen Bevölkerung weiter genutzt und gepflegt wurde, denn nur sie kam als Mittler der Weinkultur für die fränkischen Zuwanderer in Frage. Sprachgeschichtliche Befunde zeigen, daß der Weinbau insbesondere von der an der Mosel lebenden gallo-römischen Bevölkerung auch unter den fränkischen Eroberern weiter betrieben wurde. Mit der Technik der römischen Reberziehung und Weinbereitung hat sie aber auch eine romanisch geprägte Winzersprache tradiert, die in einzelnen Elementen noch bis heute weiterlebt[10]. Wie lange sich die einzelnen romanischen Sprachinseln an Mosel und Rhein halten konnten, ist umstritten. Der Moselraum dürfte jedenfalls bis in nachkarolingische Zeit, vielleicht bis ins 11./12. Jahrhundert, zweisprachig gewesen sein[11]. Hinzu kommen dort auffallend viele romanische Flurnamen, wie es bereits das Beispiel des »Calmonts« zeigte. Vor allem zwischen Cochem und Bernkastel sind sie in großer Zahl nachgewiesen und bilden ein weiteres Indiz für eine gewisse Bevölkerungskontinuität[12].

Urkundliche Belege des 6. bis zur 1. Hälfte des 8. Jahrhunderts

Die ältesten urkundlichen Überlieferungen für Weinbau oder Weinberge reichen an Mosel und Rhein bis ins späte 6. Jahrhundert zurück[13]. Die

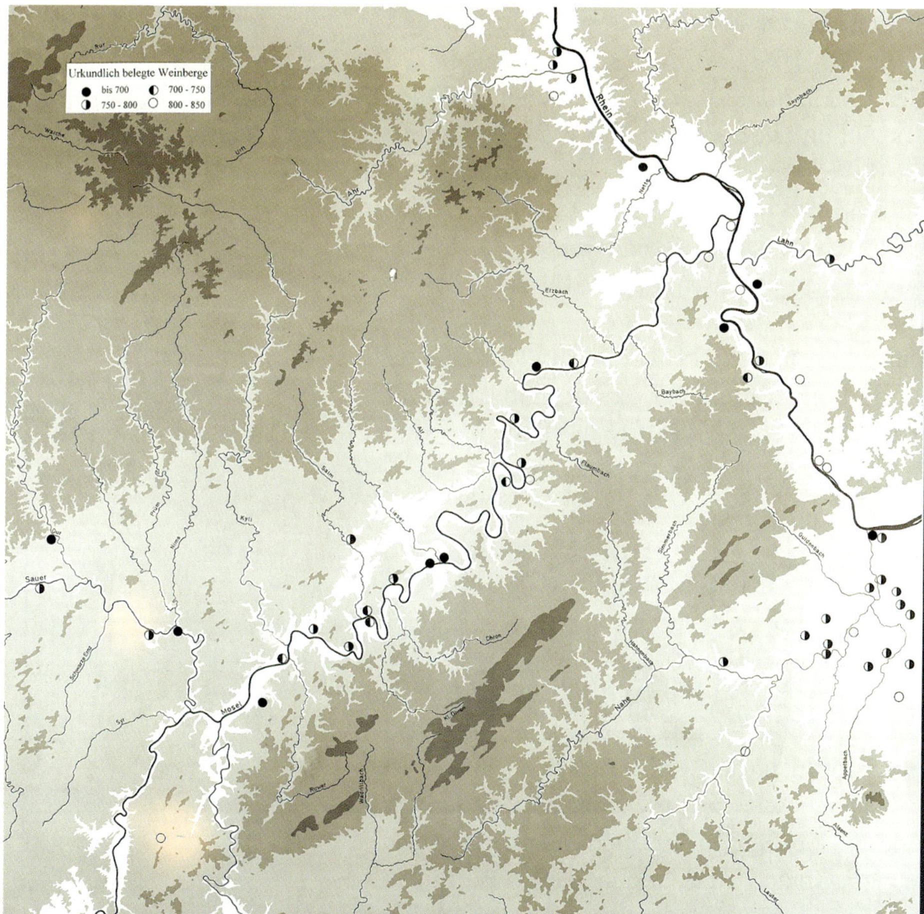

Urkundlich belegte Weinberge (6. Jahrhundert – 1. Hälfte 8. Jahrhundert), vgl. Liste S. 225f.

frühesten Belege konzentrieren sich im Moseltal. Dort ist Weinbau für die Zeit bis um 750 immerhin für neun Orte nachgewiesen: Brauneberg vor 596, Lieser 634, Klotten 697/8, Trier-Heiligkreuz 704, Trier-Pfalzel 732/33, Klüsserath 748, Briedel 748 und Pommern 748.

Auch an der Sauer wurde zu dieser Zeit, wohl unter dem Einfluß der Abtei Echternach, ein intensiver Weinbau betrieben (697/8 Echternach und Vianden, 704 Steinheim, alle Großherzogtum Luxemburg), von dem sich heute aber keine Reste mehr erhalten haben. An Saar und Ruwer reichen die ersten Erwähnung von Weinbergen dagegen nur bis die 1. Hälfte des 11. bzw. des 12. Jahrhunderts zurück.

Vom Mittelrhein kennen wir wiederum wesentlich ältere Überlieferungen: Boppard 643, Braubach 691/92, Bingen 678/710 und Rheinbay 710.

An der Ahr läßt sich der Weinbau – der in Bodendorf, das ebensogut dem Rhein zugerechnet werden kann und dort 770 erwähnt wurde einmal abgesehen – durch Schriftquellen meist erst ab der 2. Hälfte des 9. Jahrhunderts belegen. An Nahe und Lahn setzen dagegen die ältesten Quellen, die sich auf einen lokalen Weinbau beziehen lassen, rund 100 Jahre früher, ab der 2. Hälfte des 8. Jahrhunderts ein, ebenso in Rheinhessen[14] und der Pfalz[15]. Lediglich für Steinfeld (Kreis Landau-Bad Bergzabern) in der Südpfalz ist der Weinbau bereits für das Jahr 708 bezeugt[16].

Zeitlich isoliert steht auch die viel zitierte Urkunde von König Siegbert III. (638-656), der dem Bischof von Speyer für das Jahr 653 den Weinzehnten im Speyergau bestätigte[17].

Merowingerzeitliche Funde in den Kelterhäusern

Im frühen 5. Jahrhundert führten die sich damals häufenden Germaneneinfälle sicherlich zu einer Reduzierung der Rebflächen. In dieser Zeit wurden auch die als »Fumarien« gedeuteten Räume in den beiden Erdener Keltern sowie in jener von Graach aufgegeben. Teilweise nutzte man die Räumlichkeiten auch zu anderen Zwecken, wie in Erden, wo man in Raum 3 einen großen Backofen anlegte. Obwohl davon auszugehen ist, daß um die Mitte des 5. Jahrhunderts die Einrichtungen der Kelterhäuser wegen der andauernden Überfälle stärker in Mitleidenschaft gezogen oder sogar weitgehend zerstört worden waren, war damit der Weinbau an der Mosel nicht zum Erliegen gekommen. In die Wirren dieser Zeit fällt auch die abenteuerliche Geschichte, nach der der ostfränkische Herzog Sunno um 460 die Rebe von Trier aus an die Ufer des Mains gebracht haben soll, wobei er die Pflanzungen durch Kriegsgefangene aus der Moselgegend habe vornehmen lassen[18]. Vereinzelte Funde lassen in den größeren Kelterhäusern, insbesondere jenen, die in der Spätantike von staatlicher Seite verwaltet worden waren, eine weitere Nutzung, zumindest von Teilen der Gebäude,

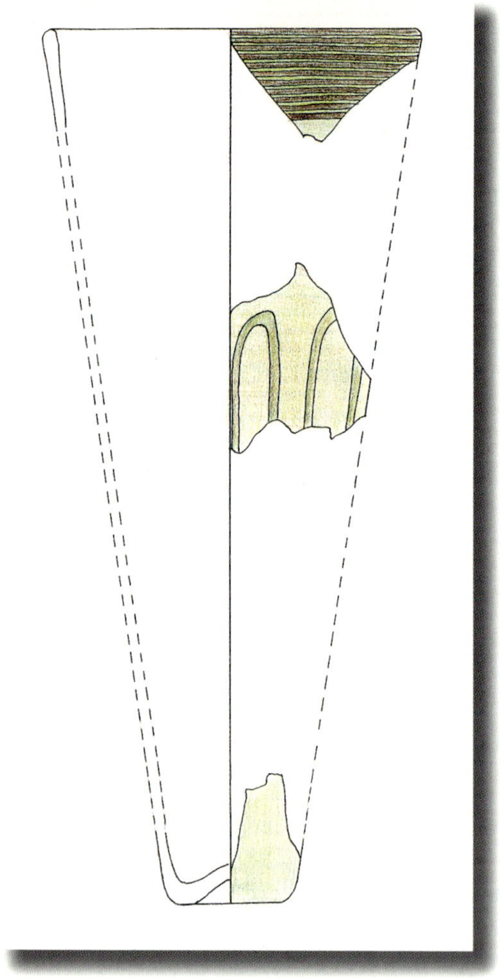

Konischer Glasbecher mit horizontalen braunen Fadenspiralen und vertikalen grünlichen Fadenauflagen in großen Schleifen (Anfang 6. Jahrhundert) aus der Kelter von Piesport. Maßstab 2 : 3.

vermuten. Dabei ist auch an einfachere, archäologisch nicht faßbare Holzkeltern oder Sackpressen zu denken.

Vereinzelte merowingerzeitliche Funde sind bisher für die Kelterhäuser von Piesport, Brauneberg, Graach und Erden belegt. Bei drei dieser Anlagen wurden außerdem einzelne, meist spätmerowingische Gräber, beobachtet. So kamen in der Kelter von Piesport Scherben eines konischen Glasbechers mit horizontalen braunen Fadenspiralen und vertikalen grünlichen Fadenauflagen in großen Schleifen aus dem frühen 6. Jahrhundert sowie eine Scherbe eines grautonigen Wölbwandtopfes des 7. Jahrhunderts zum Vorschein[19].

Außerhalb der östlichen Abschlußmauer der Kelter wurden zudem zwei von Rotsandsteinplatten

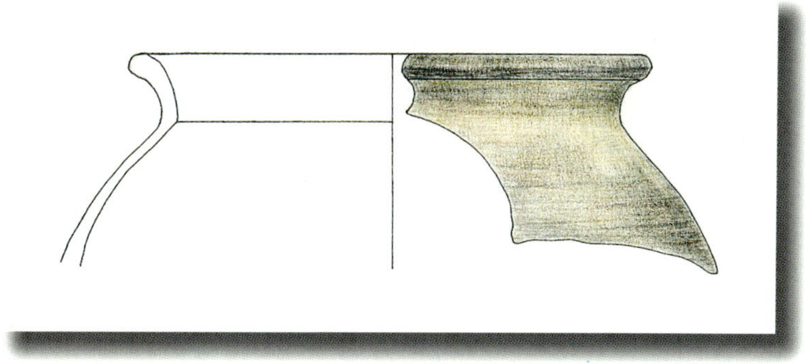

Scherbe eines grautonigen Wölbwandtopfes des 7. Jahrhunderts aus der Kelter von Piesport. Maßstab 2 : 3.

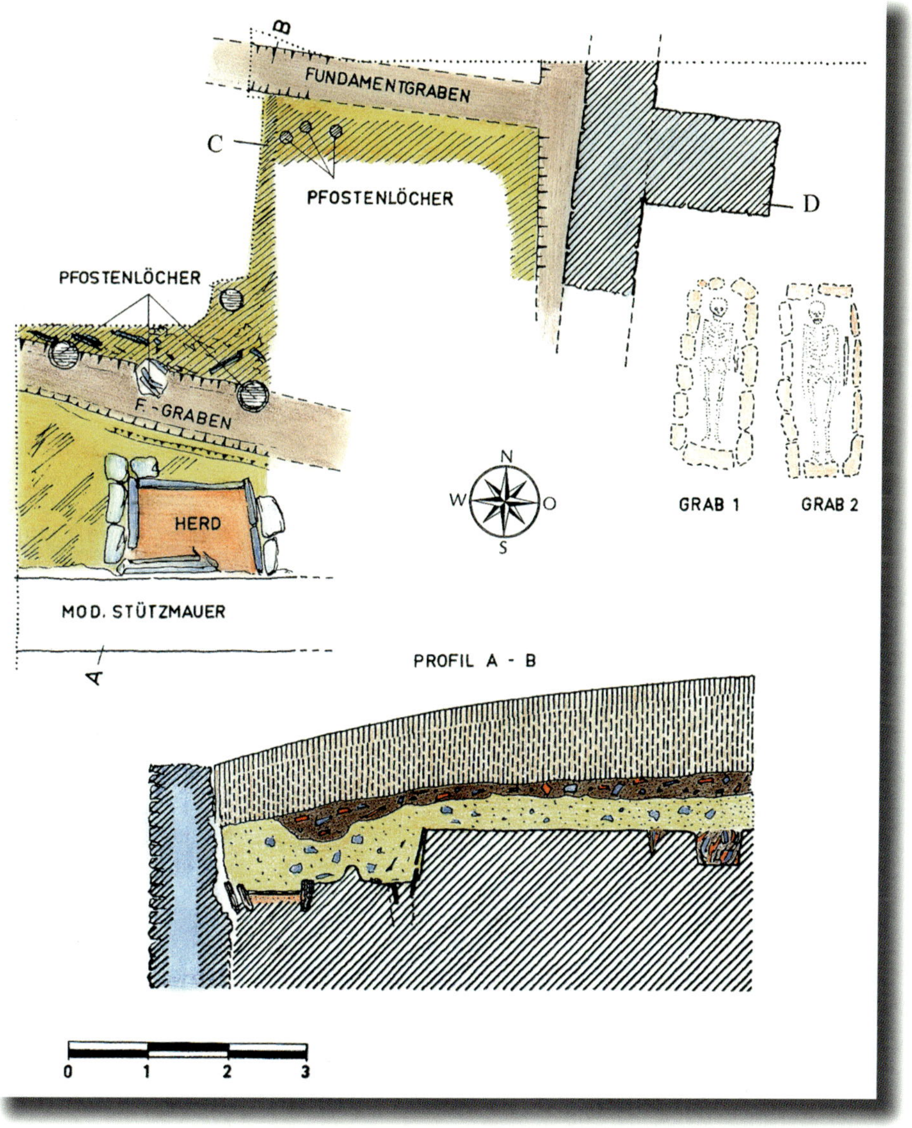

Vor der östlichen Abschlußmauer der Piesporter Kelter konnten zwei spätmerowingische Plattengräber beobachtet werden.

umstellte Körpergräber (mit der außergwöhnlichen Grabrichtung N – S) freigelegt, von denen das östliche einen Langsax (einschneidiges Schwert)[20] des letzten Drittels des 7. Jahrhunderts, das westliche eine Tüllenlanzenspitze mit schwachem Mittelgrat[21] des späten 7. oder frühen 8. Jahrhunderts als Beigabe enthielt.

In Erden kamen vor allem im Bereich des Raumes 3 verschiedene merowingische und auch karolingisch-ottonische Funde zutage. Dazu zählen ein bronzener Nietknopf einer Saxscheide (vgl. S. 159), eine stempelverzierte Randscherbe einer rotbraun engobierten Schüssel, eine Randscherbe eines Topfes mit hochgezogenem Sichelrand und eine Wandscherbe einer karolingisch-ottonischen Reliefbandamphore, die ursprünglich als Weinbehälter gedient haben dürfte. Außerdem wurden oberhalb des erst im 5. Jahrhunderts angelegten Backofens in Raum 3 mehrere beigabenlose Körperbestattungen (Grabrichtung W – O) beobachtet[22]. Eine der Grabgruben war insgesamt viermal belegt worden, wobei einer älteren Bestattung ein Messer des späten 7. Jahrhunderts beigegeben war. Ein weiteres beigabenloses Körpergrab kam noch bei Baggerarbeiten an der östlichen Kelter zutage.

Aus der westlichen Kelter von Brauneberg liegt

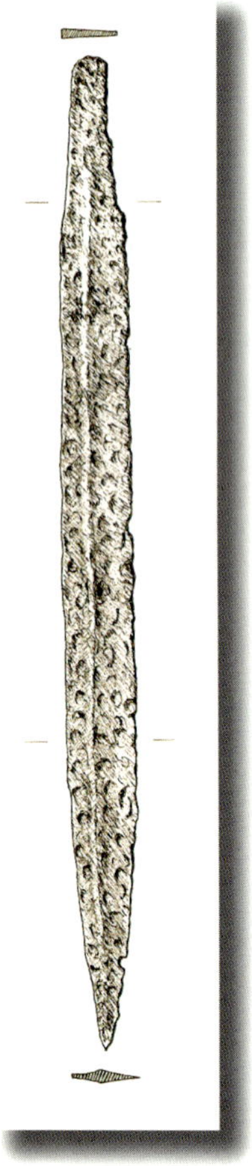

Merowingischer →Langsax aus einem Plattengrab (Grab 2) an der Kelter von Piesport (letztes Drittel 7. Jahrhundert). Maßstab 1 : 6.

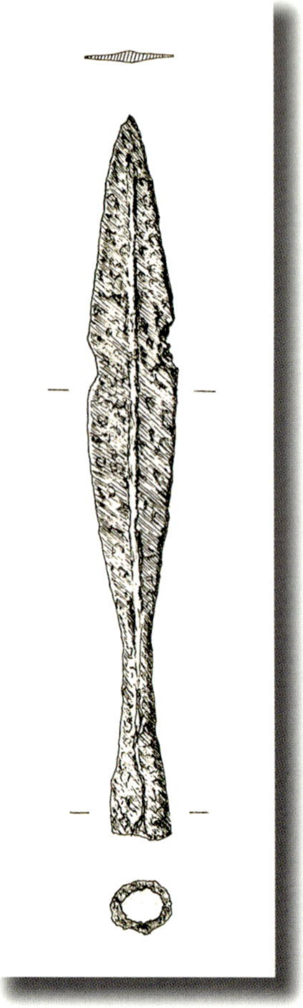

Merowingische Lanze aus einem Plattengrab (Grab 1) an der Kelter von Piesport (spätes 7./Anfang 8. Jahrhundert). Maßstab 1 : 4.

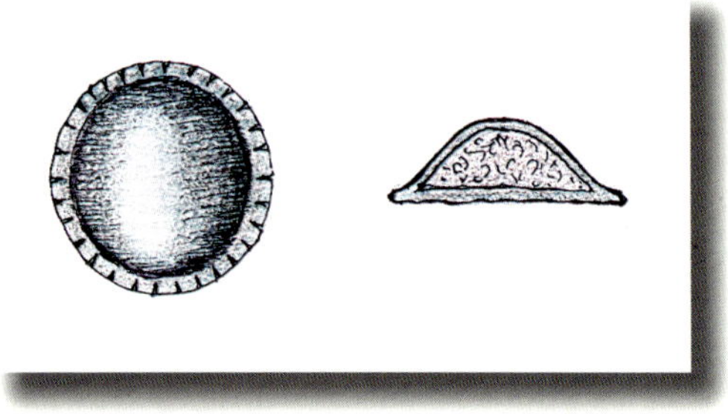

Bronzenietknopf einer bronzenen oder silbertauschierten Gürtelschnalle aus der Kelter von Brauneberg. Maßstab 1 : 1.

Wandscherbe einer Reliefbandamphore (9./10. Jahrhundert), Randscherbe eines rauhwandigen Topfes mit hochgezogenem Sichelrand und einer stempelverzierten rotbraun engobierten Schüssel (beide 6. Jahrhundert) aus der Kelter von Erden.

Spätmerowingisches Grab über dem Backofen der Kelter von Erden. Zur Seite und am Fuß des Toten liegen noch die Knochen älterer Bestattungen.

Während die Gräber in Graach schon bald nach der Aufgabe oder der teilweisen Zerstörung des Kelterhauses angelegt wurden, gehören die Grabfunde von Erden und Piesport wohl erst dem späten 7. Jahrhundert an. Die einzelnen Gräber in oder bei den Keltern lassen, selbst wenn sie eine weitere Nutzung der Gebäude als Kelter ausschließen sollten, zumindest auf eine nahegelegene Siedlung schließen, deren Bewohner in den sie umgebenden Steilhängen, wie etwa in Erden, Graach oder Piesport, wohl nur dem Weinbau nachgegangen sein können. Sicher ist es auch kein Zufall, daß im Bereich von sieben der 21 als mögliche Kelterhäuser angesprochenen Plätze ebenfalls merowingerzeitliche

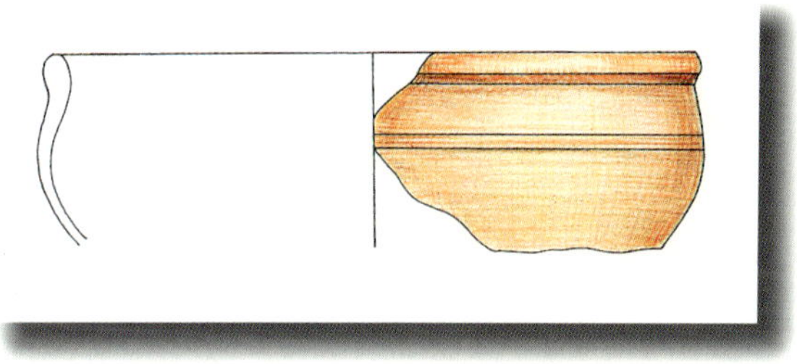

Scherbe einer rotbraun engobierten Schüssel (1. Hälfte 6. Jahrhundert) aus der Kelter von Brauneberg. Maßstab 2 : 3.

eine Scherbe einer rotbraun engobierten Schüssel mit Standring vor, die noch in die 1. Hälfte des 6. Jahrhunderts datiert[23] sowie ein Bronzenietknopf des 6. oder 7. Jahrhunderts, der sowohl zu einer Bronzeschnalle als auch einer →silbertauschierten Eisenschnalle gehört haben könnte.

In der Kelter von Graach entdeckte man wiederum Scherben eines glockenförmigen Glasbechers mit horizontalen, undurchsichtig-weißen Fadenspiralen aus dem späten 5. Jahrhundert. Daneben wurden zwei Gräber (Grabrichtung W – O) beobachtet, von denen eines offensichtlich beigabenlos war. Das zweite, das im →Hypokaustum eines ehemaligen »Fumariums« freigelegt worden war, enthielt einen Einhenkelkrug des späten 5. Jahrhunderts sowie einen gläsernen Spinnwirtel mit eingebetteten Zickzackmustern.

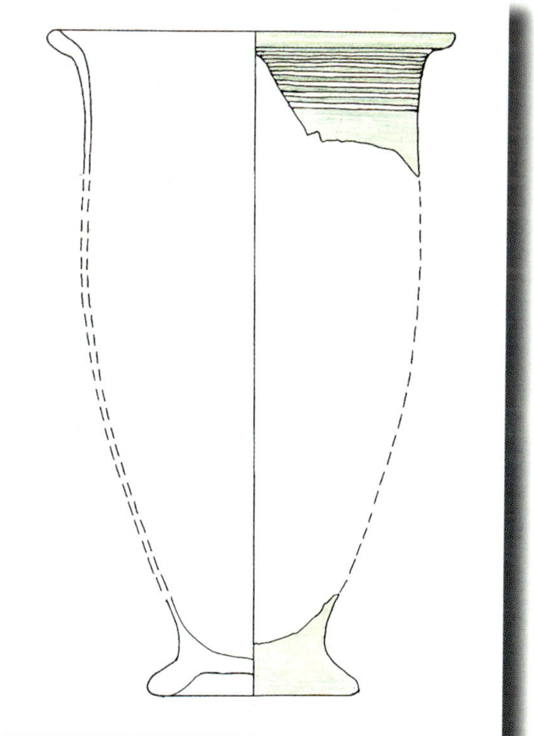

Glockenförmiger Glasbecher mit horizontalen opak weißen Fadenspiralen aus dem späten 5. Jahrhundert aus der Kelter von Graach. Maßstab 2 : 3.

Grabfunde freigelegt wurden, so in Wehlen, Kinheim, Kröv, Pünderich, Zell, Zell-Merl und Ediger[24]. Für Wehlen glaubte K. Böh-

Rauhwandiger Einhenkelkrug aus einem Grab des späten 5. Jahrhunderts in der Kelter von Graach. Höhe 24,2 cm.

ner, die zugehörige Hofstätte auf dem gegenüberliegenden sanft aufsteigenden Ufer suchen zu müssen[25]. Es ist allerdings schwer vorstellbar, daß man in dieser Zeit seine Toten auf der gegenüberliegenden Seite eines Flusses bestattete, dessen Überquerung nicht nur mühevoll sondern bedingt durch Hochwasser oder Eisgang auch nicht immer gewährleistet war. Die Siedlung dürfte daher auf der selben Moselseite wie die Gräber gelegen haben. In diesem Falle werden ihre Bewohner aber Weinbau betrieben haben, was Böhner noch nicht in Erwägung zog. Vor allem in Kinheim, Pünderich und Zell-Merl konnte die Bevölkerung der Siedlungen, denen man die Gräber zurechnen muß, wohl kaum einer anderen landwirtschaftlichen Tätigkeit nachgehen als dem Weinbau. Vielleicht hat man sogar die Ruinen der römischen Kelterhäuser, nachdem

Spinnwirtel aus Glas aus einem Grab des späten 5. Jahrhunderts in der Kelter von Graach.

sie nicht mehr für den Weinbau zu nutzen waren, bewußt für die Anlage eines Friedhofs ausgewählt, denn solche Trümmerstellen konnten nicht oder nur sehr schwer für den Weinbau urbar gemacht werden. Andererseits war der Platz an den Hängen des engen Tales beschränkt,

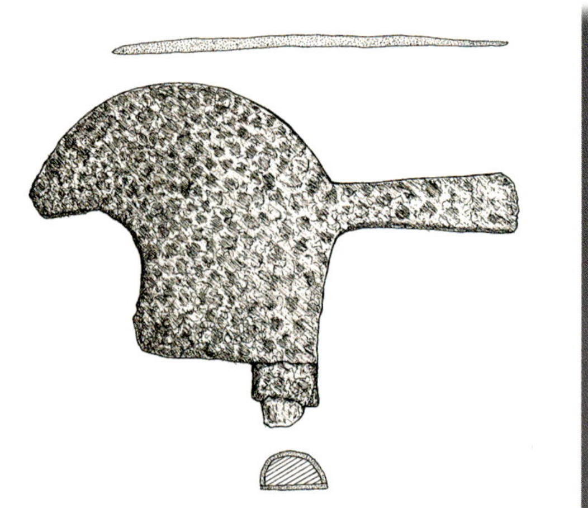

Rebmesser aus einem merowingischen Grab in Eller (wohl 7. Jahrhundert). Maßstab 1 : 3.

so daß man gezwungen war, jede klimatisch begünstigte Fläche für den Anbau von Reben zu nutzen. In Bereich einer römischen Wüstung war ein solches Vorhaben ebenso wie eine andere landwirtschaftliche Nutzung nahezu aussichtlos. Daher sind in diesen Arealen häufig Friedhöfe errichtet worden. In Erden hatte man den Schutt in Raum 3 eingeebnet und darin die spätmerowingischen Grabgruben angelegt. Die Außenmauern des Raumes ragten dabei noch über ein Meter aus der Fläche heraus und wurden offensichtlich als eine Art Friedhofsmauer genutzt.

In Ediger-Eller konnten über einem römischen Brandgräberfeld des 2./3. Jahrhunderts auch zwei Körpergräber mit merowingerzeitlichen Beigaben beobachtet werden[26]. Eines dieser beiden Gräber enthielt ein Rebmesser, das von seiner Form exakt den römischen Rebmessern mit Rückenbeil entsprach. Bisher waren solche Messer als Grabbeigabe in merowingischer Zeit unbekannt, so daß es den Bestatteten wohl als Winzer zu erkennen gibt.

Das Keltern nach dem *Capitulare de villis* und dem *Codex aureus* aus Echternach

Ob bei der weiteren Nutzung der größeren Kelterhäuser teilweise noch die alten Einrichtungen Verwendung fanden, die Preßvorrichtungen verkleinert oder gar nur auf einfachere Holzkeltern oder Sackpressen zurückgegriffen wurde, können wir derzeit nicht zufriedenstellend beantworten. Jedenfalls scheint die Verarbeitung der Trauben zum Most auch noch in karolingischer Zeit in zwei Schritten vollzogen worden zu sein. Zunächst wurde das Lesegut in die Tret- oder Maischebütten bzw. -becken verbracht, um dort mit Hilfe der Füße oder einfacher Stampfer bearbeitet zu werden. Nach Ablassen des Mostes kam die zurückgebliebene Maische in eine Presse oder Kelter, um den letzten noch verbliebenen Saft herauszupressen. Dies dürfen wir dem bekannten →Kapitular Kaiser Karls des Großen (768-814) entnehmen, wo es heißt[27]: *»Die Keltern in unseren Krongütern sollen zweckmäßig eingerichtet sein. Die Amtmänner haben darauf zu achten, daß sich niemand untersteht, unsere Trauben mit (schmutzigen) Füßen zu keltern, außer wenn alles sauber und reinlich zugeht«.*

Daß auch die römischen Baumkeltern weiterhin Pate standen, zeigt eine Kelterdarstellung auf dem Goldenen Evangelienbuch von Echternach (*Codex aureus Epternacensis*) aus der Zeit um 1030. Die Trauben werden im rechten Teil der Darstellung getreten oder mit Kolben zerstoßen. Danach kommen sie auf die Kelter, wobei der in einer Gabel endende Kelterbaum an einer Spindel, die im Holzboden befestigt ist, nach oben und unten bewegt werden kann. Weitere Darstellungen lassen eine Jocherziehung (offene Rahmenerziehung) oder Laubenerziehung erkennen. Möglicherweise kann dies als ein Hinweis dafür gewertet werden, daß damals an Mosel und Sauer neben der Pfahlerziehung auch die Jochkultur verbreitet war. Weiter erkennen wir Män-

Die Baumkelter auf dem Codex aureus *von Echternach (um 1030).*

ner mit sichelförmigen Rebmessern und schweren beilartigen Hacken (*dolabra*)[28].

Zum Weingenuß in merowingischer Zeit

Interessante Hinweise auf den Weingenuß in merowingischer Zeit liefern wiederum einzelne archäologische Fundgegenstände. Sicherlich war der Wein auch nach dem Abzug der Römer bei der Bevölkerung weiterhin ein sehr geschätztes Getränk. Darauf lassen vor allem eine Gruppe ungewöhnlicher Trinkgefäße schließen.

Konische Glasbecher des späten 5. und frühen 6. Jahrhunderts aus Grabfunden in Kobern-Gondorf (Kreis Mayen-Koblenz).

Die Mehrzahl der merowingerzeitlichen Glas- und Trinkgefäße wurde aus römischen Vorbildern weiterentwickelt. Im 2. Viertel des 6. Jahrhunderts trat dann mit den »Sturzbechern« eine neue Gefäßform auf. Diese Becher zeigten eine glatte oder geriefte Wandung sowie einen gewölbten Boden. Über dem Boden waren sie wulstartig verdickt, vielleicht um dem Zecher eine bessere Griffmöglichkeit zu bieten. Während die älteren Sturzbecher stets gedrungenere Formen mit weiter ausladendem Rand aufwiesen, waren die Formen des späten 6. und frühen 7. Jahrhunderts fast zylindrisch. Zu Beginn des 7. Jahrhunderts wurden die Sturzbecher wiederum von den »Tummlern« abgelöst (vgl. S. 158) Auch sie hatten einen runden Boden. Der rundgeschmolzene Rand war mitunter weit umgeschlagen und ihre Wand teilweise durch Rippen gegliedert. Beide Gefäßformen hatten also die Eigentümlichkeit, daß sie keinen Standboden besaßen und daher vom Zecher nie ungeleert abgestellt werden konnten, ein Umstand, der manchem Weintrinker sicher sehr entgegenkam.

Ältere merowingerzeitliche Trinkbecher des späten 5. und frühen 6. Jahrhunderts bildeten vor allem glockenförmige und konische Becher. Beide Becherformen haben sich in Bruchstücken auch in unseren Kelterhäusern erhalten. Aus Graach liegen Scherben eines glockenförmigen Bechers mit horizontalen opak weißen Fadenspiralen vor, aus Piesport wiederum Scherben eines konischen Bechers mit horizontalen braunen Fadenspiralen und vertikalen grünlichen Fadenauflagen in großen Schleifen.

Römische Gemme mit der Darstellung eines Satyrn mit Traube und Thyrsosstab, die in zweiter Verwendung in einem merowingischen Ring gefaßt wurde. Das außergewöhnliche Fundstück stammt aus einem frühchristlichen Grab in St. Maximin bei Trier.

Weindarstellungen in der merowingischen Kunst

Weinranken mit herabhängenden Trauben waren nicht nur in der Spätantike ein beliebtes Dekorationselement, sondern fanden auch in der frühchristlichen und merowingerzeitlichen Kunst eine weite Verbreitung. Vor allem auf frühchristlichen Grabinschriften bilden mitunter recht ungeschickt angebrachte Weinranken häufig die Umrahmung des Inschriftenfeldes. Aus einer Vase wachsen Reben mit Trauben heraus, an denen wiederum mehrere Tauben picken. Tauben, Rebe und Trauben waren im Laufe der Zeit zu christlichen Symbolen geworden und wurden im religiösen Bereich nun vielfältig verwendet[29].

Die Bedeutung mythologischer Darstellungen aus römischer Zeit war der Bevölkerung des 6. Jahrhunderts wohl schon weitgehend verlorengegangen, so daß römische Gemmen in Ringen des 6. Jahrhunderts wiederverwendet wurden, ohne das man sich dem Inhalt der Darstellung bewußt war. Ein Ring aus Trier zeigt zu beiden Seiten der Ringplatte im charakteristischen merowingerzeitlichen Tierstil zwei Tierköpfe, deren Augen mit Almadinen (Halbedelsteinen) ausgelegt sind. Im Ringstein selbst erkennen wir einen Satyr mit Traube und Thyrsosstab, also eine typische Darstellung aus dem Bacchuskult. Daher muß es eigentlich wundern, daß ein solcher Ring in St. Maximin als Beigabe eines christlichen Grabes gefunden wurde[30].

Anmerkungen

1 Venantius Fortunatus, Ad Vilicum episcopum Mettensem 13. Vgl. auch S. 34.
2 Venantius Fortunatus, De navigio suo 29-42. Vgl. auch S. 36ff.
3 Venantius Fortunatus, De navigio suo 21/22 bzw. 23/24.
4 Venantius Fortunatus, De navigio suo 45.
5 Vgl. ausführlich oben S. 37f.
6 Venantius Fortunatus, De navigio suo 63-65:
Antonnacensis castelli promptus ad arces
Inde prope accedens sarcina pergo ratis.
Sint licet hic spatiis vineta in collibus amplis ...
(Rasch zu den Mauern hinab an Andernachs Festung
Fahr ich dann nahe hinan, weiter getragen vom Boot.
Stehn auf den Hügeln dahier in geräumigen Reihen die Reben, ...) – Vgl. auch S. 38.
7 Venantius Fortunatus, De castello Nicetii super Mosella, 39f..
8 Cord Meckseper, Der Palast des Nicetius – oder: ganz jenseits von Bauforschung, in: Architectura 24, 1994, 161-169.
9 Heinrich Beyer, Leopold Eltester, Adam Goerz, Urkundenbuch zur Geschichte der jetzt die preußischen Regierungsbezirke Coblenz und Trier bildenden mittelrheinischen Territorien 1 (Coblenz 1860) 2,1.
10 Wolfgang Kleiber und Johannes Verena, Germanisch-romanische Lehnbeziehungen in der Winzerterminologie. Geschichtlicher Atlas der Rheinlande Beiheft X/2 (Köln 1992). – Wolfgang Jungandreas, Zur Geschichte des Moselromanischen. Studien zur Lautgeographie und zur Winzerlexik (Wiesbaden 1979).
11 Wolfgang Kleiber, Die romanischen Sprachinsel an der Mosel im Spiegel der Reliktwörter, in: Kurtrierisches Jahrbuch 14, 1974, 16-32. – Wolfgang Kleiber und Max Pfister, Aspekte und Probleme der römisch-germanischen Kontinuität. Sprachkontinuität an Mosel, Mittel- und Oberrhein sowie im Schwarzwald (Stuttgart 1992).
12 Vgl. z. B. für Zell: Kollis (*collis*) – Hügel, Anhöhe; Kapertchen (*caput*) – (Fels)Kopf, Kuppe, Spitze; Soardel (*sartulum*) – ein Stück Land, in gutem Zustand gehalten; Fontenell (*fontenella*) – kleine Quelle; Plantes (*ad plantas*) – ein jung bepflanztes Stück; Plenter (*plana terra*) – ein flaches Stück Land; Pomerell (*pomerellum*) – Apfelgärtchen; Kamp (*campus*) – Feld; Kurtel (*curtis*) – Hof; Corray (*curia*) – Hof, Halle.
13 Für Mosel, Sauer, Saar, Ruwer, Mittelrhein, Ahr, Nahe und Lahn vgl. Weiter-Matysiak 1985, 27ff. – Vgl auch unten S. 225f.
14 Bassermann-Jordan 1923, 86-87.
15 Bassermann-Jordan 1923, 73-85.
16 Heinrich Beyer, Leopold Eltester, Adam Goerz, Urkundenbuch zur Geschichte der jetzt die preußischen Regierungsbezirke Coblenz und Trier bildenden mittelrheinischen Territorien 1 (Coblenz 1860) Nr. 8.
17 Bassermann-Jordan 1923, 69f.
18 Vgl. Bassermann-Jordan 1923, 95.
19 K. Böhner, Die fränkischen Altertümer des Trierer Landes I (Berlin 1958) 55f., Typ D 12/13.
20 K. Böhner, Die fränkischen Altertümer des Trierer Landes I (Berlin 1958) 144f., Typ C.
21 K. Böhner, Die fränkischen Altertümer des Trierer Landes I (Berlin 1958) 152f., Typ B1.
22 Vgl. Grundriß S. 177.
23 K. Böhner, Die fränkischen Altertümer des Trierer Landes I (Berlin 1958) 36, Typ A 3.
24 Vgl. S. 204ff.
25 Vgl. K. Böhner, Die fränkischen Altertümer des Trierer Landes II (Berlin 1958), 167f.
26 U. Back, Frühmittelalterliche Grabfunde beiderseits der unteren Mosel. BAR International Series 532 (Oxford 1989) 46, 124.
27 Capitulare de villis. Codex Helmstadensis 254: *»Ut torcularia in villis nostris bene sint praeparata; et hoc praevideant iudices, ut vindemia nostra nullus pedibus premere praesumat, sed omnia nitida et honesta sint«.* Zur einer abweichenden Interpretation, die auch in unserer Übersetzung Berücksichtigung findet, vgl. Clemens 1996, 257ff.
28 G. Franz, in: Cüppers 1987, 168-170.
29 Vgl. S. 145f.
30 Vgl. L. Schwinden u. K. J. Gilles, Gold und Silber aus St. Maximin. Spätantikes und Frühchristliches unter der Trierer Reichsabtei. Faltblatt zur Ausstellung vom 18. Juni bis 28. November 1999.

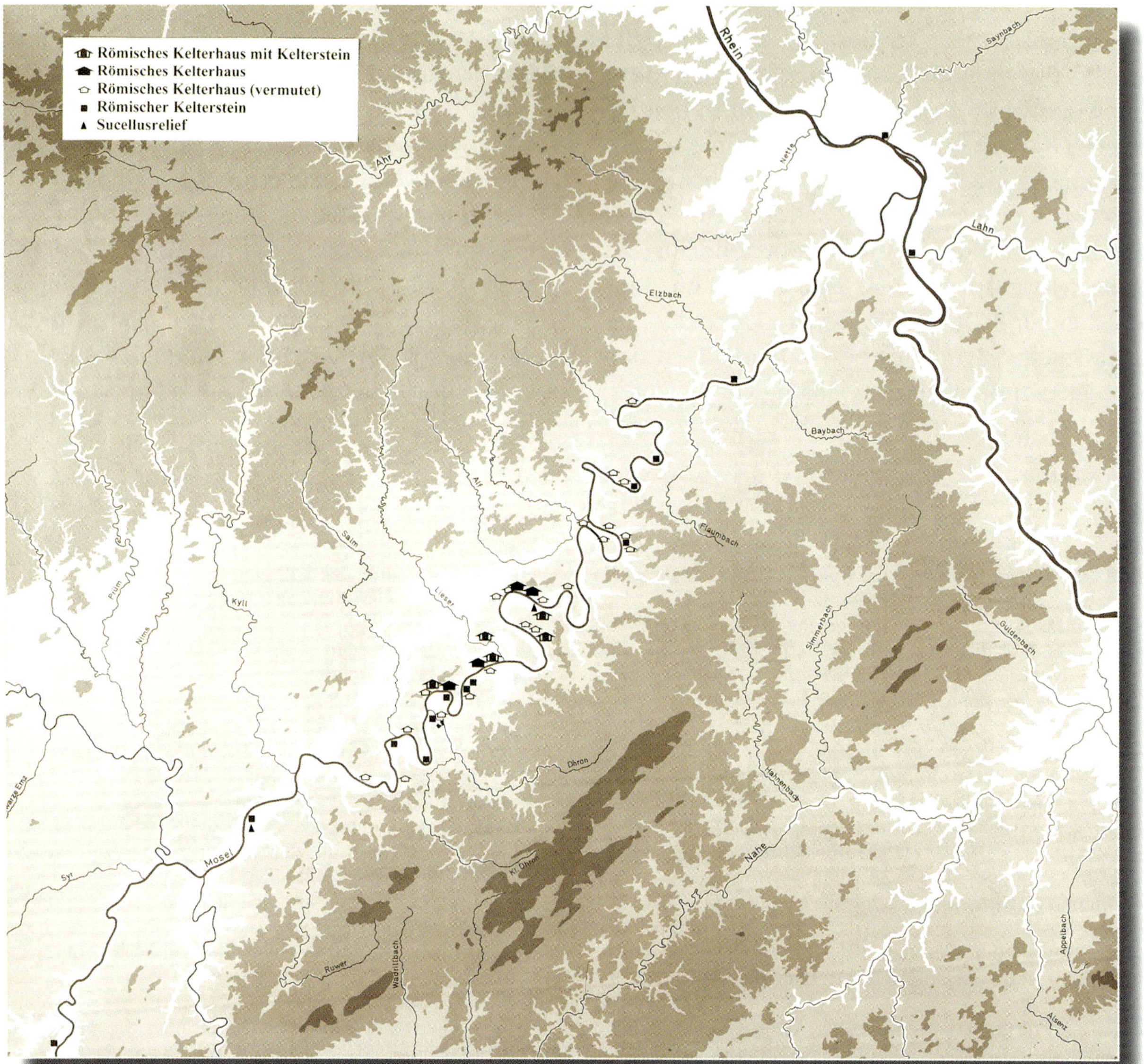

Verbreitungskarte römischer Kelterhäuser und Keltersteine an Mosel und Mittelrhein. Außerhalb des Kartenausschnittes liegen das Kelterhaus von Bad Dürkheim-Ungstein und die beiden Keltersteine von Bechtheim (Kreis Alzey-Worms) und Worms.

Nachweise über den römischen Weinbau (Katalog)

- Die Kelterhäuser
- Die Keltersteine
- Mögliche Kelteranlagen
- Sonstige Denkmäler des römischen Weinbaus
- Beschreibung der im Text abgebildeten Steindenkmäler
- Urkundlich belegter Weinbau an Mosel und Mittelrhein (6. Jahrhundert - 1. Hälfte des 8. Jahrhunderts)
- Das Moselgedicht des Venantius Fortunatus nach Eduard Böcking

Die Kelterhäuser

1. Brauneberg (östliches Kelterhaus), Kreis Bernkastel-Wittlich (1990/91)

Nordöstlich von Brauneberg wurde im Jahre 1991 auf dem gegenüberliegenden Moselufer im Distrikt »Unter Mötschert« (»Brauneberger Juffer Sonnenuhr«) ein 14,80 x 8,70 m großes Kelterhaus freigelegt. Bereits ein Jahr zuvor war man in der westlich anschließenden Parzelle auf eine etwas größere Kelter gestoßen, deren östliche Ausdehnung damals allerdings offenblieb. Die Untersuchungen ergaben, daß beide Anlagen am Fuße eines sehr steilen Südhanges unweit der Mosel nahezu spiegelbildlich angelegt und über einen etwa 8,50 x 8 m großen Raum mit einander verbunden waren. Jener Raum wurde mit der westlich anschließenden Kelter (vgl. unten) erst nachträglich dem Gebäude angefügt.

Das östliche Drittel des Kelterhauses wurde von einer Beckenanlage ausgefüllt, die ein Tret- oder Maischebecken (Becken 6 = 3,2 x 3 m; 5,4 m³), ein Kelter- oder Preßbecken (Becken 5 = 3 x 2,6 m; 4,6 m³) sowie zwei tiefer gelegene Most- oder Ablaufbecken (Becken 7 und 8) mit einer Kapazität von jeweils 1.200 l umfaßte. Das südliche Mostbecken (B 8) erscheint wegen einer geringeren Grundfläche und einer nachträglich eingebauten quadratischen Trittstufe kleiner, weist dafür aber eine größere Beckentiefe auf. Zwischen beiden Mostbecken lag eine 1,5 x 1,2 m große Arbeitsplattform, die über vermutlich drei vorgelagerte Stufen zu erreichen war. Von diesem Podium konnte man alle im Maische- (B 6) und Preßbecken (B 5) anfallenden Arbeiten verrichten. Westlich des Preßbeckens (B 5) bzw. des Mostbeckens (B 7) lag in einer nahezu runden Grube ein Kelterstein, der ursprünglich als Gegengewicht einer Spindelpresse mit schwebendem Gewicht gedient hatte. Allerdings war der rund 14 Zentner schwere Stein, wie die seitlichen Nuten erkennen ließen, als einziger der Länge nach an der Spindel bzw. dem Kelterbaum aufgehängt.

Der Grabungsbefund gab mindestens zwei Bauperioden zu erkennen. So ruhte die nördliche, bergseitige Schieferbruchsteinmauer auf den Resten einer älteren, aus Kalksteinen errichteten Mauer. Zudem kamen in der Stickung des wohl erst in der Neuzeit teilweise zerstörten Bodens

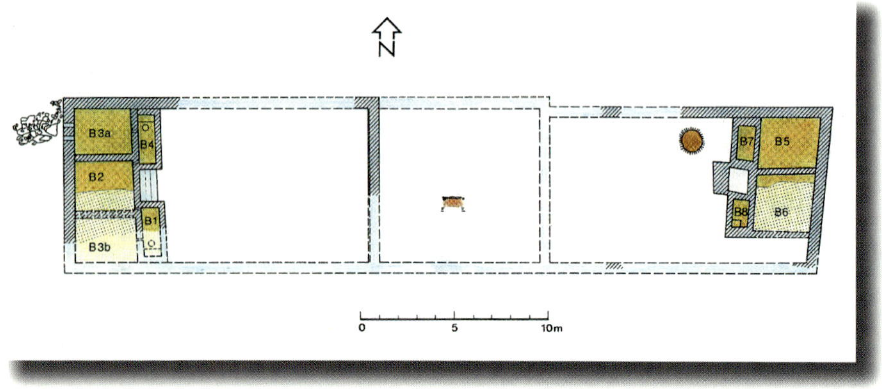

Gesamtplan des westlichen und östlichen Kelterhauses von Brauneberg.

Blick von Westen auf das östliche Kelterhaus von Brauneberg, hinten rechts Maischebecken B 6, daneben Preßbecken B 5, davor Mostbecken B 7 und B 8.

von Preßbecken (B 5) wiederverwendete Estrichbrocken älterer Becken zum Vorschein. Sie dürften wie die Kalksteinmauer zu einem Vorgängerbau gehört haben.

Die vorliegenden Keramik- und Glasscherben sowie vier Bronzemünzen [→barbarisierter Antoninian eines gallischen Kaisers aus der Zeit um 270/80, zwei in Trier in den Jahren 330/31 geprägte Folles auf die Stadtgöttin Constantinopolis und ein zwischen 383 und 402 herausgebrachter Halbcentenionalis, vermutlich des Arcadius (Victoria-Auggg-Typ)], datieren diese Kelteranlage (wie ihren Vorgängerbau) in die 2. Hälfte des 3. bis zur 1. Hälfte des 5. Jahrhunderts n. Chr. Bemerkenswerte Funde bilden neben Holunderkernen und Kirschkernfragmenten, die auch auf die Verarbeitung von Rotwein hindeuten, ein hippenartiges Rebmesser mit Rückenbeil, sowie Ziegelstempel [AMANTIOLVS (rückläufig), ARIGIVS und FLORENTIVS (rückläufig)], die auf ein von staatlicher Seite errichtetes Bauwerk schließen lassen. Vgl. auch Abb. S. 76, 80/81, 83, 190.

Nachgewiesene Pflanzen (ohne Wild- oder Unkräuter): Weinrebe, Holunder, Kirsche, Gerste und Hirse.

Erste Überlieferung von Weinbergen:
vor 596. – Weinberge ab Klasse I.

Der heutige Schutzbau über dem östlichen Kelterhaus von Brauneberg.

Die römischen Baureste sind unter einem Schutzbau, der frei zugänglich ist, konserviert. Führungen nach Vereinbarung, Eintritt frei.
Nähere Informationen:
Gemeindeverwaltung, Tel. 06534/933333.

Literatur:
Gilles 1991, 20*-32*.
Gilles 1995, 30-33.
König 1997, 59-61.

2) Brauneberg (westliches Kelterhaus), Kreis Bernkastel-Wittlich (1990)

Nordöstlich von Brauneberg wurde im Jahre 1990 auf der gegenüberliegenden Moselseite im Distrikt »Unter Mötschert« (»Brauneberger Juffer Sonnenuhr«) bei größeren Erdbewegungen im Rahmen der Flurbereinigung ein 17 x 9 m großes Gebäude angeschnitten. Schon bald konnten die am Fuße eines sehr steilen Südhanges unweit der Mosel gelegenen Baureste als die einer römerzeitliche Kelteranlage identifiziert werden. Die östliche Ausdehnung jenes Gebäudes blieb aber zunächst offen. Überraschenderweise konnte in diesem Bereich bei einer Nachuntersuchung rund ein Jahr später eine zweite ältere Kelter nachgewiesen werden (vgl. oben). Beide Keltern waren nahezu spiegelbildlich angelegt und über einen etwa 8,50 x 8 m großen Raum miteinander verbunden.

Im westlichen Drittel des Gebäudes war eine Kelteranlage mit zwei Tret- oder Maischebecken (Becken 3 a und 3 b = 3,25 x 2,35 m; 4,3 m^3 bzw. 3 x 2,35 m; 3,9 m^3), einem Kelter- oder Preßbecken (Becken 2 = 3,1 x 2,6 m; 4,4 m^3) und zwei tiefer gelegenen Mostbecken (Becken 1 und 4) mit einem Fassungsvermögen von je 2000 l installiert. Das nahezu unversehrte Mostbecken (B 4) wies eine Stufe mit vorgelagertem Schöpfloch auf, die nach vorliegenden Estrichbrocken gleichfalls in dem teilweise zerstörten Becken (B 1) zu erwarten sind. Das Preßbecken

(B 2) hatte zwei Abflüsse, je einen zu jedem Mostbecken, so daß durchaus eine Sorten- und Qualitätstrennung möglich gewesen wäre. Zwischen beiden Mostbecken führten drei Stufen zum Preßbecken (B 2), das von dieser Seite, wie wohl auch die beiden Maischebecken, bequem bedient werden konnte. Leider mußten die Grabungen in der östlichen Hälfte des Gebäudes witterungsbedingt abgebrochen werden, zumal der relativ steile Hang oberhalb der Kelter nach Ansicht der Geologen abzurutschen drohte.

Blick von Osten auf das westliche Kelterhaus von Brauneberg.

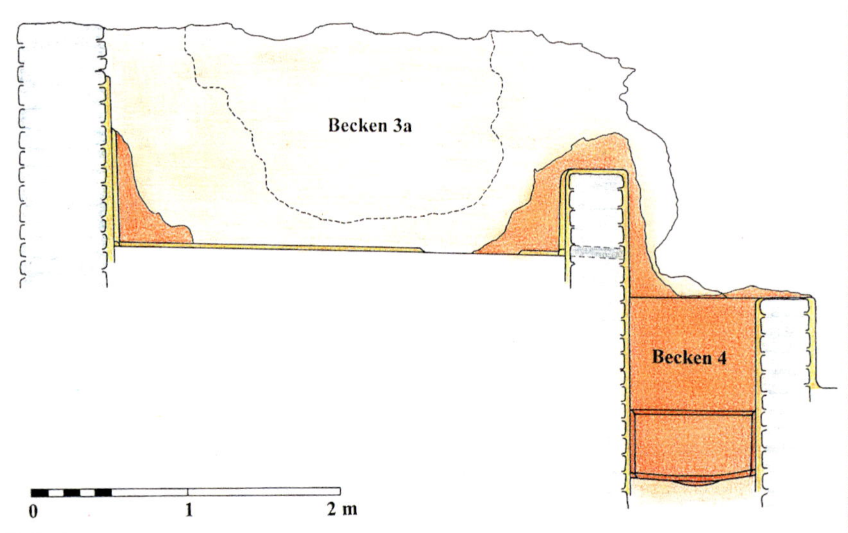

Schnitt durch das westliche Kelterhaus von Brauneberg (Becken 3a und 4).

Die Keramik- und Glasscherben sowie eine Bronzemünze Constantins I. (→Follis, 321 in Trier geprägt, RIC 316) datieren die Anlage in das 4. und die 1. Hälfte des 5. Jahrhunderts n. Chr. Zusammen mit einem östlich anschließenden, etwa 8,50 x 8 m großen Raum, in dessen Zentrum eine größere Feuerstelle beobachtet wurde, war dieses Gebäude nachträglich an das wenig kleinere, östliche Kelterhaus angebaut worden. Erwähnenswerte Funde bilden neben Holunderkernen, die wiederum auf die Verarbeitung von Rotwein schließen lassen, auch verschiedene gestempelte Ziegel [AMANTIOLVS (rückläufig), ARIGIVS und FLORENTIVS (rückläufig)], sowie ein leistenförmiger Gürtelverstärker einer spätrömischen Gürtelgarnitur. Die Ziegelstempel lassen, wie der Gürtelbeschlag, den Staat oder das Militär als Erbauer und Betreiber dieser Anlage vermuten. Offenbar wurde die Ruine des Gebäudes noch während des 6. Jahrhunderts aufgesucht, worauf etwa eine Randscherbe einer rot engobierten Schüssel und ein bronzenietknopf einer Bronze- oder silbertauschierten Eisenschnalle hinweisen könnten[1]. Vgl. auch Abb. S. 61, 73, 75, 76, 164, 165, 190.

Nachgewiesene Pflanzen (ohne Wild- oder Unkräuter): Weinrebe, Holunder, Brombeere, Hirse und Hasel.

Erste Überlieferung von Weinbergen: vor 596. – Weinberge ab Klasse I.

Obwohl diese Anlage wesentlich besser als die

benachbarte östliche Kelter erhalten war, mußte sie unmittelbar nach Abbruch der Grabungen verfüllt werden. Ungünstige Witterungsverhältnisse hatten den Steilhang (bis zu 65°) oberhalb der Kelter in Bewegung gesetzt und tiefe Risse verursacht, die nach Ansicht der Geologen ein Abrutschen des Berges befürchten ließen. Die Anlage wurde vorsichtig mit feinem Sand verfüllt, um sie für eine spätere Konservierung zu erhalten.

Literatur:
Gilles 1990[3], 33*-45*.
Gilles 1991, 20*-32*.
Gilles 1995, 32-34.
König 1997, 55-59.

3) Bad Dürkheim-Ungstein, Kreis Bad Dürkheim (1981)

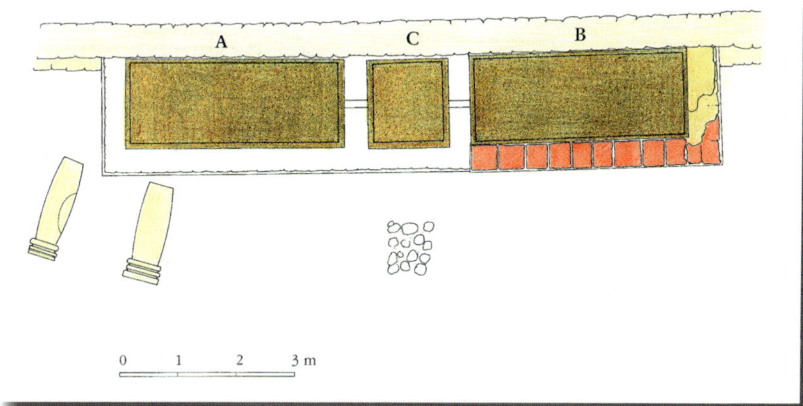

Grundriß der Beckenanlagen von Ungstein.

Blick von Osten über die Beckenanlage von Ungstein.

Im Zuge der Flurbereinigung wurde 1981 nordwestlich des Bad Dürkheimer Stadtteils Ungstein im »Ungsteiner Weilberg« ein römerzeitlicher Gutshof des 1. bis 4. Jahrhunderts n. Chr. freigelegt, der sich mit sechs Nebengebäuden über einen sanften Südosthang erstreckte. Gebäude 6 bildete ein rund 30 x 14,50 m großes Kelterhaus. An seiner Nordseite lag ein 13,5 x 4,5 m großen Raum, der über zwei schmale Türöffnungen zugänglich und in den Hang eingetieft war. Es liegt nahe, ihn als Kellerraum zu deuten. Unmittelbar südlich vor der Trennmauer zum eigentlichen Kelterraum wurde eine dreiteilige Beckenanlage freigelegt.

Becken A (3,65 x 1,25 m; 2,5 m^3) und das später angebaute Becken C (3,55 x 1,25 m; 2,5 m^3) bildeten die Tret- oder Maischebecken. Dazwischen lag rund 0,5 m tiefer das Most- oder Ablaufbecken B (1,25 x 1,25 m; 1,0 m^3). Ein Kelter- oder Preßbecken ist nicht nachgewiesen. Reste einer Presse bildeten vielleicht zwei abgearbeitete Sandsteinsäulen, die unmittelbar vor dem Maischebecken A gefunden wurden. Es wäre sogar möglich, daß in den Tret- oder Maischebecken kurzfristig auch relativ

Der heutige Schutzbau über den Beckenanlagen von Ungstein.

leicht zu errichtende wie abzuschlagende Preßkörbe aufgestellt wurden. Der Kelterbaum der darüber installierten Spindelpresse könnte in der Rückwand von Becken A verankert gewesen sein. Als Gegengewicht nutzte man vielleicht die Säulen. Andererseits könnten sie auch als Führung des Kelterbaums gedient haben. Daß die Maische, wie vermutet, zum Pressen in eine gesonderte, vor den Becken errichtete Kelter umgelagert wurde, läßt sich nicht beweisen.

Das vorliegende Fundmaterial datiert dieses Gebäude in das 3./4. Jahrhundert n. Chr. Bemerkenswerte Funde bilden außerdem ein glockenförmiges Bleigefäß zur Herstellung eines Mostkonzentrats (*defrutum*), das noch zahlreiche Traubenkerne enthielt, ein kleines sichelförmiges Rebmesser sowie ein Karst. Vgl. auch Abb. S. 19, 84, 100.

Nachgewiesene Pflanzen (ohne Wild- oder Unkräuter): Weinrebe, Gerste, Hirse, Dinkel, Erbse und Linse.

Der Schutzbau ist frei zugänglich. Führungen nach Vereinbarung. Eintritt frei. Nähere Informationen: Verkehrsamt Bad Dürkheim, Tel. 06322/935156.

Literatur:
Bernhard 1982, 224-225.
Bernhard 1984, 1-15.
Bernhard 1997, 63-82.
Schumann 1981, 34-40.
Schumann 1982, 253-257.
Schumann 1985, 199-205.
Schumann 1995, 74-86.
Schumann 1997, 83-101.

4) Erden (westliches Kelterhaus), Kreis Bernkastel-Wittlich (1992/93)

Unmittelbar bevor im Rahmen der Flurbereinigung, auf der gegenüberliegenden Moselseite nördlich von Erden, größere Erdbewegungen einsetzten, konnte vom Verfasser in der Flur »im Dellert« am Fuße eines steilen Südhanges (»Erdener Treppchen«) unweit der Mosel eine bis dahin unbekannte römische Trümmerstelle beobachtet werden. Eine sogleich vorgenommene Sondage ließ umfangreiche Mauerreste erkennen, die daraufhin im Zuge einer Arbeitsbeschaffungsmaßnahme freigelegt wurden und die Reste eines 38 x 16 m großen Kelterhauses ans Tageslicht brachten.

Offenbar wies bereits der in der Mitte oder der 2. Hälfte des 3. Jahrhunderts n. Chr. errichtete Kernbau (Raum 3 = 17 x 11 m) jenes Gebäudes eine spätestens zu Beginn des 5. Jahrhunderts zurückgebaute Kelter unbekannten Umfangs auf. Wohl noch im späten 3. Jahrhundert wurde dieser Bau nach Osten um einen 14 x 8,70 m großen Raum (Raum 2) erweitert, in dem eine zweite Kelter installiert war. Leider waren die zur Moselseite angelegten Becken stärker gestört, so daß

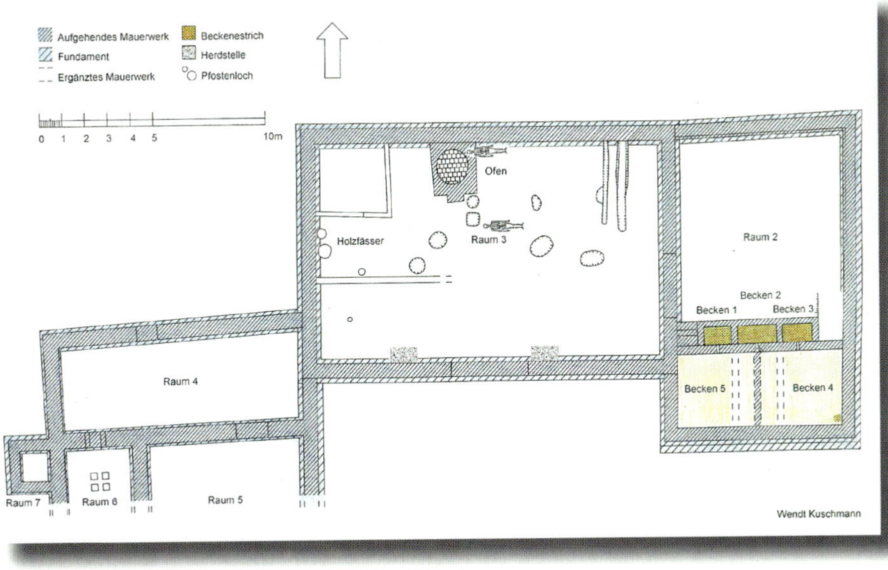

Gesamtplan des westlichen Kelterhauses von Erden.

»Fumarium« (Rauchkammer, Raum 6) angebaut, das ebenfalls zu Beginn des 5. Jahrhunderts aufgegeben wurde. Seine Hypokaustziegel fanden in der Kuppel eines 2,50 x 2 m großen Ofens in Raum 3 eine zweite Verwendung.

Nach einer weitgehenden Zerstörung des Gebäudes um die Mitte des 5. Jahrhunderts wurden im planierten Schutt des Kernbaus, dessen noch aufrecht stehende Mauern eine Art von Umfriedung bildeten, im Laufe des 7. Jahrhunderts mehrere Körpergräber angelegt. Aufgrund von Streufunden, darunter Scherben einer Reliefbandamphore, scheint der Platz noch bis ins 9. oder 10. Jahrhundert begangen worden zu sein[2]. Vermutlich wurde er von den Angehörigen eines gewissen Austrobald genutzt, der in einer Urkunde des Jahres 774/5 überliefert ist. Danach schenkte eine Theodrada dem Kloster Echternach den Hörigen Austrobald im Berg Ardinigus (Erden) über der Mosel (... *super fluvio Mosella in monte Ardinigio* ...). Vielleicht bewohnte Austrobald sogar jenen kleinen befestigten Platz mit einer nur 20 m breiten Fläche unweit unserer Kelter, rund 100 m über der Mosel, der im Jahre 1921 festgestellt werden konnte[3]. Austrobald dürfte in einer solchen

wir heute nicht wissen, in welcher Weise sie ursprünglich unterteilt waren. Entweder umfaßten sie zwei Maischebecken (zusammen ca. 8,3 m^3) und ein Preßbecken (ca. 3.0 m^3) oder je ein Maische- und Preßbecken gleicher Größe (Becken 4 und 5 = ca. 3,6 x 3,3 m; 6,5 m^3). Diese Becken korrespondierten wiederum mit drei tiefer gelegenen Most- oder Ablaufbecken (Becken 1-3 = Volumen 0,5-0,9 m^3).

Die Räume 2 und 3 waren aufgrund nachgewiesener Mauerabsätze und Balkenlager zweigeschossig, wobei im ihrem Obergeschoß Wohn-, Lager- oder Speicherräume untergebracht waren. Im Laufe des 4. Jahrhunderts wurden an der Westseite des Kernbaus (Raum 3) noch vier kleinere Räume, darunter ein etwa 4 x 3 m großes

Das Mauerwerk der westlichen Erdener Kelter läßt eine Zweigeschossigkeit erkennen.

Backofen des frühen 5. Jahrhunderts an der nördlichen Abschlußmauer von Raum 3.

Der heutige Schutzbau über dem westlichen Kelterhaus von Erden.

Wohnlage mit seiner Familie nur dem Weinbau und dem Fischfang nachgegangen sein.

Zahlreiche Keramik- und Glasscherben sowie mehr als 40 Bronzemünzen datieren die Anlage in die Mitte des 3. bis zur Mitte des 5. Jahrhunderts. Die Verteilung der Münzen, die von Tetricus I. (271-274) bis Arcadius (383-408) reichen, zeigt deutliche Schwerpunkte im 3. Viertel des 3. Jahrhunderts, im 2. Viertel des 4. sowie im späten 4. Jahrhundert. Wiederum geben verschiedene Ziegelstempel (REMI in einer Tabula ansata, EVENTIVS und DE AETHERI) oder Gürtelteile, darunter eine kerbschnittverzierte Riemenzunge und eine 9,4 cm lange Astragalröhre[4], den Staat oder das Militär zumindest seit dem 4. Jahrhundert als Betreiber dieser Anlage zu erkennen. Bemerkenswert sind außerdem die Reste zweier mit »Kalk« gefüllter Holzfässer an der westlichen Innenseite des Kernbaus. Vgl. auch Abb. S. 83, 91, 94, 102, 159, 164, 165, 191.

Nachgewiesene Pflanzen (ohne Wild- oder Unkräuter): Weinrebe, Brombeere, Gerste, Hirse, Hanf und Hasel.

Erste Überlieferung von Weinbergen: 1177 bzw. 874 (für Ürzig). – Weinberge ab Klasse II.

Der Schutzbau ist frei zugänglich. Führungen: Samstags und sonntags 10.30 und 11.00 Uhr, bei Bedarf mittwochs 18.00 Uhr oder nach Vereinbarung. Eintritt frei. Tel. 06532/2267.

Literatur:
Gilles 1994, 33*-41*.
Gilles 1995, 37-40.

5) Erden, (östliches Kelterhaus), Kreis Bernkastel-Wittlich (1998/99)

Kaum 40 m moselabwärts der im Jahre 1992 entdeckten Kelteranlage wurde bei Ausschachtungsarbeiten für einen Parkplatz sechs Jahre später in der Flur »im Dellert« am Fuße eines steilen Südhanges (»Erdener Treppchen«) unweit der Mosel ein weiteres römisches Kelterhaus angeschnitten, von dem sich an der Oberfläche zuvor keine Spuren abgezeichnet hatten.

Bei den anschließenden Grabungen kamen neben den Resten zweier älterer Gebäude aus der 2. Hälfte des 3. Jahrhunderts n. Chr. auch ein 14,20 x 10,20 m großes Kelterhaus zutage. Auf seiner Ostseite war eine Kelter installiert, wobei die Becken auf zwei unterschiedlichen Ebenen errichtet waren. Während die tieferliegenden Becken zweifelsfrei als Most- oder Auffangbecken dienten, lag auf der oberen Ebene das obligatorische Tret- oder Maischebecken (5,7 m x 3,5 m = 9,6 m^3, sofern davon kein Preßbecken abgeteilt war).

Die beiden Mostbecken waren auf unterschiedlichen Niveaus angelegt und durch ein Bleirohr miteinander verbunden. Das höher gelegene Becken wies mit Ausnahme eines kleineren Bereiches um den Abfluß auf dem Boden

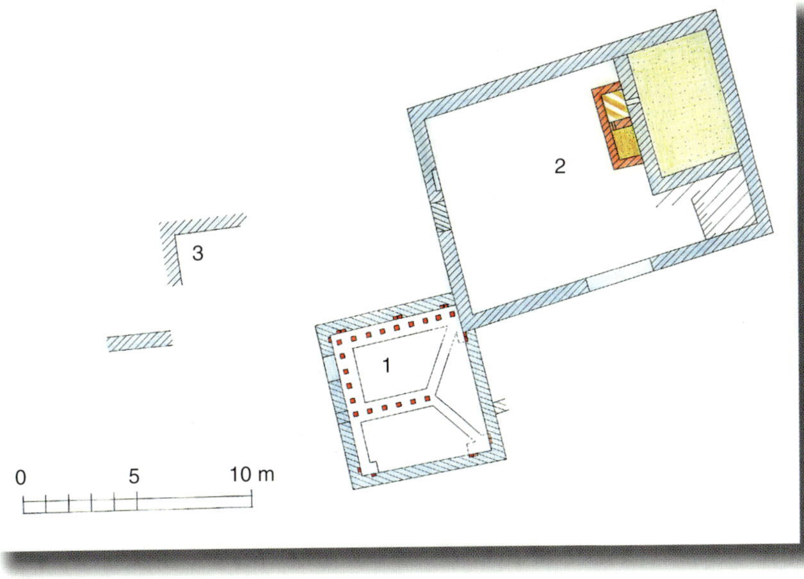

Gesamtplan des östlichen Kelterhauses von Erden.

Blick von Südwesten auf das östliche Kelterhaus von Erden, im Vordergrund das Fumarium (Raum 1), im Hintergrund die Beckenanlagen.

wie an den Seitenwänden bis zu einer Höhe von rund 15 cm Kalkreste auf. Diese deuteten darauf hin, daß das Becken zum Abscheiden von Kalk genutzt wurde, der offenbar zuvor auf die Maische gestreut oder dem Most zugesetzt worden war. Zweck dieser Behandlung war ein Entsäuern des Mostes, das bereits Plinius beschrieb.

Ein nach der Mitte des 4. Jahrhunderts n. Chr. an der Südwestecke des Gebäudes angefügter 7,70 x 6,80 m großer Anbau (Raum 1) diente wohl als »Fumarium« (Rauchkammer), das in diesem Falle auf eine »Kanalheizung« (sonst »Hypokaustheizung«) zurückgriff. Auch dieses Fumarium wurde zu Beginn des 5. Jahrhunderts aufgegeben, wie der nachträglich zugemauerte Feuerungskanal (Praefurnium) erkennen ließ.

Mehr als 120 Münzen gehören, von je einem abgegriffenen Silberdenar der Kaiser Vespasian (69-79) und Trajan (98-117) sowie einem Bronzesesterz des Marc Aurel (161-180) abgesehen, der 2. Hälfte des 3. bis zum frühen 5. Jahrhundert an. Die Münzreihe zeigt wiederum deutliche Schwerpunkte in der 2. Hälfte des 3., dem 2. Viertel des 4. sowie im späten 4. Jahrhundert. Bemerkenswert sind einige nahezu prägefrische, miteinander verbackene Folles, die ausnahmslos in den Jahren 327/8 in Trier geschlagen worden waren. Sie waren offensichtlich in gerollter Form wohl als Teil einer Börse oder eines Schatzes in den Boden gekommen und später vom Bagger auseinandergerissen worden, so daß sich ihr ursprünglicher Fundort nicht mehr ermitteln ließ. Die jüngsten Bronzemünzen bilden →Halbcentenionalis der Kaiser Arcadius (383-408) und Honorius (393-423). Zu bemerkenswerten Kleinfunden zählen außerdem einige gestempelte Ziegel (CAMAR und CAPIONACI) sowie vereinzelte merowingerzeitliche Scherben, die eine längere kontinuierliche Nutzung des Gebäudes vermuten lassen. Auch hier wurde unmittelbar westlich von Raum 2 ein beigabenloses Körpergrab beobachtet.

Bei den Ausgrabungen konnten westlich der Vorgängerbauten (Raum 3) auch drei Brandgräber eines kleineren Friedhofs des 3. Jahrhunderts freigelegt worden. Alle Gräber bestanden aus

Grabbeigaben aus Grab 4 (links) und Grab 1 (rechts) (1. Hälfte bzw. Ende 3. Jahrhundert).

Grabbeigaben aus Grab 2 (1. Hälfte 3. Jahrhundert).

einem größeren, mit Leichenbrand gefüllten und als Urne dienenden Keramikgefäß, wobei eine der Urnen mit einem Teller abgedeckt war und ein außergewöhnliches Glasfläschchen enthielt, zu dem bisher keine Parallele bekannt geworden ist (Grab 2). Mit Errichtung des ersten Gebäudes wurde der Friedhof wohl noch vor 300 n. Chr. aufgegeben. Vgl. auch Abb. S. 76, 91, 92, 93, 94.

Nachgewiesene Pflanzen (ohne Wild- oder Unkräuter): Weinrebe, Kirsche, Gerste und Hasel.

Erste Überlieferung von Weinbergen: 1177 bzw. 874 (für Ürzig). – Weinberge ab Klasse II.

Literatur:
unpubliziert.

6) Graach, Kreis Bernkastel-Wittlich (1995/ 96)

Bei umfangreicheren Umbau- und Sanierungsarbeiten des Josephshofes wurden 1995 westlich von Graach, am Fuße eines steilen Südwesthanges (»Graacher Josefshöfer«) unweit der Mosel, Reste einer größeren römischen Kelteranlage angeschnitten und untersucht. Obwohl sie durch mittelalterliche Überbauung und Steinraub stark in Mitleidenschaft gezogen war, deuteten die archäologischen Befunde – trotz aller Widrigkeiten – auf die aufwendigste aller bisher bekannten Kelteranlagen des Moseltals.

Mit einer Ausdehnung von mehr als 25,80 m x 16,10 m (ursprünglich ca. 40-50 x 18-20 m) zählte die Anlage auch zu den größten Kelterhäusern. Sie umfaßte im untersuchten Bereich mehr als vier Räume und fünf Becken unterschiedlicher Größe. An wenigen Stellen hatten sich Reste des aufgehenden Mauerwerks, einer für das Moseltal ungewöhnlichen Kalksteinmauer, erhalten, die wiederum auf einer 0,90 m starken Kalksteinstickung ruhte. Während der nördliche Abschluß des Gebäudes unter der dicht oberhalb vorbeiführenden Straße zu vermuten ist, war seine Ausdehnung in östlicher Richtung nicht mehr festzustellen. Ein etwa 12 m nordwestlich der Kapelle angelegter Suchschnitt erbrachte neben einer abgebrochenen mittelalterlichen oder neuzeitlichen Mauer auch römischen Bauschutt, ein Indiz dafür, daß dieser Bereich noch innerhalb des antiken Gebäudekomplexes lag. Wenig südlich davon sollen im Jahre 1954 mindestens zwei im rechten Winkel angelegte Ziegelmauern, möglicherweise die Reste weiterer Becken, zerstört worden sein.

Die einzelnen Becken ließen sich keiner eindeutigen Nutzung zuordnen. Becken 2-4 könnten als Maische- oder Preßbecken, Becken 1 und 5 wohl als Mostbecken gedient haben, wobei Becken 1 einer älteren Phase angehörte. Bemerkenswert war der aufwendige Aufbau der in einer Reihe angelegten Becken 2-4, die durch

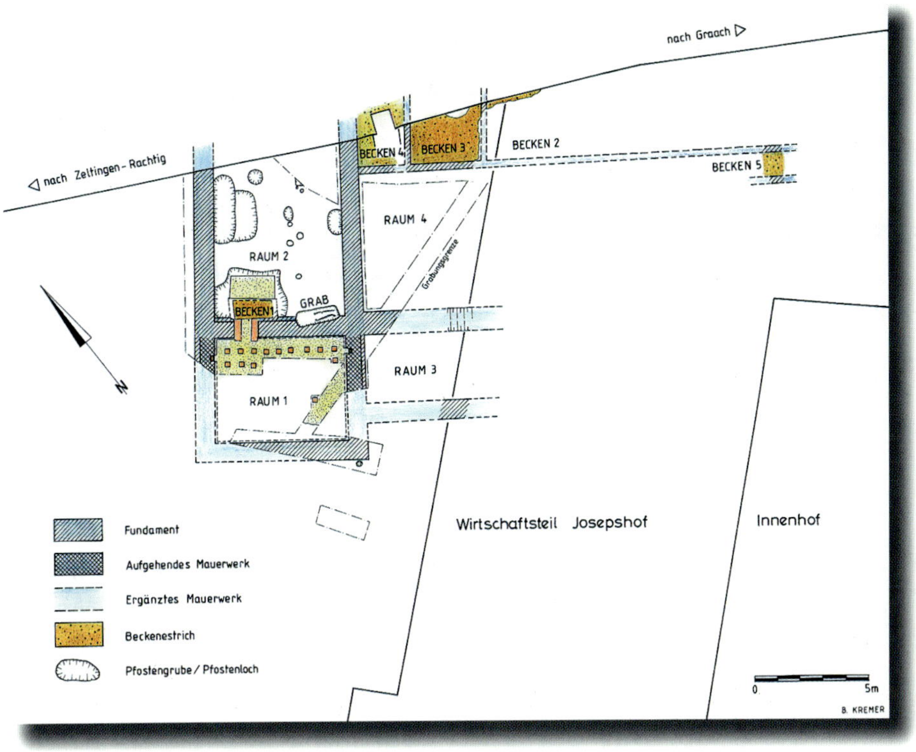

Gesamtplan des Kelterhauses von Graach.

23 cm starke Ziegelmauern von einander getrennt waren. Die einzelnen Becken erreichten Breiten von knapp 2 m (Becken 4) bis 3,22 m (Becken 3). Ihre Tiefe betrug mehr als 2,60 m. Errichtet waren sie über einer zweilagigen Stickung aus handverlesenen Kalksteinen mit glatten Kalkmörtelausgleichschichten. Darüber war ein wasserdichter, rund 40 cm starker Ziegelsplitt-Kalkestrich angelegt, der im unteren Teil von mindestens zwei Lagen bis zu 40 cm langer und 2,5 cm dicker, teilweise gestempelter Ziegel durchschossen war.

So unklar wie die Funktion der einzelnen Becken blieb auch der Aufbau der Kelter wie der dort installierten Presse. Allerdings wurde bei der Erneuerung des Putzes in der westlichen Außenmauer der Kapelle ein Kelterstein beobachtet, der bei deren Errichtung im Jahre 1672 als Baumaterial willkommen war und ursprünglich wohl zu einer Spindelpresse mit schwebendem Gewicht gehörte.

Nach den vorliegenden Kleinfunden, darunter fünf Münzen von Constantin I. (Follis, 323/4 in Trier geprägt, RIC 439), Constans (Follis, 347/8 geprägt, Cohen 179), Valens (→Centenionalis, 367/75 in Trier geprägt, RIC 32 b), Valentinian I./Valens /Gratian (Centenionalis, 364/378 geprägt, Securiatas-Rei-Publicae-Typ) und von Valentinian II. (378/383 in Lyon geprägt, RIC 28 b) sowie zahlreiche Keramik- und Glasscherben, dürfte der Komplex schon seit der Mitte des 3. Jahrhunderts genutzt worden sein. Der ersten Anlage sind zweifellos mehrere Pfostenlöcher und Gruben innerhalb des Raumes 2 sowie das ältere Becken 1 zuzuweisen. Im frühen 4. Jahrhundert erfuhr das Gebäude einen umfangreicheren Umbau, bei dem die aufwendigen Becken an der Nordwand sowie in Raum 1 ein »Fumarium« (Rauchkammer) errichtet wurden. Die in den Becken zahlreich verbauten gestempelten Ziegel (ADIVTICE, PR ADIV, TAIN und TAMIC) lassen, wie das Bruchstück einer bronzenen Tierkopfschnalle[5], wiederum auf ein von staatlicher Seite errichtetes Bauwerk schließen.

Im Laufe des 5. Jahrhunderts n. Chr. wurden zumindest die beiden Räume 1 und 2 aufgegeben, wie eine auf der Zwischenmauer angelegte ca. 1,85 x 0,65 m große Grabgrube (Grabrichtung West-Ost) zu erkennen gab. Während das im oberen Bereich gestörte Grab vermutlich beigabenlos war, enthielt ein zweites Grab nahe der Nordecke des Raumes 1, einen 24,2 cm hohen Einhenkelkrug mit gekniffener Schnauze des 5. Jahrhunderts sowie einen Spinnwirtel (Dm. 3,5 cm; D. 1,7 cm) aus schwarzem Glas mit unregelmäßigen hellen Zickzackfäden (vgl. Abb. S. 166). Der an einer Seite sekundär verbrannte Krug war mit mehreren hundert Rispenhirsekörnern gefüllt. Er lag zu Füßen des Toten, der Wirtel wiederum in Kopfnähe. Die Grabgrube zeichnete sich nicht näher ab, konnte aber aus den in diesem Bereich abgetragenen Hypokaustpfeilern erschlossen werden. Offen bleibt, ob nicht auch ein auf dem Gelände des Josefshofes aufgestellter Trog, der sicher in jüngerer Zeit nachgearbeitet wurde, ursprünglich einen spätrömischen Sarkophag bildete, der ebenfalls zu unserem Friedhofs gehörte.

Hinweise für den Fortbestand von Teilen des Kelterhauses in merowingischer Zeit haben die archäologischen Untersuchungen nicht geliefert. So bleibt eine Urkunde des Jahres 975 weiterhin umstritten, nach der der Trierer Bischof Magnerich gegen Ende des 6. Jahrhunderts der von ihm gegründeten Trierer Abtei St. Martin den Josefs- bzw. Martinshof geschenkt haben soll. Als der Benediktinerabtei St. Martin gehörig ist der Hof erstmals für das Jahr 1168, als Weingut für 1174 bezeugt. Wenn der Josefshof im Mittelalter an der Stelle einer römischen Kelter errichtet wurde, ist dies eher mit der Tatsache zu begründen, daß die Trümmerstätte inmitten der besten Weinlage damals für den Weinbau nicht oder nur sehr schwer zu nutzen war und man aus diesem Grunde den neuen Hof auf den Ruinen der römischen Kelter errichtete, wobei man zugleich benötigtes Baumaterial gewann. Vgl. auch Abb. S. 94, 165, 166. 191.

Nachgewiesene Pflanzen (ohne Wild- oder Unkräuter): Weinrebe, Gerste, Hirse und Walnuß.

Erste Überlieferung von Weinbergen: 1051. – Weinberge ab Klasse I.

Die Reste der römischen Kelter wurden bei der Gestaltung der Außenanlagen ohne Absprache weitgehend zerstört, nachdem sie zuvor aufwendig mit feinem Sand für eine geplante Konservierung abgedeckt worden waren. Der Grundriß ist heute im Pflaster teilweise mißverständlich dargestellt.

Literatur:
Trierer Zeitschrift 40/41, 1977/78, 409.
Gilles 1996, 41*-48*.

7. Lösnich, Kreis Bernkastel-Wittlich (1973/4 und 1990)

Bei Ausgrabungen wurde südöstlich von Lösnich im Distrikt »Hinterwald« ein römerzeitlicher Gutshof des 1. bis frühen 5. Jahrhunderts n. Chr. freigelegt, der sich mit acht Nebengebäuden über einen sanften Nordhang erstreckte (vgl. S. 101). Ein 17 x 12 m großes Gebäude wurde später zu recht als Kelterhaus angesprochen. Offensichtlich wurde das Gebäude erst nachträglich errichtet (Bau II im Lageplan der Gesamtanlage), da seine Außenmauern von den Fluchten der übrigen Gebäude deutlich abweichen und zudem mit seiner Erbauung der Blick auf die Hauptfront des Herrenhauses erheblich eingeschränkt wurde.

In der Ostecke des Gebäudes war eine Kelter installiert, die nach den neuesten Erkenntnissen je ein Tret- oder Maische- (Becken A_1 = ca. 4,3 x 3,4 m; 8 m^3), Kelter- oder Preß- (Becken A_2 = ca. 4,3 x 2,7 m; 6,3 m^3) und Most- oder Ablaufbecken (Becken B = 2,56 x 1,20 x 0,47 m; 1,5 m^3) umfaßte. Das Mostbecken konnte über zwei ziegelgemauerte Stufen betreten werden. Westlich des angenommenen Preßbeckens A_2 wurde ein größerer Sandstein, vermutlich ein Kelterstein, beobachtet, der einen Hinweis auf eine Spindelkelter mit schwebendem Gewicht liefern könnte. Unweit dieser Stelle wurden im Rahmen einer Nachuntersuchung im Jahre 1990 verkohlte Traubenkerne geborgen, die alle Zweifel zerstreuten, die bis dahin an dieser Kelter bestanden hatten. Die Vorlage des ersten Grundrisses hatte nämlich zu Irritationen geführt, da der Ausgräber insgesamt nur von zwei Becken ausging. Da aber das höher gelegene Becken im entscheidenden Teil gestört war, sollte jenes, wie auch die Lage Mostbeckens zu erkennen gibt, ursprünglich unterteilt gewesen sein. Die Kelter hätte dann entsprechend der übrigen Anlagen des Moseltals wenigsten drei Becken (Maische-, Preß- und Mostbecken) umfaßt.

Fünf offene Herdstellen im nördlichen Drittel des Gebäudes, die sicher nicht alle gleichzeitig in Nutzung waren, lassen aber auch erkennen, daß das Kelterhaus außerhalb der Lesezeit anderweitig genutzt wurde. Ein rund 1,40 m breiter Zugang wurde in der Westmauer des Gebäudes festgestellt. Keramikscherben datieren das Kelter-

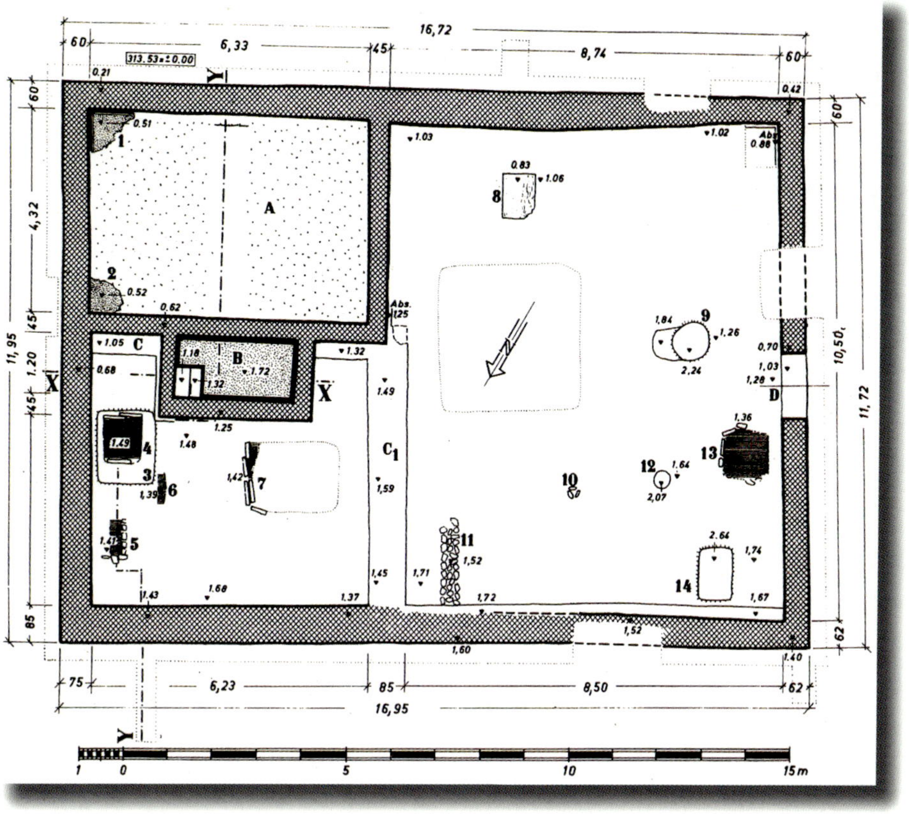

Grundriß des Kelterhauses von Lösnich (nach A. Neyses).

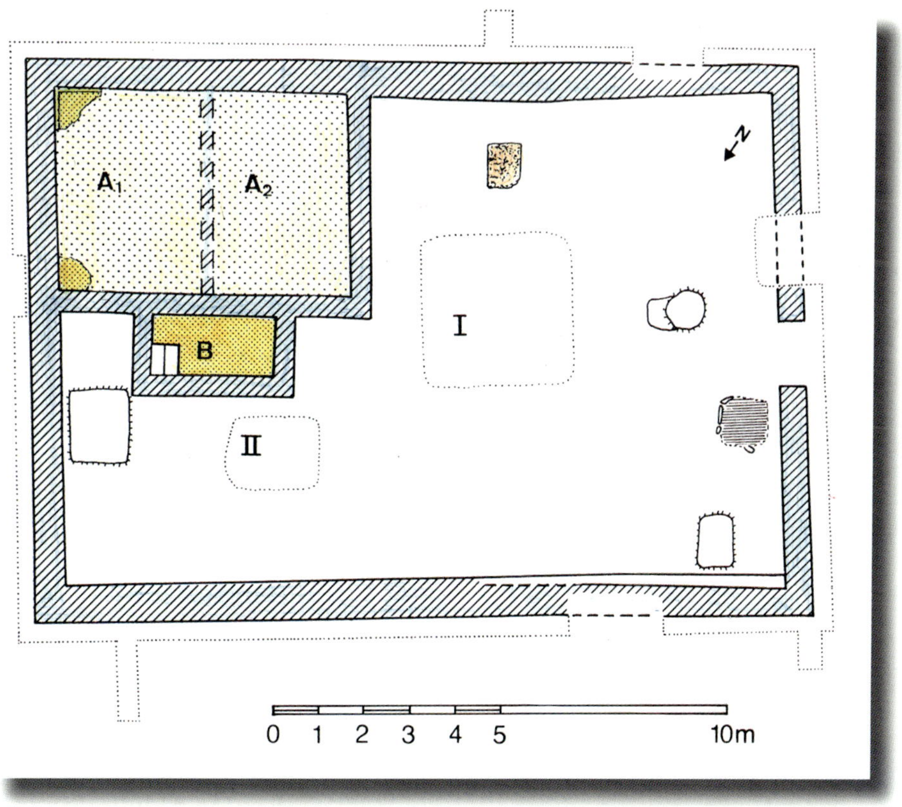

Grundriß des Kelterhauses von Lösnich (überarbeitet).

haus in das 4. bis frühe 5. Jahrhundert n. Chr., womit ein weiterer Hinweis auf eine spätere Errichtung gegeben wäre. Bemerkenswert ist ferner, daß die nächsten Weinberge heute rund 1.500 m von dem Gutshof entfernt in der »Wolfer Sonnenlay« (steiler Südosthang) liegen. Vgl. auch Abb. S. 76, 101.

Nachgewiesene Pflanzen (ohne Wild- oder Unkräuter): Weinrebe, Himbeere und vermutlich Linse.

Erste Überlieferung von Weinbergen (für Wolf): Ende 12. Jahrhundert. – Weinberge ab Klasse III.

Nach Abschluß der Grabungen wurde das Gebäude wieder mit Erdreich verfüllt.

Literatur:
Neyses 1977, 217-218.
Trierer Zeitschrift 57, 1994, 486.
Gilles 1995, 40-43.
Gilles 1995[2], 183-186.
König 1995, 69

8. Maring-*Noviand*, Kreis Bernkastel-Wittlich (1977)

Bei Arbeiten im Rahmen der Flurbereinigung wurde 1977 südwestlich von Noviand im »Vordersten Noviander Berg« (»Maringer Kirchberg«) im unteren Teil eines weniger steilen Südhanges ein 13,4 x mehr als 9 m großes Kelterhaus angeschnitten. Die Anlage bildete eines von mindestens vier nachweisbaren Nebengebäuden eines größeren römerzeitlichen Gutshofes aus dem 2. bis zur Mitte des 4. Jahrhunderts n. Chr. Die einzelnen Gebäude reihten sich in west-östlicher Richtung aneinander, wobei das noch unbekannte Herrenhaus vermutlich den westlichen Abschluß des Komplexes bildete.

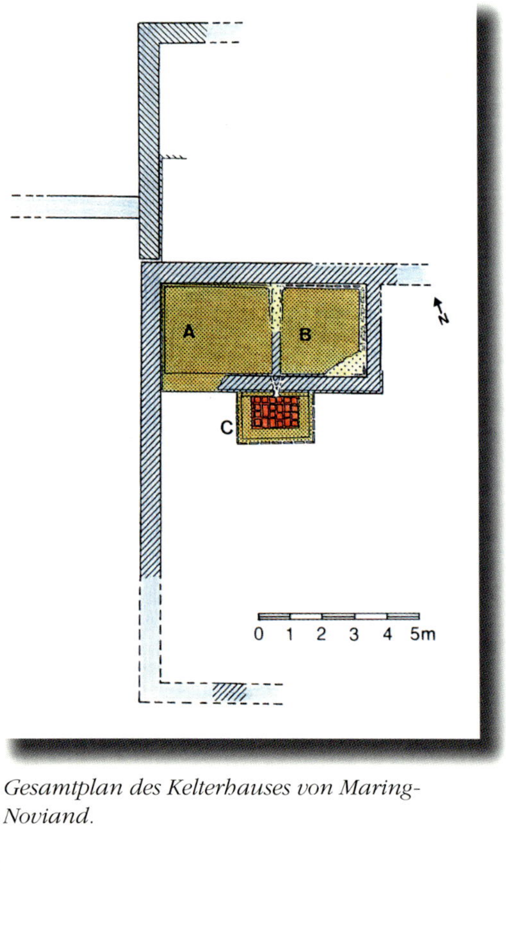

Gesamtplan des Kelterhauses von Maring-Noviand.

In der Nordwestecke des Gebäudes war eine Kelter installiert, die je ein Tret- oder Maische- (Becken A = 3,3 x 2,53 x 0,64 m; 5,3 m^3, vgl. Abb. S. 15), Kelter- oder Preß- (Becken B = 2,53 x 2,41 x 0,64 m; 3,9 m^3) und Most- oder Ablaufbecken (Becken C = 1,43 x 0,93 x 0,75 m; 1 m^3) umfaßte. Der Boden des Mostbeckens bestand jedoch aus in Mörtel verlegten Ziegeln, die nach der Mitte hin ein leichtes Gefälle aufwiesen. Südlich der Becken fand sich nach Abschluß der Ausgrabungen ein mächtiger Sandstein, der vermutlich als Kelterstein genutzt wurde. Nachträglich wurde das Gebäude an seiner Nordseite um einen rund 7 m breiten Anbau erweitert, der möglicherweise noch ein viertes Becken enthielt.

Die vorliegenden Funde, darunter zwei Münzen von Crispus (Follis, 321 in Lyon geprägt, RIC 133) und Constans (Follis, 347/8 in Trier geprägt, RIC 209), sowie Scherben einer →rädchenverzierten Terra-Sigillata-Schüssel, datieren das Kelterhaus im Gegensatz zu den anderen Nebengebäuden erst in die 1. Hälfte bzw. Mitte des 4. Jahrhunderts n. Chr. Hinweise auf eine Nutzung in der 2. Hälfte des 4. oder zu Beginn des 5. Jahrhunderts fehlen jedoch vollkommen, so daß dieses Kelterhaus wie der gesamte Gutshof wohl schon in der Mitte des 4. Jahrhunderts n. Chr. einem der sich damals häufenden Germaneneinfällen zum Opfer gefallen war.

Blick von Süden auf das Kelterhaus von Maring-Noviand.

Es wurden keine Bodenproben untersucht.

Erste Überlieferung von Weinbergen: 1143. – Weinberge ab Klasse IV.

Über den konservierten Becken ist heute ein Schutzbau errichtet, der frei zugänglich ist. Besichtigungszeiten: An Sonn- und Feiertagen von 14.00 – 17.00 Uhr oder nach Vereinbarung. Eintritt frei. Tel. 06535/7023.

Literatur:
Neyses 1977, 220-221.
Gilles 1990^2, 189-193.
Gilles 1995, 34-36

9. Piesport, Kreis Bernkastel-Wittlich (1985/86 und 1994, sowie 1950, 1957)

Bei Wegebauarbeiten wurde 1985 im Rahmen der Flurbereinigung am westlichen Ortsrand von Piesport, am Fuße eines mittelsteilen Südhanges unweit der Mosel im Distrikt »im Briesch« (»Piesporter Goldtröpfchen«), ein 45 x ca. 20 m großes Kelterhaus angeschnitten und archäologisch untersucht. Das im Laufe des 4. Jahrhunderts

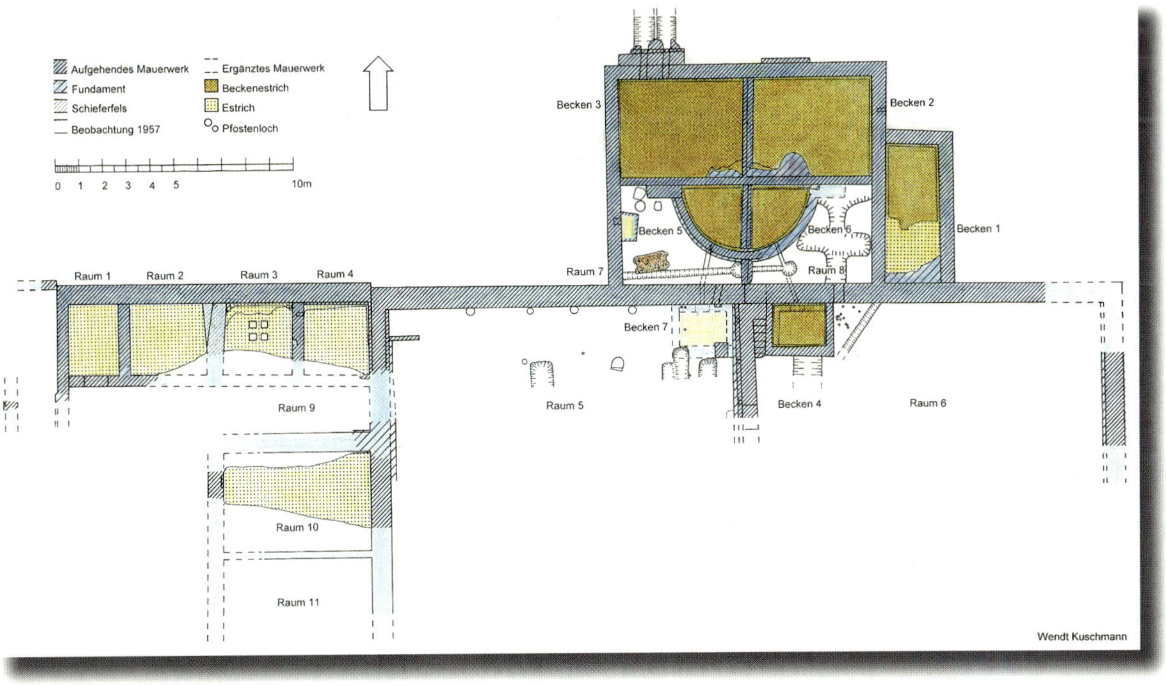

Gesamtplan des Kelterhauses von Piesport.

Blick von Südwesten auf die Beckenanlagen von Piesport, hinten die Maischebecken B 2 und B3, davor die Preßbecken B 5 und B6 sowie der heute am Kelterbaum wieder aufgehängte Gewichtstein.

n. Chr. mehrfach erweiterte Gebäude umfaßte zunächst je zwei Tret- oder Maischebecken (Becken 2 und 3 = 5,3 x 4 m; 12 m^3), viertelkreisförmige Kelter- oder Preßbecken (Becken 5 und 6 = Radius 2,5 m; ca. 4 m^3) und Most- oder Ablaufbecken (Becken 4 und 7 = 2,3 x 1,8 m; 2,5 m^3). Die Kapazität der Becken 2 und 6 wurde später durch den Einbau einer Ziegelmauer leicht reduziert. Andererseits wurde in der Trennwand zwischen Becken 2 und 3 eine Nut angebracht, in der offenbar Holzbohlen eingelassen werden konnten, mit denen das Fassungsvermögen der beiden Becken kurzfristig gesteigert werden konnte. Zumindest das östliche Mostbecken wies an der Nord- und Westwand eine Trittstufe auf. Südwestlich des westlichen Preßbeckens wurde ein großer Gewichtsstein freigelegt, der entweder als Gegengewicht einer Haspelpresse oder einer Spindelpresse mit schwebendem Gewicht gedient hatte.

Wohl erst im späteren 4. Jahrhundert wurde an die Ostseite der Kelter noch ein weiteres Becken (Becken 1 = 5,6 x 2 m; 7,5 m^3) angebaut, dem ein zweiter, vermutlich im Bereich des Weges zutage gekommener Kelterstein zuzurechnen ist. Nachträglich wurde das Gebäude auch nach Westen um einen ca. 14 x 16 m großen Komplex erweitert, der mindestens vier kleinere (4 x 3,5 m) Kellerräume umfaßte, von denen einer wenig später zu einem Fumarium umgebaut wurde. Ältere Holzbauten mit einer Herdstelle aus der Mitte des 3. Jahrhunderts waren bereits 1949 südöstlich des Kelterhauses beobachtet worden. Gleichzeitig waren östlich davon vor einer weiteren Mauer zwei merowingische Gräber mit Waffenbeigaben (Langsax und Lanzenspitze) aufgedeckt worden[6]. 1964 wurde unweit der Kelter auch ein Brandgrab aus der Zeit des 2. Viertels des 2. Jahrhunderts freigelegt.

Zahlreiche Kleinfunde datieren die Anlage in das 4. und 5. Jahrhundert n. Chr. Eine Münzreihe von 27 Prägungen zeigt einen deutlichen

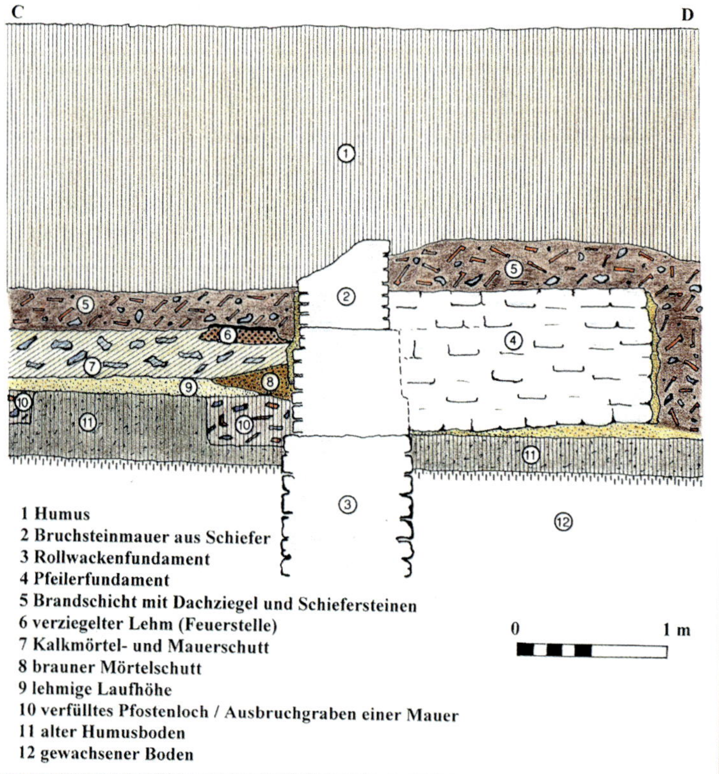

Profil durch die Mauer eines älteren Bauwerks in Piesport (vgl. Planum S. 163).

Schwerpunkt im späten 4. Jahrhundert. Sie umfaßt ausschließlich Bronzemünzen, vornehmlich →Maiorinae und Halbcentenionales der Kaiser Valens, Gratian, Theodosius I., Magnus Maximus, Flavius Victor, Eugenius, Arcadius und Honorius. Aus den vorangegangenen Jahrzehnten sind lediglich ein Antoninan von Claudius II. (268-270) und ein nicht näher bestimmbarer Follis aus constantinischer Zeit (wohl 347/8) belegt. Bemerkenswert sind außerdem der Fund eines Rebmessers und einer Bleiplombe (vgl. S. 133), die auf den Import nordafrikanischer Gewürze schließen läßt. Auch spätrömische Ziegelstempel wurden gefunden, darunter TATO und einer mit frühchristlichen Symbolen, sowie Glasscherben eines merowingischen Spitzbechers und spätmerowingische Keramikscherben[7], die auf eine längere Nutzung der Ruine hinweisen. Möglicherweise war sie sogar noch zu Beginn des 19. Jahrhunderts sichtbar, sofern wir eine Aquatinta von C. Bodmer richtig deuten, die zwar ruinöses Mauerwerk zeigt, in der Wasserspiegelung der Mosel allerdings einen Kirchturm zu erkennen gibt[8]. Vgl. auch Abb. S. 18, 62, 70, 71, 72, 74, 76, 78, 79, 93, 94, 95, 96, 106, 133, 162, 163, 164, 190.

Der heutige Schutzbau über dem Kelterhaus von Piesport.

Nachgewiesene Pflanzen (ohne Wild- oder Unkräuter): Weinrebe.

Erste Überlieferung von Weinbergen: 776/7. – Weinberge ab Klasse I.

Die Kelteranlage ist heute einschließlich des Fumariums und der Kellerräume unter einem frei zugänglichen Schutzbau konserviert und teilweise rekonstruiert. Führungen nach Vereinbarung. Eintritt frei. Nähere Informationen: Gemeindeverwaltung, Tel. 06507/2028.

Literatur:
Trierer Zeitschrift 24/26, 1956/58, 607f., 622; 30, 1967, 273.
Gilles 1987, 53*-59*.
Gilles 1989, 186-189.
König 1988, 21*-26*.
König 1989, 107-116.

10. Piesport-*Müstert*, Kreis Bernkastel-Wittlich (1992)

Im Zuge der Flurbereinigung wurde 1992 nordöstlich des Piesporter Ortsteils Müstert auf der gegenüberliegenden Moselseite am Fuße eines weniger steilen Südhanges im Distrikt »Ober dem Kelterhaus« (»Piesporter Goldtröpfchen«) unweit der Mosel ein ca. 20 x 9 m großes Kelterhaus angeschnitten. Die Ausgrabungen förderten ein mehrfach umgebautes (fünf römische Bauperioden) und erweitertes Gebäude zutage, das zumindest in der 1. Hälfte des 4. Jahrhunderts n. Chr. in seinem nordwestlichen Bereich je ein Maische- (Volumen ca. 6 m^3) und Preß- (Volumen ca. 5 m^3) und vermutlich zwei Mostbecken (Volumen 1,3-1,5 m^3) aufwies.

Nach seiner Zerstörung in der Mitte des 4. Jahrhunderts n. Chr. wurde westlich des Gebäudes ein neues Kelterhaus errichtet, das offenbar auch ein apsidenförmiges Becken umfaßte. Die Baureste dieser wie der älteren Kelteranlage wurden im späten Mittelalter oder in der frühen Neuzeit bei der Errichtung eines Kelterhauses für die

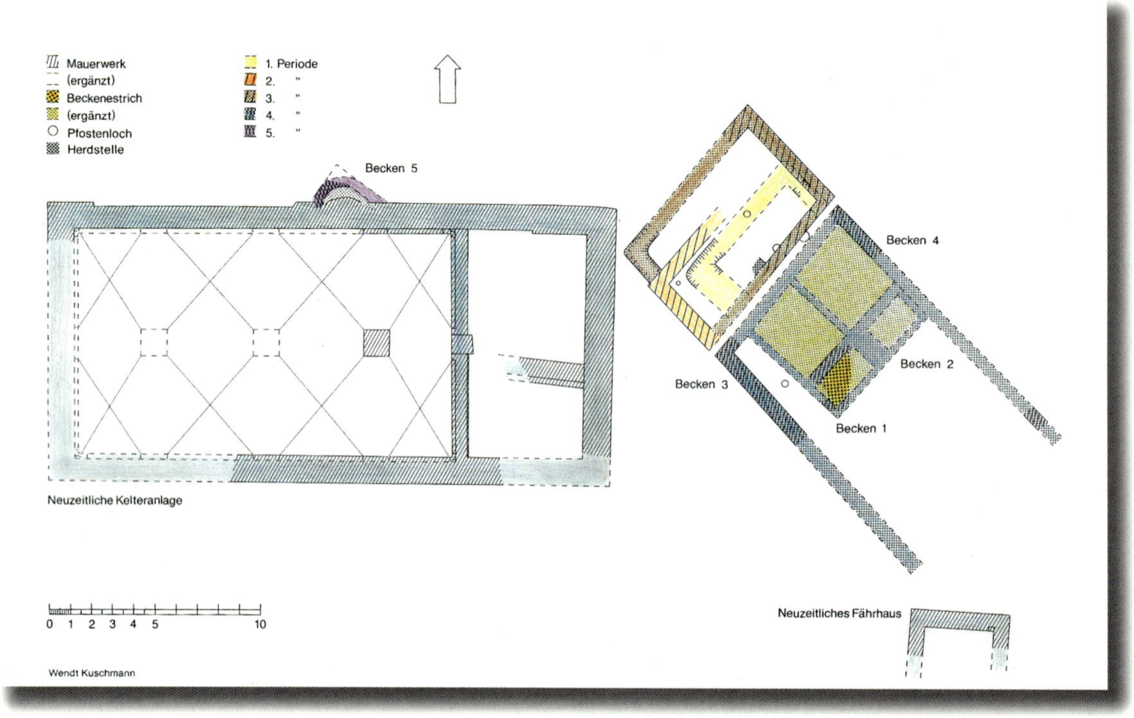

Gesamtplan des römischen und des mittelalterlichen Kelterhauses von Piesport-Müstert.

Abtei Mettlach weitgehend ausgebeutet. In seinem Mauerwerk waren selbst größere Estrichbrocken und Dachziegel sekundär verbaut.

Zur römerzeitlichen Kelter gehörte vermutlich auch ein in der Ortslage von Müstert, kaum 200 m von der Anlage entfernt, entdeckter Kelterstein. Die Funde, darunter zahlreiche Keramik- und Glasscherben, sowie eine Reihe von 25 Münzen des 2. bis 4. Jahrhunderts n. Chr., jedoch mit deutlichen Schwerpunkten im 3. Viertel des 3. Jahrhunderts sowie in der Mitte des 4. Jahrhunderts, lassen eine Errichtung des Gebäudes spätestens zu Beginn des 3. Jahrhunderts vermuten. Die jüngsten vorliegenden Münzen wurden zwischen 367 und 375 geprägt. Halbcentenionales des späten 4. Jahrhunderts fehlen vollkommen, obwohl sie andernorts zahlreich vertreten sind. Da die jüngste Kelter im Bereich des später errichteten Mettlacher Kelterhauses stand, könnten die dazugehörigen Fundschichten allerdings in einen Bereich verlagert worden sein, der außerhalb der Grabungen lag. Andererseits könnte das Gebäude um 380 n. Chr. aufgegeben und vielleicht mit der großen Piesporter Kelter zusammengelegt worden sein, zumal jene in diesen Jahren noch eine bescheidene Erweiterung erfuhr. Vgl. auch Abb. S. 106, 190.

Nachgewiesene Pflanzen (ohne Wild- oder Unkräuter): Weinrebe, Holunder, Gerste, Hirse, Hafer, Dinkel, Erbse und Hasel.

Erste Überlieferung von Weinbergen: 776/7. – Weinberge ab Klasse I.

Nach Abschluß der Grabungen wurden die römischen und mittelalterlichen Baureste wieder verfüllt.

Literatur:
Gilles 1992^3, 19*-27*.
König 1992, 32*-38*.
König 1997, 61-69.

Anmerkungen

1 Vgl. S. 164f.
2 Vgl. S. 164.
3 Vgl. Trierer Jahresberichte 13, 1921/22 (1923) 80.
4 Vgl. H. W. Böhme, Germanische Grabfunde des 4. bis 5. Jahrhunderts zwischen unterer Elbe und Loire. Münchner Beiträge zur Vor- und Frühgeschichte 19 (München 1974) 55ff.
5 Die Schnalle vom Typ Haillot (Böhme Anm. 4, 72f.) datiert in die 1. Hälfte des 5. Jahrhunderts.
6 Vgl. S. 163f.
7 Vgl. S. 162f.
8 Vgl. S. 18.

Rekonstruierte Baumkelter mit Preßkörben in Piesport.

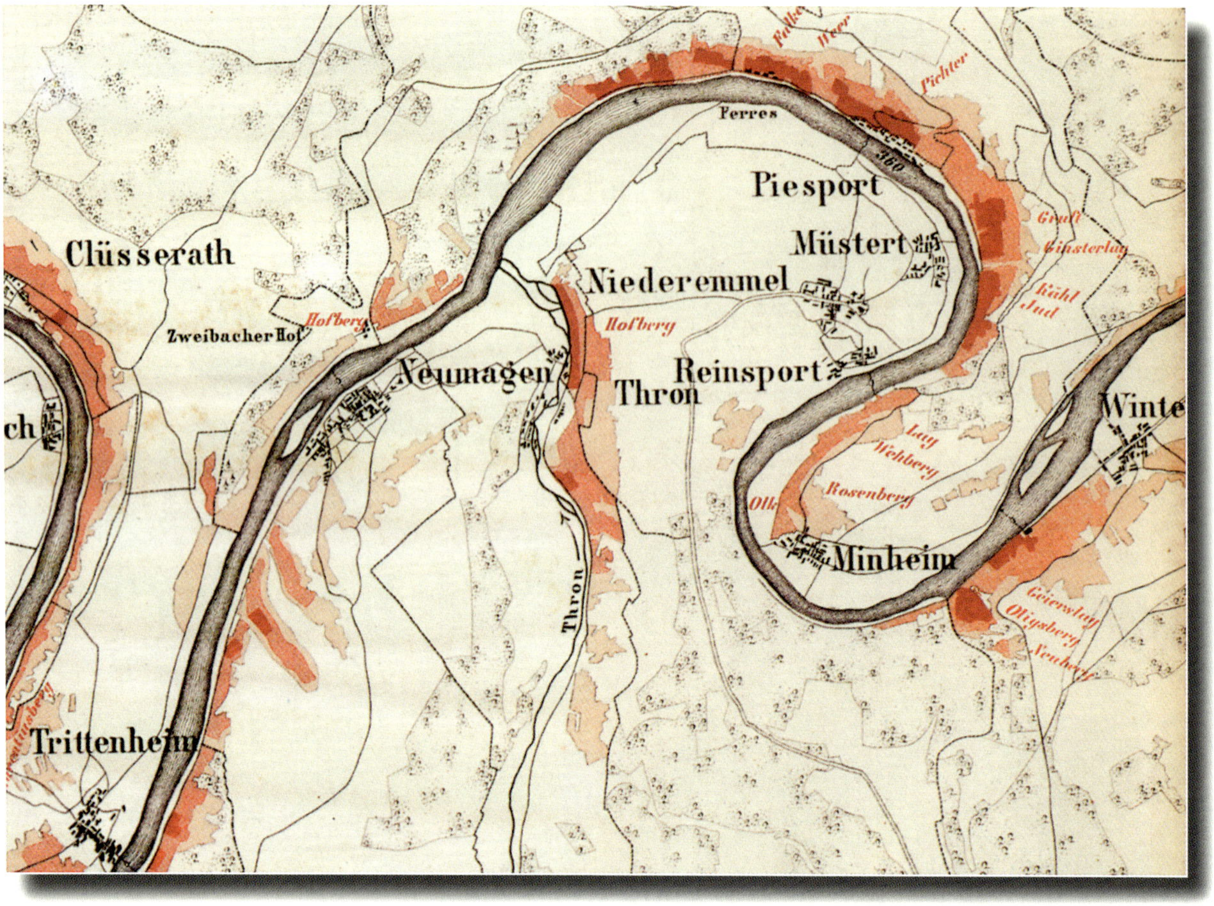

Die Weinberge in der Umgebung von Piesport nach der Weinbaukarte des Steuerrathes Clotten aus dem Jahre 1868. Die dunkelroten Flächen markieren die besten Weinlagen. Maßstab 1 : 50 000.

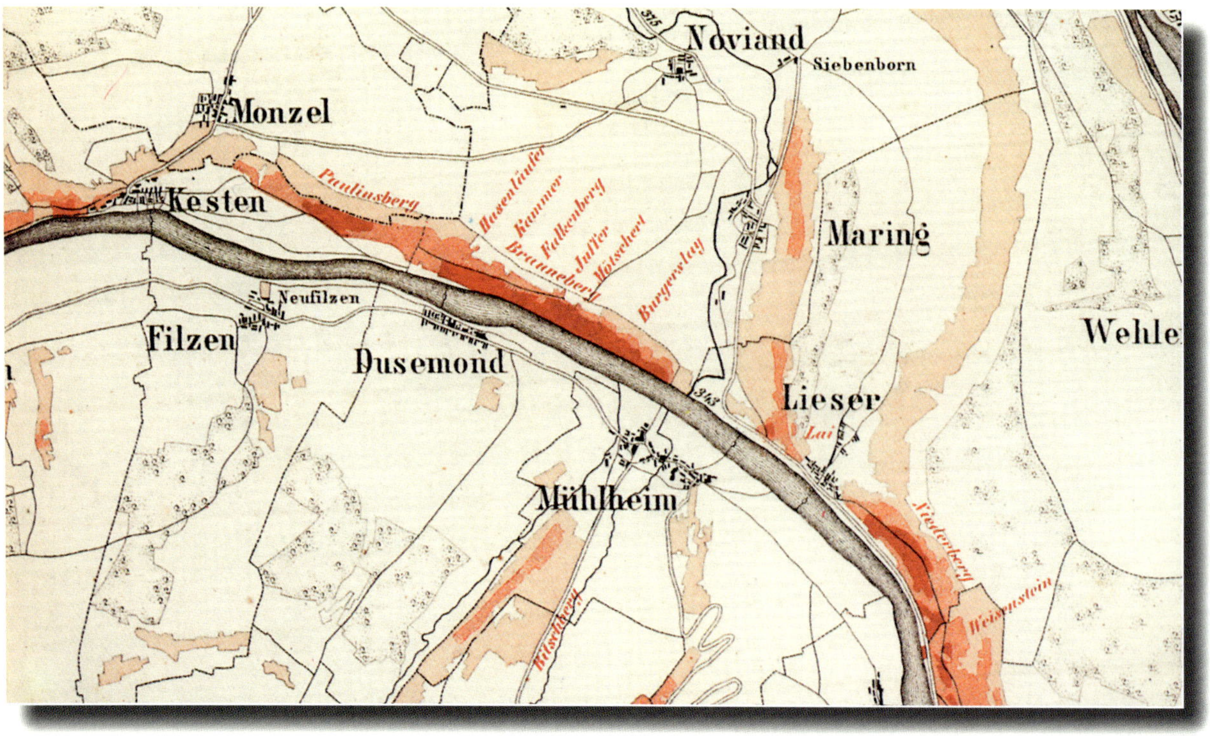

Die Weinberge in der Umgebung von Dusemond (Brauneberg) nach der Weinbaukarte des Steuerrathes Clotten aus dem Jahre 1868. Maßstab 1 : 50 000.

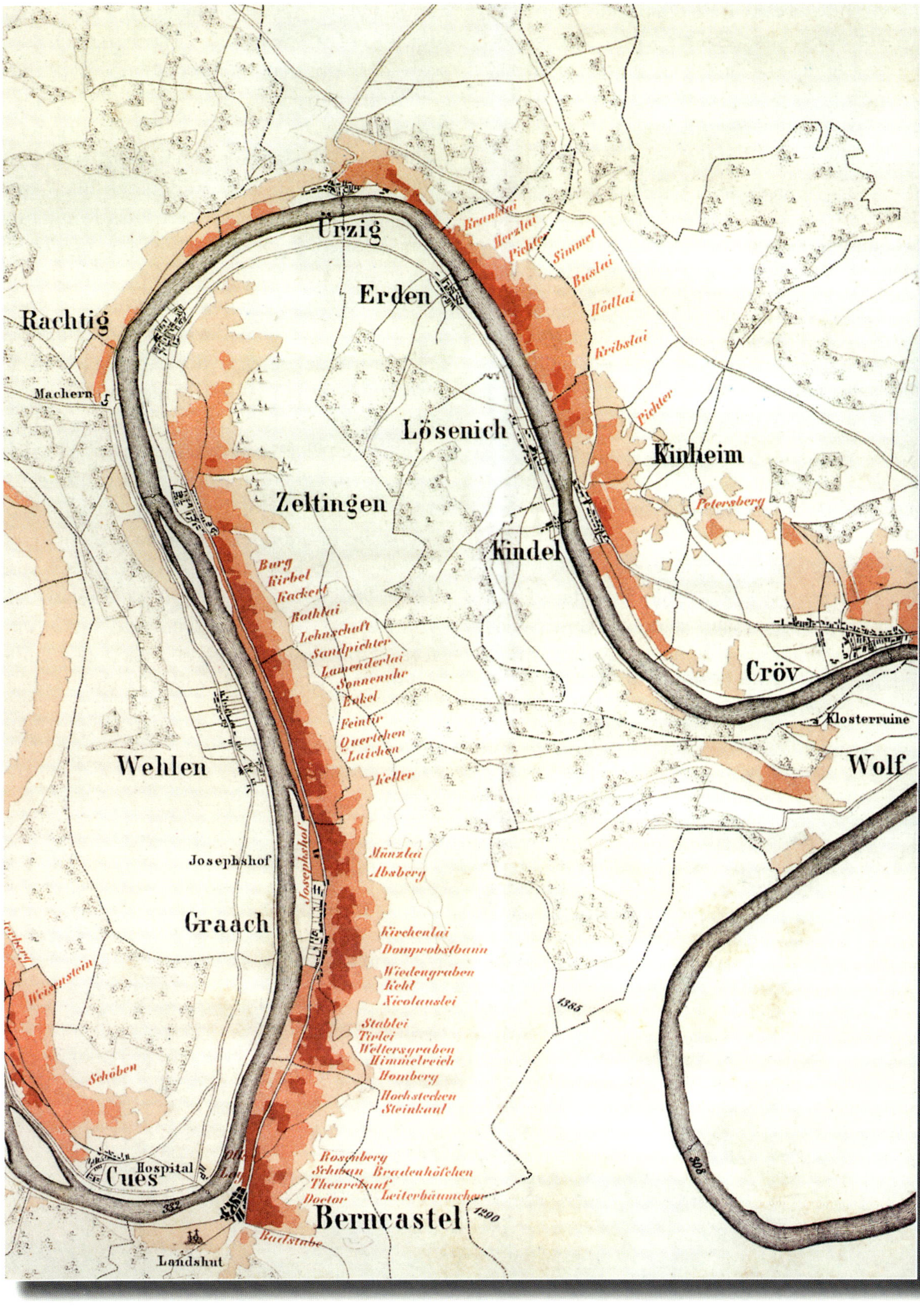

Die Weinberge in der Umgebung von Graach und Wehlen bzw. Ürzig und Erden nach der Weinbaukarte des Steuerrathes Clotten aus dem Jahre 1868. Die dunkelroten Flächen markieren die besten Weinlagen. Maßstab 1 : 50 000.

Die Keltersteine

Weitere Hinweise auf römerzeitlichen Weinbau liefern vor allem die verschiedenen Gewichts- oder Keltersteine. Die einzelnen Steine zeichnen sich durch ihre Form und Größe sowie einige charakteristische Einarbeitungen aus. Die bisher bekannten Steine von Mosel und Mittelrhein bilden entweder nahezu quadratische oder rechteckige Quader, die in der Mitte von zwei gegenüberliegenden Seiten, meist den Schmalseiten der Steine, vertikale Einarbeitungen in Form von 10-15 cm breiten und rund 10 cm tiefen Nuten aufweisen. Die Nuten werden zur Oberseite der Steine in der Regel etwas schmäler. Im Zentrum der Oberseite beobachten wir eine nahezu kreisrunde Aushöhlung (Dm. 22-35 cm; Tiefe 17-29 cm).

Aufgabe der Nuten war es, Hölzer einer Rahmenkonstruktion aufzunehmen, mit der der Stein an einer Holzspindel befestigt war, deren unteres Ende wiederum in die kreisrunde Vertiefung auf der Oberseite des Steins hineinreichte. Das Gewicht der Steine variiert stärker und erreicht meist 23-28 Zentner. Wesentlich schwerer sind jedoch die beide Steine aus Rheinhessen, die sich auch äußerlich durch die Form eines Pyramidenstumpfes sowie ihre abweichenden Nuten von den übrigen Steinen abheben. Mit über 76 Zentner erreicht der Stein von Bechtheim das größte Gewicht und ist mehr als doppelt so schwer wie die meisten Steine des Moseltals. Mit immerhin rund 37 und 36 Zentner fallen an der Mosel die Steine von Nehren und Kinheim aus dem Rahmen, doch zeigen nur diese beiden, entsprechend der rheinhessischen Steine, abweichende Nuten, die sich nur über einen Teil (rund 80 %) der Seiten erstrecken. Der Stein von Brauneberg war als einziger der Länge nach am Kelterbaum aufgehängt und ist mit rund 14 Zentner mit Abstand der leichteste.

Bemerkenswert ist, daß für unsere Gewichtssteine häufiger auch Spolien, also ältere, wiederverwertete Quader von Architekturteilen und Grabmälern, oder der erst in der Spätantike häufiger genutzte rote Sandstein verwendet wurden. Beide sind somit ein Indiz für eine relativ späte Anfertigung der Keltersteine. Die Verwendung von Grabmalquadern ist erst nach den verheerenden Zerstörungen infolge der Germanenein-

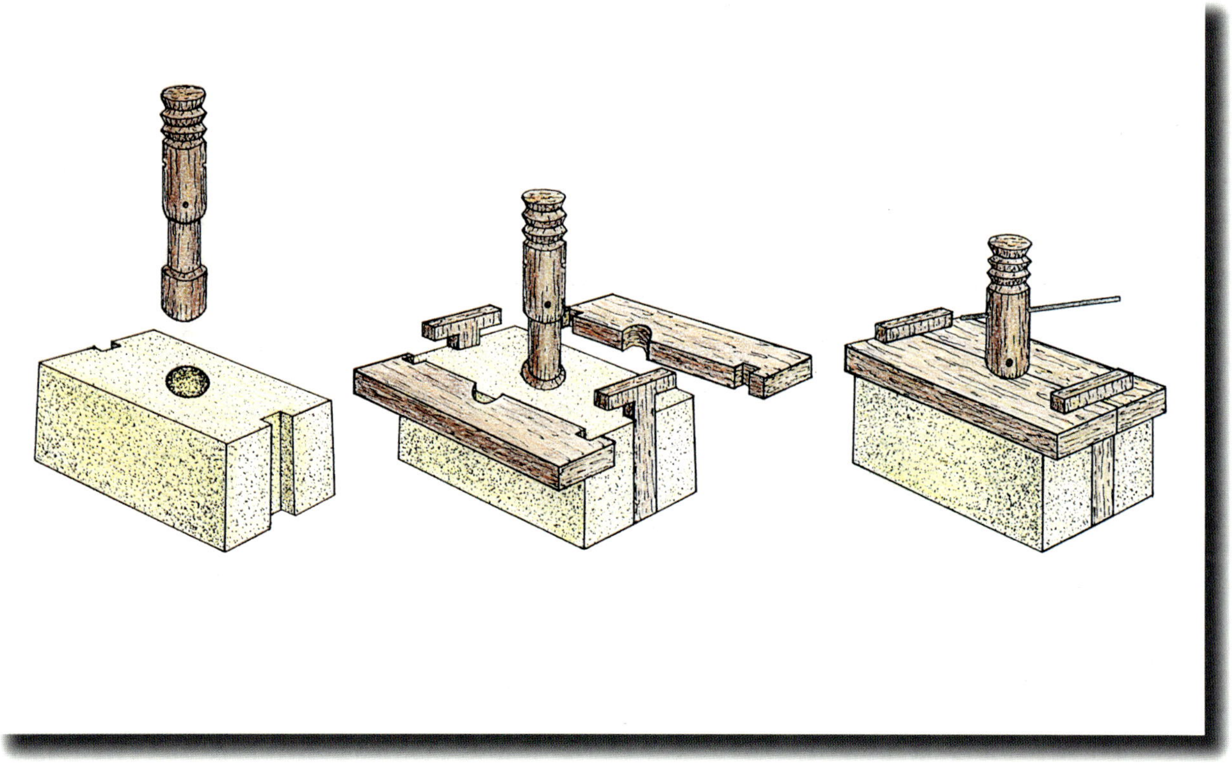

Schematische Rekonstruktion der Aufhängung römischer Gewicht- und Keltersteine mit Spindel, zangenartig ausgearbeiteten Bohlen und T-förmigen Riegeln.

fälle von 275/276, frühestens im ausgehenden 3. Jahrhundert n. Chr. denkbar.

Da wahrscheinlich vergleichbare Steine nicht nur im Moseltal unerkannt verbaut oder abgelegt wurden, dürfen wir bei den Keltersteinen in näherer Zukunft noch mit einem stärkeren Zuwachs rechnen. Jeder dieser Steine bietet uns einen weiteren Anhaltspunkt für eine bislang noch unbekannte römische Kelteranlage.

Der Kelterstein von Thörnich als Sockelstein eines Wegkreuzes.

Die Keltersteine

A) Mosel

1. Bech-Kleinmacher, Großherzogtum Luxemburg

Der Kelterstein von Bech-Kleinmacher.

Gefunden 1985 unweit einer römischen Villa (»in der Hoistert«). Nahezu quadratischer Kalksteinquader (1,16 x 1,20 x 0,90 m) mit kreisrunder Aushöhlung auf der Oberseite (Dm. 34 cm, Tiefe 29 cm) sowie seitlichen, 20 cm breiten und rund 10 cm tiefen Nuten, die sich zur Oberseite leicht verjüngen. Sein ursprüngliches Gewicht betrug etwa 55 Zentner. – Aufgestellt am Friedhof des Ortes.

Literatur: Krier 1992, 411-418.

2. Trier

Der Kelterstein von Trier.

Gefunden 1962 in der Mosel unweit der Römerbrücke. Nahezu quadratischer Kalksteinquader (0,81 x 0,72 x 0,58 m) mit kreisrunder Aushöhlung (Dm. 22 cm, Tiefe 17 cm) und seitlichen Nuten (Tiefe 5-6 cm, Breite 9-12 bzw. 11-13 cm). Um die Vertiefung etwa quadratische (0,49 x 0,49 m) Rostspuren, wohl von der ehemaligen Aufhängekonstruktion. Sein ursprüngliches Gewicht betrug etwa 17 Zentner. Der Quader war zunächst Teil eines Grabmals, bevor er als Kelterstein eine neue Nutzung erfuhr. Eine Längsseite zeigt die Reste einer männlichen Figur, die quer zur Oberseite des Keltersteins liegt (vgl. S. 85). – Rheinisches Landesmuseum Trier ohne Inv. Nr.

Literatur: Gilles 1995, 44-45.

3. Thörnich, Kreis Trier-Saarburg

Der Kelterstein von Thörnich.

Sockelstein eines 2,84 m hohen Wegkreuzes von 1615 in der Flur »Auf'm Wiesrech«. An der Rückseite des Steins befindet sich ein alter Höhenbolzen. Der nahezu quadratische Steinblock (0,93-1,01 x 0,89 x 0,64 m) zeigt an den breiteren Seiten 14-15 cm breite und 8-9 cm tiefe Nuten, die sich zu der heute auf dem Boden aufliegenden Seite verjüngen. Möglicherweise befindet sich auf dieser Seite die beinahe obligatorische, kreisrunde Aushöhlung, zumal in die jetzige glatte Oberfläche nahe der rückwärtigen Schmalseite das Kreuz eingelassen ist. Die rückwärtige und die rechte Ecke der vorderen Schmalseite lassen Abarbeitungen einer weiteren Nutzung erkennen (vgl. S. 85). Sein ursprüngliches Gewicht betrug etwa 25 Zentner. Roter Sandstein.

Literatur: Gilles 1992[3], 26 Abb. 2 und 28.
Gilles 1995, 44-45.

4. Trittenheim, Kreis Bernkastel-Wittlich

Ursprünglich Sockelstein eines 2,90 m hohen Kirchhofkreuzes aus dem Jahre 1643; heute über einem Priestergrab unmittelbar östlich der Kirche in ein Grabkreuz integriert. Der rechteckige Steinblock (0,97 x 0,86 x 0,69 m) zeigt an den Schmalseiten etwa 12 cm breite und 8-9 cm tiefe Nuten, die sich zur derzeitigen Oberseite, in die das Kreuz eingelassen ist, leicht verschmälern. In der heutigen Unterseite befand sich nach Untersuchungen des Rheinischen Landesmuseums aus dem Jahre 1923 eine kreisrunde Vertiefung (Dm. 27 cm, Tiefe 20 cm). Sein ursprüngliches Gewicht betrug etwa 26 Zentner. Der Quader war zunächst Teil eines Grabmals; eine Längsseite zeigt einen →Togatus vor einem muschelförmigen Baldachin, die zweite eine Blattrosette. Roter Sandstein.

Literatur: Ortsakten Rhein. Landesmuseum Trier.
v. Massow 1932, 250-252.
Gilles 1995, 45-46.

Der Kelterstein von Trittenheim.

5. Neumagen-*Dhron*, Kreis Bernkastel-Wittlich

Gefunden 1993 mit einem zweiten Stein beim Abbruch der alten Dhronbrücke aus dem 16./17. Jahrhundert, in deren Pfeilerfundamenten er verbaut war. Etwa zu einem Drittel erhaltener rechteckiger Quader (Hälfte der Schmalseite 0,45 cm, Höhe 0,55 m, ursprünglich ca. 1,28 x 0,90 x 0,55 m) mit angeschnittener Nut an einer zur Hälfte noch erhaltenen Schmalseite und halbierter kreisrunder Vertiefung (Dm. 31 cm, Tiefe 20 cm) auf der Oberseite. Sein ursprüngliches Gewicht betrug vielleicht 28 Zentner. Kalkstein, vom Wasser stark ausgewaschen. – Privatbesitz.

Literatur: Gilles 1995, 46-47.
Gilles 1995[3], 41-47.

Der Kelterstein von Neumagen-Dhron.

6. Neumagen-*Dhron*, Kreis Bernkastel-Wittlich

Der Kelterstein von Neumagen-Dhron.

Gefunden 1993 mit einem zweiten Stein beim Abbruch der alten Dhronbrücke aus dem 16./17. Jahrhundert, in deren Pfeilerfundamenten er verbaut war. Der rechteckige Steinblock (1,05 x 0,68 x 0,51 m, ursprünglich ca. 1,22 x 0,68 x 0,62 m) ist etwa zu drei Viertel erhalten. Von der Oberseite des Steins dürften außerdem rund 10 cm abgebrochen sein. Die erhaltene Schmalseite zeigt eine bis zu 12 cm breite und etwa 10 cm tiefe Nut und die Oberseite, wohl im Zentrum, eine noch bis zu 9 cm tiefe, im Durchmesser 28 cm messende, kreisrunde Vertiefung. Sein ursprüngliches Gewicht betrug vielleicht 23 Zentner. Kalkstein, vom Wasser stark ausgewaschen. – Privatbesitz.

Literatur: Gilles 1995, 46. – Gilles 1995[3], 41-47.

7. Piesport, Kreis Bernkastel-Wittlich

Der erste heute wieder am Kelterbaum aufgehängte Kelterstein von Piesport.

Gefunden 1986 bei den Ausgrabungen der römischen Kelteranlage »im Briesch« in der Südwestecke des Raumes 7. Rechteckiger Quader aus hellem, teilweise angeglühtem Sandstein (1,45 x 0,66-0,72 x 0,62 m) mit seitlichen Nuten (Breite 19-29 cm, Tiefe 11-13 cm), die sich nach einer Seite, vermutlich der alten Oberseite, deutlich verjüngen. Auf der Unterseite 47-49 cm breiter und 4-5 cm tiefer nutenartiger Einschnitt (vgl. S. 85). Sein ursprüngliches Gewicht betrug etwa 27 Zentner. – Heute ist der Stein in der rekonstruierten Kelter verbaut.

Literatur: Gilles 1995, 12, 47.

8. Piesport, Kreis Bernkastel-Wittlich

Der zweite Kelterstein von Piesport.

Gefunden 1985 bei Wegebauarbeiten im Rahmen der Flurbereinigung im Bereich der römischen Kelteranlage »im Briesch«, vermutlich südlich oder östlich von Becken 1. Nachdem der Stein nahezu acht Jahre verschollen war, wurde er im Jahre 1993, in einem Springbrunnen einer Gartenanlage verbaut, wiederentdeckt. Rechteckiger Quader aus rotem Sandstein (1,15 x 0,75 x 0,62 m) mit seitlichen 10-13 cm breiten und etwa 9 cm tiefen Nuten und einer kreisrunden Vertiefung auf der Oberfläche (Dm. 24 cm; Tiefe 19,5 cm). An der Vertiefung moderne, aus einer jüngeren Nutzung resultierende Beschädigungen. Sein ursprüngliches Gewicht betrug etwa 24 Zentner. – Der Stein ist heute an der rekonstruierten Kelter südlich von Becken 1 aufgestellt.

Literatur: Gilles 1995, 47.

9. Piesport-*Müstert,* Kreis Bernkastel-Wittlich

Gefunden 1952 in der Ortslage von Müstert beim Abbruch einer Gartenmauer, kaum 200 m von der römischen Kelteranlage entfernt. Rechteckiger Sandsteinquader mit Teilen eines Reliefs einer Tafelszene (1,26 x 0,72 x 0,62 m). Die Darstellung steht zur Oberseite des Keltersteins auf dem Kopf. An der Schmalseite befinden sich verjüngende 10-14 cm breite Nuten mit einer Tiefe von 9-11 cm (vgl. S. 85). Auf der Oberseite kreisrunde Aushöhlung (Dm. 27,5 cm, Tiefe 19 cm). Sein ursprüngliches Gewicht betrug etwa 26 Zentner. – Rheinisches Landesmuseum Trier Inv. Nr. 53,203.

Literatur: Gilles 1995, 47-48.

Der Kelterstein von Piesport-Müstert.

10. Wintrich, Kreis Bernkastel-Wittlich

Gefunden 1981 bei Umbauarbeiten eines Hauses (Moselweinstraße 39) im Ortskern, wo verschiedentlich Reste einer römischen Villa angeschnitten wurden. Der Stein war sekundär verbaut und ist daher nur zu zwei Drittel erhalten geblieben (0,82 [abgebrochen] x 0,72 x 0,43 m, ursprünglich ca. 1,15 x 0,72 x 0,60 m). Auf der durch moderne Einschnitte verfremdeten Oberseite eine kreisrunde Aushöhlung (Dm. 30 cm, Tiefe 22,5 cm), die die ehemalige Mitte des Steines markiert. Wegen seines fragmentarischen Zustandes ist auch nur an einer Schmalseite eine sich leicht verjüngende, 9-9,5 cm breite Nut von rund 5 cm Tiefe erhalten. Vermutlich wurde der Stein auch an der Unterseite gekappt. Sein ursprüngliches Gewicht betrug etwa 23 Zentner. Roter Sandstein. – Privatbesitz.

Literatur: Gilles 1995, 48.

Der Kelterstein von Wintrich.

11. Wintrich, Kreis Bernkastel-Wittlich

Sockelstein, vermutlich eines ehemaligen Kirchhofkreuzes. Rechteckiger Kalksteinquader (1,22 x 0,78 x 0,59 m) mit zahlreichen Klauenlöchern und zwei an den Längsseiten (!) angebrachten, sich zur Oberseite leicht verjüngenden Nuten (Breite 10-13 cm, Tiefe etwa 7-8 cm). Auf der Oberseite befand sich ursprünglich eine etwa kreisrunde Vertiefung (Dm. ca. 32 cm), in die später wohl ein Kreuz eingelassen wurde, für das jene Vertiefung offenbar erweitert wurde. Sein ursprüngliches Gewicht betrug etwa 26 Zentner. – Der Stein ist derzeit in den Grünanlagen zwischen Kindergarten und Kirche aufgestellt.

Literatur: Gilles 1995, 49.

Der zweite Kelterstein von Wintrich, der ursprünglich als Sockelstein eines Kirchhofkreuzes genutzt wurde.

12. Brauneberg, Kreis Bernkastel-Wittlich

Gefunden 1991 bei den Ausgrabungen in der östlichen Kelteranlage (»Unter Mötschert«) westlich von Becken 7. Rechteckiger Quader aus einem roten Sandsteinkonglomerat (0,95 x 0,53 x 0,42 m). An den breiteren Längsseiten je eine, sich offenbar leicht verjüngende Nut (Breite 7,5-9,5 cm, Tiefe 5 cm). Sein ursprüngliches Gewicht betrug etwa 14 Zentner. – Der Stein ist heute an der Spindel der rekonstruierten Baumkelter wieder aufgehängt.

Literatur: Gilles 1995, 49.

Der Kelterstein von Brauneberg.

13. Maring-*Noviand*, Kreis Bernkastel-Wittlich

Gefunden 1977 nach Abschluß der Ausgrabungen im Bereich der römischen Kelteranlage südlich von Becken C. Ursprünglich rechteckiger Quader aus rotem Sandstein (1,48 x 0,57 x 0,42 m). Da der Stein nach zwei Seiten größere Beschädigungen aufweist und in eine Stützmauer unterhalb des Schutzbaues integriert ist, lassen sich mit Ausnahme eines Klauenloches in Zentrum der sichtbaren Seite derzeit keine Einarbeitungen beobachten. Das ursprüngliche Gewicht des stark fragmentierten Steines dürfte mehr als 20 Zentner betragen haben.

Literatur: Gilles 1995, 49.

Der Kelterstein von Maring-Noviand.

14. Graach, Kreis Bernkastel-Wittlich

Beobachtet 1996 bei der Erneuerung des Außenputzes der westlichen Außenwand der Kapelle unmittelbar neben dem dreiseitigen Chorabschluß. Rechteckiger Sandsteinquader (L. ca. 1,20 m, Br. unbekannt, H. 0,60 m). Ein vorliegendes Foto läßt eine der charakteristischen, sich leicht verjüngenden, 9-7 cm breiten Nuten erkennen, die in diesem Falle jedoch an den Langseiten des Steines angebracht waren. Der Stein ist heute, da er wieder verputzt wurde, leider nicht sichtbar.

Literatur: Gilles 1996, 42, 44.

Der Kelterstein von Graach nach Entfernen des Außenputzes an der Kapelle.

15. Lösnich, Kreis Bernkastel-Wittlich

Gefunden 1973/74 bei den Ausgrabungen des römischen Landgutes im »Hinterwald« (Bau II = Kelterhaus). Rechteckiger Quader aus rotem Sandstein, wohl nur im unteren Drittel erhalten (1,05 x 0,76 x 0,23 m). Von seiner Fundlage, westlich des Preßbeckens A_2, dürfte der heute verschollene Stein nur als Gegengewicht einer Kelter in Frage kommen.

Literatur: Gilles 1995, 49-50.

16. Kinheim, Kreis Bernkastel-Wittlich

Gefunden um 1975 beim Umbau einer Scheuneneinfahrt (Pützgasse 3), wo der Stein als Widerlager eines Torbogens diente. Hälfte eines fast quadratischen Steines (>0,52 x 0,95 x 0,81 m; ursprünglich 1,02 x 0,95 x 0,81) mit seitlicher, zur Unterseite sich verbreiternder Nut (Breite 7,5-10 cm, Tiefe 3-4 cm). Auf der Oberseite des Steines kreisrunde Aushöhlung (Dm. 35 cm, Tiefe 17 cm). Im Gegensatz zu den übrigen Keltersteinen erstreckt sich die seitliche Nut nur über die oberen zwei Drittel des Steines und erreicht eine Länge von 0,58 m (vgl. S. 85). Zudem zeichnet sich jene durch eine geringere Tiefe (3-4 cm) aus. Im oberen Drittel schneidet eine weitere, etwa 30 cm lange Nut kreuzförmig die senkrecht angebrachte Vertiefung. An den Enden dieser Querarme sowie am unteren Ende der senkrecht verlaufenden Nut sind kleinere quadratische

Der Kelterstein von Kinheim.

Vertiefungen (ca. 3 x 3 x 3 cm) angebracht, die vermutlich Eisenklammern aufzunehmen hatten, von denen sich noch geringe Spuren erhalten haben. Aufgrund der geringen Tiefe der Nuten konnte die Aufhängung des Steines nur mit einer Eisenkonstruktion erfolgt sein. Sein ursprüngliches Gewicht betrug etwa 36 Zentner. Hartes rötliches Sandsteinkonglomerat. – Privatbesitz (Kröv).

Literatur: Gilles 1995, 50.

17. Zell, Kreis Cochem-Zell

In einer Stützmauer der Bachgasse im Stadtteil Corray verbaut. Der rechteckige Kalkstein (1,17 x 0,77 x 0,64 m) zeigt an zwei gegenüberliegenden Seiten, in diesem Falle den Breitseiten, sich leicht verjüngende Nuten (Breite 11-12 cm, Tiefe bis 7 cm). Obgleich der Quader aus Lothringer Kalkstein in der Stützmauer wahrscheinlich schon in dritter Verwendung verbaut ist, – bevor er zum Gewichtstein umgearbeitet wurde, war er vermutlich schon Teil eines größeren älteren Grabmals – dürfte der ehemalige Standort des etwa 26 Zentner schweren Keltersteines nicht allzu weit von dem heutigen entfernt gelegen haben. – Privatbesitz.

Literatur: Gilles 1999, 5-7.

Der Kelterstein von Zell.

18. Nehren, Kreis Cochem-Zell

Bis 1996 an der Ecke Moselwein-/Schulstraße in einer Gartenmauer verbaut. Nahezu quadratischer Block aus rotem Sandstein (1,19 x 1,08 x 0,62 m). In der freiliegenden Oberseite beinahe kreisrunde Aushöhlung (Dm. 34-38 cm, Tiefe 31 cm). An einer der beiden sichtbaren Seiten stark beschädigte Nut (Breite 8-10 cm; Tiefe 4-5 cm), die sich jedoch nicht über die ganze Seite erstreckt und in einer runden Vertiefung mündet (vgl. S. 85). Sein ursprüngliches Gewicht betrug etwa 37 Zentner. Der Stein ist heute auf dem Dorfplatz aufgestellt.

Literatur: Gilles 1995, 50-51.

Der Kelterstein von Nehren.

19. Poltersdorf, Kreis Cochem-Zell

Nahezu quadratischer Sandsteinblock (ca. 1,20 x 1,20 m, H. unbekannt) mit Aushöhlung im Zentrum der Oberseite. Nehmen wir nur eine Höhe von 0,60 m an, betrug sein ursprüngliches Gewicht etwa 40 Zentner, womit er zu den schwersten Steine zählte. Der Verbleib des früher an einem Weg liegenden Steines, den man schon bei seiner ersten Beschreibung mit einer Kelter in Verbindung brachte, ist nicht bekannt.

Literatur: Bonner Jahrbücher 58, 1876, 216.
Gilles 1995, 51.

20. Müden, Kreis Cochem-Zell

Rechteckiger Quader aus Basaltlava (ca. 1,20 x 0,84 x 0,45 m) mit kreisrunder Aushöhlung (Dm. ca. 36 cm, Tiefe ca. 20 cm) und seitlichen, sich zur Oberseite verjüngenden Nuten (Breite ca. 18 cm, Tiefe ca. 6 cm). Sein ursprüngliches Gewicht betrug etwa 21 Zentner. Der aus einem der ältesten Häuser des Ortes stammende Stein wurde von den Dorfbewohner mit einer Kelter in Verbindung gebracht. Heute ist der bemerkenswerte Stein verschollen.

Literatur: Bonner Jahrbücher 55/56, 1875, 227-228.
Gilles 1995, 51.

B) Rhein und Rheinhessen

21. Koblenz/Engers (?)

Nahezu quadratischer Block aus dunkelgrünem Diorit (ca. 0,87 x 0,84 x 0,72 m) mit kreisrunder Aushöhlung auf der Oberseite (Dm. ca. 27 cm, Tiefe ca. 24 cm) und zumindest einer seitlichen Nut (Breite 15 cm, Tiefe 7 cm). Sein ursprüngliches Gewicht betrug etwa 28 Zentner. Der Stein befindet sich heute an einem Pfeiler vor der Südseite des Koblenzer Rathauses. Bereits gegen Ende des 17. Jahrhunderts soll er im Rhein bei Engers gefunden worden sein.

Literatur: Bonner Jahrbücher 53/54, 1873, 315-317.
Gilles 1995, 51.

Der Kelterstein von Koblenz (Engers).

22. Niederlahnstein, Rhein-Lahn-Kreis

Rechteckiger Quader aus Diorit mit kreisrunder Aushöhlung auf der Oberseite und seitlichen Nuten an der Längsseite. Der Stein, dessen Maße nicht bekannt sind, wurde leider zerschlagen und zum Hausbau verwendet. Auch er wurde bei seiner Vorlage mit einer Kelter in Verbindung gebracht.

Literatur: Bonner Jahrbücher 58, 1876, 216.
Gilles 1995, 51.

23) Bechtheim, Kreis Alzey-Worms

Der Kelterstein von Bechtheim.

Rechteckiger Quader aus Sandstein in Form eines Pyramidenstumpfes (untere Seiten: 1,54 und 1,48 m, obere Seiten: 1,09 und 0,94 m, H. 0,96 m). Auf der Oberseite befindet sich eine kreisrunde Aushöhlung (Dm. ca. 27 cm, Tiefe ca. 18 cm), an den breiteren Seiten jeweils eine sich nach oben verjüngende Nut (Br. 28 – 18 cm, Tiefe 13 – 9 cm, bzw. Br. 24 –19 cm, T. ? [nicht feststellbar, da modern mit Mörtel verfüllt] – 11 cm). Beide Nuten erstreckten sich aber nicht über die gesamte Höhe der Seiten sondern sparten die unteren 23 bzw. 18 cm aus (vgl. S. 85). Auf einer der Breitseiten beobachtet man rechts neben der Nut noch drei, vermutlich jüngere Keillöcher, die wohl auf einen vergeblichen Versuch, den Stein zu spalten, zurückgehen. Das heutige Gewicht des Steines beträgt, obwohl er an den Seiten ältere Ausbrüche zeigt, immerhin 3820 kg, also mehr als 76 Zentner. Gefunden wurde er im Jahre 1925 beim Aufräumen einer Brandstelle im ehemaligen Uekküllschen Anwesen (heute Koch). Seit 1994 ist der Stein, der zwischenzeitlich außerhalb des Ortes gezeigt wurde, wieder unmittelbar gegenüber seiner Fundstelle am Fischmarkt aufgestellt.

Literatur: Matthias Bender, Bechtheim, Kleinod des Wonnegau – seine Geschichte (Bechtheim 1976) 51.

24) Worms, Stadt Worms

Rechteckiger Quader aus Kalkstein in Form eines Pyramidenstumpfes (untere Seiten: 1,43 und 1,28 m, obere Seiten: 0,93 und 0,87 m, H. 1,04 m). Auf der Oberseite befindet sich eine kreisrunde Aushöhlung (Dm. ca. 37 cm, Tiefe ca. 25 cm), an den schmaleren Seiten jeweils eine sich nach oben verjüngende Nut (Br. 33 – 16 cm, Tiefe 15 – 12 cm, bzw. Br. 32 –16 cm, T. 14 – 12 cm). Die Nuten erstrecken sich aber nicht über die gesamte Höhe der Seiten sondern sparen die unteren 23 bzw. 18 cm aus. Sein ursprüngliches Gewicht betrug etwa 62 Zentner. Die Fundumstände des Steines, der unter dem Namen »Siegfriedstein« bekannt ist, sind nicht überliefert ebenso wie der Zeitpunkt seiner Aufstellung dicht südlich des Westchores des Wormser Domes.

Literatur: Gilles 1995,43.

Der Kelterstein von Worms.

Mögliche römische Kelteranlagen

Aufgrund der in den letzten Jahren gewonnenen Erkenntnisse konnten wir zumindest für das Moseltal einige Kriterien herausarbeiten, die für die Existenz einer römerzeitlichen Kelter sprechen. In der Regel lassen sich die römischen Kelterhäuser in den besseren Weinbergslagen am Fuße steilerer Süd- oder Südwesthänge in unmittelbarer Nähe zur Mosel lokalisieren. Daher wundert es nicht, wenn sie, wie sieben der neun nachgewiesenen Kelteranlagen, im Bereich von Weinbergen liegen, die bei einer um 1850 vorgenommenen Wertschätzung (Klasse I-VIII) ausschließlich den Klassen I und II zugeordnet wurden[1]. Häufig bilden jene Plätze begrenzte römische Trümmerstellen inmitten von Rebflächen, die allerdings von ihrer Lage und ihren Ausdehnungsmöglichkeiten für ein römisches Gehöft völlig ungeeignet erscheinen. Wohl nicht zufällig kann auch die Mehrzahl jener Orte, an denen eine römische Kelter zu vermuten ist, auf relativ frühe Weinbaubelege aus der Zeit des 7.-10. Jahrhunderts zurückgreifen. Bisweilen kennen wir aus dem näheren Umfeld der postulierten Keltern auch merowingerzeitliche Grabfunde, die an dem jeweiligen Platz sogar einen kontinuierlichen Weinbau seit der Spätantike erwarten lassen.

Die folgende Liste umfaßt solche Plätze, für die gleich mehrere der angeführten Kriterien zutreffen, oder an denen aufgrund älterer archäologischer Befunde eine römische Kelteranlage vermutet werden kann. Da wie bei den bisher nachgewiesenen römerzeitlichen Kelterhäusern ein Zusammenhang mit der ersten Überlieferung von Weinbergen wie ihrer Qualität unverkennbar ist, wird darauf auch in der folgenden Zusammenstellung Bezug genommen[2].

1. Mehring-Lörsch, Kreis Trier-Saarburg

Zwischen Lörsch und Mehring konnte 1928 am Fuße eines steilen Südwesthanges (»Mehringer Zellerberg«) in unmittelbarer Nähe zur Mosel ein rund 25 m breites und mehr als 10 m tiefes römisches Gebäude angeschnitten und teilweise untersucht werden. Bereits in der Mitte des letzten Jahrhunderts waren hier bei der Instandsetzung des Leinpfades Estriche (von Becken?) aufgedeckt worden. Spätrömische Kleinfunde lassen eine Errichtung des Gebäudes erst für das 4. Jahrhundert n. Chr. vermuten. Für die späte Zeitstellung sprechen auch mehrere sekundär verbaute Kalk- und Sandsteinblöcke römischer Grabmäler, darunter ein Eckquader mit einer Weinrebendarstellung, der aufgrund noch vorhandener Farbreste eindeutig rote Trauben zeigt (vgl. S. 49) und ursprünglich vielleicht zu einem Grabmal einer Winzerfamilie gehörte. – Erste Überlieferung von Weinbergen: 893 (Lörsch), 762 (Mehring). – Weinberge ab Klasse II (Lörsch).

Literatur: Gilles 1993, 151-155. – Gilles 1995, 52.

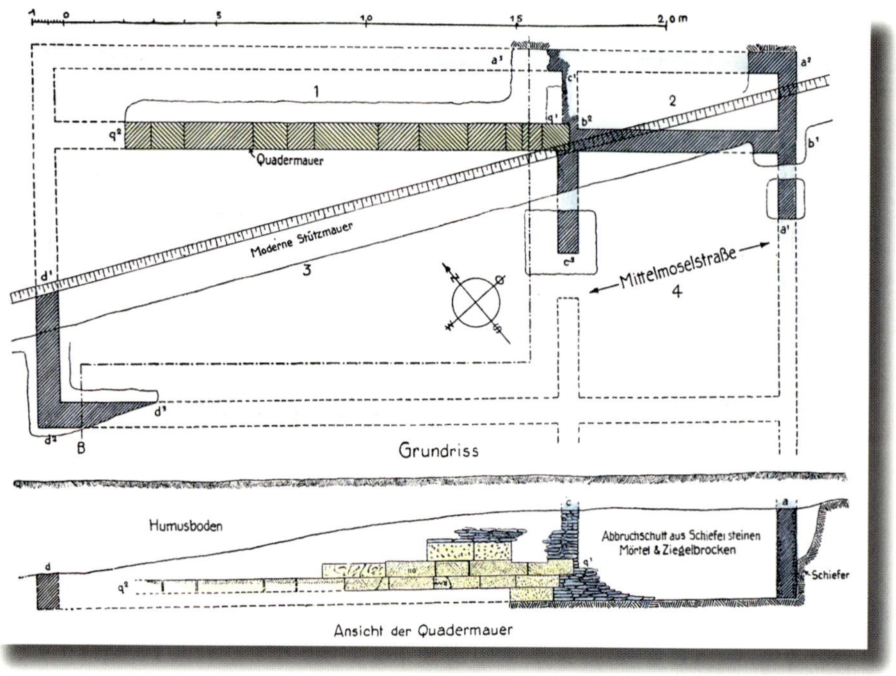

Der Grundriß eines möglichen Kelterhauses bei Mehring-Lörsch.

2. Pölich, Kreis Trier-Saarburg

Am Fuße eines steilen Westhanges (»Pölicher Held«) wurde bereits in der ersten Hälfte des 19. Jahrhunderts unweit der Mosel an der Römerstraße Trier – Neumagen *»altes Mauerwerk mit römischem Estrich«* angeschnitten. Da die Fundstelle von ihrer Lage und Ausdehnung kaum für eine römische Villa in Frage kommt, dürften die damals beobachteten Bauspuren vermutlich als Reste einer Kelteranlage zu sehen sein. – Erste Überlieferung von Weinbergen: 2. Hälfte 12. Jahrhundert. – Weinberge ab Klasse IV.

Literatur: Gilles 1995, 53.

3. Klüsserath, Kreis Trier-Saarburg

Gegenüber von Köwerich beobachtet man am Fuße eines steilen Südwesthanges (»Klüsserather Bruderschaft«) nahe der Mosel römische und mittelalterliche Streufunde. Die Fundstelle ist für eine römische Villa gänzlich ungeeignet. – Erste Überlieferung von Weinbergen: 748 (Klüsserath), 710 (Köwerich). Weinberge ab Klasse II.

Literatur: Gilles 1995, 53.

4. Neumagen-*Dhron*, Kreis Bernkastel-Wittlich

Im Ortskern am Fuße eines steilen Südwesthanges (»Dhroner Hofberger«) wurden verschiedentlich ausgedehnte Spuren einer römischen Villa mit Nebengebäuden angetroffen, darunter vermutlich auch die Reste eines Kelterhauses, dem zwei, vielleicht sogar drei Keltersteine (vgl. Nr. 5 und 6) zuzuordnen sind. – Erste Überlieferung von Weinbergen: 1052. – Weinberge ab Klasse II.

Literatur: Gilles 1995, 52.

5. Piesport-*Ferres*, Kreis Bernkastel-Wittlich

Am Fuße eines steilen Südsüdosthanges (»Piesporter Goldtröpfchen« bzw. »Domherr«) wurde im Jahre 1961 bei Ausschachtungsarbeiten in der Nähe der Kapelle hinter dem Haus Bruder-Eberhard-Str. 7 die westliche Abschlußmauer eines römischen Gebäudes, offenbar mit Resten eines Beckenwandputzes aus einem Kalk-Ziegelgemisch, angeschnitten. Die Lage der Fundstelle unweit der Mosel erinnert an die benachbarten Kelterhäuser von Piesport und Müstert. Eine an dieser Stelle vor der Flurbereinigung deutlich sichtbare Mulde ist heute allerdings aufgeschüttet. – Erste Überlieferung von Weinbergen: 776/7 (Piesport). – Weinberge ab Klasse I.

Literatur: Gilles 1995, 53.

6. Wintrich, Kreis Bernkastel-Wittlich

Im Ortskern am Fuße eines steilen Westhanges (»Wintricher Großer Herrgott«) wurden mehrfach die Spuren einer römischen Villa mit Nebengebäuden, darunter vermutlich auch Reste eines Kelterhauses beobachtet. Letzterem sind zumindest zwei Keltersteine (vgl. Nr. 10 und 11) zuzuordnen. Ein dritter Kelterstein wurde offenbar erst vor wenigen Jahren zum Auffüllen einer neben der Hauptstraße gelegenen Senke verwendet. – Erste Überlieferung von Weinbergen: 966. – Weinberge ab Klasse I.

Literatur: Gilles 1995, 54.

7. Brauneberg-*Filzen*, Kreis Bernkastel-Wittlich

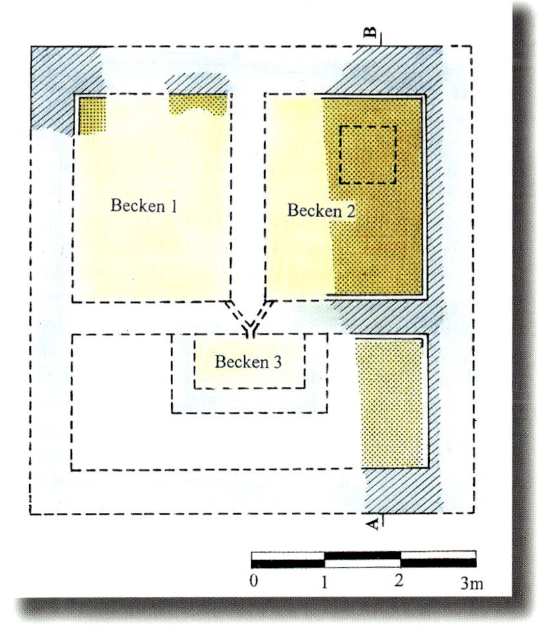

Der Grundriß eines Gebäudes mit Beckenanlagen bei Brauneberg-Filzen.

Mögliche römische Kelteranlagen

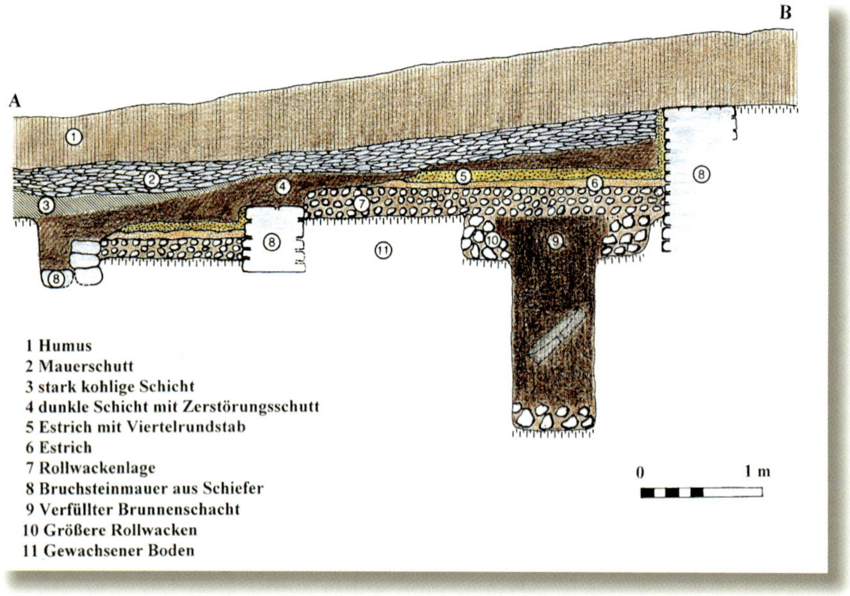

Profil durch ein Gebäude mit Beckenanlagen bei Brauneberg-Filzen.

Leider wurde das Gebäude damals nur teilweise aufgedeckt und entscheidende Bereiche nicht untersucht, so daß seine Funktion derzeit offenbleiben muß. Unter dem oberen Becken wurde noch ein mit Holz ausgekleideter Brunnenschacht beobachtet, in dessen Verfüllung ein Mühlstein (Dm. 0,60 m) zum Vorschein kam. – Erste Überlieferung von Weinbergen: 12. Jahrhundert. – Weinberge ab Klasse IV.

Literatur: Ortsakten Rheinisches Landesmuseum Trier, insbesondere Skizzenbuch 435, 121f. Gilles 1995, 54.

Beim Rigolen wurde im Jahre 1935 an einem Westhang zur Mosel (»Brauneberger Mandelgraben«), etwa 600 m südlich der Kirche von Filzen, im Distrikt »Humusberg« inmitten von Weinbergen ein 6,03 x 5,84 m großes Gebäude angeschnitten, das offenbar mehrere stufenförmig hintereinander angelegte Becken unterschiedlicher Größe umfaßte. Der südöstliche höher gelegene Teil des Gebäudes bildete ein 4,70 x 2,73 m großes Becken, das mit einem festen Ziegelestrich und dem typischen Viertelrundstab versehen war. Möglicherweise war es entsprechend unserer Zeichnung in ein Maische- und Pressbecken (Becken 1 / 2) aufgeteilt. Seine lediglich 0,40 m breite Abschlußmauer war zur Nordwestseite verputzt. Hier schloß ein kleinerer Raum an, dessen Fußboden, ebenfalls ein Estrich, allerdings ohne Viertelrundstab, um 0,32 m tiefer lag. Es ist nicht auszuschließen, daß in diesen Estrich ein weiteres kleineres Becken (3) entsprechend unserer Zeichnung eingetieft war, welches die Aufgabe eines Mostbeckens zu übernehmen hatte. Da weitere Mauerzüge schon vorher in den nordwestlich anschließenden Parzellen angetroffen worden waren, könnte dieses Bauwerk ein Nebengebäude einer Villa gewesen sein. Bereits um 1897 sollen etwa 300 m südlich beim Rigolen in den Fels eingetiefte, jedoch beigabenlose Körpergräber angeschnitten worden sein.

8. Wehlen, Kreis Bernkastel-Wittlich

Am Fuße eines steilen Südsüdwesthanges (Flur »Brück« = »Wehlener Sonnenuhr«) liegen die üblichen spätrömischen Streufunde einer römischen Siedlung, bei der es sich aufgrund der Lage und Ausdehnungsmöglichkeit kaum um eine Villa gehandelt haben dürfte. Nahebei wurden auch merowingische Gräber aufgedeckt, deren zugehörige Hofstätte K. Böhner am gegenüberliegenden Moselufer vermutete[3]. – Erste Überlieferung von Weinbergen: 874. Weinberge ab Klasse I.

Literatur: Trierer Zeitschrift 9, 1934, 147f.; 37, 1974, S. 292. Gilles 1995, 54-55.

9. Zeltingen, Kreis Bernkastel-Wittlich

Am Fuße eines steilen Südwesthanges (Flur »Im Mausgebäude« = »Zeltinger Sonnenuhr«) wurden 1995 unweit der Mosel spätrömische Keramikscherben der 2. Hälfte des 4. Jahrhunderts aufgelesen. Obwohl der Platz in einer kleineren Einbuchtung des Hanges liegt, scheint er für eine Villa ungeeignet. – Erste Überlieferung von Weinbergen: 1056. – Weinberge ab Klasse I.

Literatur: Gilles 1995, 55.

10. Ürzig, Kreis Bernkastel-Wittlich

Am südlichen Ortsende kamen Mitte der 90er Jahre bei Bau einer Weinbergstreppe am Fuße eines relativ steilen Südosthanges (»Ürziger Würzgarten«) zahlreiche Ziegel- und Bautrümmer zutage. Die umliegenden Weinberge zeigen auf einer begrenzten Fläche die üblichen Oberflächenfunde, die wegen ihrer Lage am ehesten auf eine römische Kelter zurückzuführen sind. – Erste Überlieferung von Weinbergen: 874. – Weinberge ab Klasse II.

Literatur: unpubliziert.

11. Ürzig, Kreis Bernkastel-Wittlich

Am Fuße eines steilen Südhanges wenig nordöstlich des Ortes (»Ürziger Würzgarten«) beobachtet man unweit der Mosel vereinzelte römische und mittelalterliche Streufunde, die – sofern sie nicht sekundär verlagert sind – wohl auch auf eine Kelter zu beziehen sind. – Erste Überlieferung von Weinbergen: 874. Weinberge ab Klasse II.

Literatur: Gilles 1995, 55.

12. Kinheim, Kreis Bernkastel-Wittlich

Am Fuße eines steilen Südsüdwesthanges liegen unweit der Mosel westlich der Kirche (»Kinheimer Rosenberg«) die üblichen spätrömischen Kleinfunde, darunter Keramikscherben des 4. und 5. Jahrhunderts. Dicht oberhalb konnte 1913/14 im Hang bei der Neuanlage eines Weinbergs auf einer Länge von rund 200 m zahlreiche, in den Schieferfels eingetiefte, angeblich O-W (?) gerichtete Körpergräber, teilweise mit Waffenbeigaben, beobachtet werden. Die Schädel sollen von römischen Ziegelplatten umstellt gewesen sein. Weiter oberhalb auf der Kuppe der »Colai« könnte, wie Ziegelfunde vermuten lassen, eine spätantike Höhenbefestigung gelegen haben. Daß am südwestlichen Fuße der »Colai« ein römisches Kelterhaus zu erwarten ist, zeigt auch der Fund eines im Ort sekundär verbauten römischen Keltersteines (Nr. 16), sowie der angenommene Standort des Kelterhauses, der genau in der Verlängerung der Mittelachse der römischen Villa in der Flur »Im Willenbungert« auf dem anderen Moselufer liegt. Dort kam 1976 das bekannte Hochrelief des Sucellus zutage, welches wiederum eindeutige Rückschlüsse auf die Tätigkeit ihrer Bewohner zuließ. Da in der unmittelbaren Umgebung jener Villa damals nur ein Nebengebäude nachgewiesen werden konnte, und die Rebflächen bis in unser Jahrhundert auf das nördliche, also gegenüberliegende Moselufer beschränkt blieben, kann das hinter dem Ortskern vermutete Kelterhaus nur jener Villa zugerechnet werden. – Erste Überlieferung von Weinbergen: 1148. – Weinberge ab Klasse II.

Literatur: Gilles 1995, 55-56.

13. Kröv, Kreis Bernkastel-Wittlich

Am nördlichen Ortsende finden sich unweit der Mosel am Fuße eines mittelsteilen Südosthanges (»Kröver Letterlay«) die üblichen Streufunde eines römischen Gebäudes, von dem früher schon mächtige Quaderfundamente beobachtet werden konnten. Wenig oberhalb liegt um die kesselstattsche Grabkapelle ein ausgedehntes, merowingerzeitliches Gräberfeld mit Beigaben des 7. Jahrhunderts. – Erste Überlieferung von Weinbergen: 862. – Weinberge ab Klasse III.

Literatur: Gilles 1995, 56.

14. Pünderich, Kreis Cochem-Zell

Am Fuße eines steilen Südsüdwesthanges (Flur »Fahrlay« = »Pündericher Marienburg«) beobachtet man unweit der Mosel im Bereich einer für eine Siedlung völlig ungeeigneten Stelle spärliche römische Streufunde. Nahebei wurden auch merowingzeitliche Gräber mit Beigaben des 7. Jahrhunderts entdeckt. – Erste Überlieferung von Weinbergen: 1120. – Weinberge ab Klasse II.

Literatur: Gilles 1995, 56.

15. Briedel, Kreis Cochem-Zell

Gegenüber von Briedel liegen »im Kelterhausberg« unweit der Mosel am Fuße eines steilen Südwesthanges (»Briedeler Herzchen«) die umfangreichen Reste des seit 1271 bezeugten, später kurtrierischen »Grafenkelterhauses«. In diesem Bereich beobachtet man aber auch die typischen spätrömischen Oberflächenfunde.

Soweit die ehemaligen Außenmauern des im 19. Jahrhundert aufgelassenen »Grafenkelterhauses«, die heute als Weinbergsmauern genutzt werden, und ein im Jahre 1998 durch das Gebäude gezogener Baggerschnitt erkennen ließen, bildete das mittelalterliche bzw. frühneuzeitliche Kelterhaus einen zweigeteilten, 36,30 x 12,35 m großen Bau. Sein nordwestlicher Teil diente als unverputzter Kellerraum, in dessen Nordwand sich Ansätze von zwei Lichtschächten erhalten haben. Der südöstliche Bereich war mit einem groben Putz versehen und umfaßte offenbar den Kelterraum, der im Jahre 1608 aus fünf Keltern bestand. An seiner Ostwand beobachtete man einen 12,40 x 3,10 m großen Einbau, vielleicht die Reste der oben genannten Keltern. Eine 3,20 m breite Zufahrt lag im östlichen Teil der Südmauer.

Die Außenmauern des kurtrierischen Grafenkelterhaus in Briedel dienten lange als Stützmauern für die Weinberge.

Auf das »Grafenkelterhaus« bezieht sich offenbar ein Vermerk im Sterberegister der Briedeler Kirchenbücher, wonach am 30.10.1731 Nikolaus Simonis, vermutlich ein Sohn oder naher Verwandter des Hofschultheissen Johann Simonis »*in heißen Most*« gefallen war. Diese traurige Nachricht liefert uns einen weiteren nicht uninteressanten Hinweis auf gefeuerten Wein, der an der Mosel bisher nur für das 15. bzw. 16. Jahrhundert für Kobern, Oberfell, Alken, Wehlen, Graach und Bernkastel belegt, am Mittelrhein hingegen bis zur Mitte des 18. Jahrhunderts weit verbreitet war[4].

Zu den Funden des vermuteten römischen Kelterhauses zählen neben Estrich- und Ziegelfragmenten inzwischen zwölf Bronzemünzen darunter ein 270 n. Chr. in Mailand geprägter Antoninian des Divus Claudius II., zwei Centenionales von Valentinian I. (364-375), vier Centenionales von Valens (364-378), ein Fragment eines weiteren Centenionalis des Valentinian oder Valens, drei Centenionales und eine Maiorina des Gratian (367-383). Daneben konnten ein Bronzegriff eines Kästchens sowie zahlreiche Keramikscherben aus der Zeit des frühen 3. bis zur Mitte des 5. Jahrhunderts aufgelesen werden. Die Streuung der römischen Funde reicht vor

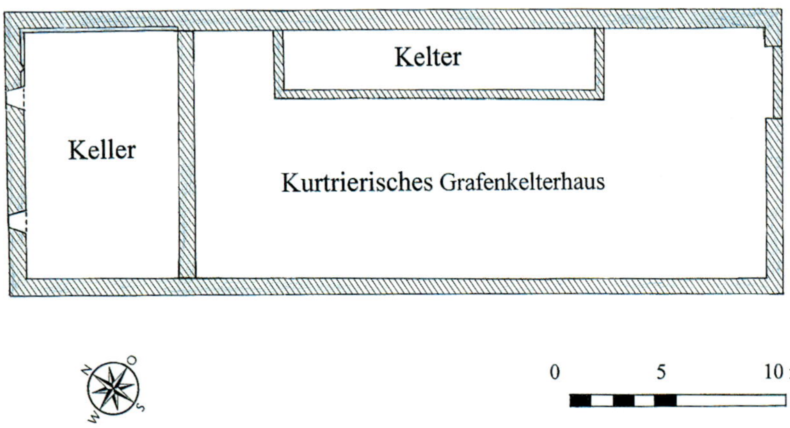

Grundriß des kurtrierischen Grafenkelterhaus in Briedel.

allem an der Südostseite des Kelterhauses über dessen Außenmauern hinaus. – Erste Überlieferung von Weinbergen: 748. – Weinberge ab Klasse II.

Literatur: K. J. Gilles, Die Geschichte der Gemeinde Briedel (Trier 1998) 26-29; 217-220.

16. Zell, Kreis Cochem-Zell

Am Fuße eines steilen Südwesthanges (»Zeller Burglay-Felsen«) wurden in der Umgebung des ehemaligen Landratsamtes (heute: Finanzamt) verschiedentlich spätrömische Funde und merowingerzeitliche Gräber mit Beigaben des 7. Jahrhunderts aufgedeckt. Erst jüngst konnte dort ein sekundär verbauter römischer Kelterstein (Nr. 17) festgestellt werden. – Erste Überlieferung von Weinbergen: vor 940. – Weinberge ab Klasse II.

Literatur: Gilles 1999, 5-7.

17. Zell, Kreis Cochem-Zell

Am Fuße eines steilen Südwesthanges waren in der Flur »Riwisch« (»Zeller Burglay-Felsen«) bei Weinbergsanlagen gegen Ende des 19. Jahrhunderts römische Baureste mit Wannenestrichen entdeckt worden, die bisher als Badeanlage gedeutet worden waren. Doch sind weder die für Bäder typischen Hypokaustziegel noch →Tubuli überliefert. Außerdem läßt sich der beschriebene Mosaikboden auch als Estrichboden deuten, so daß die dort beobachteten Wannenreste – nicht zuletzt wegen der begrenzten Ausdehnungsmöglichkeit des Fundplatzes – weniger an ein Bad eines Gutshofes als an die Becken eines römischen Kelterhauses in einer der besten Zeller Weinlagen denken lassen. – Erste Überlieferung von Weinbergen: vor 940. – Weinberge ab Klasse II.

Literatur: Gilles 1999, 7.

18. Zell-*Merl*, Kreis Cochem-Zell

Am Fuße eines steilen Südhanges wurden 1976 unweit der Mosel an der Kreuzung Neuekehr/Zandtstraße (»Merler Stephansberg«) römische Gebäudereste von geringer Tiefe angetroffen. Scherbenfunde datierten die Räume, darunter vielleicht ein Kellerraum ähnlich denen von Piesport, ins 3. und 4. Jahrhundert n. Chr. Nahebei wurden ein Jahr später auch spätmerowingische Gräber mit Beigaben des 7./8. Jahrhunderts aufgedeckt. – Erste Überlieferung von Weinbergen: 782. – Weinberge ab Klasse I.

Literatur: Gilles 1995, 58.

19. Ediger, Kreis Cochem-Zell

Am Fuße eines steilen Südsüdwesthanges liegt an der Pehrstraße bzw. »hinter Pleit« = »Ediger Feuerberg und Hasensprung«) eine römische Trümmerstelle des 3./4. Jahrhunderts n. Chr. Unmittelbar daneben wurden auch spätrömische, teils beigabenlose Körpergräber angeschnitten. – Erste Überlieferung von Weinbergen: 766. – Weinberge ab Klasse II.

Literatur: Gilles 1995, 58-59.

20. Ediger, Lehmer Höfe, Kreis Cochem-Zell

Während der Flurbereinigung wurden vor einigen Jahren dicht nördlich der Lehmer Höfe, am Fuße eines steilen Südsüdwesthanges (»Ediger Eltzhofberg«), römische Mauerreste und Estriche angeschnitten, ohne daß die Bauspuren von der zuständigen Fachbehörde beobachtet werden konnten. Constantinische Münzen datierten die Reste wiederum ins 4. Jahrhundert n. Chr. – Erste Überlieferung von Weinbergen: 766 (Ediger). – Weinberge ab Klasse II.

Literatur: Gilles 1997^2, 50.

21. Klotten, Kreis Cochem-Zell

Am westlichen Ortsausgang wurden an der »Spitz« am Fuße eines steilen Südhanges (»Klottener Brauneberg«) auf einer begrenzten Fläche, die keine größeren Ausdehnungsmöglichkeiten bot, immer wieder Streufunde einer römischen Ansiedlung sowie vereinzelt auch Brand- und Körpergräber des 3./4. Jahrhunderts n. Chr. angetroffen. Zudem hatte man im Jahre 1929, nahebei im Hang der Weinberge »vor der Spitz«,

Mauerreste mit Kleinfunden des 9.-11. Jahrhunderts freigelegt, die vielleicht sogar auf zwei bereits für die Jahre 698 und 719 bezeugte Weingüter zu beziehen sind. Nach der älteren Quelle schenkte Gerelindis dem hl. Willibrord (= Kloster Echternach) ein Weingut mit Winzer und Zubehör in monte Clothariense. Die zweite Urkunde überliefert, daß Arnulf, ein Enkel Pippins des Mittleren, dem hl. Willibrord ein Weingut mit dem Winzer Warinher, Haus und Land in monte Clothariense überließ. Beide Weingüter, die durch die Überlieferung zu den ältesten des Moseltals zählen, geben vielleicht auch einen Hinweis auf einen kontinuierlichen Weinbau seit der Spätantike. Leider ist diese entscheidende Frage für Klotten heute vermutlich nicht mehr zu klären, nachdem der in Frage kommende Bereich im Jahre 1999 beim Bau einer Umgehungsstraße – trotz ausdrücklichen Appells in der Ortschronik – ohne nähere Beobachtung abgetragen wurde. – Erste Überlieferung von Weinbergen: 697/8. – Weinberge ab Klasse II.

Literatur: K. J. Gilles, in: Alfons Friderichs, Klotten und seine Geschichte. Ortschroniken des Trierer Landes 29 (Briedel 1997) 26f.

Bemerkenswert sind in diesem Zusammenhang noch weitere Fundstellen, die sich im Bereich guter oder sehr guter Weinlagen am Fuße steilerer Süd- oder Südwesthänge lokalisieren lassen. Dazu zählen insbesondere spätrömische Grabfunde im »Longuicher Maximiner Herrenberg«[5] gegenüber von Longuich (Kreis Trier-Saarburg) sowie im »Trittenheimer Altärchen«[6] gegenüber von Trittenheim (Kreis Bernkastel-Wittlich). Diese lassen auf nahegelegene Ansiedlungen schließen, welche allerdings wegen ihrer ungewöhnlichen Lage nur mit Weinbau in Verbindung gebracht werden sollten. Vergleichbares gilt für die spätrömischen Streufunde im »Bernkasteler Schloßberg«[7] und in der »Zeller Kreuzlay«[8].

Anmerkungen

1 Vgl. J. P. Hegner, Die Klassifikation der Moselweine in alter und neuer Zeit, in: Trierische Chronik I, 1905, 83ff.
2 Die Daten zu der ältesten Überlieferung von Weinbergen basiert in der Regel auf Weiter-Matysiak 1985, 27ff. Die Angabe zur Qualität der Weinberge geht auf Hegner (Anm. 1) zurück.
3 K. Böhner, Die fränkischen Altertümer des Trierer Landes II (Berlin 1958) 167f.
4 Vgl. M. Matheus, Gefeuerter Wein – Zur »Weinverbesserung« in alter Zeit, in: Jahrbuch Kreis Bernkastel-Wittlich 1985, 361ff.
5 Jahresbericht der Gesellschaft für nützliche Forschungen 1853, 7; Trierer Zeitschrift 35, 1972, 313.
6 Trierer Jahresberichte 13, 1921, 46.
7 Trierer Zeitschrift 37, 1974, 276 u. 40/41, 1977/78, 402.
8 Vgl. K. J. Gilles, Die Geschichte der Stadt Zell-Mosel bis 1816. Schriftenreihe Ortschroniken des Trierer Landes 28 (Trier 1997) 29 Anm. 42.

Sonstige Denkmäler des römischen Weinbaus

Neben den ergrabenen Kelterhäusern, den Keltersteinen und einigen charakteristischen Steindenkmälern, wie etwa dem Sucellus aus Kinheim (Kreis Bernkastel-Wittlich), bieten noch weitere Funde Anhaltspunkte für einem römerzeitlichen oder frühmittelalterlichen Weinbau. Dazu zählen insbesondere eine Gruppe von Bleigefäßen, die zur Herstellung von Weinkonzentraten verwendet wurden.

Die in der Regel ca. 0,60 m hohen glockenförmigen Behälter haben meist eine nahezu ovale Grundfläche und zeigen an ihrem schmaleren Ende – soweit erhalten – immer einen Ausguß. Ein Fragment eines solchen Gefäßes aus einem Wirtschaftsgebäude nordöstlich der Kelter von Ungstein (Kreis Bad Dürkheim) enthielt zahlreiche Reste verkohlter Trauben. Diese deuteten auf die Herstellung eines Mostkonzentrats, *sapa* oder *defrutum*, hin, das Columella ausführlich beschrieb[1]. Dabei wies er ausdrücklich darauf hin, daß die Behälter, in denen Sirup oder Mostsaft abgekocht wird, lieber aus Blei als aus Bronze sein sollten.

Inzwischen konnte Heinz Eschnauer, der die Traubenkerne von Ungstein auf ihren Bleigehalt untersucht hatte, noch zehn weitere solcher Gefäße insbesondere in Rheinhessen und der Vorderpfalz nachweisen, so in Mainz, Worms, Biedesheim (Donnersbergkreis), Eisenberg (Donnersbergkreis), Ungstein (Kreis Bad Dürkheim), Mußbach (Stadt Neustadt/Weinstraße, vgl. S. 94) und Bellheim (Kreis Germersheim)[2]. An der Mosel ist bislang erst ein solches Gefäß aus Lieser (Kreis Bernkastel-Wittlich, vgl. S. 88) bekannt geworden[3]. Zwei vergleichbare bis zum letzten Krieg im Rheinischen Landesmuseum Trier aufbewahrte Altfunde stammen wohl ebenfalls aus dem Moselraum, sind aber heute verschollen[4]. Drei weitere Bleigefäße kommen aus Regionen, wo sicherlich nie Weinbau betrieben wurde, wie aus Kindsbach (Kreis Kaiserslautern), Schwarzerden (Kreis St. Wendel)[5] und Forbach (Lothringen).

Zweifellos würde es hier zu weit führen, die einzelnen Fundorte römischer Rebmesser und anderer Weinbergsgeräte an Mosel und Rhein aufzulisten, zumal nicht jeder Fund eines »Rebmessers« oder »Weinbergkarstes« als ein sicheres Indiz für Weinbau gewertet werden kann. Mit Rebmessern vergleichbare Geräte fanden in der Forstwirtschaft und Karste in weiten Bereichen der Landwirtschaft Verwendung. Außerdem liegen sie auch aus klimatisch benachteiligten Gebieten der Eifel, des Hunsrücks oder der Pfalz vor, wo der Anbau von Reben zu allen Zeiten ausgeschlossen werden muß. Bemerkenswert ist jedoch ein Rebmesser mit Rückenbeil aus einem merowingerzeitlichen Grab bei Eller (Kreis Cochem-Zell)[6], das den Bestatteten in dem Falle aber als Winzer kennzeichnen sollte.

Anmerkungen

1 Columella, De re rustica XII, 19, 1ff.; vgl. auch S. 95.
2 Eschnauer 1996, 6-14.
3 Trierer Zeitschrift 37, 1974, 284. Vgl. auch H. Merten, Trierer Zeitschrift 50, 1987, 264. Der Fundort des aus einem Sarkophag umgearbeiteten Behälters (Rheinisches Landesmuseum Trier Inv. Nr. 73,583) lag in einem Weinberg (»Lieserer Niederberg«) bei Lieser. Die Gemeinde zählt zu den ältesten Weinbauorten der Mosel, da dort bereits für das Jahr 634 durch das bekannte Grimotestament Weinberge bezeugt sind. Vgl. Heinrich Beyer, Leopold Eltester, Adam Goerz, Urkundenbuch zur Geschichte der jetzt die preußischen Regierungsbezirke Coblenz und Trier bildenden mittelrheinischen Territorien Bd. 1 (Coblenz 1860) Nr. 7.
4 Glücklicherweise haben sich von beiden Gefäßen Fotos (Rheinisches Landesmuseum Trier RB 39,86 und RC 39,112) erhalten. Danach lassen sie sich eindeutig unserer Gruppe von Bleigefäßen zuordnen. Möglicherweise stammen beide aus der römischen Villa »in der Kirchhecke« gegenüber von Mehring, wo 1927 »*Übereste von zwei halbrunden Behältern aus Blei*« gefunden wurden. Vgl. auch H. Merten, Trierer Zeitschrift 50, 1987, 264.
5 Dieses Bleigefäß zählt ebenfalls zu den Kriegsverlusten des Rheinischen Landesmuseums Trier (Inv. 37,218 e). Doch sind auch in diesem Falle Fotos erhalten (Rheinisches Landesmuseum Trier RC 39,110-111), die das Gefäß der Gruppe der glockenförmigen Bleigefäße zuweist.
6 U. Back, Frühmittelalterliche Grabfunde beiderseits der unteren Mosel, Oxford 1989 (BAR, International Series 532), 124, Taf. 7,1.

Im Text abgebildete Steindenkmäler

Katalog der im Text abgebildeten Steindenkmäler

zum Kapitel: Antike Zuchtformen und Rebsorten (S. 40 ff.)

1) Zwei Quader zweier Grabdenkmäler mit achterförmig aufgebundener Rebe

Der obere Quader wurde 1885 in den Fundamenten des spätrömischen Kastells Neumagen gefunden. Der Fundort des unteren Quaders ist unbekannt (möglicherweise Trier). Obwohl die beiden Quader sicher nicht zum gleichen Denkmal gehörten, stammten sie wahrscheinlich aus derselben Werkstatt und wurden offensichtlich nach dem gleichen Musterbuch und im gleichen Maßstab gearbeitet. Daher werden sie hier als Einheit behandelt. Zwei Reben mit zahlreichen Blättern, Trauben wie Spiralranken wachsen aus einem Blätterkelch und sind an einem Mittelpfahl, der von einem kleineren Blütenkelch (?) bekrönt ist, in symmetrischen Biegungen etwa »achterförmig« aufgebunden. Wenige Vögel haben sich zwischen den Blättern versteckt und naschen an den Trauben. Geringe Farbreste lassen vermuten, daß die Trauben grüngelb dargestellt waren.
Außerdem beobachten wir beiderseits der Blätterkelche geflügelte →Amoretten im Kampf mit den Schädlingen. Auf der linken Seite versucht ein Putto einen Siebenschläfer (oder Eichhörnchen) mit einem Tuch einzufangen, auf der rechten entreißt ein anderer, mit einem gefüllten Lesekorb in der Hand, einem Vogel eine Traube. Auf der Gegenseite fängt oder ersticht ein dritter Putto einen weiteren Vogel und ein vierter, der ein volles Lesekörbchen auf dem Rücken trägt, versucht mit seinem Rebmesser auf eine Schlange einzuschlagen.

Grauer Sandstein. – Unterer Quader: H. 68 cm, Br. 125 cm, D. 95 cm; oberer Quader: H. 67 cm, Br. 101 cm, D. 98 cm.
190/200 n. Chr. – Rheinisches Landesmuseum Trier Inv. Nr. G 37 lambda (unten), 11572 (oben).
Literatur: Cüppers 1987, 94f. Nr. 21.

2) Volutenförmig aufgebundene Reben mit Putto und Schädlingen

Gefunden 1808 in den westlichen Kaiserthermen (St. Agneten).
Das Relief zeigt inmitten von volutenförmig über die ganze Sarkophagwand verteilten Weinreben die Darstellung eines knabenhaften →Genius. Der »flügellose« Putto hält mit seiner Linken eine große von einer Rebe herabhängende Traube. Die zahlreichen Blätter und Spiraltriebe bieten neun verschiedenen Vögeln, die teilweise von den Trauben naschen, sowie zwei durch das Geäst getarnten Schlangen einen willkommenen Unterschlupf.

Grauer Sandstein. – Br. 213 cm, H. 56 cm, D. 13 cm.
Ende 2./1. Hälfte 3. Jahrhundert n. Chr. – Rheinisches Landesmuseum Trier Inv. Nr. G 4.
Literatur: Cüppers 1987, 95f. Nr. 23.

3) Achterförmig aufgebundene Reben

Gefunden 1877 in den Fundamenten des spätrömischen Kastells Neumagen.
Der Eckblock eines größeren Grabmals zeigt einen Putto mit erhobener Hand in einer Nische, an die sich ein von Stegen eingefaßter Pilaster anschließt. Auf dessen Fläche sind an einem von einem Blütenkelch bekrönten Stab bogenförmig zwei Weinreben hochgezogen, zwischen denen Blättern, Spiraltriebe und Trauben die Bildfläche füllen.

Kalkstein. – H. 62 cm, Br. 47 cm, D. 103 cm.
Ende 2. Jahrhundert n. Chr. – Rheinisches Landesmuseum Trier Inv. Nr. 9986.
Literatur: Cüppers 1987, 103f. Nr. 40.

4) Kordonförmige angelegte Reben als Bekrönung eines Grabaltars

Gefunden vor 1827 in Trier.
Der Quader bildete den Teil einer Altarbekrönung, deren linkes Ende noch als seitliches »Polster« mit geschuppter Flanke zu erkennen ist. Ein →Medusenhaupt in einem Dreieckszwickel am rechten Ende des Quaders markiert dagegen die Mitte des ehemaligen Grab-

altars. Aus einem Blattkelch wächst eine Rebe, die nach links an einem Pfahl, nach rechts wellenförmig an sechs Pfählen vorbeizieht. Es handelt sich dabei also um nur einen Weinstock, der »kordonartig in der Horizontalen hingezogen« wird (Loeschcke 1934, 7). Bemerkenswert sind die Punktbohrungen an den Trauben, die diesen einen besonderen Akzent geben, vielleicht aber auch mit farbigem Glas ausgefüllt waren.

Kalkstein. – Br. 215 cm, H. bis 37 cm, D. 22 cm
Um 200 n. Chr. – Rheinisches Landesmuseum Trier Inv. Nr. G 37 o.
Literatur: Cüppers 1987, 94f. Nr. 22.

5) Bogenförmig aufgebundene Reben mit Vogel und Schlange

Gefunden 1884 in den Fundamenten des spätrömischen Kastells Neumagen.
Der Pilaster eines größeren Grabdenkmals, das für den Händler Lucius Securius errichtet worden war, zeigt an einem Stock in gestrecktem S-förmigen Bogen aufgebundene Reben mit betonten naturalistisch ausgearbeiteten Blättern, welche weitgehend die Trauben verdecken, sowie spiralförmigen Hafttrieben, die den Stock umgreifen bzw. daran Halt suchen. Im Weinstock sitzt ein Sperling sowie ein größerer Vogel mit ausgebreiteten Flügeln. Geschickt unter einem Blatt versteckt, schießt eine Schlange mit gespaltener Zunge hervor.

Hellgrüner Sandstein. – H. 112 cm, Br. 71 cm, D. 55 cm.
Um 185 n. Chr. – Rheinisches Landesmuseum Trier Inv. Nr. 10 031.
Literatur: Cüppers 1987, 93f. Nr. 20.

6) Gebogene Rebe mit Blätter und Trauben

Gefunden 1913 in den Kaiserthermen in Trier. An ein mit →Akanthuspflanzen, einer Eule und zwei fein gefiederten Vögeln gefüllten Pilaster schließt ein Relieffeld mit großflächig angelegter Weinrebe an, von der Blätter, Trauben, Spiraltriebe und die Beine eines vermutlichen traubenlesenden Putto erhalten sind.

Gelbbrauner Sandstein. – H. 87 cm, Br. 46 cm, D. 138 cm.
2./3. Jahrhundert n. Chr. – Rheinisches Landesmuseum Trier Inv. Nr. 14,1108.
Literatur: Cüppers 1987, 102 Nr. 38.

7) Grüne Trauben, Detail aus 1.

8) Rote Trauben aus Reliefblock mit bogenförmig aufgebundener Rebe

Gefunden 1928 in Mehring-Lörsch, in den Mauer eines spätrömischen Gebäudes (Kelter ?) verbaut.
Der Quader läßt neben einer Figurennische einen breiten Pilaster mit einer bogenförmig aufgebundenen Rebe mit scharfkantig ausgearbeiteten Blättern und dicken Trauben erkennen, die teilweise noch geringe rote Farbspuren aufweisen.

Kalkstein. – Br. 66 cm, H. 60 cm, D. 113 cm.
2. Hälfte 2. Jahrhundert n. Chr. – Rheinisches Landesmuseum Trier Inv. Nr. 28,594.
Literatur: Cüppers 1987, 104. Nr. 41.
Gilles 1993, 152-153.

9) Relieffragment eines Sarkophages mit traubenpickendem Vogel

Gefunden 1931 beim Abbruch eines Kamins der Küsterwohnung von Trier-St. Paulin.
In gebogener Rebe mit tief gekehlten Blättern sitzt ein Vogel mit langem ausgeprägtem Schwanzgefieder, der an einer dicken Traube pickt.

Heller Sandstein. – H. 52 cm, Br. 32 cm, D. 14 cm.
3. Jahrhundert n. Chr. – Rheinisches Landesmuseum Trier Inv. 31,65.
Literatur: Cüppers 1987, 100 Nr. 33.

Im Text abgebildete Steindenkmäler

zum Kapitel: Die Arbeiten im Weinberg (S.54ff.)

1) Darstellung eines Wiedehopfes (?), einer Eule und eines weiteren Vogels, Detail aus 2 (Antike Zuchtformen und Rebsorten)

2) Traubennaschender Hase

Gefunden im 19. Jahrhundert bei Kreuzweiler (Kreis Merzig-Wadern).
Ein Hase sitzt mit aufgerichteten Löffeln auf seinen Hinterläufen und packt mit seinen Vorderpfoten eine Traube mit einem Weinblatt.

Kalkstein. – H. 34 cm, Br. 42, D. 15 cm.
2. Hälfte 2. Jahrhundert n. Chr. – Rheinisches Landesmuseum Trier (ehemals Sammlung de Musiel, Schloß Thorn).
Literatur: Cüppers 1987, 98. Nr. 28

3) Mann bei der Lese im Weinberg

Gefunden 1852 in Remerschen (Großherzogtum Luxemburg).
Der Reliefquader zeigt einen nach vorn gebeugten Mann, vor dem ein zylindrisches Gefäß, wohl ein größerer Lesebottich oder eine Hotte, steht. Vor und hinter ihm sind an Stöcken hochgewundene Reben mit Blättern und einer dicken Traube zu erkennen.

Kalkstein. – H. 50 cm, Br. 85 cm.
Mitte 2. Jahrhundert n. Chr. – Staatsmuseum Luxemburg.
Literatur: Thill 1972, 209.
Namur 1853, 47.

4) Speyer, Nackter Knabe mit sichelförmigem Rebmesser bei der Lese

Gefunden am Königsplatz in Speyer.
Die Säulentrommel gehörte vermutlich zum Schaft einer auf dem Marktplatz des antiken Speyer (*Noviomagus*) errichteten Jupitersäule. Da die Darstellung wohl als kultische Weinernte im Gefolge des Bacchus zu verstehen ist, wird die Säule mit einem örtlichen Bacchuskult in Verbindung zu bringen sein. Drei nackte Bacchanten stehen zwischen etwa achterförmig an Pfählen angebundenen Reben mit Trauben, Blättern und Spiralranken. Während zwei der Personen mit unterschiedlichen Rebmessern Trauben abschneiden, scheint ein dritter in gebückter Haltung einen Lesekorb zu füllen. Dazwischen beobachten wir die bekannten Rebschädlinge: Schlange, Eichhörnchen und Vögel, darunter einen Pfau, eine Eule, einen Raubvogel, der einen auf dem Rücken liegenden Vogel krallt, und einen herbeifliegenden Raben (?).

Heller Sandstein. H. 127 cm, Dm. 73 cm.
1./2. Jahrhundert n. Chr. – Historisches Museum der Pfalz Inv. Nr. 785.
Literatur: F. J. Hildenbrand, Der römische Steinsaal des Historischen Museums der Pfalz zu Speyer (Speyer 1911) 61f.
Tekampe 1993, 20f.

5) Sarkophagdeckel mit der Darstellung der Eintragung einer Weinernte

Gefunden 1810, am St. Irminenkloster in Trier eingemauert.
Der Sarkophagdeckel zeigt beiderseits des rechteckigen →Verstärkungsbossens, der eine Bildnische mit drei Büsten trägt, schmale Friese, die nach oben von einer abgeschrägten Fläche mit angedeuteten Schieferplatten begrenzt werden.
Der uns interessierende rechte Fries läßt zwei Personen erkennen, die gemeinsam einen großen, auf einer Stange eingehängten Korb tragen. Unter dem mit Trauben gefüllten Korb begleitet sie ein Hund. Ihnen folgt ein dritter Mann, der einen hottenartigen, ebenfalls hoch gefüllten Korb auf dem Rücken trägt. Dahinter scheint am rechten Bildrand ein weiterer Mann den Boden mit einer Hacke zu bearbeiten.

Graurötlicher Sandstein. – L. 184 cm, H. 52 cm, D. 23 cm.
3. Jahrhundert n. Chr. – Rheinisches Landesmuseum Trier
Literatur: Cüppers 1987, 97f. Nr. 263.

6) Gebogene Rebe mit Reiher

Gefunden 1883 in St. Matthias bei Trier. Seitlich gebogene Rebe mit tief gekehlten Blättern, Spiralranken und Trauben. Daneben sitzt ein schreitender Vogel mit langem Hals und großem Schnabel, vermutlich ein Reiher. Sein Kopf ist leicht nach hinten geneigt, um eine aufgepickte Beere besser herunterschlucken zu können.

Roter Sandstein. – H. 40 cm, Br. 67 cm, D. 14 cm.
3. Jahrhundert n. Chr. – Rheinisches Landesmuseum Trier Inv. 8270.
Literatur: Cüppers 1987, 100f. Nr. 34.

7) Aufgebundene Rebe mit Wiedehopf

Gefunden wohl im letzten Jahrhundert in Trier oder dessen näherer Umgebung
Der Reliefblock läßt eine bogenförmig an einem Stock aufgebundene Rebe mit zwei größeren Trauben und Blättern erkennen. Ein dazwischen sitzender Wiedehopf mit dem markanten Federkamm auf dem Kopf pickt mit seinem langen Schnabel an einer Traube.
Eine zweite Seite des Blocks zeigt einen Silen mit eckig gehenkeltem Kantharos, die übrigen die typischen Weinornamente.

Grünlicher Sandstein. – H. 28 cm, Br. 55 cm, D. 55 cm.
2./3. Jahrhundert n. Chr. – Rheinisches Landesmuseum Trier Inv. 70,392 (aus altem Bestand).
Literatur: Cüppers 1987, 94f. Nr. 35.

8) Traubennaschender Vogel, Detail aus 2 (Antike Zuchtformen und Rebsorten)

9) Vogel und Schlange, Detail aus 2 (Antike Zuchtformen und Rebsorten)

10) Putto fängt Siebenschläfer (Eichhörnchen), Detail aus 1 (Antike Zuchtformen und Rebsorten)

11) Putto ersticht Vogel, Detail aus 1 (Antike Zuchtformen und Rebsorten)

12) Putto mit Lesekorb schlägt mit Rebmesser nach Schlange, Detail aus 1 (Antike Zuchtformen und Rebsorten)

13) Knabe mit Rebmesser, Detail aus 4

14) Traubenlesender Amor mit Lesekorb

Gefunden 1882 bei der Abteikirche St. Matthias in Trier.
Das Relief, das ursprünglich Teil einer Sarkophagwand war, zeigt einen Amor, der sich über einen nach oben konisch erweiterten Lesekorb beugt und von der vor ihm hängenden Rebe eine größere Traube erntet.

Rötlicher Sandstein. – H. 44 cm, Br. 80 cm, D. 9 cm.
3. Jahrhundert n. Chr. – Rheinisches Landesmuseum Trier Inv. 6672.
Literatur: Cüppers 1987, 98. Nr. 27.

zum Kapitel: Antike Weinbereitung und Keltertechnik (S. 88ff.)

1) Umfüllen einer Amphore

Gefunden 1885 in den Fundamenten des spätrömischen Kastells Neumagen
Die Vorderseite des Quader zeigt eine Grabinschrift, nach der Ateponius Ato für seine verstorbene Gattin Senuria Severa und für sich dieses Grabmal errichten ließ. Die rechte Seitenfläche zeigt einen stehenden Mann, der aus einer erhöht stehenden Kugelbauchamphore Wein in ein tiefer stehendes nahezu zylindrisches Gefäß kippt.

Roter Sandstein. – Br. 44 cm , H. 62 cm, D. 75 cm.
3. Jahrhundert n. Chr. – Rheinisches Landesmuseum Trier Inv. Nr. 11 568.
Literatur: Cüppers 1987, 117f. Nr. 55.

Im Text abgebildete Steindenkmäler

zum Kapitel: Die Betreiber der Weingüter (S. 98ff.)

1) Sarkophag mit Inschrift eines kaiserlicher Kellermeisters für seine Gattin

Gefunden 1990 in Trier vor der Abteikirche von St. Maximin.
Die Mitte der reliefierten Sarkophagwand wird von einer Tabula eingenommen. Die Tafelgriffe bilden sogenannte →Pelten oder Amazonenschilde, die von zwei Eroten mit rückwärts gewandtem Kopf gehalten werden. Auf der Tabula lesen wir folgende sechzeilige Inschrift:

CALLOSIAE CLAMOSAE CO[N]I
VGI CARISSIMAE QVAE VEXIT
ANNIS XXVIIII ET M(ensis) V D(ies) N(umero) XVIIII
CVI FL(avius) A[...] V(ir) P(erfectissimus) P(rae)P(ositus) V
INORVM CONIVX EIVS FACI
VNDVM CVRAVIT

zu deutsch: *Callosia Clamosa, seiner teuersten Gattin, die gelebt hat 29 Jahre, 5 Monate und 19 Tage. Ihr hat Flavius A..., ritterlicher Beamter, Verwalter der (kaiserlichen/staatlichen) Weine, ihr Gatte, (diesen Sarkophag) herrichten lassen.*

Sandstein. – Ausmaße des Sarkophagkastens ca. 2,28 x 0,90 x 0,76 m. Um 293/310 n. Chr. – Heute in der Krypta von St. Maximin aufgestellt.
Literatur: Schwinden 1996, 49ff.

zum Kapitel: Der Weinhandel an Mosel und Rhein in römischer Zeit (S. 110ff.)

1) Grabmalquader mit Weinladen und Weintransport

Gefunden unter der ehemaligen Abteikirche von St. Maximin in Trier
Der zu einer Sarkophaghälfte umgearbeitete Quader eines älteren Grabpfeilers weist zwei übereinander angeordnete Reliefs auf.
Das untere zeigt einen schweren vierrädrigen Wagen, der von einem Ochsen gezogen gerade das Hoftor verläßt. (Oder sollte hier etwa ein weiteres Weinfaß auf das Lager eines größeren Gewölbekellers gebracht werden?) Ein Mann in einheimischer, wohl treverischer Tracht treibt das kräftige Zugtier mit einem zugespitzten Stock an. Auf der Ladefläche liegt ein großes Daubenfaß, das durch eine starke Eisenkette gesichert ist.
Das obere Relief zeigt einen Verkaufsladen. Auf einer hohen Theke steht ein Ständer, in dem ein Abfülltrichter eingelassen ist. Dahinter hängen an der Wand sieben Henkelkrüge unterschiedlicher Größe, vermutlich die einzelnen zum Abfüllen benötigten Hohl- und Füllmaße. Vor der Theke steht ein offenes Holzfaß mit großem Schöpflöffel, daneben im Strohgeflecht, noch bruchsicher verpackt, eine kugelbauchige Amphore. Die rechte Bildhälfte zeigt drei Personen in Geschäfte verwickelt an einem Tisch. Auf einem Regal im Hintergrund wird offensichtlich Geflügel offeriert.

Kalkstein – H. 120 cm, Br. 74 cm.
2. Jahrhundert n. Chr. – Kopie im Rheinischen Landesmuseum Trier.
Literatur: Cüppers 1987, 121. Nr. 61.

2) Ehreninschrift auf einer Statuenbasis für einen Weinhändler aus dem Trevererland

Gefunden 1829 in Lyon, rue Ste Colombe in der Nähe der ehemaligen Kirche St. Michael

C(aio) APRONIO
APRONI(I)
BLANDI FIL(io)
RATORI
TREVERO
DEC(urioni) EIVS(dem) CIVITATIS
N(autae) ARARICO PATRONO
EIVSDEM CORPORIS
NEGOTIATORES VINARI(i)
LVGVD(uni) CONS[IST]ENTES
BENE DE SE M[ERE]NTI
PATRO[N]O
CVIVS STATVA[E] DEDICA

TIONE SPORTVLAS
DED(it) NEGOT(iatoribus) SING(ulis)
CORP(oris) – X (=denarios) V.

zu deutsch: *»Dem Caius Apronius Raptor, dem Sohn des Apronius Blandus, dem Treverer, dem Decurio derselben Civitas, dem Saôneschiffer, dem Patronus derselben Körperschaft, haben die in Lyon ansässigen Weinhändler als ihrem um sie sehr verdienten Patronus diese Statue errichtet, anläßlich deren Einweihung er (= Apronius Raptor) jedem einzelnen Händler der Körperschaft 5 Denare als Geschenk gab.«*

um 110/125 n. Chr. – Lyon, Musée de la Civilisation gallo-romaine.

Literatur: Krier 1981, 31-35 Nr. 7.

Von demselben Apronius Raptor liegt auch das Fragment einer monumentalen Grabinschrift vor, das 1903 unweit der alten Kirche von Lyon-Vaise gefunden wurde.

[DIS M]ANIBVS
[C(aii) APRONI(i) R]APTORIS TRE
[VERI DEC(urionis) EIVSD(em) CI]VITAT(is) NEGOT
[IATORIS VINARI(i)] IN CANAB(is) NAVTAE
[ARAICI PATRO]N(i) VTRORVMQ(ue) COR
[PORVM ET SIBI VIVAE] APRONIAE BELLI
[CA ET APRA PONEN]D(um) CVRAVERVNT ET
[SVB ASCIA] DEDICAVERVNT

zu deutsch: *Den göttlichen Manen des Caius Apronius Raptor, des Treverers, des Decurio derselben Civitas, des in den Canabae ansässigen Weinhändlers, des Saôneschiffers, des Patronus beider Körperschaften, und für sich selbst zu Lebzeiten haben Apronia Bellica und (Apronia) Apra diesen Stein errichten lassen und weihten ihn unter der →Ascia.*

um 110/125 n. Chr. – Lyon, Musée de la Civilisation gallo-romaine.

Literatur: Krier 1981, 32-35 Nr. 8.

3) Grabsteinfragment eines Weinhändlers aus dem Trevererland

Gefunden 1846 in den Fundamenten der alten Kirche von Lyon-Vaise.

[D(is) M(anibus)]
[M(arco) MVR]RANIO V[ERO]
[CIVI] TREVERO N[EGO]
[TIAT]ORI VINAR[IO ET]
[ART]IS CRETAR[IAE]
[LV]G(duni) CONSIST[ENTI]
[MVR]RAN(ius) CONI[...]
[F]RATER ET H[ERES]
[...]HOATPER[...]
[F(aciendum) C(uraverunt)] ET SVB A[SCIA
DED(icaverunt)]

zu deutsch: *Den göttlichen Manen. Für Marcus Murranius Verus (?), den Treverer, den Wein- und Keramikhändler, der in Lyon ansässig war. Murranius Coni...(?), sein Bruder und Erbe (und ???) ließen diesen Grabstein errichten und weihten ihn unter der Ascia.*

um 125/150 n. Chr. – Lyon, Musée de la Civilisation gallo-romaine.

Literatur: Krier 1981, 54-56 Nr. 17.

4) Amphorenpyramide mit zwei kleineren Weinschiffen

Gefunden 1878 und 1885 in den Fundamenten des spätrömischen Kastells Neumagen. Die Amphorenpyramide zwischen zwei kleineren stärker fragmentierten Weinschiffen zeigt den Transport dieser Vorratsgefäße. Danach sind die Amphoren in einem Holzrahmen gestapelt und in drei Lagen aufgeschichtet. Die kugelförmigen Gefäße waren zusätzlich mit Tonstöpsel und Pech verschlossen und durch ein Strohgeflecht bruchsicher verpackt.

Sandstein
Um 215 n. Chr. – Rheinisches Landesmuseum Trier Inv. Nr. 968/969, 9931 und 11 075.

Literatur: Cüppers 1987, 115. Nr. 51, 52.

5) Transport von Kugelamphoren auf einem Schiff

Gefunden 1884 in den Fundamenten des spätrömischen Kastells Neumagen.
Zwei Quader eines größeren Grabmals zeigen ein Schiff, von dessen buschverziertem Mast ein Tau abgeht, das ein am Flußufer (mit Spezialschuhen) gehender Mann über die Schulter gelegt hat, um es mit weiteren Helfern zu ziehen. Ein weiterer Mann im Vorschiff (rechts) ist vornüber gebeugt und stößt mit einem Stakholz (Holzstange mit Eisenschuh) das Schiff ab oder treibt es zusätzlich voran. Drei mit Verschlußstöpsel versehene und mit einem Strohgeflecht bruch- und transportsicher verpackte Amphoren lassen die Ladung des Schiffes unschwer erkennen. Ein im linken Bildfeld stehender Mann versucht mit beiden Händen, eine Amphore wieder aufzustellen oder ihren Stand zu sichern.
Der überlebensgroße Kopf im Vordergrund wird auf die Darstellung eines Flußgottes bezogen, unter dessen Schutz sich der Schiffstransport vollzieht.

Sandstein. – Br. 152 cm, H. 61 cm, D. 39 cm.
um 175 n. Chr. – Rheinisches Landesmuseum Trier Inv. Nr. 9969 a, b.
Literatur: Cüppers 1987, 114. Nr. 49.

6) Weinschiff mit Darstellung des »fröhlichen« Steuermanns

Gefunden 1878 in den Fundamenten des Kastells Neumagen.
Die Hälfte eines weiteren Weinschiffes zeigt, obwohl sie im unteren Teil sekundär abgearbeitet wurde und wenig vom alten Relief erkennen läßt, auf dem Oberdeck sehr lebendige und ausdrucksvolle Gesichter der Schiffsbesatzung. Besondere Beachtung verdient der Steuermann, ein bärtiger Mann, der seinen Kopf und sein Ohr ans Faß gelehnt hat. Seine Gesichtszüge lassen eine verschmitzte Fröhlichkeit erkennen, die möglicherweise aus der Verkostung der in den Fässern transportierten Weine oder aus der Vorstellung noch bevorstehender Gaumenfreuden herrühren mag.

Sandstein. – Br. 116 cm, H. 111 cm, D. 58 cm.
Um 220 n. Chr. – Rheinisches Landesmuseum Trier Inv. Nr. 768.
Literatur: Cüppers 1987, 114f. Nr. 50b.

7) Zweite Seite zu 6

8) Faßtransport auf zweiachsigem Wagen

Gefunden 1877 in den Fundamenten des spätrömischen Kastells Neumagen.
Der auf seiner rechten Seite von einem Pilasterrahmen begrenzte Grabmalquader zeigt die Ladefläche eines zweiachsigen Wagens, von dessen Rädern nur noch eine Radnabe und die Ansätze von Speichen erhalten sind. Das darauf befestigte Weinfaß ist an seinen Ende mit jeweils drei, zwei und nochmals drei Reifen versehen. Am oberen Reliefrand scheinen die Faßreifen mit einer Metallzunge verstärkt, so daß wir auf zusammengeschmiedete und genietete Eisenreifen schließen können. Vor dem Faß erkennen wir noch die Gewandreste einer stehenden Figur, vermutlich des Pferdeführers oder Kutschers.

Grünlicher Sandstein. – H. 59 cm, Br. 111 cm, D. 25 cm.
Ende 2. Jahrhundert n. Chr. – Rheinisches Landesmuseum Trier Inv. Nr. 33.
Literatur: Cüppers 1987, 121. Nr. 54.

9) Faßtransport auf kleinem vierrädrigen Wagen

Gefunden in den 60er Jahren in Neumagen.
Das nur fragmentarisch erhaltene Relief läßt neben den achtspeichigen Rädern mit kräftigen Reifen noch die Ladefläche erkennen, auf der vermutlich ein nur im Ansatz erhaltenes Faß dargestellt war.

Sandstein. – H. 24 cm, Br. 39 cm.
Ende 2./Anfang 3. Jahrhundert n. Chr. – Privatbesitz Neumagen (vermauert in Haus Römerstraße 98)
Literatur: Trierer Zeitschrift 50, 1987, 406-407.
Numrich 1997, 152.

10) »Neumagener Weinschiff«

Gefunden 1878 in den Fundamenten des spätrömischen Kastells Neumagen.
Das einst als Grabmalbekrönung dienende Schiff zeigt an den Langseiten schematisch angedeutete Wellen, aus denen sein Bug, ein spitz auslaufender Rammsporn, herausragt. Darauf angebrachte Delphinaugen sollten Übel und Unglück abwehren. 22 Ruder dienen als Hinweis auf die Rudermannschaft im Unterdeck. Über dem umlaufenden Profil erhebt sich an Bug und Heck ein wind- und wasserabweisender Aufbau, der jeweils in einem Drachenkopf mit geöffnetem, Angst einflössendem Maul endet. Im Mittelteil lassen Gitter die Begrenzung des Oberdecks erkennen. Auf der Ladefläche sind vier große Weinfässer befestigt. Davor haben sich die Köpfe von sechs individuell ausgestatteten Passagieren oder Ruderern erhalten. Im vorderen Teil sitzen vor dem ersten Faß zwei weitere Personen, die vielleicht die Kommandos geben, und im hinteren noch einmal zwei Personen, die das Steuerruder halten.

Hellgrüner Sandstein. – Br. 281 cm, H. 111 cm, D. 63 cm.
Um 220 n. Chr.- Rheinisches Landesmuseum Trier Inv. Nr. 767.
Literatur: Cüppers 1987, 114f. Nr. 50a.

11) Umfüllen von Wein in ein kleineres Faß

Gefunden 1975 in Metz-Ilot St. Jaques.
Die Seitenfläche eines Grabmals mit zwei übereinander angelegten Reliefs zeigt im unteren Bildfeld zwei mit einer Trummsäge an einem Holzbock beschäftigte Männer. Im oberen Relief erkennen wir einen großen Holzbottich oder Zuber, dessen Dauben von drei paarweise angeordneten Reifen zusammengehalten werden. Neben dem Bottich steht ein Frau (?) mit langem Gewand, die offensichtlich mit einer Schöpfkelle Wein in ein kleineres Faß mit aufgesetztem Trichter füllen will. Ein neben ihr stehender Mann mit geschürztem Gewand beobachtet den Vorgang. Hinter dem Bottich steht noch ein zweiter Zuber.

Kalkstein. H. 100 cm, Br. 65 cm, D. 60 cm.
2. Jahrhundert n. Chr. – Museum Metz Inv. Nr. 75-38-55.
Literatur: Cüppers 1987, 118. Nr. 57.

12) Faßlager im Kontor eines Weinhändlers

Gefunden 1900 am Grüneberg zwischen Trier und Ruwer, in der Ruwerwasserleitung verbaut.
Das mit Absicht abgespitzte Relief eines Grabmalquaders zeigt einen Mann an einem truhenartigen Tisch. Auf dem Tisch erkennen wir einen (Geld)Sack sowie ein Tintenfaß, aus dem die Feder herausragt. Der Mann sitzt leicht nach vorne gebeugt in einem Lehnstuhl und liest in einem Diptychon. Im Hintergrund liegen auf einem von Säulen getragenen Faßlager mindestens fünf Weinfässer, deren sichtbare Enden von jeweils vier Reifen zusammengehalten werden.

Hellgrüner Sandstein. – H. 58 cm, Br. 64 cm, D. 57 cm.
2./3. Jahrhundert n. Chr. – Rheinisches Landesmuseum Trier 00,362.
Literatur: Cüppers 1987, 118. Nr. 56

zum Kapitel: Weingenuß – Der Wein im römischen Alltag (S. 122ff.)

1) »Mundschenk«

Gefunden 1884 in den Fundamenten des spätrömischen Kastells Neumagen.
Auf dem Eckquader eines Grabpfeilers erkennen wir einen runden Tisch, der auf einer mächtigen in einem Löwenkopf auslaufenden Stütze ruht. Auf der Tischplatte selbst stehen verschiedene Metallgefäße, ein Kantharos mit feingliedrigen Volutenhenkeln, eine Kanne und eine Schöpfkelle. Der neben dem Tisch stehende bärtige Mann, welcher allgemein als »Mundschenk« gedeutet wird, hält in seiner Linken einen leeren zylindrischen Becher.

Die Kopie des Neumagener Weinschiffs an der Peterskapelle in Neumagen. In den Sommermonaten sind dort häufiger Feldblumen abgestellt. Soll damit etwa den Römern für die Vermittlung des Weinbaus gedankt werden?

Im Text abgebildete Steindenkmäler

Heller, grünlicher Sandstein. – Br. 64 cm, H. 64 cm, D. 118 cm.
Um 185 n. Chr. – Rheinisches Landesmuseum Trier Inv. Nr. 9940.
Literatur: Cüppers 1987, 149. Nr. 107.
v. Massow 1932, 132-143.

2) »Fröhlicher Steuermann«, Detail aus 6 (Der Weinhandel in Römischer Zeit an Mosel und Rhein)

3) Trinkender Satyr

Gefunden 1884 in den Fundamenten des spätrömischen Kastells Neumagen.
Der Pilaster eines größeren Grabmals zeigt einen Satyr, der ein Trinkhorn oder Rhyton hält.

Sandstein. – Br. 44 cm, H. 60 cm.
um 175 n. Chr. – Rheinisches Landesmuseum Trier Inv. Nr. 10 008 b.
Literatur: Cüppers 1987, 121f. Nr. 62 bzw. 126 Nr. 70 a.
v. Massow 1932, 127-132.

4) Kredenztisch

Der Ausschnitt aus der Igeler Säule zeigt unmittelbar neben einem Speiseraum einen durch eine toskanische Säule abgeteilten Raum. Dort sind auf einen Serviertisch zwei Henkelkannen, ein hochovales becherförmiges Mischgefäß sowie ein Weinsieb und ein Schöpfgefäß (Kelle) abgestellt. Unter der Tischplatte stehen wiederum eine größere prismatische Kanne sowie eine elegante Metallkanne mit hochgeschwungenem Henkel. Ein Diener tritt mit einer über die Schulter geschlagenen Serviette an den Tisch, um ein in seiner Linken gehaltenes Gefäß mit einer Kanne nachzufüllen. Eine zweiter unmittelbar rechts daneben stehender Diener füllt oder mischt ebenfalls Wein in ein weiteres Gefäß.

Sandstein
um 220 n. Chr. – Igel

zum Kapitel: Weinmythologie (S. 138ff.)

1) Sucellus aus Kinheim

Gefunden 1976 in einer römischen Villa bei Kinheim (Kreis Bernkastel-Wittlich).
Der bärtige Gott steht vor einer Platte mit altarähnlicher Bekrönung. Er trägt ein geschürztes Gewand, eine faltige Hose und Schuhe. Der auf der rechten Schulter von einer Scheibenfibel gehaltene Mantel bildet vor der Brust einen Bausch, in dem er mit seiner linken Hand eine große Weintraube mit Blättern trägt. An seine rechte Schulter ist ein hoher kräftiger Schlegel gelehnt, den er vermutlich mit seiner rechten Hand festhielt. Hinter ihm sind zweimal zwei Daubenfässer übereinander gestapelt. Vom linken oberen Faß ging offenbar zur heute fehlenden Rechten eine Stütze.

Gelblicher Sandstein. – H. 81 cm, Br. 39 cm, D. 31 cm.
2. Hälfte 3. Jahrhundert n. Chr. – Rheinisches Landesmuseum Trier Inv. Nr. EV. 76,46.
Literatur: Binsfeld 1988, 152 (Nr. 313).

2) Toskanische Säule mit Bacchusrelief

Gefunden 1883 an einer Straße in Tholey (Kreis St. Wendel).
Die vermutlich als Stütze einer Tischplatte dienende Säule zeigt nach einer leicht abgeflachten Seite das Relief eines nackten jugendlichen Bacchus. Sein Kopf ist leicht nach links geneigt, sein gescheiteltes Haar in welligen Strähnen zur Seite gekämmt. In der gesenkten Rechten hält er eine dicke Traube, mit der angewinkelten Linken einen szepterartigen Stab.

Grauer Sandstein. – H. 90 cm, Dm. 25 cm.
Ende 2./1. Hälfte 3. Jahrhundert n. Chr. – Rheinisches Landesmuseum Trier Inv. Nr. 9907.
Literatur: Binsfeld 1988, 25f. (Nr. 37).

3) Sucellus aus Trier

Gefunden 1914 in den Kaiserthermen von Trier. Unterhalb eines ausladenden Gesimses steht der bärtige Gott in einer Nische mit halbrundem Abschluß. Er trägt ein gegürtetes und geschürztes Untergewand und darüber einen Mantel, der auf der Schulter von einer Gewandspange gehalten wird. In der angewinkelten Rechten hält er ein Gefäß mit weit ausladendem Rand. Mit der nach oben geführten Linken umfaßt er einen szepterartig ausgebildeten Stiel eines Schlegels.

Heller Sandstein. – Br. 43 cm, H. 42 cm, D. 46 cm.
Ende 2./1. Hälfte 3. Jahrhundert n. Chr.. – Rheinisches Landesmuseum Trier Inv. Nr. 14,1086.
Literatur: Binsfeld 1988, 151 (Nr. 311).

4) Personifizierte Vitis

Gefunden 1852 in Remerschen (Großherzogtum Luxemburg).
Der Quader, der das Mittelteil eines größeren Frieses bildete, läßt die Darstellung einer Vitis, der Personifikation einer Weinrebe erkennen, die hier in Gestalt einer jungen nackten Frau aus der Erde hervorsteigt, wobei aus ihren als Blattknospen ausgebildeten Knien nach beiden Seiten kräftige Weinreben sprießen. Die nach rechts gewandte Frau greift mit beiden Händen nach diesen Reben, die sich volutenförmig über das ganze Relief verteilen und mit naturalistischen Blättern, Trauben und spiralförmigen Hafttrieben die übrige Bildfläche füllen. Während rechts von ihr ein nacktes Kind Trauben nascht, ist ein zweites Kind zur Linken mit dem Ernten von Trauben in einen Lesekorb beschäftigt. Außerdem beobachten wir noch am rechten Rand einen hochbeinigen Fischreiher, der wohl auf die Gunst der Stunde wartet. In zweiter Verwendung war der Quader zu einem Sarkophag umgearbeitet.

Kalkstein. – Br. 252 cm, H. 75 cm.
Mitte 2. Jahrhundert n. Chr. – Staatsmuseum Luxemburg Inv. Nr. 102.
Literatur: Thill 1972, 209.
Namur 1853, 47.

5) Spätrömische Chorschranke mit Reben und Trauben

Gefunden 1935 in Trier, im Mauerwerk der Scheune der Abtei St. Matthias verbaut.
Zwischen zwei einfachen Bögen mit angedeuteten Säulen, Basen und Kapitellen steht ein Kantharos mit Volutenhenkeln, aus dem zwei Reben in schwungvollen Bögen herauswachsen. Auf den Bögen sitzen zwei Tauben mit prächtigem Gefieder, die an herabhängenden Trauben picken. Eine dritte steht auf einem Stab mit abschließendem Knauf und versucht gleichfalls eine Traube zu packen.

Sandstein. – H. 80 cm, Br. 66 cm, D. 15 cm.
um 450 n. Chr. – Rheinisches Landesmuseum Trier Inv. Nr. 50,15 (Rekonstruktion in der Krypta der Abtei St. Matthias in Trier).
Literatur: Cüppers 1987, 156. Nr. 122.

6) Fragment einer frühchristlichen Grabinschrift mit Traubendarstellung

Gefunden wohl im 19. Jahrhundert in Trier.
Aus einer bauchigen Vase in der linken unteren Ecke der Grabplatte wachsen zwei Reben, wobei von einer eine Traube herabhängt, an der ein Vogel mit langgestrecktem Hals pickt. Die als Relief erhaben herausgearbeitete Darstellung gleicht Nr. 7, die allerdings in die Platte eingeritzt ist.

Marmor. – L. 19,9 cm, Br. 9,8 cm, D. 3,5 cm.
5./6. Jahrhundert n. Chr. – Rheinisches Landesmuseum Trier Inv. Nr. 81,9 (nachinventarisiert)
Literatur: Cüppers 1987, 154. Nr. 118 a.
Merten 1986, 38-39.

7) Fragment einer frühchristlichen Grabinschrift mit Traubendarstellung

Gefunden 1878 in den Barbarathermen von Trier (wohl verschleppt).
Aus einer bauchigen Vase in der linken unteren Ecke einer Grabplatte wachsen zwei Reben mit Trauben. An der unteren kleineren pickt ein Vogel. Die in die Platte eingeritzte

Darstellung gleicht Nr. 6, die jedoch erhaben als Relief herausgearbeitet ist.

Marmor. – L. 17,2 cm, Br. 12,8 cm, D. 2,6 cm.
5./6. Jahrhundert n. Chr.- Rheinisches Landesmuseum Trier Inv. Nr. 1035.
Literatur: Cüppers 1987, 154. Nr. 118 b.
Merten 1986, 39.

zum Kapitel: Zusammenfassung zur Römerzeit (S. 148ff.)

1) Elternpaarpfeiler

Gefunden 1884 in den Fundamenten des spätrömischen Kastells Neumagen.
Der Grabpfeiler zeigt ein Ehepaar mit seinem kleinen Sohn in einer Nische, die von rebenverzierten Pilaster flankiert werden. Zwischen den Blättern vereinzelte Vögel, die an Trauben picken.

Sandstein.
Um 220 n. Chr. – Rheinisches Landesmuseum Trier Inv. Nr. 9933.
Literatur: v. Massow 1932, 158-163.

2) Tanzende Mänade mit großer Traube

Gefunden 1878 und 1885 in den Fundamenten des spätrömischen Kastells Neumagen.
Auf den Schmalseiten des Grabmals des Albinius Asper und seiner Gemahlin Secundia Restituta ist jeweils eine tanzende Mänade dargestellt. Auf der linken Seite dreht sie sich im wilden Schwunge, so daß sich ihr Mantel in einem weiten Bogen aufwölbt. In der linken Hand hält sie dabei eine große Traube.

Kalkstein. – H. 220 cm, Br. 90 cm.
140/145 n. Chr. – Rheinisches Landesmuseum Trier Inv. Nr. 752, 11104 b, c.
Literatur: Cüppers 1987, 126. Nr. 69.
v. Massow 1932, 42-45.

3) Marmorne Tischstütze mit Traubendarstellungen

Geborgen 1819 beim Abbruch der Peterskirche in Mettlach (bis dahin als Bodenbelag genutzt).
Auf der Seitenfläche wachsen aus einem zierlichen Krater (ohne Henkel) in symmetrischer Anordnung volutenförmig zur Seite ausschwingend zwei Reben mit Blättern und Trauben heraus, die sich zu gegenständigen S-Formen weiterentwickeln. Zwei an Trauben pickende Vögel (rechts am Boden und in der oberen linken Hälfte) sind aufgrund der Zweitverwendung nur noch schlecht erkennbar. Die beiden Schmalseiten zeigen geflügelte Löwen, deren Pranken den Fuß und deren Köpfe den Träger der Tischplatte bilden.

Marmor. – Br. 89 cm, H. 66 cm, D. 15,5 cm.
4. Jahrhundert n. Chr. – Rheinisches Landesmuseum Trier Inv. Nr. 18 053.
Literatur: Cüppers 1987, 152. Nr. 112.

Urkundlich belegte Weinberge an Mosel und Mittelrhein (6. – 1. Hälfte 8. Jahrhundert)

Rhein		
Remagen	755, 770	Weiter-Matysiak 1985, F 4/64
Sinzig	772	Weiter-Matysiak 1985, G 4/14
Krechelheim	836	Weiter-Matysiak 1985, G 4/19
Andernach	588, 780/802	Weiter-Matysiak 1985, G 4/34
Rommersdorf	831	Weiter-Matysiak 1985, G 5/11
Koblenz	822/839	Weiter-Matysiak 1985, G 5/32
Brey	821	Weiter-Matysiak 1985, H 5/14
Braubach	691/2	Weiter-Matysiak 1985, H 5/15
Boppard	643, 754/768	Weiter-Matysiak 1985, H 5/23
Rheinbay	710	Weiter-Matysiak 1985, H 5/31
Kestert	755	Weiter-Matysiak 1985, H 5/32
Lierscheid	845	Weiter-Matysiak 1985, H 5/38
Lorchershausen	vor 814	Weiter-Matysiak 1985, J 6/4
Lorsch	832	Weiter-Matysiak 1985, J 6/6
Bingen	678/710, 754/68	Weiter-Matysiak 1985, J 6/31
Laurenziberg	767, 795	Weiter-Matysiak 1985, J 6/32
Ahr		
Bodendorf	770	Weiter-Matysiak 1985, F 4/65
Mosel		
Lay	803	Weiter-Matysiak 1985, H 5/2
Kobern	817	Weiter-Matysiak 1985, H 5/8
Pommern	748	Weiter-Matysiak 1985, H 4/23
Klotten	697/8, 720/21	Weiter-Matysiak 1985, H 4/24
Ediger	766	Weiter-Matysiak 1985, H J 4/3
Merl	782	Weiter-Matysiak 1985, J 4/13
Zell	um 800	Weiter-Matysiak 1985, J 4/15[1]
Briedel	748	Weiter-Matysiak 1985, J 4/21
Dreis	783/97	Weiter-Matysiak 1985, J 3/9
Lieser	634	Weiter-Matysiak 1985, J 3/18[2]
Brauneberg	vor 596	Weiter-Matysiak 1985, J 3/23[3]
Piesport	777	Weiter-Matysiak 1985, J 3/22
Köwerich	710	Weiter-Matysiak 1985, K 3/13
Klüsserath	748, 775	Weiter-Matysiak 1985, K 3/10
Schweich	762	Weiter-Matysiak 1985, K 3/17
Mehring	762	Weiter-Matysiak 1985, K 3/26
Pfalzel	732/33	Weiter-Matysiak 1985, K 2/14
Heiligkreuz	588, 704	Weiter-Matysiak 1985, K 2/21
Beuren	842	Weiter-Matysiak 1985, L 2/24
Sauer		
Vianden	697/8	Weiter-Matysiak 1985, J 1/1
Gilsdorf	795/6	Weiter-Matysiak 1985, K 1/2
Steinheim	704	Weiter-Matysiak 1985, K 2/3
Echternach	697/8	Weiter-Matysiak 1985, K 2/6

Urkundlich belegte Weinberge

Lahn		
Nassau	790	Weiter-Matysiak 1985, H 6/1
Nahe und westliches Rheinhessen		
Monzingen	778	Weiter-Matysiak 1985, K 5/4
Glan-Odenbach	841	Weiter-Matysiak 1985, K 5/14
Weinsheim	770, 804	Weiter-Matysiak 1985, K 6/2
Roxheim	773, 781	Weiter-Matysiak 1985, K 6/3
Bad Kreuznach	835	Weiter-Matysiak 1985, K 6/6
Zotzenheim	771	Weiter-Matysiak 1985, K 6/8
Sprendlingen	767	Weiter-Matysiak 1985, K6/10
Hüffelsheim	785	Weiter-Matysiak 1985, K 6/11
Norheim	766/67	Weiter-Matysiak 1985, K 6/12
Frei-Laubersheim	767/8, 771	Weiter-Matysiak 1985, K 6/14
Volxheim	781/2, 796	Weiter-Matysiak 1985, K 6/16
Gösselsheim	772	Weiter-Matysiak 1985, K 6/18
Stein-Bockenheim	800	Weiter-Matysiak 1985, K 6/22
Langenlonsheim	769, 770	Weiter-Matysiak 1985, J 6/41
Grolsheim	771	Weiter-Matysiak 1985, J 6/42
Welgesheim	770, 782	Weiter-Matysiak 1985, J 6/51

Anmerkungen

1 Vgl. K. J. Gilles, Die Geschichte der Stadt Zell-Mosel bis 1816 (Trier 1997) 42f.

2 Vgl. W. Levison, Das Testament des Diakons Adalgisel Grimo vom Jahre 634, in: Trierer Zeitschrift 7, 1932, 69ff.

3 G. H. Pertz, Monumenta Germaniae historica IV (Hannover 1841) 41, Zeile 34f.

Das Moselgedicht des Venantius Fortunatus nach Eduard Böcking

Während die »Mosella« des Ausonius, das älteste erhaltene Moselgedicht aus dem späten 4. Jahrhundert, im Laufe der Jahre immer wieder auch mit einer entsprechenden metrischen Übersetzung nachgedruckt wurde, haben die Moselgedichte des Venatius Fortunatus bisher bei den Lesern nur ein geringes Interesse gefunden. Dabei bot seine Moselreise (»De navigio suo«), in der er die Landschaft der Mosel und des Rheins im ausgehenden 6. Jahrhunderts beschrieb, vor allem für den Weinbau an Mosel und Rhein viele interessante Anhaltspunkte. Dies nehmen wir zum Anlaß, hier die älteste zweisprachige Ausgabe dieses Moselgedichtes vollständig nachzudrucken. Sie stammt aus der Feder von Eduard Böcking, der einer bekannten Trarbacher Familie entstammte, und erschien offenbar als separater Anhang zu den Bonner Jahrbücher 7, 1845. Wie nicht anders zu erwarten, bezog sich der erste Teil dieser relativ umfangreichen Arbeit (123 Seiten) auf die Gedichte des Ausonius.

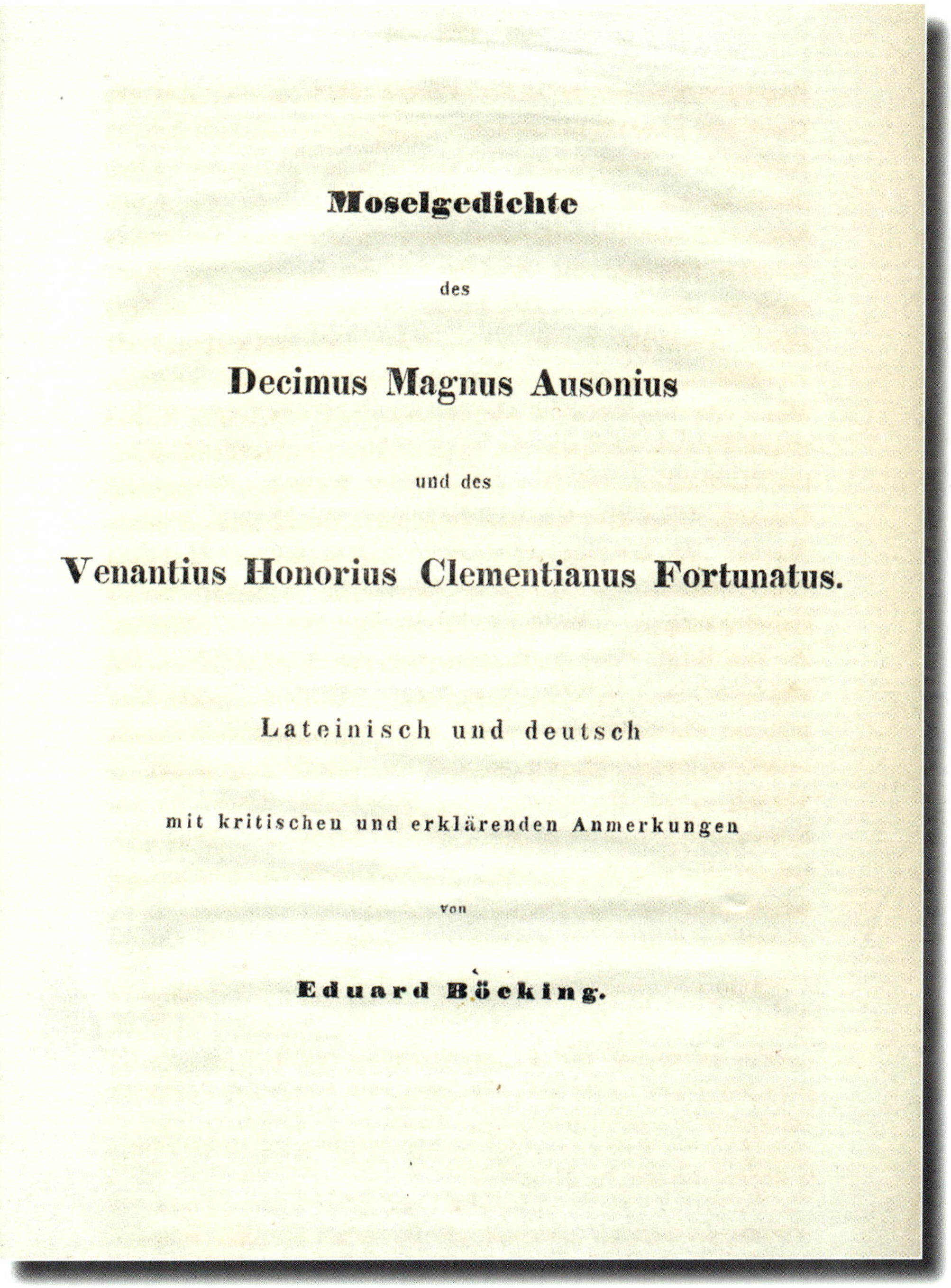

Moselgedichte

des

Decimus Magnus Ausonius

und des

Venantius Honorius Clementianus Fortunatus.

Lateinisch und deutsch

mit kritischen und erklärenden Anmerkungen

von

Eduard Böcking.

II.

De navigio suo (*aliis* Hodoporicon). *

(Ed. Brow. X. 12. Bibl. Patr. X. 9. Maittaire IX. 22. Luchi X. cap. 10.)

Regibus occurrens ubi Mettica moenia pollent,
Visus et a dominis ipse retentor equo.
Musellam hinc iubeor percurrere navita remo,
Accelerans tremulis pergere lapsus aquis;
Ascendensque ratem gracili trabe nauta cucurrit,
Nec compulsa notis prora volabat aquis.
Interea locus est per saxa latentia ripis,
Litore constricto plus levat unda caput.
Huc proram implicitam rapuit celer impetus actam,
Nam prope iam tumidas ventre bibebat aquas.
Ereptum libuit patulos me cernere campos,
Et fugiens pelagus ruris amoena peto.
Gurgite suscipior subter quoque fluminis Ornae,
Quo duplicata fluens unda secundat iter.
Inde per exclusas cauta rate pergimus undas,
Ne veluti piscem me quoque nassa levet.
Inter villarum fumantia culmina ripis
Pervenio qua se volvere Sura valet.
Inde per extantes colles et concava vallis

3) *iubear* 𝔑 *zemo* 𝔅 5) Possis *cucurri.* certe ipse poeta nauta currens est. *cucurri,* ut iam video, habet 𝔄 6) *Nothis* 𝔅𝔓𝔭𝔑 *cognitis* perperam interpretatur 𝔗 8) *Littore* edd. 10) *tumidus* et tum *aquis* 1 cod. Vat. 12) *pelagis* 𝔭 13) *suspicior* 𝔓 16) *Nec* 𝔓𝔭 *nossa luet* 1 cod. Vat.

*) Hontheim setzt dieses Gedicht zu hoch hinauf, um 562. S. oben die Lebensbeschreibung und die folgende Note. 1. Mettis s. zu I. v. 9. Die Könige, d. h. der austrasische König Sigebert und seine Familie. Sigebert I. regierte als austrasischer König seit 561. zu Metz, 566. heiratete er die berüchtigte westgothische Brunhilde; in seinem 40. Lebensjahre, 575. zu Vitri sur la Scarpe, in dem Kriege

II.

Moſelreiſe von Metz bis Andernach am Rhein.

Da, wo Mettis die Stadt ſich erhebt, da traf ich die Kön'ge,
Als mich ſahen die Herrn, hielten den Reiſ'gen ſie auf.
Abwärts heißen ſie mich im Kahn die Muſella zu fahren,
Raſch auf der zitternden Flut gleitend des Weges hinab.
Alſo enteil' ich im Boot von ſchlankem Gezimmer, ein Fährmann,
Schnell hin flieget das Schiff ohne die Hülfe des Süds.
Aber es führet der Weg hin über verborgene Klippen,
Höher im engeren Thal hebt da die Welle das Haupt.
Dahin reißt Stromſchnelle das Boot und treibet es raſch durch,
Schon trank faſt das Gefäß ſchäumender Wellen den Giſcht.
Glücklich entkam ich jedoch, und ich ſchaute das lachende Blachfeld
Wieder, und, Wellen entflohn, ſtreif ich an lieblicher Flur.
Abwärts kam ich ſodann in den Strudel der mündenden Orna,
Wo der verdoppelte Strom eiliger fördert die Fahrt.
Mit vorſichtigem Boot geht's durch ausweichende Wogen,
Daß nicht, dem Fiſch gleich, mich ſelber erhaſche die Reus.
Zwiſchen den Dörfern einher am Geſtad, es rauchten die Giebel,
Kam ich dann an den Ort, wo ſich die Sura ergießt.
Dannen durch Höhnvorſprüng' und des Thals anmutige Höhlung

---

gegen seinen Bruder Chilperich, König von Soissons, meuchelmörderisch hingerafft, hinterliess er seinem fünfjährigen Sohne Childebert unter der Vormundschaft von dessen Mutter die austrasische Krone. Diesen Childebert und Brunhilden versteht Luchi unter den in diesem Gedichte genannten Königen, setzt also die Moselreise des Venantius nach 575. Childebert starb 596. an Gift. 10. Das Gefäss, das Boot. 13. Orna, jetzt Orne, aus den Argonnen, östlich von Verdun, im Maas-Dept. entspringend, bei Richemont, oberhalb Thionville oder Diedenhofen, in die Mosel mündend. 17. Also wol um Mittag. 18. Sura, die Saur, s. Auson. Mosella v. 355. ff.

Ad Saram pronis labitur amnis aquis.
Perducor Trevirum qua moenia celsa patescunt,
Urbs quoque nobilium nobilis aeque caput.
Ducimur hinc fluvio per culmina prisca senatus,
Quo patet indiciis ipsa ruina potens.
Undique prospicimus minitantes vertice montes,
Nubila quo penetrans surgit acuta silex;
Qua celsos scopulos praerupta cacumina tendunt
Hispidus et tumulis crescit ad astra lapis.
Nec vacat his rigidis sine fructibus esse lapillis,
Denique parturiunt saxaque vina fluunt.
Palmite vestitos hic respicis undique colles,
Et vaga pampineas ventilat aura comas;
Cautibus insertae densantur in ordine vites
Atque supercilium regula picta petit;
Culta nitent inter horrentia saxa colonis;
In pallore petrae vitis amoena rubet,
Aspera mellitos pariunt ubi saxa racemos
Et cote in sterili fertilis uva placet,
Quo vineta iugo, calvo sub monte, comantur
Et tegit umbrosus sicca metalla viror:

---

20) *Suram* edd. praeter T *labitur* ed. 1644. apud L, et M, *labimur* ceteri. 22) *atque caput* ed. 1644. ap. L 23) *fluvio, quo* AM 26) *quæ* Hofm. 29) *his* BPpRLH *hic* bAMT Hofm. 30) *saxa vinaque* perperam T 33) *infestis* B *insertis* ceteri editi praeter ed. 1644. apud L, et AM, *infertæ* Hofm. 34) *regulæ* Hofm. 35) *colonos* Hofm. 37) *ibi* A 40) *legit* Hofm. *metella* B

---

20. Sāra, so auch VII. 4. v. 15., bei Aus. Mos. v. 367. Sărāvus. **21.** Seit dem 4. Jahrh. werden die gallischen Hauptorte immer gewöhnlicher mit dem Namen der Völkerschaft, denen sie zugehören, benannt. Dass Trier auch nach mehrfacher Zerstörung nicht ganz verwüstet war, bezeugt nicht diese Stelle des Venantius allein. S. Brower u. Hontheim u. vgl. oben zur Mosella des Ausonius. V. 24. **27.** Hypallaktisch, wie die Dichter dieser Zeit es gar sehr lieben, statt: die Felsen steigen senkrecht zu den Gipfeln hinauf. **33.** Zeilen

20 Rinnt abwärts zu der Saar ruhiges Laufes der Fluß.
Weiter hinab nun erblickt man der Treviri ragende Mauern,
Schauet die herrliche Stadt, treffliches Volkes das Haupt.
Und drauf führt uns der Strom vorüber dem greisigen Rathhaus
24 Wo sich die Trümmer erhebt, Zeugin entschwundener Macht.
Ringsum bieten dem Blick mit drohenden Gipfeln sich Berghöhn,
Wo zu den Wolken hinan steiget das schroffe Geklipp;
Hoch zu den Felsen empor senkrecht aufstreben die Gipfel,
28 Und das rauhe Gestein, himmelan thürmt es sich auf.
Dennoch bezwinget man, Frucht zu erbringen, den starrenden Schiefer,
Selber der Felsen gebiert und es entströmet der Wein.
Allwärts siehst du die Höhn umkleidet mit grünenden Reben,
32 Und sanft fächelnde Luft spielet der Rank' im Gelock.
Dicht in Zeilen gepflanzt in das Schiefergestein ist der Rebstock,
Und an die Brauen des Bergs ziehn sich begrenzte Geländ'.
Anbau lacht aus starrendem Fels schmuck Pflanzern entgegen,
36 Selbst in der Bläße des Steins röthet die Traube sich hold.
Dort, wo steiles Geklüft kostbareste Süße der Beeren
Zeugt, und an Reben die Frucht lacht in dem baaren Gestein,
Wo Weinberge belaubt aufstreben zu nackenden Berghöhn,
40 Und reichschattendes Grün decket das trockne Geröll:

---

nennt der Weinbauer die Reihen der Weinstöcke. 34. Brauen des Bergs] d. i. der Fuss des Gipfels, wo dieser über der Mitte der Berghöhe sich aufsetzt. Begrenzte Gelände] *Regula* ist das besonders begrenzte Land- oder Wein-Stück, welches dem einzelnen Mönch zur Bebauung angewiesen ist; *picta* oder *pictura* (woher noch unser *Pinte*) heisst ein solches Landstück von den Termen, Grenz-Pfählen oder Steinen, welche mit Zeichen, auch wol mit Farben versehen worden sind. (Vgl. Du Cange vv. Regula u. Pictura.) Die einzelnen Wingerte ziehen sich von unten auf, von einander unterscheidbar, bis unter die Scheitel der Berghöhen. Vgl. V. 39. 36. Blässe des Steins] aus dem schwarzbläulichen Schiefer. Aus diesem und dem Vers 41. wäre auf Bau rothen Weines zu schliessen. 40. Das trockne Geröll] Wie nahrhaft den Trauben der blaue Schiefer sei, brauchte freilich der Dichter nicht zu wissen.

H

Inde coloratas decerpit vinitor uvas,
Rupibus adpensis pendet et ipse legens:
Delicias oculis habui dapibusque cibatus
Hac iocunda tenus navita regna sequens.
Hinc quoque ducor aquis qua se rate Contrua complet,
Quo fuit antiquum nobilitate caput.
Tum venio qua se duo flumina conflua iungunt,
Hinc Rhenus spumans, inde Musella ferax.
Omne per illud iter servibant piscibus undae
Regibus, et dominis copia fervet aquis.
Ne tamen ulla mihi dulcedo deesset eunti,
Pascebar Musis aure bibente melos:
Vocibus excussis pulsabant organa montes,
Reddebantque suos pendula saxa tropos;
Laxabat placidos mox aerea tela susurros,
Respondit cannis rursus ab alpe frutex,
Nunc tremulo fremitu, modo plano musica cantu,
Talis rupe sonat, qualis ab aere meat.
Carmina divisas iungunt dulcedine ripas,

---

41) *decerpsit* Hofm. 42) *appensus* ed. 1644. ap. 𝔏, et 𝔄𝔐, *appensas* Hofm. 43) *citatus* Hofm. 44) Ita versum sanavimus Schopenus et ego. editi habent *Haec iocunda* (s. *iucunda*) *tenens*, *navita* etc. *navita terga* Hofm. 45) *Construa* 1 cod. Vat. 49) *serviebant* 1 cod. Vat. *undae, Regibus et* 𝔇𝔭𝔑 𝔐𝔄𝔗 50) *fervit* 𝔑 51) *illa* 𝔅 54) *trophos* 1 cod. Vat.

---

45. *Contrua*] Brower wollte diess von dem Kondbache (Cone rivulus, Urk. von 888. Günth. I. 49.), der sich bei der konder Mühle auf dem rechten Ufer der Mosel in diese ergiesst, schräg gegenüber von Winningen, verstehen; wohingegen Hontheim und schon Andere vor ihm es auf Gondorf beziehen, welches in Urkunden von 980. und später als Contreue, Guntereuen, Gundereua, Contraue, vorkommt. (Ledebur Maiengau S. 34.) Ob hier viele Kähne auf dem Flusse standen, oder Venantius von den hier gezimmerten Kähnen zu verstehen sei, muss wol eben so unentschieden bleiben, als was für ein aus alter Zeit berühmtes Schloss, Burg, Feste (denn nur das kann *caput* hier bedeuten)

Hier einsammelt die Ernt' der gefärbeten Trauben der Winzer,
Selber am Felsabhang hanget er lesend die Frucht:
Solcherlei Augengenuß ward mir und die Speisen zum Mahle,
Als ich hierher im Kahn fuhr durch das liebliche Land.
Weiterhin führt mich der Strom, wo Kontrua kähnegefüllt ist,
Wo aus grauender Zeit rühmlich die Burg sich erhebt.
Drauf nun erreich' ich den Ort, wo die Flüße vereint sich umarmen,
Rhenus der schäumende hier, dort der Musella Gedeihn.
Während der sämmtlichen Fahrt darboten die Waßer den Kön'gen
Fische; es wimmelt den Herrn reichliche Schaar in dem Fluß.
Daß es an keinem Genuß mir Reisenden aber gebreche,
Ward mit Musik ich erfreut, schlürfte das Ohr Melodien:
Stimmen ertöneten laut und es schlugen die Berge die Orgel,
Und es hallt' Melodien wieder der hangende Fels.
Bald dämpft' ehernes Werft der Besaitung sanftere Töne,
Antwort hallte der Flöt' ab von dem Berge Gesträuch,
Nun mit erzitterndem Beben, und dann in dem vollen Gesanglaut
Schallt von dem Fels die Musik, wie sie entströmet dem Erz.
Also vereint der Gesäng Anmut die getrennten Gestade,

---

zu Gondorf, später dem Sitze derer von der Leyen (a Petra) gestanden habe. 47. f. Coblenz, Confluentes (Rhenus et Mosella), Confluentia. 48. der Mus. Gedeihn] die fruchtbare Mosel. 50. Ein Fischerei*regal* hatten auch in Mosel und Rhein die austrasischen Könige nicht: es ist also eine verfrühete Gelehrsamkeit eines neueren Schriftstellers, jenes in diesem Verse zu finden. 53. *Organum*, sagt Augustinus († 430.) Enarration. in Psalm. 56., heisst jedes musikalische Instrument; nicht bloss dasjenige heisst eine Orgel, welches gross ist und mit Schläuchen aufgeblasen wird, sondern jeder körperliche Gegenstand, der zur Gesangbegleitung dient u. s. w. Aehnlich Isidor. Orig. II. 20. 55. Ehernes Werft der Besaitung, d. i. eine Harfe oder ein ähnliches Instrument, welches mit den ehernen Saiten bezogen ist, wie das Werft, die Kette des Webers, aus geradehinlaufenden Fäden besteht, wird nun leiser gespielt, so dass die Töne schwächer wiederhallen. 56. Der Flöte, dem künstlichen musikalischen Rohr, antwortet das natürliche vom Berg her.

Collibus et fluviis vox erat una tropis.
Quo recreet populum, hoc exquirit gratia regum,
Invenit et semper quo sua cura iuvet.
Antonnacensis castelli promptus ad arces
Inde prope accedens sarcina pergo ratis.
Sint licet hic spatiis vineta in collibus amplis,
Altera pars plani fertilis extat agri:
Plus tamen illa loci speciosi copia pollet,
Alter quod populis fructus habetur aquis.
Denique dum praesunt reges in sedibus aulae
Ac mensae officio prandia festa colunt,
Retibus inspicitur quo salmo fasce levatur,
Et numerat pisces, cum sit in arce sedens;
Rex favet in mensa, resilit dum piscis ab unda,
Atque animos reficit, quod sua praeda venit.
Illuc fausta videns, huc laeta palatia reddens,
Pascens ante oculos, post fovet ipse cibis.
Praesentatur item Rheni simul advena civis
Turbaque, quo residens gratificatur edens.
Ista diu Dominus dominis spectacula praestet:
Et populis dulces detis habere dies:
Vultibus ex placidis tribuatis gaudia cunctis,
Vester et ex vestris laetificetur apex.

---

60) *trophis* 1 cod. Vat. 61) *Quo recte populum, primatum et lex bona Regum* ed. 1644. sec. 𝔏 62) *iubet* omnes. 64) *Inde per accedens* 1 cod. Vat. et 𝔄𝔐 68) (cf. lib. *I.* 20. *vers.* 18.) *planis* 𝔅 69) *Deinde* perperam 𝔗 71) *inspiciunt* 𝔐 73) *in mensa* 𝔟𝔗, ceteri *immensa* 76) *oculis* ed. 1644. ap. 𝔏, et 𝔄𝔐 (cf. *III. vers.* 15.) 77) *item mensae Rheni advena* 𝔅𝔟𝔓𝔳𝔑𝔏ℌ𝔗, sed ut nos ed. 1644. et 𝔄 79) *Ista diu dominis spectacula plurima praestent,* 𝔄𝔐 81) Sic *VI.* 4. *vers.* 104. Laetitiam populus regis ab ore capit.

---

60. Das Echo und die Musik der Schiffenden. **63.** Andernach, eines der rheinischen Kastelle des Drusus, von Julian aufs Neue befestigt, erscheint in der Notitia dignitatum, zu Anfang des 5. Jahrh.

Und einstimmig entschallt Hügeln und Strömen Musik.
Dieß zur Ergötzung des Volks aussinnet der Könige Gnade,
Und sucht stets, daß beliebt ihre Verwaltung erscheint.
Rasch zu den Mauern hinab an die antonnachische Festung
Fahr ich dann nahe hinan, weiter getragen vom Boot.
Stehn auf Hügeln dahier in geräumigen Reihen die Reben,
Dehnt Blachfeld fruchtbar sich an dem andren Gestad.
Doch vorzüglicher scheint Reichthum dort prangender Landschaft,
Weil noch zweiten Ertrag erntet das Volk aus der Flut.
Sitzen die Kön'ge nun vor auf Seßeln im Königsgehöfte,
Ehrend das festliche Mahl durch das Begängniß des Tischs,
Schaun nach den Netzen sie hin, wo der Salm in Reisig gehascht wird,
Und aufzählt er die Fisch', während er thront in der Burg.
Gütlich thut sich der König beim Mahl, da springet der Fisch hoch
Auf aus der Flut, und der Hof freut sich der nahenden Beut.
Dort nun beschaut Er den günstigen Fang und beglücket den Hofstaat
Hier; erst labt er das Aug, drauf dann genießt er das Mahl.
Und nun erscheint alsbald der Bewohner des Rhenus getragen,
Auch manch' anderer Fang, Gabe dem König am Tisch.
Lange gewähre doch Gott solch Schauspiel unseren Herren;
Aber Ihr selber gewährt freudige Tage dem Volk:
Gnädiges Blickes vergönnt, daß jeglichem Freude zu Theil werd',
Und es beselige Freud' Eueres Haupts Diadem.

---

als Station eines Präfects der aus Acincensern bestehenden Garnison unter dem Dux Moguntiacensis. Als fränkischer Königshof wird Andernach im Mittelalter öfters erwähnt. Vgl. Ledebur Der Maiengau. Berl. 1842. 8°. S. 24. ff. 65. Am rechten Ufer. (Düntzer, der Weinbau im röm. Gallien, in den Jahrb. des Ver. v. A. F. i. Rheinl. II. verwechselt die Ufer.) 66. Auf der andernacher Seite. 67. 68. Salmenfang zwischen Irlich und Leudesdorf. 72. Er] der König selbst. Auch das Original geht aus der mehrfachen in die einfache Zahl über. 77. Der Salm.

Glossar

Akanthus	als architektonische Zierform beliebtes Ornament mit breitlappigen Blättern
Amoretten	geflügelte, kindliche Wesen (Eroten)
Antoninian	ab 215 n. Chr. geprägter 1 1/2-facher Denar, dessen Silbergehalt nach der Mitte des 3. Jahrhunderts auf rund 2 % absank.
Archäobotanik	vgl. Paläobotanik
Ascia	Axt oder Breithacke; in Gallien wurden die Gräber unter der Ascia geweiht. Dies bedeutete, daß auch ohne Mitwirkung der Pontifices Veränderungen am (unfertigen) Grab vorgenommen werden konnten.
Attasche	unteres ornamental oder figürlich ausgestattetes Ende von Kannenhenkeln und Griffen
Barbarsierung	zeitgenössische Imitationen kursierender Münzen
Barbotinetechnik	mit Pinsel und Spritzhörnchen (in der Art des »Zuckerbäckers«) aufgelegtes Ornament
Bosse	rechteckig herausgearbeiteter Quader
Centenionalis	ab 346 bis ins 5. Jahrhundert geprägte Bronzemünze
Denar	seit der Römischen Republik die »Standardsilbermünze« (zu 4 Sesterzen), die bis ins 3. Jahrhundert n. Chr. (zuletzt nur noch mit geringen Silberanteilen) geprägt wurde. seit der Karolingerzeit die Bezeichnung für den Silberpfennig
Diptychon	zwei meist durch Riemen miteinander verbundene und verschließbare Schreibtäfelchen
Dolium	großer bauchiger Tonbehälter mit weiter Mündung
Engobe	Überzug auf Keramikgefäßen
Fibel	auf der Schulter getragene Gewandspange
Follis	zwischen 294 und 346 n. Chr. geprägte Bronzemünze
Fries	waagerechter ornamentaler oder figürlicher Zierstreifen
Fumarium	Rauchkammer, in der der Wein durch die Zuführung von Rauch vorzeitig gealtert wurde
Genius	Personifikation der Zeugungskraft, Schutzgeist
Halbcentenionalis	Halbstück des Centenionalis (s. o.)
Hypokaustum	Heizanlage, bei der Fußboden auf runden oder quadratischen Ziegeln ruhte. Der Boden wurde von einem Praefurnium, dem Feuerungskanal, beheizt. Über an den Wänden angebrachte Hohlziegel (tubuli) erfolgte die Erwärmung der Wandflächen.
Kantharos	Trinkbecher mit hochgezogenen Henkeln
Kapitular	Gesetz oder Verordnung karolingischer Könige
Kline	Liege ähnlich einem Sofa, auf dem man Speisen zu sich nahm.
Krater	großes doppelhenkliges Mischgefäß
Mänaden	Frauen im mythischen Gefolge des Dionysos-Baachus, oft tanzend in langwallenden Gewändern und mit flatterndem aufgelöstem Haar dargestellt.
Maiorina	größte zwischen 346 und 388 n. Chr. geprägte Bronzemünze
Meduse	weibliches, Furcht erregendes Ungeheuer mit Schlagen im Haar
Obol	Halbstück eines mittelalterlichen Silberdenars (Pfennig)
Paläobotanik	Wissenschaft von ur- und frühgeschichtlichen Pflanzen
Panegyricus	Lobrede
Pelta	leichter Schild in Form eines Halbmondes

Pilaster	Pfeiler, der nur wenig aus der Wand hervortritt
Praefurnium	Feuerungs- oder Schürkanal einer römischen Heizung (vgl. Hypokaustum)
Putto	kleiner, meist nackter geflügelter Knabe
rädchenverziert	Verzierung, die durch Abrollen eines Rädchens mit Dekorfeldern entsteht.
Rhyton	hohes, trichterförmiges Trinkgefäß mit zweiter Öffnung. Der Abfluß des Inhalts wurde, ähnlich einem Trinkhorn, mit Hilfe eines Fingers reguliert.
Satyr	Übermütiges menschenähnliches Wesen im Gefolge des Dionysos-Bacchus mit tierischen Ohren, zottiger Behaarung, Schwanz, Hufen und Hörnern.
Sax	einschneidiges Eisenschwert der Merowingerzeit
(silber)tauschiert	eingelegte oder eingehämmerte Metallfäden in eine unedlere Metallgrundlage
Silen	Wesen mit stumpfer Nase, wulstigen Lippen, Glatze und tierischem, lüsterndem Ausdruck.
Solidus	seit 307 n. Chr. bis in byzantinische Zeit geprägte Goldmünze
Tabula ansata	rechteckige Tafel mit dreieckigen seitlichen Erweiterungen
Togatus	mit Tunica (hemdartiges Gewand) bekleideter Mann, der über seine Brust, Schulter und Rücken eine Toga, ein großes Tuch, geschlagen hat.
Terra nigra	grautoniges, geschmauchtes und poliertes Keramikgeschirr
Terra sigillata	beliebtes Tafelgeschirr mit glänzend rotem Überzug
Thyrsosstab	ein mit Weinlaub umwundener Stab, der bisweilen an einem Ende gekrümmt ist
Torsionspresse	sackartige Behälter, bei denen durch Auswringen Flüssigkeit gewonnen wird
Triens	Drittelsolidus (vgl. Solidus) bis in spätmerowingische Zeit geprägt
Tubulus	kastenförmiger, als Rauchabzug dienender Hohlziegel, der die Wandfläche erwärmte; vgl. Hypokaustum.
Usurpator	Machthaber, der sich widerrechtlich einen Thron angeeignet hat.
Voluten	Windungen oder spiralförmige Einrollungen

Literaturverzeichnis

Baltzer 1983	Margot Baltzer, Die Alltagsdarstellungen der treverischen Grabdenkmäler, in: Trierer Zeitschrift 46, 1983, 7-151.
Bassermann-Jordan 1923	Friedrich von Bassermann-Jordan, Geschichte des Weinbaus (Frankfurt 1923). (Nachdruck: Neustadt 1975).
Bassermann-Jordan 1946	Friedrich von Bassermann-Jordan, Der Weinbau in der Pfalz im Altertum (Speyer 1946).
Berger 1992	Michael Berger, Weinhandel und Weinrecht im alten Rom. Schriften zur Weingeschichte Nr. 102 (Wiesbaden 1992).
Bernhard 1982	Helmut Bernhard, Burgus und Villa von Bad Dürkheim – Ungstein, in: Archäologisches Korrespondenzblatt 12, 1982, 217-230.
Bernhard 1984	Helmut Bernhard, Das römische Weingut »Weilberg« bei Bad Dürkheim-Ungstein, in: Pfälzer Heimat 35, 1984, 1-15.
Bernhard 1997	Helmut Bernhard, Neue Untersuchungen zum römischen Weingut auf dem »Weilberg« bei Bad Dürkheim-Ungstein und andere Villen im Raum Bad Dürkheim, in: Festschrift 125 Jahre Museumsgesellschaft Bad Dürkheim e. V. 1872-1997 (Bad Dürkheim 1997) 63-82.
Binsfeld 1979	Wolfgang Binsfeld, Zu treverischen Kultdenkmälern, in: Festschrift 100 Jahre Rheinisches Landesmuseum Trier. Trierer Grabungen und Forschungen XIV (Mainz 1979) 263-266.
Binsfeld 1988	Wolfgang Binsfeld, Karin Goethert-Polaschek und Lothar Schwinden, Katalog der römischen Steindenkmäler des Rheinischen Landesmuseums Trier. 1. Götter- und Weihedenkmäler. Trierer Grabungen und Forschungen XII,1 (Mainz 1988).
Brun 1993	Jean-Pierre Brun, L'oléiculture et la viticulture antiques en Gaule: Instruments et installations de production, in: Bulletin de correspandance hellénique. Supplément XXVI (Paris 1993) 307-341.
Christoffel 1971	Karl Christoffel, Der Moselwein in Geschichte und Dichtung. Schriften zur Weingeschichte Nr. 25 (Wiesbaden 1971).
Christoffel 1981	Karl Christoffel, Kulturgeschichte des Weines – Von dem Werdegang der Weinkultur, ihrem Mythos und Mysterium (Trier 1981).
Clemens 1993	Trier – eine Weinstadt im Mittelalter. Trierer Historische Forschungen 22 (Trier 1993).
Clemens 1996	Lukas Clemens, Michael Matheus, Zur Keltertechnik in karolingischer Zeit, in: Liber amicorum necnon et amicarum für Alfred Heit. Trierer Historische Forschungen 28, 1996, 255-265.
Cohen	Henri Cohen, Description historique des monnaies frappées sous l'Empire Romain I-VIII (Paris 1880-92).
Cüppers 1970	Heinz Cüppers, Wein und Weinbau zur Römerzeit im Rheinland, in: Gymnasium. Beiheft 7 (Heidelberg 1970) 138-145.
Cüppers 1987	Heinz Cüppers u.a., 2000 Jahre Weinkultur an Mosel-Saar-Ruwer (Trier 1987).
Dieck 1976	Alfred Dieck, Weinvorkommen an der Mittelweser in der Spätbronzezeit, Frühlatènezeit und Spätlatènezeit, in: Die Kunde 26/27, 1975/76, 89-91.

Dörfler 1998 — Walter Dörfler, Andrew Evans, Hartwig Löhr, Trier Walramsneustraße Untersuchungen zum römerzeitlichen Landschaftswandel im Hunsrück-Eifel-Raum an einem Beispiel der Trierer Talweite, in: Studien zur Archäologie der Kelten, Römer und Germanen in Mittel- und Westeuropa. Internationale Archäologie. Studia honoria 4. (Rahden 1998) 119-152.

Eschnauer 1996 — Heinz Eschnauer, Peter Haupt, Vicus – Villae – Vinum, Der Ingelheimer Raum in der Römerzeit (Ingelheim 1996).

Gilles 1987 — Karl-Josef Gilles, Die spätrömische Großkelteranlage von Piesport, in: Funde und Ausgrabungen im Bezirk Trier 19 = Kurtrierisches Jahrbuch 27, 1987, 53*-59*.

Gilles 1989 — Karl-Josef Gilles, Zur Funktionsweise der römischen Baumkelter von Piesport, in: Jahrbuch Kreis Bernkastel-Wittlich 1989, 186-189.

Gilles 1989[2] — Karl-Josef Gilles, Römische Kelteranlagen an der Mosel, in: Mosel-Anruf Heft 28 (1989/1990) 42-61.

Gilles 1990 — Karl-Josef Gilles, Eine Weinlesedarstellung aus dem 2. Jahrhundert n. Chr. aus Zeltingen-Rachtig, in: Jahrbuch Kreis Bernkastel-Wittlich 1990, 173-175.

Gilles 1990[2] — Karl-Josef Gilles, Die spätrömische Kelteranlage von Maring-Noviand, in: Jahrbuch Kreis Bernkastel-Wittlich 1990, 189-193.

Gilles 1990[3] — Karl-Josef Gilles, Die neu entdeckte spätrömische Weinkelter von Brauneberg, in: Funde und Ausgrabungen im Bezirk Trier 22 = Kurtrierisches Jahrbuch 30, 1990, 33*-45*.

Gilles 1991 — Karl-Josef Gilles, Eine weitere römische Weinkelter aus Brauneberg, in: Funde und Ausgrabungen im Bezirk Trier 23 = Kurtrierisches Jahrbuch 31, 1991, 20*-32*.

Gilles 1991[2] — Karl-Josef Gilles, Die römische Villa von Kinheim, in: Jahrbuch Kreis Bernkastel-Wittlich 1991, 144-148.

Gilles 1992 — Karl-Josef Gilles, Neue archäologische Erkenntnisse zum römerzeitlichen Weinbau an der Mosel, in: Almanach für Weinfreunde 1, 1992, 26-28.

Gilles 1992[2] — Karl-Josef Gilles, Ein spätrömisches Bronzedepot aus Filzen, in: Jahrbuch Kreis Bernkastel-Wittlich 1992, 306-309.

Gilles 1992[3] — Karl-Josef Gilles, Die römischen und neuzeitlichen Kelterhäuser von Piesport-Müstert. Mit Anhang: Römische Gewichts- oder Keltersteine, in: Funde und Ausgrabungen im Bezirk Trier 24 = Kurtrierisches Jahrbuch 32, 1992, 19*-31*.

Gilles 1994 — Karl-Josef Gilles, Die spätrömische Weinkelter in Erden, in: Funde und Ausgrabungen im Bezirk Trier 26 = Kurtrierisches Jahrbuch 34, 1994, 33*-41*.

Gilles 1995 — Karl-Josef Gilles, Neue Forschungen zum römischen Weinbau an Mosel und Rhein. Schriftenreihe Rheinisches Landesmuseum Trier Nr. 11, 1995 = Schriften zur Weingeschichte Nr. 115 (Wiesbaden 1995).

Gilles 1995[2] — Karl-Josef Gilles, Das römische Kelterhaus von Lösnich, in: Jahrbuch Bernkastel-Wittlich 1995, 183-186.

Gilles 1995[3] — Karl-Josef Gilles, Römische Keltersteine aus Dhron, in: Festschrift 45. Weinblütenfest in Neumagen-Dhron (Neumagen 1995) 41-47.

Gilles 1996 — Karl-Josef Gilles, Die römische Kelter am Josefshof bei Graach, in: Funde und Ausgrabungen im Bezirk Trier 28 = Kurtrierisches Jahrbuch 36, 1996, 41-48.

Gilles 1997 — Karl-Josef Gilles, Römische Rebmesser von der Mosel, in: Weinforum Mosel-Saar-Ruwer 1997, 6-9.

Gilles 1997² — Karl-Josef Gilles, Der moselländische Weinbau zur Römerzeit unter besonderer Berücksichtigung der Weinkeltern, in: M. Matheus, Weinbau zwischen Maas und Rhein in der Antike und im Mittelalter. Trierer Historische Forschungen Band 23 (Mainz 1997) 7-53.

Gilles 1998 — Karl-Josef Gilles, Die neuentdeckte römische Kelter am Josephshof bei Graach, in: Jahrbuch Bernkastel-Wittlich 1998, 234-239.

Gilles 1999 — Karl-Josef Gilles, Der Weinlagename »Zeller Schwarze Katz«. Schriften zur Weingeschichte Nr. 130 (Wiesbaden 1999).

Grewenig 1996 — Meinrad Maria Grewenig, Mysterium Wein – Die Götter, der Wein und die Kunst (Speyer 1996).

Grüß 1934 — Über den ältesten Weinrest aus der römischen Kaiserzeit auf deutschem Boden, in: Forschungen und Fortschritte 10, 1934, Heft 2, 18-19.

Hagenow 1970 — Gerd Hagenow, Wein und Wasser, in: Deutsches Weinbau-Jahrbuch 21, 1970, 197-201.

Hagenow 1976 — Gerd Hagenow, Die Pergola – Ursprung und Entwicklung der Weinlaube. Schriften zur Weingeschichte Nr. 38 (Wiesbaden 1976).

Hanel 1989 — Norbert Hanel, Römische Öl- und Weinproduktion auf der Iberischen Halbinsel am Beispiel von Munigua und Milren, in: Madrider Mitteilungen 30, 1989, 204-238.

Hanel 1995 — Norbert Hanel, Römische Weinkeltern und Weinbau auf der Iberischen Halbinsel, in: K. J. Gilles, Neue Forschungen zum römischen Weinbau an Mosel und Rhein. Schriftenreihe Rheinisches Landesmuseum Trier Nr. 11, 1995 = Schriften zur Weingeschichte Nr. 115 (Wiesbaden 1995) 99-108.

Heller 1967 — P. Heller, Moselweine in römischer Zeit, in: Deutsches Weinbau-Jahrbuch 18, 1967, 226ff.

Kneißl 1981 — Peter Kneißl, Die Utriclarii. Ihre Rolle im gallorömischen Transportwesen und Weinhandel, in: Bonner Jahrbücher 181, 1981, 169-196.

König 1988 — Margarethe König, Ein Traubenkernfund aus dem 4./5. Jahrhundert n. Chr. in Piesport, in: Funde und Ausgrabungen im Bezirk Trier 20 = Kurtrierisches Jahrbuch 28, 1988, 21*-26*.

König 1989 — Margarethe König, Ein Fund römerzeitlicher Traubenkerne in Piesport, in: Archäobotanik, hrsg. von U. Körber-Grohne/H. Küster (Dissertationes Botanicae 133, Stuttgart 1989), 107-116.

König 1992 — Margarethe König, Römerzeitliche Pflanzenfunde aus der Kelteranlage in Piesport-Müstert, in: Funde und Ausgrabungen im Bezirk Trier 24, = Kurtrierisches Jahrbuch 32, 1992, 32*-38*.

König 1994 — Margarethe König, Ölproduktion und/oder Fasergewinnung? Über einen römerzeitlichen Hanffund aus Erden, in: Funde und Ausgrabungen im Bezirk Trier 26 = Kurtrierisches Jahrbuch 34, 1994, 42*-48*.

König 1995 — Margarethe König, Pflanzenfunde aus römerzeitlichen Kelteranlagen der Mittelmosel, in: K. J. Gilles, Neue Forschungen zum römischen Weinbau an Mosel und Rhein. Schriftenreihe Rheinisches Landesmuseum Trier Nr. 11, 1995 = Schriften zur Weingeschichte Nr. 115 (Wiesbaden 1995) 60-73.

König 1997 — Margarethe König, Pflanzenfunde aus den römerzeitlichen Kelteranlagen in Brauneberg und Piesport-Müstert, in: M. Matheus, Weinbau zwischen Maas und in Rhein in der Antike und im Mittelalter. Trierer Historische Forschungen 23 (Mainz 1997) 53-83.

Krier 1981 — Jean Krier, Die Treverer außerhalb ihrer Civitas. Trierer Zeitschrift Beiheft 5 (Trier 1981).

Krier 1984 — Jean Krier, Weinbau und Weinhandel an der Mosel zur Römerzeit, in: 80. Anniversaire vum Bech-Macher Pompjéescorps (Remich 1984) 30-35.

Krier 1992 — Jean Krier, Gewichtsstein einer römischen Kelteranlage in Bech-Kleinmacher, in: Hémecht 44, 1992, 411-425.

Künzl 1997 — Susanna Künzl, Die Trierer Spruchbecherkeramik. Trierer Zeitschrift Beiheft 21 (Trier 1997).

Loeschcke 1928 — Siegfried Loeschcke, Römische Denkmäler vom Weinbau an Mosel, Saar und Ruwer, in: Rheinlands Weine, Heft 4, Mosel-Saar-Ruwer (Bonn 1928) 7-24.

Loeschcke 1933 — Siegfried Loeschcke, Denkmäler vom Weinbau aus der Zeit der Römerherrschaft an Mosel, Saar und Ruwer (Trier 1933) (Nahezu identisch mit Trierer Zeitschrift 7, 1932, 1-60).

Löwenstein 1995 — Reinhard Löwenstein, Klassifikation der Weinlagen an der Mosel für den Regierungsbezirk Koblenz von 1897 (Winningen 1995).

Martin-Kilcher 1987 — Stephanie Martin-Kilcher, Die römischen Amphoren aus Augst und Kaiseraugst. Forschungen in Augst 7,1 (Augst 1987).

Martin-Kilcher 1994 — Stephanie Martin-Kilcher, Die römischen Amphoren aus Augst und Kaiseraugst. Forschungen in Augst 7,2 (Augst 1994), insbesondere 342-344 u. 473-474.

Martin-Kilcher 1995 — Stephanie Martin-Kilcher, Weinanbau und Weinimport in der Schweiz zur Römerzeit, in: K. J Gilles, Neue Forschungen zum römischen Weinbau an Mosel und Rhein. Schriftenreihe Rheinisches Landesmuseum Trier Nr. 11, 1995 = Schriften zur Weingeschichte Nr. 115 (Wiesbaden 1995) 87-98.

v. Massow 1932 — Wilhelm von Massow, Die Grabmäler von Neumagen. Römische Grabdenkmäler des Mosellandes und der angrenzenden Gebiete II (Berlin 1932).

v. Massow 1947 — Wilhelm von Massow, Rot- oder Weißwein an der Mosel im Altertum, in: Almanach für Weinfreunde 1, 1992, 22-25 (Nachdruck aus »Der Weinbau« 1947).

Matheus 1985 — Michael Matheus, Gefeuerter Wein – Zur »Weinverbesserung« in alter Zeit, in: Jahrbuch Kreis Bernkastel-Wittlich 1985, 361-373.

Merten 1986 — Hiltrud Merten, Ein frühchristliche Marmorplatte mit Weinrankenornament in Trier, in: Funde und Ausgrabungen im Bezirk Trier 18 = Kurtrierisches Jahrbuch 26, 1986, 38*-43*.

Metzler 1974 — Jeannot Metzler, Gérard Thill, Johny Zimmer, Großes gallo-römisches Grabdenkmal mit Bezirk und Bestattungen bei Grevenmacher (»Heck«), in: Hémecht 26, 1974, 119-161.

Namur 1853 — M. A. Namur, Notice sur les tombes gallo-frankes du Grand-Duché de Luxembourg, in: Publications de la société pour la recherche et la conservation des monuments historique dans le Grand-Duché de Luxembourg VIII, 1853, 46-48.

Neyses 1977 — Adolf Neyses, Drei neuentdeckte gallo-römische Weinkelterhäuser im Moselgebiet, in: Archäologisches Korrespondenzblatt 7, 1977, 217-224 (nahezu identisch mit Antike Welt 10, 1979, Heft 2, 56-59).

Numrich 1997 — Bernhard Numrich, Die Architektur der römischen Grabdenkmäler aus Neumagen. Trierer Zeitschrift Beiheft 22 (Trier 1997).

Pigott 1991 — Stuart Pigott, Alfons Hausen, Klassifikation der Weinlagen an Saar und Mosel für den Regierungsbezirk Trier von 1868 (Bernkastel-Kues 1991).

Remark 1927 — Peter Remark, Der Weinbau im Römerreiche (München 1927).

RIC — The Roman Imperial Coinage I-X (London 1923-1994).

Röder 1953 — Josef Röder, Bodenspuren alten Weinbaus am nördlichen Mittelrhein, in: Rheinische Vierteljahresblätter 18, 1953, 170-193.

Scharff 1995 — Martin Scharff, Der Kammertbau – Zur Rekonstruktion einer historischen Reberziehungsweise in der Pfalz. Veröffentlichung der Pfälzischen Gesellschaft zur Förderungen der Wissenschaften in Speyer 87 (Speyer 1995) 13-29.

Schumann 1981 — Fritz Schumann, Römischer Weinbau vom Rebsamen bis zum Kelterhaus in der Pfalz nachgewiesen, in: Forschung, Schule, Praxis 29, 1981, Nr. 4, 34-40.

Schumann 1982 — Fritz Schumann, Neue Zeugnisse römischen Weinbaus in der Rheinpfalz nachgewiesen, in: Schweizerische Zeitschrift für Obst- und Weinbau 118, 1982, Heft 9, 253-257.

Schumann 1985 — Fritz Schumann, Römischer Weinbau – von Rebsamen bis zum Mostkonzentrat, in: Deutsches Weinjahrbuch 1985, 199-205.

Schumann 1995 — Fritz Schumann, Römischer Weinbau in der Pfalz, in K. J. Gilles, Neue Forschungen zum römischen Weinbau an Mosel und Rhein. Schriftenreihe Rheinisches Landesmuseum Trier Nr. 11, 1995 = Schriften zur Weingeschichte Nr. 115 (Wiesbaden 1995) 74-86.

Schumann 1997 — Fritz Schumann, Römischer Weinbau auf dem Weilberg in Ungstein, in: Festschrift 125 Jahre Museumsgesellschaft Bad Dürkheim e. V. 1872-1997. (Bad Dürkheim 1997) 83-101.

Schwinden 1985 — Lothar Schwinden, Römerzeitliche Bleietiketten aus Trier. Zum Handel mit Pfeffer, Arznei und Kork. Trierer Zeitschrift 48, 1985, 134-136.

Schwinden 1996 — Lothar Schwinden, *Praepositus vinorum* – ein kaiserlicher Weinverwalter im spätrömischen Trier, in: Funde und Ausgrabungen im Bezirk Trier 28 = Kurtrierisches Jahrbuch 36, 1996, 49-60.

Sprater 1948 — Friedrich Sprater, Römischer Wein und Weinbau (Heidelberg 1948) Nassauische Annalen 101,1990, 31-47.

Tekampe 1993 — Ludger Tekampe, Weinmuseum Speyer – Historisches Museum der Pfalz (Speyer 1993).

Ternes 1990 — Charles Marie Ternes, Recherches récentes concernant la viniculture en pays trévire et rhénan, in: Caesarodunum XXIV (Paris 1990) 237-246.

Thill 1972 — Gérard Thill, Das Grabdenkmal eines gallo-römischen Großwinzers und Weinhändlers bei Remerschen, in: Hémecht 24, 1972, 209-210 und 25, 1973, 195-199 (Nachtrag).

Troost 1990 — Gerhard Troost, Die Keltern – Zur Geschichte der Keltertechnik. Schriften zur Weingeschichte Nr. 97 (Wiesbaden 1990), insbesondere 10-21 und 74-89.

Weiter-Matysiak 1985 — Barbara Weiter-Matysiak, Weinbau im Mittelalter. Geschichtlicher Atlas der Rheinlande Beiheft VII/2 (Köln 1985).

Zahn 1968 — Eberhard Zahn, Die Igeler Säule bei Trier. Rheinisches Kunststättenheft 6/7 1968 (Neuss 1968).

Abbildungsnachweise

Uwe Anhäuser (Bundenbach) 32
Helmut Bernhard (Archäolische Denkmalpflege Speyer) 100
A. Biwer (Nationalmuseum Luxemburg) 58 (oben), 144
Franz Josef Dewald (Rheinisches Landesmuseum Trier) 104, 115 (oben), 121
Natalie Fatin (Trier) 73 (unten), 74 (oben, Mitte), 76 (rechts), 78 (unten), 82, 83 (oben, unten), 84 (oben, unten rechts), 85, 92 (unten), 94 (oben), 96 (unten), 161, 162, 163, 164 (oben, Mitte), 165 (unten, Mitte), 166 (unten), 170, 174 (unten), 179 (oben), 183 (unten), 184, 186 (unten), 192, 205, 206, 208 (unten)
Karl-Josef Gilles 106, 200, 202, 203
Bernd Hardy (Koblenz) 201
Arne Houben (Briedel) 18, 31, 37, 187, 190, 191, 219/220, 227-235
Bruno Kremer (Rheinisches Landesmuseum Trier) 181
Jean Krier (Nationalmuseum Luxemburg) 113 (links), 194 (oben)
Wendt Kuschmann (Rheinisches Landesmuseum Trier) 80/81, 172, 177 (oben), 185 (unten), 188
Siegfried Loeschcke 68, 113 (rechts)
Adolf Neyses (Trier) 101, 183 (oben)
Gustav Schäffer (Graach) 199 (oben)
Fritz Schumann (Staatliche Lehr- und Forschungsanstalt Neustadt/Weinstraße) 17, 19, 22, 58 (rechts), 62 (links), 84 (unten links), 94 (unten), 175, 176
Hermann Thörnig (Rheinisches Landesmuseum Trier) 15, 36, 38, 58 (unten), 63, 70, 74 (unten), 76 (links), 93 (Mitte), 95, 143, 145, 186 (oben)
Thomas Zühmer (Rheinisches Landesmuseum Trier) 12, 13, 20, 21, 24, 25, 26, 28, 29, 40, 41, 43, 44, 45, 46, 48, 49, 50, 51, 54, 57, 59, 60, 61, 62 (rechts), 64, 66, 67, 71, 72, 73 (Mitte), 75, 78 (oben), 79, 83 (Mitte), 88, 89, 91, 92 (oben), 93 (unten), 96 (oben), 98, 99, 102, 103, 104 (oben), 110, 111, 114, 115, 116, 117, 118/9, 120, 122, 123, 124, 125, 126, 128, 129, 130, 131, 132, 133, 134/5, 137, 138, 139, 141, 142, 144, 146, 148, 149, 151, 152, 153, 154, 155, 157, 158, 159, 164 (unten), 166 (oben), 168, 172, 173, 174 (Mitte), 177 (unten), 178, 179 (Mitte), 180, 189, 193, 194 (Mitte, unten), 195, 196, 197, 198, 199 (unten)

Die Drucklegung wurde unterstützt durch:

Mosel-Saar-Ruwer Wein e.V.

Initiativen für die Zukunft

Rheinland-Pfalz als internationalen Wirtschaftsstandort etablieren, seine Attraktivität als Lebens- und Arbeitsraum sowie als Kulturstandort zu steigern, ist Ziel der Zukunftsinitiative Rheinland-Pfalz (ZIRP). Die für das Land typischen Merkmale "Leistung" und "Lebensqualität" sollen in ihrer einzigartigen Verbindung verdeutlicht werden. Unterstützt wird diese Arbeit durch einen Trägerverein, dessen Mitglieder Wirtschaft, Forschung, Bildung, Kultur und Politik repräsentieren. Basis ist das gemeinsame Interesse an der Zukunftsentwicklung des Landes.

Hier trifft sich Politik und Wirtschaft …

Die ZIRP-Fachsymposien und Kongresse aus den Bereichen Wirtschaft und Wissenschaft finden innerhalb bestehender Projektreihen statt und wenden sich an Entscheidungsträger aus Politik und Wirtschaft. Auf den ZIRP-Foren steht der Gedankenaustausch neben den Mitgliedern allen Interessenten offen. In Vorträgen und Diskussionen mit externen Referenten werden wirtschaftliche, soziale und technische Zukunftsentwicklungen erörtert.

Regelmäßig führt die ZIRP mit Ihren Mitgliedern Arbeitskreise zu Zukunftsthemen durch.

… mit Wissenschaft und Kultur.

Dazu initiiert die ZIRP einen dauerhaften Dialog zwischen Unternehmen, Forschungs- und Bildungseinrichtungen, der Politik und der Öffentlichkeit. In Konzerten, Lesungen und Ausstellungen soll vorzugsweise heimischen Künstlern und Autoren Gelegenheit zum Kontakt mit dem Publikum in Rheinland-Pfalz gegeben werden.

Mit ihrem Engagement für Kultur, Bildung und Wissenschaft leistet die ZIRP einen wichtigen Beitrag für die Standortentwicklung des Landes.

ZIRP

Zukunftsinitiative Rheinland-Pfalz
Wilhelm-Theodor-Römheld-Str. 22
55130 Mainz

Telefon: 0 61 31/98 52 61
Telefax: 0 61 31/98 52 69

Internet: www.zirp.de

Mitglieder der ZIRP: AG der Handwerkskammern • Arthur Andersen • Bartenbach & Co Werbeagentur • BASF AG • Bayern-Versicherung • Jakob Becker KG • Bitburger Brauerei Th. Simon • Boehringer Ingelheim Pharma KG • DaimlerChrysler AG • Debeka Versicherungen • Deutsche Bahn AG • Deutsche Bank AG • Deutsche Telekom AG • Dresdner Bank AG • FREY Entsorgung GmbH • Dr. Gebhardt + Hilden GmbH • Globus Gensingen • Hofgut Gönnheim • Karl Gemünden GmbH • Investitions- und Strukturbank Rheinland-Pfalz (ISB) GmbH • KD+M J. Olschewski • KEIPER GmbH & Co • Königsbacher Brauerei AG • Landesbank Rheinland-Pfalz • Landesgartenschau Kaiserslautern 2000 GmbH • Main-Kraftwerke • MikroForum Hochtechnologiepark Wendelsheim GmbH • Nolte moebel-industrie Holding GmbH • Nürburgring GmbH • Adam Opel AG • Pfalzwerke AG • G.M. Pfaff AG • Provinzial Versicherungen • A. Racke GmbH • Rasselstein Hoesch GmbH • Renet Recycling Netzwerk GmbH • R.J. Reynolds Tobacco • Schott Glas • Schott Musik International • Siemens AG • Sparkassen- und Giroverband Rheinland-Pfalz • SSG Saar Service GmbH • TÜV Pfalz e.V. • TÜV Rheinland • Universität Trier • Vesta AG • Villa Musica • ZDF

LANGGUTH

MARKENKOMPETENZ
FÜR WEIN UND SPIRITUOSEN

Die Johann Wolfgang Langguth-Stiftung wurde im Jahre 1975 in Traben-Trarbach gegründet. Sie war die erste in ihrer Art, die in den deutschen Weinbaugebieten in Anlehnung eines bedeutenden Weinkellereibetriebes entstanden ist. Als Mitgesellschafter der angesehenen Weinkellerei F. W. Langguth Erben, bekannt durch die beliebten Weine Erben-Spätlese und Erben-Kabinett, ist die Stiftung mitverantwortlich und aufsichtspflichtig für die erfolgreiche Arbeit dieser Kellerei, die Erhaltung der Arbeitsplätze und die Vermarktung von Millionen von Litern Moselwein und anderen Weinen im weltweiten Vertrieb. Direkt zugeordnet ist ihr die »Güterverwaltung Stiftungs-Weingüter«, die in Traben, Erden, Wehlen und im Laurentiusberg vier der bedeutendsten Lagen an der Mosel bewirtschaftet.

Die Stiftung verfolgt wirtschaftlich ausschließlich und unmittelbar gemeinnützige Zwecke. Sie hat sich zur Aufgabe gemacht, aus ihren Vermögenserträgen die Erhaltung und Restaurierung von Kunstdenkmälern in der Bundesrepublik Deutschland sowie den Nachwuchs im Weinbau in der Mosel-Region zu unterstützen. Außerdem fördert die Stiftung Maßnahmen, die der Hilfe geistig und körperlich behinderter Kinder sowie dem Naturschutz und der Landschaftspflege dienen.

Mit dem Erwerb des berühmten Spirituosenbetriebes Berliner BärenSiegel im Ostteil der Stadt Berlin hat die Stiftung ihre Aktivitäten auch auf die neuen Bundesländer ausgedehnt. Im Moseltal hat sie vor allem Projekte in der Region Traben-Trarbach gefördert, wie die Renovierung des ehemaligen Oberamtsgebäudes in Trarbach, die Wiederherstellung des durch Kriegseinwirkung veränderten Turmaufsatzes der historischen Brückenschänke oder die Restaurierung der historischen Orgel von 1730, einer 24-Register-Orgel mit zwei Manualen, in der evangelischen Peterskirche von Traben. Auch die Konservierung und den Schutzbau der westlichen Erdener Kelter unterstützte die Stiftung mit einem Betrag von 40.000,- DM. Ebenso stellte sie einen namhaften Betrag für die Vorarbeiten dieses Buches zur Verfügung.

In glücklicher Weise verbindet sich somit in der Johann Wolfgang Langguth-Stiftung ein im Hause des Namensgebers über Generationen kultiviertes Verständnis für kunst- und kulturgeschichtliche Werte mit Gemeinnützigkeit und unternehmerischem Können – eine solide Grundlage für ergebnisreiches Wirken zum Schutz und zur Bewahrung wertvollen deutschen Kulturgutes.

DER NATUR UND DEM
LANGGUTH
QUALITÄT SEIT
1789
WEIN VERPFLICHTET

BERLINER BÄREN
International Siegel Trademark

MORITZ
THIENELT
STAMMHAUS GEGR. 1907 IN SCHLEGEL

RHEIN-MOSEL-VERLAG